中国市场统计年鉴

MARKET STATISTICAL YEARBOOK OF CHINA

2004

国家统计局贸易外经统计司　编
Department of Trade and Extemal Economic Relations Statistics

中国统计出版社
China Statistics Press

(京)新登字 041 号

图书在版编目(CIP)数据

中国市场统计年鉴.2004/国家统计局贸易外经统计司编.
—北京:中国统计出版社,2004
ISBN 7-5037-4538-X

Ⅰ.中…
Ⅱ.国…
Ⅲ.国内市场-统计资料-中国-2004-年鉴
Ⅳ.F723-54

中国版本图书馆 CIP 数据核字(2004)第 097856 号

中国市场统计年鉴—2004

作　　者/国家统计局贸易外经统计司
责任编辑/吕　军
装帧设计/艺编广告·张　冰
出版发行/中国统计出版社
通信地址/北京市西城区月坛南街 75 号邮政编码/100826
办公地址/北京市丰台区西三环南路甲 6 号
电　　话/(010)63459084、63266600-22500(发行部)
印　　刷/北京顺义振华印刷厂
经　　销/新华书店
开　　本/787×1092mm　1/16
字　　数/600 千字
印　　张/25
印　　数/1-1300 册
版　　别/2004 年 12 月第 1 版
版　　次/2004 年 12 月北京第 1 次印刷
书　　号/ISBN 7-5037-4538-X/F·1994
定　　价/156.00 元

《中国市场统计年鉴—2004》

编辑委员会

编辑说明

一、《中国市场统计年鉴》是一部信息密集的资料性年刊，已经连续出版了13年，旨在通过大量、丰富、翔实的统计数据，准确、系统、立体式、多视角地呈现中国市场的发育和发展全貌。本年鉴编排体系科学规范，信息容量广阔充实，是工农业生产者和商业经营者安排生产和经营、各级管理部门、大专院校、科研机构进行决策、教学和理论研究的必备参考书，也是关心中国市场的国内外各界人士深入系统地了解、分析市场、方便工作的挚朋益友。

二、本年鉴主要内容分为7部分：1. 专文；2. 中国市场的重要地位；3. 中国商品市场；4. 中国批发零售贸易、餐饮业；5. 中国大型批发零售企业；6. 中国要素市场；7. 中国市场物价及主要统计指标解释。

三、本年鉴中全国性统计数据均未包括台湾省、香港特别行政区及澳门特别行政区。

目　录

一、专文

二、中国市场的重要地位

三、中国商品市场

四、中国批发零售贸易、餐饮业

五、中国大型批发零售企业

六、中国要素市场

七、中国市场物价

一、专　　文

2003年国内消费品市场回顾

2003年，消费品市场虽然受到“非典”疫情的影响，但仍然保持了较快增长，全年社会消费品零售总额45842亿元，比上年增长9.1%。如果不考虑受“非典”疫情影响的第二季度，全年市场销售的增长总体上呈逐步上扬的态势。

分季度看，一季度社会消费品零售总额11108.6亿元，同比增长9.2%；二季度10447.1亿元，增长6.7%；三季度11143.5亿元，增长9.7%；四季度13142.8亿元，增长10.3%。

分地域看，城市消费品零售额29777.3亿元，比上年增长10.3%；县及县以下零售额16064.7亿元，增长6.8%。

分行业看，批发零售贸易业零售额37692.5亿元，比上年增长9.2%；餐饮业零售额6065.7亿元，增长11.6%；其他行业零售额2083.8亿元，增长0.2%。

分商品类别看，限额以上批发零售贸易业吃、穿、用商品类零售额分别增长20.2%、13.8%和28.5%。

市场运行的主要特点

一、重点大类商品对市场销售的拉动作用十分明显。2003年，汽车类、通讯器材类和住房等商品销售增长强劲，带动了石油及制品类、建筑及装潢材料类、家具类、家用电器及音像器材类、文化办公用品类等商品的销售，据限额以上批发零售贸易业零售统计，汽车类零售额同比增长68.5%，石油及制品类增长38.3%，建筑及装潢材料类增长35.7%，通讯器材类增长70.9%，家用电器及音像器材类增长18.3%，家具类增长28.2%，文化办公用品类增长17.2%，化妆品类增长17.9%，洗涤用品类增长28.4%，服装类增长14.6%，这10类商品零售额的增量，占限额以上批发零售贸易业零售额增量的70.8%，拉动社会消费品零售总额增长3.4个百分点。

二、假日消费对商品市场销售的影响仍然较强。从“黄金周”所在的月份看，市场销售增长均快于其他月份，对餐饮市场的影响尤为明显。如5月份由于“非典”影响，人们出游受到限制，“黄金周”暂停，当月餐饮业零售额同比下降15.5%，而10月份迎来“非典”后的旅游高潮，餐饮业零售额增长幅度达到全年最高的17.6%。

三、食品市场物价回升，一定程度上推动了零售额的增长。2003年四季度以来，粮油等主要农产品价格明显上涨，零售物价总指数止跌回升，对食品类市场销售产生了一定影响。据限额以上批发零售贸易业统计，食品、饮料、烟酒类零售额比上年增长20.2%，增长幅度比上年高6个百分点。

四、“非典”疫情的影响主要在上半年。“非典”对市场销售的影响主要在4、5两个月，5月下旬“非典”疫情得到有效控制，市场销售开始恢复性增长，批发零售贸易业零售额和餐饮业零售额分别从7、8月份以后，基本恢复到“非典”前的增长速度。大致测算，“非典”

疫情对 2003 年社会消费品零售总额的影响约为 260 亿元，影响社会消费品零售总额少增 0.5～0.6 个百分点。

影响市场销售增长的主要因素

一、我国国民经济整体的快速增长给消费品市场发展提供了强劲支撑。2003 年我国经济克服了“非典”影响，保持了持续快速增长速度，特别是人均 GDP 超过 1000 美元，这是人们消费需求升级，生活要求出现多样化的重要发展阶段。全年城镇居民人均可支配收入同比实际增长 9%，农民人均纯收入实际增长 4.3%，居民购买能力得到进一步增强。

二、居民消费结构升级的拉动。近年来我国居民消费结构升级明显加快，突出表现是吃穿和基本生活用品的消费稳定增长，而高档次、高价值以及提高生活层次和舒适性的商品(代表商品如住房、汽车、电脑等新兴电子、通讯商品、高档体育用品等)的消费持续快速增长，可以预见，随着经济的发展及中等收入水平居民的收入积累，这种升级将持续相当长一段时间，对市场销售的影响也将持续相当长一段时间。

三、社会集团消费继续较快增长。随着我国经济的发展和总体规模的扩大，集团消费的规模也在不断扩大。行政管理费和其他财政预算支出及企业支出中用于商品消费的数额继续增长。从 2003 年国家财政支出项目看，行政管理费支出同比增长 15.4%，高于同期社会消费品零售总额的增长速度 6.3 个百分点。社会集团消费占零售市场三分之一强的格局依然没有改变。

市场运行中存在的主要问题

一、城乡消费品市场发展差距在继续扩大。2003 年城市与县及县以下零售额同比增长幅度相差 3.5 个百分点，县及县以下零售额占社会消费品零售总额的比重由上年的 36%下降到 35%。县及县以下市场零售额相对萎缩的原因主要有：一是农村总体购买力水平相对较低。城乡居民收入差距导致了消费的差距。二是城市商品流通行业的现代化进程加快，使郊区农村居民购买力基本流向城市市场。三是农村消费环境制约消费。据中国消费者协会调查，电视信号差、家电维修不方便、食品的质量问题等仍然是大多数农村消费者担心的主要问题。

二、市场监管需进一步到位。目前消费品市场经营者欺诈消费者的行为仍然大量存在，消费热点与投诉热点密切相关。因此，营造放心消费环境还任重道远，特别是市场监管的法制化亟待加强，各级政府及有关部门必须长抓不懈，有效发挥维护市场交易安全和秩序的职能。

三、对重要商品的市场应变调节能力需进一步加强。2003 年消费品市场出现了两次较大的波动，一是“非典”流行初期由于恐慌，引起对食品和药品的抢购，造成局部市场不稳。二是第 4 季度由于灾害天气及种植面积减少等因素影响，粮油等主要农产品市场出现波动，导致零售价格较大幅度的上涨。这表明消费品市场虽然总体上仍然是供大于求，但部分商品的局部短缺和波动是随时存在的，有关部门应加强对突发事件和自然灾害的应对能力。**(罗卫华/文)**

二、中国市场的重要地位

2—1 中国市场的一天

项 目	单 位	1985 年	1990 年	1995 年	2000 年	2002 年	2003 年
一、国内生产总值	亿元	**24.56**	**50.82**	**160.21**	**244.94**	**287.10**	**321.24**
#第三产业增加值	亿元	7.00	15.93	49.17	81.38	96.25	106.54
#批发零售贸易、餐饮业	亿元	2.41	3.89	13.51	20.02	22.51	25.31
二、批发零售贸易业主要商品销售量							
粮 食	万吨	26.72	25.29	18.11		13.14	17.95
猪 和 猪 肉	万吨	20.19	28.44	0.99			
棉 布	亿米	0.15	0.09	0.09			
电 视 机	万部	2.90	3.55	5.09	5.59	6.50	7.10
影 碟 机	万台				1.38	1.64	2.12
录 像 机	万部			0.64	0.02	0.02	
房间空调器	万台				2.23	3.86	5.38
洗 衣 机	万台	1.36	1.25	2.49	2.43	2.68	3.38
电 冰 箱	万台	0.32	0.89	2.12	2.30	2.89	3.29
化 学 肥 料	万吨	17.07	27.46	25.17	16.42	14.75	14.93
汽 车	万辆			0.37	0.37	0.60	0.72
汽 油	万吨				17.62	21.96	23.46
钢 材	万吨			14.84	12.20	18.84	31.90
水 泥	万吨			6.18	2.80	2.67	3.54
煤 炭	万吨			65.77	59.84	67.91	80.33
三、集贸市场商品成交额	亿元	**1.40**	**5.94**	**31.53**	**86.38**	**95.27**	
四、社会消费品零售总额	亿元	**10.41**	**19.86**	**56.49**	**93.57**	**112.08**	**125.59**
市	亿元	4.34	10.65	33.91	57.84	70.95	81.58
县	亿元	2.02	3.66	8.00	11.55	13.37	14.38
县以下	亿元	4.05	5.55	14.58	24.18	27.76	29.64
五、新增储蓄存款	亿元	**1.12**	**5.17**	**22.26**	**13.63**	**36.26**	**45.77**
六、劳动力交流成功人数	万人次			**3.40**	**2.67**	**3.71**	**4.35**
七、技术市场成交额	亿元			**0.74**	**1.78**	**2.42**	**2.97**
八、广告营业额	万元	**151.44**	**685.41**	**7486.82**	**19525.02**	**24743.74**	
九、注册商标	件	**61.00**	**86.00**	**252.00**	**434.45**	**582.28**	
十、批准专利	项	**0.40**	**62.00**	**123.00**	**288.62**	**362.74**	**499.25**

注:批发零售贸易、餐饮业主要商品销售量统计范围:1985 年、1990 年为社会商业销售量,其中猪和猪肉的计算单位为“万头”;1995 年以后为限额以上批发零售贸易业销售量。

2—2 国内生产总值构成及批发零售贸易、餐饮业所占比重

年份	国内生产总值(亿元)	第一产业	第二产业	第三产业	#批发零售贸易、餐饮业	比重(%)
1978	3624.1	1018.4	1745.2	860.5	265.5	7.3
1979	4038.2	1258.9	1913.5	865.8	220.2	5.5
1980	4517.8	1359.4	2192.0	966.4	213.6	4.7
1981	4862.4	1545.6	2255.5	1061.3	255.7	5.3
1982	5294.7	1761.6	2383.0	1150.1	198.6	3.8
1983	5934.5	1960.8	2646.2	1327.5	231.4	3.9
1984	7171.0	2295.5	3105.7	1769.8	412.4	5.8
1985	8964.4	2541.6	3866.6	2556.2	878.4	9.8
1986	10202.2	2763.9	4492.7	2945.6	943.2	9.2
1987	11962.5	3204.3	5251.6	3506.6	1159.3	9.7
1988	14928.3	3831.0	6587.2	4510.1	1618.0	10.8
1989	16909.2	4228.0	7278.0	5403.2	1687.0	10.0
1990	18547.9	5017.0	7717.4	5813.5	1419.7	7.7
1991	21617.8	5288.6	9102.2	7227.0	2087.0	9.7
1992	26638.1	5800.0	11699.5	9138.6	2735.0	10.3
1993	34634.4	6882.1	16428.5	11323.8	3090.7	8.9
1994	46759.4	9457.2	22372.2	14930.0	4050.4	8.7
1995	58478.1	11993.0	28537.9	17947.2	4932.3	8.4
1996	67884.6	13844.2	33612.9	20427.5	5560.3	8.2
1997	74462.6	14211.2	37222.7	23028.7	6159.9	8.3
1998	78345.2	14552.4	38619.3	25173.5	6579.1	8.4
1999	82067.5	14472.0	40557.8	27037.7	6910.3	8.4
2000	89468.1	14628.2	44935.3	29904.6	7316.0	8.2
2001	97314.8	15411.8	48750.0	33153.0	7918.8	8.1
2002	105172.3	16117.3	52980.2	36074.8	8476.7	8.1
2003	117251.9	17092.1	61274.1	38885.7	9238.1	7.9

注:1980 年以后国民总收入(原称国民生产总值)与国内生产总值的差额为国外净要素收入。

2—3 各地区国内生产总值

单位:亿元

地　区	1995年	1996年	1997年	1998年	1999年	2000年	2002年	2003年
北　京	1394.9	1615.7	1810.1	2011.3	2174.5	2478.8	3212.7	3663.1
天　津	920.1	1102.4	1240.4	1336.4	1450.1	1639.4	2051.2	2447.7
河　北	2849.5	3453.0	3953.8	4256.0	4569.2	5089.0	6122.5	7098.6
山　西	1092.5	1308.0	1480.1	1601.1	1506.8	1643.8	2017.5	2456.6
内蒙古	832.9	984.8	1094.5	1192.3	1268.2	1401.0	1756.3	2150.4
辽　宁	2793.4	3157.7	3490.1	3881.7	4171.7	4669.1	5265.7	6002.5
吉　林	1129.2	1337.2	1446.9	1557.8	1669.6	1821.2	2246.1	2522.6
黑龙江	2014.5	2402.6	2708.5	2832.8	2897.4	3253.0	3882.2	4430.0
上　海	2462.6	2902.2	3360.2	3688.2	4035.0	4551.2	5408.8	6250.8
江　苏	5155.3	6004.2	6680.3	7200.0	7697.8	8582.7	10631.8	12460.8
浙　江	3524.8	4146.1	4638.2	4987.5	5364.9	6036.3	7796.0	9395.0
安　徽	2003.6	2339.3	2670.0	2805.5	2908.6	3038.2	3553.6	3972.4
福　建	2160.5	2583.8	3000.4	3330.2	3550.2	3920.1	4682.0	5232.2
江　西	1205.1	1517.3	1715.2	1852.0	1963.0	2003.1	2450.5	2830.5
山　东	5002.3	5960.4	6650.0	7162.2	7662.1	8542.4	10552.1	12435.9
河　南	3002.7	3661.2	4079.3	4356.6	4576.1	5137.7	6168.7	7048.6
湖　北	2391.4	2970.2	3450.2	3704.2	3858.0	4276.3	4831.0	5401.7
湖　南	2195.7	2647.2	2993.0	3211.4	3326.8	3691.9	4140.9	4638.7
广　东	5381.7	6519.1	7315.5	7919.1	8464.3	9662.2	11735.6	13625.9
广　西	1606.2	1869.6	2015.2	1903.0	1953.3	2050.1	2455.4	2735.1
海　南	364.2	389.5	409.9	438.9	471.2	518.5	597.5	670.9
重　庆		1179.1	1350.1	1429.3	1479.7	1589.3	1971.3	2250.6
四　川	3534.0	2985.2	3320.1	3580.3	3711.6	4010.3	4875.1	5456.3
贵　州	630.1	713.7	793.0	841.9	911.9	993.5	1185.0	1356.1
云　南	1206.7	1491.6	1644.2	1793.9	1855.7	1955.1	2232.3	2465.3
西　藏	56.0	64.8	77.0	91.2	105.6	117.5	161.4	184.5
陕　西	1000.0	1175.4	1326.0	1381.5	1487.6	1660.9	2101.6	2398.6
甘　肃	553.4	714.2	781.3	869.8	932.0	983.4	1161.4	1304.6
青　海	165.3	183.6	202.1	220.2	238.4	263.6	341.1	390.2
宁　夏	169.8	193.6	210.9	227.5	241.5	265.6	329.3	385.3
新　疆	835.1	912.2	1050.1	1116.7	1168.3	1364.4	1598.3	1877.6

2—4 各地区国内生产总值构成及批发零售贸易、餐饮业所占比重

(2003年)

地区	国内生产总值(亿元)	第一产业	第二产业	第三产业	#批发零售贸易、餐饮业	比重(%)
北京	3663.10	95.64	1311.86	2255.60	279.69	7.6
天津	2447.66	89.66	1245.29	1112.71	215.89	8.8
河北	7098.56	1064.33	3657.19	2377.04	603.20	8.5
山西	2456.59	215.19	1389.33	852.07	173.93	7.1
内蒙古	2150.41	420.10	973.94	756.38	180.79	8.4
辽宁	6002.54	615.80	2898.89	2487.85	803.21	13.4
吉林	2522.62	486.90	1143.39	892.33	327.67	13.0
黑龙江	4430.00	500.80	2532.45	1396.75	424.51	9.6
上海	6250.81	90.64	3130.72	3029.45	649.11	10.4
江苏	12460.83	1106.35	6787.11	4567.37	1204.61	9.7
浙江	9395.00	728.00	4941.00	3726.00	1159.25	12.3
安徽	3972.38	732.81	1780.60	1458.97	405.49	10.2
福建	5232.17	692.94	2492.73	2046.50	492.59	9.4
江西	2830.46	560.00	1227.38	1043.08	243.06	8.6
山东	12435.93	1480.67	6656.85	4298.41	1161.55	9.3
河南	7048.59	1239.70	3551.94	2256.95	578.37	8.2
湖北	5401.71	798.35	2580.58	2022.78	558.52	10.3
湖南	4638.73	886.47	1794.21	1958.05	465.83	10.0
广东	13625.87	1093.52	7307.08	5225.27	1246.24	9.1
广西	2735.13	652.28	1007.96	1074.89	344.78	12.6
海南	670.93	248.33	151.16	271.44	83.68	12.5
重庆	2250.56	336.36	977.30	936.90	199.27	8.9
四川	5456.32	1128.61	2266.06	2061.65	575.13	10.5
贵州	1356.11	298.37	579.31	478.43	101.86	7.5
云南	2465.29	502.84	1069.29	893.16	221.42	9.0
西藏	184.50	40.62	47.99	95.89	20.41	11.1
陕西	2398.58	320.03	1133.56	944.99	152.07	6.3
甘肃	1304.60	236.61	607.62	460.37	142.73	10.9
青海	390.21	46.15	184.26	159.80	28.42	7.3
宁夏	385.34	55.50	192.00	137.84	27.96	7.3
新疆	1877.61	412.90	796.84	667.87	155.60	8.3

2—5 国家财政收支总额

年份	总收入(亿元)	总支出(亿元)	收支差额(亿元)	比上年增长(%)	
				总收入	总支出
1952	183.7	176.0	7.7	38.0	43.7
1953	222.9	220.1	2.7	21.3	25.1
1954	262.4	246.3	16.1	17.7	11.9
1955	272.0	269.3	2.7	3.7	9.3
1956	287.4	305.7	−18.3	5.7	13.5
1957	310.2	304.2	6.0	7.9	−0.5
1958	387.6	409.4	−21.8	25.0	34.6
1959	487.1	552.9	−65.8	25.7	35.1
1960	572.3	654.1	−81.8	17.5	18.3
1961	356.1	367.0	−10.9	−37.8	−43.9
1962	313.6	305.3	8.3	−11.9	−16.8
1963	342.3	339.6	2.6	9.2	11.2
1964	399.5	399.0	0.5	16.7	17.5
1965	473.3	466.3	7.0	18.5	16.9
1966	558.7	541.6	17.2	18.0	16.1
1967	419.4	441.9	−22.5	−24.9	−18.4
1968	361.3	359.8	1.4	−13.9	−18.6
1969	526.8	525.9	0.9	45.8	46.2
1970	662.9	649.4	13.5	25.8	23.5
1971	744.7	732.2	12.6	12.3	12.8
1972	766.6	766.4	0.2	2.9	4.7
1973	809.7	809.3	0.4	5.6	5.6
1974	783.1	790.8	−7.6	−3.3	−2.3
1975	815.6	820.9	−5.3	4.2	3.8
1976	776.6	806.2	−29.6	−4.8	−1.8
1977	874.5	843.5	30.0	12.6	4.6
1978	1121.1	1111.0	10.1	28.2	31.7
1979	1103.3	1273.9	−170.6	−1.6	14.7
1980	1085.2	1212.7	−127.5	−1.6	−14.8
1981	1089.5	1115.0	−25.5	0.4	−8.1
1982	1124.0	1153.3	−29.3	3.2	3.4
1983	1249.0	1292.5	−43.3	11.1	12.1
1984	1501.9	1546.4	−44.5	20.2	19.6
1985	1866.4	1844.8	21.6	24.3	19.3
1986	2260.3	2330.8	−70.5	21.1	26.3
1987	2368.9	2448.5	−79.6	4.8	5.0
1988	2628.0	2706.6	−78.6	10.9	10.5
1989	2947.9	3040.2	−92.3	12.2	12.3
1990	3312.6	3452.2	−139.6	12.4	13.6
1991	3610.9	3813.6	−202.7	9.0	10.5
1992	4153.1	4389.7	−236.6	15.0	15.1
1993	5088.2	5287.4	−119.2	22.5	20.5
1994	5218.1	5792.6	−574.5	20.0	24.8
1995	6242.2	6823.7	−581.5	19.6	17.8
1996	7408.0	7937.6	−529.6	18.7	16.3
1997	8651.1	9233.6	−582.4	16.8	16.3
1998	9876.0	10798.2	−922.2	14.2	16.9
1999	11444.1	13187.7	−1743.6	15.9	22.1
2000	13395.2	15886.5	−2491.3	17.0	20.5
2001	16386.0	18902.6	−2516.5	22.3	19.0
2002	18903.6	22053.2	−3149.5	15.4	16.7
2003	21715.3	24650.0	−2934.7	14.9	11.8

注:1986 年,因某些冲减收入项目改列支出,收入与支出均有虚增,与以前年份不尽可比,本年指数中已经扣除这个因素;1994 年以后年度数不含国内外债务收入。

2—6 金融机构现金收入与支出

单位:亿元

项 目	1980 年	1985 年	1990 年	1995 年	2000 年	2002 年	2003 年
收入总计	**1336.0**	**5499.1**	**17171.1**	**96725.5**	**277067.1**	**365593.0**	**455527.9**
商品销售收入	952.7	2863.7	5690.6	17204.1	32593.1	40101.4	48545.9
服务业收入	104.9	321.6	958.9	4202.5	13316.4	16848.9	19369.3
税款收入	5.4	36.1	126.8	516.0	1585.8	2114.0	2513.7
农村信用社收入	54.2	580.4	1353.6	3646.3			
乡镇企事业收入		84.2	270.6	2096.2			
城乡个体经营收入		36.1	138.6	1448.1	10651.9	12645.5	15458.1
储蓄存款收入	142.9	1242	6940.5	52522.7	183022.8	252322.5	321577.8
其他金融机构收入			281.4	3553.5	3059.5	2259.6	2272.2
居民归还贷款收入					4077.8	6260.7	8062.8
汇兑收入	26.4	82.5	293.3	1846.5	5935.3	5900.6	5091.7
有价证券收入				805.6	1917.5	952.3	1124.3
其他收入	49.5	252.5	1146.7	8884.1	20907.0	26187.6	31512.1
#兑换外币收入					207.0	115.9	164.9

注:1999 年以后是金融机构现金收入与支出;1995 年以前的"居民归还贷款收入"放在"其他收入"中。

2—6 续表

单位:亿元

项 目	1980 年	1985 年	1990 年	1995 年	2000 年	2002 年	2003 年
支出总计	**1352.6**	**5694.8**	**17471.4**	**97322.3**	**278264.3**	**367182.2**	**457995.9**
工资性支出	617.4	1786.5	4177.5	12930.6	20397.9	23743.9	28641.0
农副产品采购支出	128.1	834.8	1744.3	3589.7	7126.0	8340.3	10483.2
工矿及其他产品采购支出				1151.4	4653.2	6328.7	8741.5
行政企业管理费支出	87.8	364.8	1100.2	5608.5	15298.2	19997.2	23767.9
农村信用社支出	296.7	1094.8	1946.7	4691.1			
乡镇企事业支出		169.3	508.1	2654.9			
城乡个体经营支出		57.0	216.8	1836.4	13318.5	16779.5	20958.3
储蓄存款支出	129.8	1008.9	5817.9	49754.9	184907.0	251240.2	318132.0
其他金融机构支出			264.9	2933.3	2105.6	2339.6	2233.1
居民提取贷款支出					3977.1	6362.4	8079.9
汇兑支出	38.4	93.2	272.9	1698.1	3789.8	3930.5	3280.2
有价证券支出				564.3	1303.7	941.2	1002.4
其他支出	54.4	285.5	1422.1	9909.0	21387.2	27178.8	32676.5

注:1995 年以前的"居民提取贷款支出"及 1990 年以前的"工矿及其他产品采购支出"放在"其他支出"中。

2—7 金融机构信贷资金平衡表

（年末余额）

单位：亿元

项　　目	1997年	1998年	1999年	2000年	2002年	2003年
资金来源合计	**95008.1**	**110420.5**	**123230.6**	**135483.7**	**184024.5**	**225313.3**
各项存款	82390.3	95679.9	108778.9	123804.4	170917.4	208055.6
企业存款	28656.3	32486.6	37182.4	44093.7	60028.6	72487.1
财政存款	1572.4	2187.9	2128.1	3508.1	3481.9	5126.9
机关团体存款	858.6	1285.4	1814.5	2224.3	5184.5	6727.7
城乡储蓄存款	46279.8	53407.5	59621.8	64332.4	86910.7	103617.7
农业存款	1533.0	1748.0	2126.3	2642.9	3764.2	4898.3
委托及信托类存款	2634.7	2886.4	3072.2	2873.6	2414.4	2458.1
其他类存款	855.6	1696.2	2833.7	4129.4	9133.2	12740.0
金融债券	29.9	56.2	39.5	30.2	90.3	2226.3
对国际金融机构负债	196.5	174.4	371.9	368.3	423.1	483.0
货币流通量	10177.6	11204.2	13455.5	14652.7	17278.0	19746.0
其 他	2213.8	3287.9	584.8	－3371.9	－4684.3	－5197.2

注：金融机构包括人民银行、政策性银行、国有独资商业银行、邮政储蓄机构、其他商业银行、城市合作银行、农村信用社、城市信用社、信托投资公司、租赁公司、财务公司等。

2—7 续表

单位：亿元

项　　目	1997年	1998年	1999年	2000年	2002年	2003年
资金运用合计	**95008.1**	**110420.5**	**123230.6**	**135483.7**	**184024.5**	**225313.3**
各项贷款	74914.1	86524.1	93734.3	99371.1	131293.9	158996.2
短期贷款	55418.3	60613.2	63887.6	65748.1	74247.9	83661.2
工业贷款	16526.6	17821.5	17948.9	17019.3	20190.5	22756.0
商业贷款	18356.6	19752.4	19890.9	17868.5	17973.1	17994.4
建筑业贷款	1591.1	1628.7	1476.9	1617.1	2748.0	3002.1
农业贷款	3314.6	4444.2	4792.4	4889.0	6884.6	8411.4
乡镇企业贷款	5035.8	5580.0	6161.3	6060.8	6812.3	7661.6
私营企业及个体贷款	386.7	471.6	579.1	654.6	1058.8	1461.6
三资企业贷款	1891.0	2487.5	2985.8	3049.8	2697.4	2569.4
其他短期贷款	8315.9	8427.2	10052.4	14589.0	15883.4	19804.7
中长期贷款	15468.7	20717.8	23968.3	27931.2	48642.0	63401.4
委托及信托类贷款	2322.1	2521.3	2504.6	2409.7	2170.3	2281.3
其他类贷款	1705.0	2671.9	3373.8	3282.1	6233.7	9652.4
有价证券及投资	3671.7	8112.2	12505.8	19651.1	26789.7	30259.5
在国际金融机构资产	534.4	461.8	604.1	576.3	798.2	873.4
金银占款	12.0	12.0	12.0	12.0	337.2	337.2
外汇占款	13467.2	13728.3	14792.4	14924.1	23223.3	34846.9
财政借款	1582.1	15821.1	1582.1	1582.1	1582.1	

2—8 货币流通量同相关指标的关系

年份	年平均货币流通量(M_0)(亿元)	大中型批发零售贸易业农副产品购进额(亿元)	社会消费品零售总额(亿元)	每元货币流通量所拥有农副产品购进额(元)	每元货币流通量所拥有社会消费品零售总额(元)	每元社会消费品零售总额所拥有农副产品购进额(元)
1952		140.8	262.7			0.5
1953	27.1	166.8	328.8	6.2	12.1	0.5
1954	34.4	191.0	356.1	5.6	10.4	0.5
1955	32.0	195.2	364.0	6.1	11.4	0.5
1956	42.9	192.2	424.0	4.5	9.9	0.5
1957	50.0	217.5	441.6	4.4	8.8	0.5
1958	53.6	229.8	481.2	4.3	9.0	0.5
1959	71.4	279.2	556.5	3.9	7.8	0.5
1960	83.3	220.0	595.4	2.6	7.1	0.4
1961	111.0	205.0	537.7	1.8	4.8	0.4
1962	102.9	211.0	543.7	2.1	5.3	0.4
1963	83.0	238.2	544.8	2.9	6.6	0.4
1964	75.1	271.0	572.7	3.6	7.6	0.5
1965	75.6	307.1	590.1	4.1	7.8	0.5
1966	85.8	345.9	632.8	4.0	7.4	0.5
1967	99.0	344.8	679.1	3.5	6.9	0.5
1968	123.7	338.2	649.2	2.7	5.2	0.5
1969	128.3	324.0	698.2	2.5	5.4	0.5
1970	124.3	347.8	728.8	2.8	5.9	0.5
1971	122.1	369.0	776.9	3.0	6.4	0.5
1972	135.3	377.1	853.5	2.8	6.3	0.4
1973	147.6	436.2	917.7	3.0	6.2	0.5
1974	160.6	445.9	967.4	2.8	6.0	0.5
1975	173.0	478.6	1046.4	2.8	6.0	0.5
1976	186.1	469.8	1099.0	2.5	5.9	0.4
1977	198.9	494.6	1174.3	2.5	5.9	0.4
1978	193.7	557.9	1264.9	2.9	6.5	0.4
1979	225.3	713.6	1476.0	3.2	6.6	0.5
1980	275.1	842.2	1794.0	3.1	6.5	0.5
1981	341.4	955.0	2002.5	2.8	5.9	0.5
1982	385.9	1083.0	2181.5	2.8	5.7	0.5
1983	460.5	1265.0	2426.1	2.7	5.3	0.5
1984	576.6	1440.0	2899.2	2.5	5.0	0.5
1985	822.2	1680.0	3801.4	2.0	4.6	0.4
1986	978.0	1990.0	4374.0	2.0	4.5	0.5
1987	1239.0	2369.2	5115.0	1.9	4.1	0.5
1988	1674.7	2998.0	6534.6	1.8	3.9	0.5
1989	2157.3	3386.0	7074.2	1.6	3.3	0.5
1990	2296.6	3711.0	7250.3	1.6	3.2	0.5
1991	2724.3	4161.9	8245.7	1.5	3.0	0.5
1992	3466.6	4412.0	9704.8	1.3	2.8	0.5
1993	4937.1	2506.0	12462.1	0.5	2.5	0.2
1994	6243.5	2468.9	16264.7	0.4	2.6	0.2
1995	7507.4	2900.5	20620.0	0.4	2.7	0.1
1996	8296.6	2965.5	24774.1	0.4	3.0	0.1
1997	9489.8	1325.1	27298.9	0.1	2.9	0.1
1998	10690.9		29152.5		2.7	
1999	12329.9		31134.7		2.5	
2000	14054.1		34152.6		2.4	
2001	15170.8		37595.2		2.5	
2002	16483.4		42027.1		2.5	
2003	18512.0		45842.0		2.5	

2—9 国民经济主要比例关系

单位:%

项　　目	1978年	1980年	1985年	1990年	1995年	2000年	2002年	2003年
一、国内生产总值比例								
第一产业	28.1	30.1	28.4	27.1	20.5	15.9	15.4	14.6
第二产业	48.2	48.5	43.1	41.6	48.8	50.9	51.1	52.2
#工　业	44.3	44.2	38.5	37.0	42.3	44.3	44.4	45.3
建筑业	3.8	4.3	4.7	4.6	6.5	6.6	6.7	6.9
第三产业	23.7	21.4	28.5	31.3	30.7	33.2	33.5	33.2
#交通运输业	4.8	4.5	4.5	6.2	5.2	5.5	6.0	5.7
商　业	7.3	4.7	9.8	7.7	8.4	8.2	7.8	7.9
二、国内支出总额比例								
总投资	38.2	34.9	38.5	35.2	40.8	36.4	39.4	42.3
固定资产	77.9	82.9	78.0	73.4	85.0	100.4	99.6	99.7
存　货	22.1	17.1	22.0	26.6	15.0	—0.4	0.4	0.3
总消费	62.1	65.4	65.7	62.0	57.5	61.1	58.0	55.5
居民消费	78.6	77.9	79.5	80.2	80.1	78.6	77.8	78.1
农　民	62.1	61.6	63.7	56.3	49.2	44.8	43.6	41.4
非农业居民	37.9	38.4	36.3	43.7	50.8	55.2	56.4	58.6
政府消费	21.4	22.1	20.5	19.8	19.9	21.4	22.2	21.9
三、国家财政收入占国内生产总值的比重	**31.2**	**25.7**	**22.4**	**15.8**	**10.7**	**15.0**	**18.0**	**18.5**
四、中央和地方财政收支比例								
收　入								
中央财政	15.5	25.4	38.4	33.8	52.2	52.2	55.0	54.6
地方财政	84.5	75.5	61.6	66.2	47.8	47.8	45.0	45.4
支　出								
中央财政	47.4	54.3	39.7	32.6	29.2	34.7	30.7	30.1
地方财政	52.6	45.7	60.3	67.4	70.8	65.3	69.3	69.9
五、农林牧渔业总产值比例								
农　业	80.0	75.6	69.2	64.6	58.4	55.7	54.5	50.1
林　业	3.4	4.3	5.2	4.3	3.5	3.8	3.8	4.2
牧　业	15.0	18.4	22.1	25.7	29.7	29.7	30.9	32.1
渔　业	1.6	1.7	3.5	5.4	8.4	10.8	10.8	10.6
六、工业总产值比例								
轻工业	43.1	47.1	47.1	49.4	47.3	39.8	39.1	35.5
重工业	56.9	52.9	52.9	50.6	52.7	60.2	60.9	64.5

注:2000年以后工业总产值口径为全部国有及规模以上非国有工业企业单位总产值。

2—10　社会消费品零售总额和工农业总产值的比例

年份	社会消费品零售总额（亿元）	工农业总产值（亿元）	轻工业产　值	农业总产　值	社会消费品零售总额和工农业总产值比例	社会消费品零售总额和轻工业总产值比例	社会消费品零售总额和农业总产值比例
1952	263	810	225	461	1:3.1	1:0.9	1:1.8
1953	329	960	282	510	1:2.9	1:0.9	1:1.6
1954	356	1050	317	535	1:2.5	1:0.9	1:1.5
1955	364	1109	316	575	1:3.0	1:0.9	1:1.6
1956	424	1252	370	610	1:3.0	1:0.9	1:1.4
1957	442	1241	387	537	1:2.8	1:0.9	1:1.2
1958	481	1649	503	566	1:3.4	1:1.0	1:1.2
1959	557	1980	616	497	1:3.6	1:1.1	1:0.9
1960	595	2094	547	457	1:3.5	1:0.9	1:0.8
1961	538	1621	451	559	1:3.0	1:0.8	1:1.0
1962	544	1504	434	584	1:2.8	1:0.8	1:1.1
1963	545	1635	445	642	1:3.0	1:0.8	1:1.2
1964	573	1884	516	720	1:3.3	1:0.9	1:1.3
1965	590	2235	723	833	1:3.8	1:1.2	1:1.4
1966	633	2534	796	910	1:4.0	1:1.3	1:1.4
1967	679	2306	733	924	1:3.4	1:1.1	1:1.4
1968	649	2213	690	928	1:3.4	1:1.1	1:1.4
1969	698	2613	837	948	1:3.7	1:1.2	1:1.4
1970	729	3138	976	1021	1:4.4	1:1.3	1:1.4
1971	777	3482	1037	1068	1:4.5	1:1.3	1:1.4
1972	854	3640	1100	1075	1:4.3	1:1.3	1:1.3
1973	918	3967	1212	1173	1:4.3	1:1.3	1:1.3
1974	967	4007	1241	1215	1:4.1	1:1.3	1:1.3
1975	1046	4467	1413	1260	1:4.3	1:1.4	1:1.2
1976	1099	4536	1448	1258	1:4.1	1:1.3	1:1.1
1977	1174	4978	1638	1253	1:4.2	1:1.4	1:1.1
1978	1265	5634	1826	1397	1:4.5	1:1.4	1:1.1
1979	1476	6379	2045	1698	1:4.3	1:1.4	1:1.2
1980	1794	7077	2430	1923	1:3.9	1:1.4	1:1.1
1981	2003	7581	2781	2181	1:3.8	1:1.4	1:1.1
1982	2182	8294	2919	2483	1:3.8	1:1.3	1:1.1
1983	2426	9211	3135	2750	1:3.8	1:1.3	1:1.1
1984	2899	10831	3608	3214	1:3.7	1:1.2	1:1.1
1985	3801	13335	4575	3619	1:3.5	1:1.2	1:1.0
1986	4374	15207	5330	4013	1:3.5	1:1.2	1:0.9
1987	5115	18489	6656	4676	1:3.6	1:1.3	1:0.9
1988	6535	24089	8979	5865	1:3.7	1:1.4	1:0.9
1989	7074	28552	10761	6535	1:4.0	1:1.5	1:0.9
1990	7250	31586	11813	7662	1:4.4	1:1.6	1:1.1
1991	8246	36405	13801	8157	1:4.4	1:1.7	1:1.0
1992	9705	46151	17492	9085	1:4.7	1:1.8	1:0.9
1993	12462	63890	22984	10996	1:5.1	1:1.8	1:0.9
1994	16265	92659	36224	15750	1:5.7	1:2.2	1:1.0
1995	20620	112235	29211	20341	1:5.4	1:1.4	1:1.0
1996	24774	123017	28280	23422	1:5.0	1:1.1	1:0.9
1997	27299	138321	30651	23764	1:5.1	1:1.1	1:0.9
1998	29153	143565	29082	24517	1:4.9	1:1.0	1:0.8
1999	31135	150630	30515	24519	1:4.8	1:1.0	1:0.8
2000	34153	110590	34095	24916	1:3.2	1:1.0	1:0.7
2001	37595	121629	37637	26180	1:3.2	1:1.0	1:0.7
2002	42027	138167	43356	27391	1:3.3	1:1.0	1:0.7
2003	45842	171963	50498	29692	1:3.8	1:1.0	1:0.6

注:2000年以后工业总产值口径为全部国有及规模以上非国有工业企业单位总产值。

2—11 各地区商品进出口总额及限额以上批发零售贸易业所占比重

（2003 年）

地 区	商品出口总额（亿元）	#限额以上批发零售贸易业	比重（%）	商品进口总额（亿元）	#限额以上批发零售贸易业	比重（%）
全 国	**36287.9**	**5802.3**	**16.0**	**34195.6**	**3808.6**	**11.1**
北 京	1398.6	505.9	36.2	4275.9	960.2	22.5
天 津	1188.5	139.7	11.8	1243.3	92.8	7.5
河 北	490.8	73.7	15.0	252.7	9.4	3.7
山 西	188.1	54.5	29.0	67.8	2.2	3.2
内 蒙 古	95.7	14.3	15.0	138.5	10.9	7.9
辽 宁	1210.0	142.9	11.8	991.2	102.6	10.4
吉 林	180.7	71.2	39.4	330.8	9.8	3.0
黑 龙 江	237.9	13.1	5.5	203.4	40.1	19.7
上 海	4010.8	601.6	15.0	5290.4	755.9	14.3
江 苏	4893.5	716.3	14.6	4514.1	226.8	5.0
浙 江	3443.4	1175.5	34.1	1642.0	447.2	27.2
安 徽	253.6	98.8	39.0	239.2	69.7	29.1
福 建	1751.2	440.1	25.1	1175.5	176.6	15.0
江 西	124.6	67.1	53.9	84.8	3.3	3.9
山 东	2198.8	302.9	13.8	1497.5	116.3	7.8
河 南	246.7	49.7	20.2	142.0	10.9	7.7
湖 北	219.8	50.8	23.1	203.6	32.6	16.0
湖 南	177.6	58.7	33.1	131.0	9.9	7.5
广 东	12657.0	957.2	7.6	10824.9	550.3	5.1
广 西	163.1	32.6	20.0	100.8	4.1	4.0
海 南	71.9	12.6	17.6	117.0	10.6	9.1
重 庆	131.2	32.2	24.5	84.1	11.6	13.8
四 川	265.6	44.5	16.7	201.0	6.8	3.4
贵 州	48.7	11.1	22.7	32.8	9.9	30.2
云 南	138.8	32.0	23.0	82.2	28.8	35.1
西 藏	10.0	0.1	0.6	3.2		
陕 西	143.5	41.0	28.6	87.0	1.0	1.2
甘 肃	72.6	11.1	15.3	37.3	13.3	35.7
青 海	22.7	1.8	8.1	5.4	0.3	5.8
宁 夏	42.4	1.2	2.8	11.7	0.9	7.3
新 疆	210.3	48.1	22.9	184.3	93.7	50.8

注：1. 各地区商品进出口总额系海关统计的美元，用人民币对美元的年平均中间价（100 美元＝827.7 元人民币）折算的。

2. 本表进出口总额按经营单位所在地分。

三、中国商品市场

3—1 社会消费品零售总额变动情况

单位:亿元

	2003 年	2002 年	增长速度(%)
社会消费品零售总额	**45842.0**	**42027.1**	**9.1**
一、按销售地区分			
市	29777.3	26986.3	10.3
县	5247.8	4860.0	8.0
县以下	10816.9	10180.8	6.2
二、按行业分			
批发零售贸易业	37692.5	34514.2	9.2
餐饮业	6065.7	5433.3	11.6
其　他	2083.8	2079.6	0.2

3—2　社会消费品零售总额分月情况

（2003年，按销售单位所在地分）

	社会消费品零售总额	市	县	县以下
一、绝对额（亿元）	**45842.0**	**29777.3**	**5247.8**	**10816.9**
1月	3907.4	2535.5	456.1	915.8
2月	3706.4	2432.1	409.0	865.3
3月	3494.8	2260.7	402.8	831.3
一季度	11108.6	7228.3	1267.9	2612.4
4月	3406.9	2202.1	386.6	818.2
5月	3463.3	2271.4	378.9	813.0
6月	3576.9	2328.1	404.5	844.3
二季度	10447.1	6801.6	1170.0	2475.5
7月	3562.1	2338.4	393.7	830.0
8月	3609.6	2364.8	400.6	844.2
9月	3971.8	2596.6	448.6	926.6
三季度	11143.5	7299.8	1242.9	2600.8
10月	4204.4	2742.6	479.5	982.3
11月	4202.7	2694.9	503.1	1004.7
12月	4735.7	3010.1	584.4	1141.2
四季度	13142.8	8447.6	1567.0	3128.2
二、比重（%）	**100.0**	**100.0**	**100.0**	**100.0**
1月	8.5	8.5	8.7	8.5
2月	8.1	8.2	7.8	8.0
3月	7.6	7.6	7.7	7.7
4月	7.4	7.4	7.4	7.6
5月	7.6	7.6	7.2	7.5
6月	7.8	7.8	7.7	7.8
7月	7.8	7.9	7.5	7.7
8月	7.9	7.9	7.6	7.8
9月	8.7	8.7	8.5	8.6
10月	9.2	9.2	9.1	9.1
11月	9.2	9.1	9.6	9.3
12月	10.3	10.1	11.1	10.6

3—3 社会消费品零售总额分月情况

（2003年，按行业分）

	社会消费品零售总额	批发零售贸易业	餐饮业	其 他
一、绝对额(亿元)	**45842.0**	**37692.5**	**6065.7**	**2083.8**
1月	3907.4	3155.8	516.0	235.6
2月	3706.4	3021.1	484.1	201.2
3月	3494.8	2857.4	454.9	182.5
一季度	11108.6	9034.3	1455.0	619.3
4月	3406.9	2828.6	401.7	176.6
5月	3463.3	2922.2	358.6	182.5
6月	3576.9	2955.5	434.3	187.1
二季度	10447.1	8706.3	1194.6	546.2
7月	3562.1	2951.2	472.6	138.3
8月	3609.6	2971.5	498.4	139.7
9月	3971.8	3261.7	565.6	144.5
三季度	11143.5	9184.4	1536.6	422.5
10月	4204.4	3446.6	607.1	150.7
11月	4202.7	3447.5	596.5	158.7
12月	4735.7	3873.4	675.9	186.4
四季度	13142.8	10767.5	1879.5	495.8
二、比重(%)	**100.0**	**100.0**	**100.0**	**100.0**
1月	8.5	8.4	8.5	11.3
2月	8.1	8.0	8.0	9.7
3月	7.6	7.6	7.5	8.8
4月	7.4	7.5	6.6	8.5
5月	7.6	7.8	5.9	8.8
6月	7.8	7.8	7.2	9.0
7月	7.8	7.8	7.8	6.6
8月	7.9	7.9	8.2	6.7
9月	8.7	8.7	9.3	6.9
10月	9.2	9.1	10.0	7.2
11月	9.2	9.1	9.8	7.6
12月	10.3	10.3	11.1	8.9

3—4 各地区社会消费品零售总额

(2003年,按销售单位所在地分)　　单位:亿元

地　区	社会消费品零售总额	市	县	县以下
全　国	**45842.0**	**29777.3**	**5247.8**	**10816.9**
北　京	1916.7	1535.8	88.8	292.2
天　津	922.3	859.2	35.3	27.8
河　北	2177.9	1064.4	421.1	692.4
山　西	729.3	471.3	135.2	122.8
内蒙古	726.8	449.5	166.5	110.8
辽　宁	2330.8	1963.7	112.0	255.2
吉　林	1110.3	857.7	76.8	175.8
黑龙江	1376.5	1019.4	186.6	170.4
上　海	2220.6	1905.9	17.6	297.1
江　苏	3566.5	2516.3	217.8	832.3
浙　江	3157.1	1999.9	329.5	827.7
安　徽	1331.2	666.6	285.6	379.0
福　建	1740.4	1057.5	218.3	464.6
江　西	923.2	455.3	206.6	261.3
山　东	3936.5	2525.6	396.4	1014.5
河　南	2426.4	1234.8	494.2	697.4
湖　北	2358.7	1603.3	222.9	532.5
湖　南	1816.3	997.1	332.5	486.7
广　东	5606.0	3718.3	269.4	1618.3
广　西	857.7	458.5	169.7	229.5
海　南	191.6	128.1	16.6	46.9
重　庆	835.5	482.3	112.7	240.5
四　川	2091.1	1004.2	357.3	729.6
贵　州	458.8	272.0	85.8	101.0
云　南	782.5	425.3	180.5	176.7
西　藏	58.3	26.1	25.0	7.2
陕　西	853.2	565.6	149.1	138.5
甘　肃	474.6	308.0	76.2	90.4
青　海	102.7	66.1	24.7	11.8
宁　夏	120.8	81.5	20.8	18.5
新　疆	421.2	311.3	49.2	60.6

注:各地区相加不等于全国总计,原因是全国数据进行了修正(下表同)。

3—5 各地区社会消费品零售总额

（2003年，按行业分）

单位：亿元

地区	批发零售贸易业	餐饮业	其他行业
全国	**37692.5**	**6065.7**	**2083.8**
北京	1611.2	121.4	184.1
天津	727.1	109.9	85.3
河北	1894.8	233.5	49.6
山西	614.2	81.7	33.4
内蒙古	592.2	99.2	35.3
辽宁	1935.6	338.9	56.3
吉林	951.0	153.8	5.4
黑龙江	1191.9	152.3	32.2
上海	1990.2	214.8	15.6
江苏	3072.6	434.4	59.4
浙江	2696.4	358.9	101.8
安徽	1143.7	159.4	28.2
福建	1423.1	211.2	106.2
江西	812.0	85.3	25.9
山东	3251.7	497.2	187.6
河南	2009.7	343.1	73.6
湖北	1884.7	298.3	175.7
湖南	1558.4	224.6	33.3
广东	4681.1	877.3	47.6
广西	716.8	115.3	25.6
海南	150.5	31.0	10.1
重庆	719.1	107.3	9.1
四川	1621.5	349.4	120.2
贵州	374.3	75.5	9.0
云南	635.4	124.6	22.4
西藏	46.6	8.2	3.6
陕西	646.3	184.3	22.6
甘肃	388.3	66.9	19.5
青海	83.4	16.4	2.8
宁夏	98.8	19.6	2.3
新疆	341.9	60.6	18.6

3—6 历年社会消费品零售总额

(按销售单位所在地分)

单位:亿元

年份	社会消费品零售总额	市	县	县以下
1952	276.8			
1953	348.0			
1954	381.1			
1955	392.2			
1956	461.0			
1957	474.2			
1958	548.0			
1959	638.0			
1960	696.9			
1961	607.7			
1962	604.0			
1963	604.5			
1964	638.2			
1965	670.3			
1966	732.8			
1967	770.5			
1968	737.3			
1969	801.5			
1970	858.0			
1971	929.2			
1972	1023.3			
1973	1106.7	364.4	287.6	454.7
1974	1163.6	384.9	311.5	467.2
1975	1271.1	416.7	350.0	504.4
1976	1339.4	436.0	359.1	544.3
1977	1432.8	452.5	362.4	617.9
1978	1558.6	505.2	380.4	673.0
1979	1800.0	584.7	347.5	867.8
1980	2140.0	733.6	399.4	1007.0
1981	2350.0	843.3	431.9	1074.8
1982	2570.0	920.5	471.3	1178.2
1983	2849.4	1057.3	520.8	1271.3
1984	3376.4	1348.7	586.4	1441.3
1985	4305.0	1874.5	737.2	1693.3
1986	4950.0	2018.0	902.0	2030.0
1987	5820.0	2427.0	1030.0	2363.0
1988	7440.0	3260.8	1264.3	2914.9
1989	8101.4	3666.8	1329.5	3105.1
1990	8300.1	3888.6	1337.4	3074.1
1991	9415.6	4529.8	1491.2	3394.6
1992	10993.7	5470.3	1689.8	3833.6
1993	12462.1	7224.9	2039.5	3197.7
1994	16264.7	9661.2	2407.2	4196.3
1995	20620.0	12376.7	2919.6	5323.7
1996	24774.1	14951.2	3280.0	6542.9
1997	27298.9	16650.4	3500.1	7148.4
1998	29152.5	17825.2	3681.9	7645.4
1999	31134.7	19091.6	3892.5	8150.6
2000	34152.6	21110.3	4217.2	8825.1
2001	37595.2	23543.4	4583.2	9468.6
2002	42027.1	26986.3	4860.0	10180.8
2003	45842.0	29777.3	5247.8	10816.9

注:1.1992 年及以前为社会商品零售总额(下表同),农业生产资料零售额包括在县以下零售额中。

2.1997 年及以后社会消费品零售总额中不含居民购买住房(下表同)。

3—7 历年社会消费品零售总额变动情况

（按销售单位所在地分，上年＝100） 单位：%

年份	社会消费品零售总额	市	县	县以下
1953	25.7			
1954	9.5			
1955	2.9			
1956	17.5			
1957	2.9			
1958	15.6			
1959	16.4			
1960	9.2			
1961	－12.8			
1962	－0.6			
1963	0.1			
1964	5.6			
1965	5.0			
1966	9.3			
1967	5.1			
1968	－4.3			
1969	8.7			
1970	7.0			
1971	8.3			
1972	10.1			
1973	8.2			
1974	5.1	5.6	8.3	2.7
1975	9.2	8.3	12.4	8.0
1976	5.4	4.6	2.6	7.9
1977	7.0	3.8	0.9	13.5
1978	8.8	11.6	5.0	8.9
1979	15.5	15.7	－8.6	28.9
1980	18.9	25.5	14.9	16.0
1981	9.8	15.0	8.1	6.7
1982	9.4	9.2	9.1	9.6
1983	10.9	14.9	10.5	7.9
1984	18.5	27.6	12.6	13.4
1985	27.5	39.0	25.7	17.5
1986	15.0	7.7	22.4	19.9
1987	17.6	20.3	14.2	16.4
1988	27.8	34.4	22.7	23.4
1989	8.9	12.5	5.2	6.5
1990	2.5	6.0	0.6	－1.0
1991	13.4	16.5	11.5	10.4
1992	16.8	20.8	13.3	12.9
1993	13.4	32.1	20.7	－16.6
1994	30.5	33.7	18.0	31.2
1995	26.8	28.1	21.3	26.9
1996	20.1	20.8	12.3	22.9
1997	10.2	11.4	6.7	9.3
1998	6.8	7.1	5.2	7.0
1999	6.8	7.1	5.7	6.6
2000	9.7	10.6	8.3	8.3
2001	10.1	11.5	8.7	7.3
2002	11.8	14.6	6.0	7.5
2003	9.1	10.3	8.0	6.2

3-8 历年社会消费品零售总额构成

（按销售单位所在地分）

单位：%

年份	市	县	县以下
1952			
1953			
1954			
1955			
1956			
1957			
1958			
1959			
1960			
1961			
1962			
1963			
1964			
1965			
1966			
1967			
1968			
1969			
1970			
1971			
1972			
1973	32.9	26.0	41.1
1974	33.1	26.8	40.2
1975	32.8	27.5	39.7
1976	32.6	26.8	40.6
1977	31.6	25.3	43.1
1978	32.4	24.4	43.2
1979	32.5	19.3	48.2
1980	34.3	18.7	47.1
1981	35.9	18.4	45.7
1982	35.8	18.3	45.8
1983	37.1	18.3	44.6
1984	39.9	17.4	42.7
1985	43.5	17.1	39.3
1986	40.8	18.2	41.0
1987	41.7	17.7	40.6
1988	43.8	17.0	39.2
1989	45.3	16.4	38.3
1990	46.9	16.1	37.0
1991	48.1	15.8	36.1
1992	49.8	15.4	34.9
1993	58.0	16.4	25.7
1994	59.4	14.8	25.8
1995	60.0	14.2	25.8
1996	60.4	13.2	26.4
1997	61.0	12.8	26.2
1998	61.1	12.6	26.2
1999	61.3	12.5	26.2
2000	61.8	12.3	25.8
2001	62.6	12.2	25.2
2002	64.2	11.6	24.2
2003	65.0	11.4	23.6

3—9 历年社会消费品零售总额

（按行业分）

单位：亿元

年份	社会消费品零售总额	批发零售贸易业	餐饮业	其他
1952	276.8	211.3	14.1	51.4
1953	348.0	277.2	15.9	54.9
1954	381.1	315.0	17.5	48.6
1955	392.2	323.2	19.6	49.4
1956	461.0	384.3	22.7	54.0
1957	474.2	399.5	24.2	50.5
1958	548.0	474.9	25.3	47.8
1959	638.0	573.7	28.9	35.4
1960	696.9	631.1	27.0	38.8
1961	607.7	512.5	31.7	63.5
1962	604.0	502.1	39.1	62.8
1963	604.5	516.4	37.0	51.1
1964	638.2	560.0	33.5	44.7
1965	670.3	594.6	31.2	44.5
1966	732.8	655.1	31.9	45.8
1967	770.5	688.0	30.1	52.4
1968	737.3	658.0	27.3	52.0
1969	801.5	718.1	28.9	54.5
1970	858.0	769.3	29.6	59.1
1971	929.2	825.5	33.2	70.5
1972	1023.3	906.8	37.5	79.0
1973	1106.7	979.9	40.1	86.7
1974	1163.6	1027.0	41.8	94.8
1975	1271.1	1113.9	45.5	111.7
1976	1339.4	1175.6	47.0	116.8
1977	1432.8	1256.5	50.4	125.9
1978	1558.6	1363.7	54.8	140.1
1979	1800.0	1540.5	63.7	195.8
1980	2140.0	1768.0	80.0	292.0
1981	2350.0	1915.4	87.6	347.0
1982	2570.0	2068.1	98.4	403.5
1983	2849.4	2269.1	112.1	468.2
1984	3376.4	2645.5	137.1	593.8
1985	4305.0	3272.2	196.9	835.9
1986	4950.0	3717.8	232.8	999.4
1987	5820.0	4343.5	283.0	1193.5
1988	7440.0	5544.6	366.5	1528.9
1989	8101.4	6009.5	405.1	1686.8
1990	8300.1	6127.4	419.8	1752.9
1991	9415.6	6903.9	492.0	2019.7
1992	10993.7	7922.2	589.7	2481.8
1993	12462.1	8726.9	800.1	2935.1
1994	16264.7	11039.7	1175.1	4049.9
1995	20620.0	13801.3	1579.2	5239.5
1996	24774.1	16205.1	2024.9	6544.1
1997	27298.9	18108.3	2433.3	6757.3
1998	29152.5	19185.8	2816.4	7150.3
1999	31134.8	20551.8	3199.6	7383.3
2000	34152.6	23042.3	3752.6	7357.7
2001	37595.2	25510.8	4368.9	7715.5
2002	42027.1	34514.2	5433.3	2079.6
2003	45842.0	37692.5	6065.7	2083.8

3—10 历年社会消费品零售总额变动情况

（按行业分，上年＝100）

单位：%

年份	社会消费品零售总额	批发零售贸易业	餐饮业	其他
1953	25.7	31.2	12.8	6.8
1954	9.5	13.6	10.1	−11.5
1955	2.9	2.6	12.0	1.6
1956	17.5	18.9	15.8	9.3
1957	2.9	4.0	6.6	−6.5
1958	15.6	18.9	4.5	−5.3
1959	16.4	20.8	14.2	−25.9
1960	9.2	10.0	−6.6	9.6
1961	−12.8	−18.8	17.4	63.7
1962	−0.6	−2.0	23.3	−1.1
1963	0.1	2.8	−5.4	−18.6
1964	5.6	8.4	−9.5	−12.5
1965	5.0	6.2	−6.9	−0.4
1966	9.3	10.2	2.2	2.9
1967	5.1	5.0	−5.6	14.4
1968	−4.3	−4.4	−9.3	−0.8
1969	8.7	9.1	5.9	4.8
1970	7.0	7.1	2.4	8.4
1971	8.3	7.3	12.2	19.3
1972	10.1	9.8	13.0	12.1
1973	8.2	8.1	6.9	9.7
1974	5.1	4.8	4.2	9.3
1975	9.2	8.5	8.9	17.8
1976	5.4	5.5	3.3	4.6
1977	7.0	6.9	7.2	7.8
1978	8.8	8.5	8.7	11.3
1979	15.5	13.0	16.2	39.8
1980	18.9	14.8	25.6	49.1
1981	9.8	8.3	9.5	18.8
1982	9.4	8.0	12.3	16.3
1983	10.9	9.7	13.9	16.0
1984	18.5	16.6	22.3	26.8
1985	27.5	23.7	43.6	40.8
1986	15.0	13.6	18.2	19.6
1987	17.6	16.8	21.6	19.4
1988	27.8	27.7	29.5	28.1
1989	8.9	8.4	10.5	10.3
1990	2.5	2.0	3.6	3.9
1991	13.4	12.7	17.2	15.2
1992	16.8	14.7	19.9	22.9
1993	13.4	10.2	35.7	18.3
1994	30.5	26.5	46.9	38.0
1995	26.8	25.0	34.4	29.4
1996	20.1	17.4	28.2	24.9
1997	10.2	11.7	20.2	3.3
1998	6.8	6.0	15.7	5.8
1999	6.8	7.1	13.6	3.3
2000	9.7	12.1	17.3	−0.3
2001	10.1	10.7	16.4	4.9
2002	11.8	35.3	24.4	−73.0
2003	9.1	9.2	11.6	0.2

3－11 历年社会消费品零售总额构成

（按行业分） 单位：%

年份	批发零售贸易业	餐饮业	其他
1952	76.3	5.1	18.6
1953	79.7	4.6	15.8
1954	82.7	4.6	12.8
1955	82.4	5.0	12.6
1956	83.4	4.9	11.7
1957	84.2	5.1	10.6
1958	86.7	4.6	8.7
1959	89.9	4.5	5.5
1960	90.6	3.9	5.6
1961	84.3	5.2	10.4
1962	83.1	6.5	10.4
1963	85.4	6.1	8.5
1964	87.7	5.2	7.0
1965	88.7	4.7	6.6
1966	89.4	4.4	6.3
1967	89.3	3.9	6.8
1968	89.2	3.7	7.1
1969	89.6	3.6	6.8
1970	89.7	3.4	6.9
1971	88.8	3.6	7.6
1972	88.6	3.7	7.7
1973	88.5	3.6	7.8
1974	88.3	3.6	8.1
1975	87.6	3.6	8.8
1976	87.8	3.5	8.7
1977	87.7	3.5	8.8
1978	87.5	3.5	9.0
1979	85.6	3.5	10.9
1980	82.6	3.7	13.6
1981	81.5	3.7	14.8
1982	80.5	3.8	15.7
1983	79.6	3.9	16.4
1984	78.4	4.1	17.6
1985	76.0	4.6	19.4
1986	75.1	4.7	20.2
1987	74.6	4.9	20.5
1988	74.5	4.9	20.5
1989	74.2	5.0	20.8
1990	73.8	5.1	21.1
1991	73.3	5.2	21.5
1992	72.1	5.4	22.6
1993	70.0	6.4	23.6
1994	67.9	7.2	24.9
1995	66.9	7.7	25.4
1996	65.4	8.2	26.4
1997	66.3	8.9	24.8
1998	65.8	9.7	24.5
1999	66.0	10.3	23.7
2000	67.5	11.0	21.5
2001	67.9	11.6	20.5
2002	82.1	12.9	4.9
2003	82.2	13.2	4.5

3—12 全国消费品市场交易情况

	1990 年	1999 年	2000 年	2001 年	2002 年	2003 年
消费品市场数(个)	**72579**	**88576**	**88811**	**86454**	**82498**	**81017**
城市市场	13106	24983	26395	26699	26529	27006
农村市场	59473	63593	62416	59755	55969	54011
消费品市场成交额(亿元)	**2168.2**	**21707.8**	**24279.6**	**24949.4**	**25975.7**	**26497.5**
城市市场	837.8	12325.7	13800.4	14319.7	15140.2	15447.5
农村市场	1330.4	9382.1	10479.2	10629.6	10835.6	11050.0
在成交额中						
#粮油类	146.8	1591.1	1959.5	1868.5	2095.5	2324.9
肉禽蛋类	618.8	3802.1	4201.9	4185.3	4468.0	4541.4
水产品类	182.4	1800.7	2072.4	2076.8	2205.4	2246.0
蔬菜类	264.2	2425.5	2661.8	2695.2	2887.7	2938.1
干鲜果类	183.5	1398.2	1546.2	1584.4	1692.2	1708.8

注:1. 1985 年商品分类交易额为农村消费品市场数,1990 年及以后为全国消费品市场数。

2. 本表资料取自于国家工商行政管理总局。

3—13 各地区城市居民平均每人全年家庭收入来源

(2003 年)

单位:元

地区	可支配收入	总收入				
			工薪收入	经营净收入	财产性收入	转移性收入
全国	**8472.20**	**9061.22**	**6410.22**	**403.82**	**134.98**	**2112.20**
北京	13882.62	14959.30	10152.14	314.19	174.67	4318.30
天津	10312.91	10971.57	6663.54	468.96	96.41	3742.66
河北	7239.06	7608.43	4924.32	279.23	118.82	2286.06
山西	7005.03	7446.89	5527.89	302.37	87.23	1529.41
内蒙古	7012.90	7351.58	5235.96	614.22	83.73	1417.66
辽宁	7240.58	7832.70	5204.18	314.61	63.26	2250.65
吉林	7005.17	7311.23	4828.31	575.10	100.76	1807.06
黑龙江	6678.90	6968.01	4489.37	511.68	38.03	1928.94
上海	14867.49	16380.24	11525.99	376.71	130.05	4347.49
江苏	9262.46	9912.14	6091.04	638.82	151.13	3031.10
浙江	13179.53	14295.38	9692.52	1171.51	373.97	3057.39
安徽	6778.03	7155.91	4878.30	371.10	114.37	1792.14
福建	9999.54	10816.32	7499.01	547.79	285.75	2483.78
江西	6901.42	7153.65	5108.21	366.43	63.76	1615.26
山东	8399.91	9057.58	7418.42	227.91	109.78	1301.47
河南	6926.12	7245.00	4757.86	362.92	84.64	2039.58
湖北	7321.98	7745.77	5847.66	238.62	85.03	1574.45
湖南	7674.20	8145.07	5984.74	356.17	100.65	1703.50
广东	12380.43	13451.13	10413.47	621.51	307.52	2108.62
广西	7785.04	8293.90	6149.78	402.44	169.18	1572.50
海南	7259.25	7605.69	5020.58	243.14	288.08	2053.90
重庆	8093.67	8671.91	6288.55	114.13	80.80	2188.43
四川	7041.87	7488.49	4910.82	351.14	183.45	2043.09
贵州	6569.23	6746.36	4668.50	379.61	55.12	1643.14
云南	7643.57	8202.58	5854.39	286.92	86.43	1974.84
西藏	8765.45	9696.79	9466.39		7.15	223.25
陕西	6806.35	7314.44	5170.32	139.83	138.06	1866.22
甘肃	6657.24	7132.82	5269.23	269.66	41.40	1552.53
青海	6745.32	7155.13	4493.36	276.19	50.87	2334.70
宁夏	6530.48	6991.26	4670.76	441.47	82.48	1796.54
新疆	7173.54	7866.85	6219.72	291.63	76.01	1279.49

3—14 各地区农村居民家庭平均每人纯收入

单位:元

地　区	1990 年	1995 年	2000 年	2001 年	2002 年	2003 年
全　国	**686.31**	**1577.74**	**2253.42**	**2366.40**	**2475.63**	**2622.24**
北　京	1297.05	3223.65	4604.55	5025.50	5398.48	5601.55
天　津	1069.04	2406.38	3622.39	3947.72	4278.71	4566.01
河　北	621.67	1668.73	2478.86	2603.60	2685.16	2853.38
山　西	603.51	1208.30	1905.61	1956.05	2149.82	2299.17
内蒙古	607.15	1208.38	2038.21	1973.37	2086.02	2267.65
辽　宁	836.17	1756.50	2355.58	2557.93	2751.34	2934.44
吉　林	803.52	1609.60	2022.50	2182.22	2300.99	2530.41
黑龙江	759.86	1766.27	2148.22	2280.28	2405.24	2508.94
上　海	1907.32	4245.61	5596.37	5870.87	6223.55	6653.92
江　苏	959.06	2456.86	3595.09	3784.71	3979.79	4239.26
浙　江	1099.04	2966.19	4253.67	4582.34	4940.36	5389.04
安　徽	539.16	1302.82	1934.57	2020.04	2117.56	2127.48
福　建	764.41	2048.59	3230.49	3380.72	3538.83	3733.89
江　西	669.90	1537.36	2135.30	2231.60	2306.45	2457.53
山　东	680.18	1715.09	2659.20	2804.51	2947.65	3150.49
河　南	526.95	1231.97	1985.82	2097.86	2215.74	2235.68
湖　北	670.80	1511.22	2268.59	2352.16	2444.06	2566.76
湖　南	664.24	1425.16	2197.16	2299.46	2397.92	2532.87
广　东	1043.03	2699.24	3654.48	3769.79	3911.90	4054.58
广　西	639.45	1446.14	1864.51	1944.33	2012.60	2094.51
海　南	696.22	1519.71	2182.26	2226.47	2423.20	2588.06
重　庆			1892.44	1971.18	2097.58	2214.55
四　川	557.76	1158.29	1903.60	1986.99	2107.64	2229.86
贵　州	435.14	1086.62	1374.16	1411.73	1489.91	1564.66
云　南	540.86	1010.97	1478.60	1533.74	1608.64	1697.12
西　藏	649.71	1200.31	1330.81	1404.01	1462.27	1690.76
陕　西	530.80	962.89	1443.86	1490.80	1596.25	1675.66
甘　肃	430.98	880.34	1428.68	1508.61	1590.30	1673.05
青　海	559.78	1029.77	1490.49	1557.32	1668.94	1794.13
宁　夏	578.13	998.75	1724.30	1823.05	1917.36	2043.30
新　疆	683.47	1136.45	1618.08	1710.44	1863.26	2106.19

3—15 城市居民家庭平均每人全年购买的主要商品数量

项目	单位	1990 年	1995 年	1999 年	2000 年	2001 年	2002 年	2003 年
粮食	千克	130.72	97.00	84.91	82.31	79.69	78.48	79.52
鲜菜	千克	138.70	116.47	114.94	114.74	115.86	116.52	118.34
食用植物油	千克	6.40	7.11	7.78	8.16	8.08	8.52	9.20
猪肉	千克	18.46	17.24	16.91	16.73	15.95	20.28	20.43
牛羊肉	千克	3.28	2.44	3.09	3.33	3.17	3.00	3.31
家禽	千克	3.42	3.97	4.92	5.44	5.30	9.24	9.20
鲜蛋	千克	7.25	9.74	10.92	11.21	10.41	10.56	11.19
水产品	千克	7.69	9.20	10.34	9.87	10.33	13.20	13.35
鲜奶	千克	4.63	4.62	7.88	9.94	11.90	15.72	18.62
水果(瓜果)	千克	41.11	44.96	54.21	57.48	59.90	56.52	57.79
坚果及果仁类	千克	3.21	3.04	3.26	3.30	3.37	2.76	2.70
酒	千克	9.25	9.93	9.61	10.01	9.68	9.12	9.39
煤炭	千克	206.04	129.52	115.46	128.07	129.51	101.28	104.71

3—16 城市居民家庭平均每百户年底耐用消费品拥有量

项目	单位	1990 年	1995 年	1999 年	2000 年	2001 年	2002 年	2003 年
摩托车	辆	1.94	6.29	15.12	18.80	20.40	22.19	24.00
洗衣机	台	78.41	88.97	91.44	90.50	92.20	92.90	94.41
电冰箱	台	42.33	66.22	77.74	80.10	81.90	87.38	88.73
彩色电视机	台	59.04	89.79	111.57	116.60	120.50	126.38	130.50
录放像机	台		18.19	21.73	20.10	19.89	18.43	17.91
组合音响	套		10.52	19.66	22.20	23.80	25.16	26.89
照相机	架	19.22	30.56	38.11	38.40	39.80	44.08	45.36
空调器	台	0.34	8.09	24.48	30.80	35.80	51.10	61.79
淋浴热水器	台		30.05	45.49	49.10	52.00	62.42	66.61
排油烟机	台		34.47	48.62	54.10	55.50	60.67	63.55
影碟机	台			24.71	37.50	42.60	52.57	58.69
家用电脑	台			5.91	9.70	13.30	20.63	27.81
摄相机	架			1.06	1.30	1.60	1.92	2.45
微波炉	台			12.15	17.60	22.30	30.91	36.96
健身器材	套			3.83	3.50	4.00	3.74	4.07
移动电话	部			7.14	19.50	34.00	62.89	90.07
家用汽车	辆			0.34	0.50	0.60	0.88	1.36

3—17　按收入等级分的城市居民家庭平均每人全年购买主要商品数量

(2003 年)

项　目	单　位	总平均	最低收入户	#困难户	低收入户	中等偏下户	中等收入户	中等偏上户	高收入户	最高收入户
粮食	千克	79.52	84.08	84.28	82.63	82.94	78.49	78.67	77.49	69.65
淀粉及薯类	千克	10.14	11.28	11.82	10.49	10.51	9.92	9.89	10.05	8.79
食用植物油	千克	9.20	8.69	8.45	9.36	9.60	9.20	9.39	9.05	8.49
食用动物油	千克	0.39	0.64	0.58	0.55	0.44	0.36	0.33	0.25	0.15
猪肉	千克	20.43	16.38	15.17	18.48	19.91	20.69	21.77	22.78	22.57
牛肉	千克	1.98	1.24	1.13	1.66	1.90	2.09	2.30	2.33	2.14
羊肉	千克	1.33	0.86	0.77	1.05	1.27	1.43	1.57	1.59	1.34
家禽	千克	9.20	5.42	4.65	7.08	8.20	9.34	10.42	11.54	12.77
鲜蛋	千克	11.19	9.06	8.49	10.46	11.49	11.23	11.78	12.20	11.40
鱼	千克	9.79	6.27	5.57	7.68	8.60	9.74	10.79	12.43	14.05
虾	千克	1.33	0.39	0.31	0.63	0.91	1.25	1.65	2.15	2.72
鲜菜	千克	118.34	105.03	103.04	110.25	116.33	117.40	124.09	129.91	124.97
白酒	千克	2.40	2.29	2.08	2.46	2.65	2.43	2.48	2.27	1.78
果酒	千克	0.29	0.13	0.13	0.16	0.25	0.30	0.35	0.39	0.49
啤酒	千克	6.12	3.50	2.87	5.22	5.87	6.51	7.16	6.98	6.78
茶叶	千克	0.23	0.16	0.15	0.20	0.20	0.22	0.26	0.30	0.27
鲜瓜果	千克	56.57	32.07	26.65	44.36	51.26	58.06	64.39	70.84	75.08
糕点	千克	4.18	2.04	1.65	2.97	3.69	4.29	4.93	5.58	5.74
鲜乳品	千克	18.62	6.71	5.23	10.85	15.51	18.94	23.43	26.82	28.29
奶粉	千克	0.56	0.31	0.30	0.46	0.57	0.61	0.62	0.62	0.63
酸奶	千克	2.53	0.68	0.46	1.35	2.01	2.57	3.11	3.92	4.33
男士服装	件	2.64	1.23	1.04	1.79	2.22	2.60	3.07	3.58	4.32
女士服装	件	3.56	1.59	1.33	2.28	2.83	3.52	4.16	5.04	6.09
儿童服装	件	1.02	0.61	0.54	0.83	0.92	1.07	1.13	1.21	1.41
鞋类	双	2.58	1.71	1.55	2.15	2.39	2.60	2.84	3.08	3.38

3—18 按收入等级分的城市居民家庭平均每百户年底耐用消费品拥有量

（2003 年）

项目	单位	总平均	最低收入户	#困难户	低收入户	中等偏下户	中等收入户	中等偏上户	高收入户	最高收入户
成套家具	套	73.04	52.13	49.16	63.47	68.10	72.73	77.51	80.69	93.46
摩托车	辆	24.00	13.35	12.89	18.46	22.07	25.17	25.29	29.66	31.66
自行车	辆	143.55	130.76	119.65	146.25	146.82	148.78	144.27	143.23	135.17
助力车	辆	4.25	1.63	1.36	1.93	2.78	3.96	4.99	6.90	7.84
家用汽车	辆	1.36	0.20	0.11	0.25	0.42	0.62	1.00	1.97	6.57
洗衣机	台	94.41	79.59	76.85	87.06	92.11	95.44	98.03	100.14	103.72
电风扇	台	181.58	148.80	142.47	168.97	174.05	182.59	185.33	198.04	210.08
电冰箱	台	88.73	60.58	55.43	75.46	84.50	91.29	96.37	99.20	103.32
冰柜	台	6.97	6.91	6.27	5.76	6.46	6.42	7.15	8.23	8.53
彩色电视机	台	130.50	102.39	98.42	113.25	119.22	128.11	138.32	146.52	165.16
影碟机	台	58.69	34.56	31.38	46.32	52.57	61.25	64.15	68.33	77.43
录音机	台	48.55	34.80	31.09	40.09	44.36	48.56	51.86	56.75	61.52
录放像机	台	17.91	5.34	4.51	9.93	13.91	16.73	21.05	25.00	32.66
家用电脑	台	27.81	3.33	2.53	8.36	14.78	23.44	35.25	48.26	64.76
组合音响	套	26.89	10.35	9.63	16.08	20.95	27.51	30.75	35.08	45.50
摄像机	架	2.45	0.29	0.21	0.65	0.96	1.37	2.40	3.98	9.27
照相机	架	45.36	14.07	12.78	23.82	32.68	42.96	53.81	65.43	84.16
钢琴	架	1.91	0.30	0.08	0.93	0.85	1.28	2.43	2.94	5.28
其他中高档乐器	件	6.88	1.55	0.92	3.05	4.69	6.91	8.66	9.10	13.44
微波炉	台	36.96	7.10	4.78	13.10	22.86	35.36	46.72	58.66	73.75
空调器	台	61.79	10.63	9.44	22.47	36.62	54.16	72.33	98.35	146.75
取暖器	台	32.26	11.92	9.75	21.43	25.16	33.96	38.66	43.50	46.47
电炊具	台	101.19	74.51	73.32	83.64	88.97	98.65	109.37	117.41	136.06
淋浴热水器	台	66.61	30.40	26.71	44.94	55.81	68.32	77.21	85.18	96.00
排油烟机	台	63.55	30.88	26.22	47.34	56.79	65.75	71.90	77.38	85.47
消毒碗柜	台	12.94	2.96	2.74	6.42	7.06	11.10	14.47	20.17	31.81
洗碗机	台	0.59	0.13	0.04	0.21	0.24	0.49	0.57	1.08	1.75
饮水机	台	31.94	10.52	8.91	18.55	24.29	32.47	38.48	44.21	51.30
吸尘器	台	12.66	1.98	1.51	3.94	6.88	10.03	15.53	21.39	31.38
健身器材	套	4.07	0.38	0.42	0.82	1.57	3.21	4.75	6.55	12.68
普通电话	部	95.41	77.29	72.70	88.76	94.18	97.01	98.74	101.53	104.02
移动电话	部	90.07	24.64	18.79	45.28	64.64	89.73	110.05	129.03	158.89
传真机	部	0.72	0.10	0.15	0.16	0.20	0.32	0.70	1.25	3.02

3—19 各地区城市居民家庭平均每人全年消费性支出

(2003 年)　　单位:元

地区	消费性支出	食品	粮食	淀粉及薯类	干豆类及豆制品	油脂类	肉禽及制品	蛋类
全国	**6510.94**	**2416.92**	**194.15**	**17.08**	**31.40**	**78.46**	**473.19**	**60.97**
北京	11123.84	3522.69	224.11	26.12	38.15	81.63	575.01	71.80
天津	7867.53	2963.85	217.41	24.71	28.05	79.46	479.36	93.27
河北	5439.77	1912.42	182.83	18.41	25.51	95.31	340.73	75.09
山西	5105.38	1712.13	230.78	20.58	28.26	57.89	251.76	66.27
内蒙古	5419.14	1705.56	211.98	17.48	18.74	50.55	344.86	47.33
辽宁	6077.92	2394.98	213.62	30.52	36.61	88.06	420.19	82.87
吉林	5492.10	1957.92	198.23	26.14	36.17	74.39	347.02	60.38
黑龙江	5015.19	1783.95	200.55	21.57	29.22	72.44	326.64	57.12
上海	11040.34	4102.65	195.77	23.26	56.63	84.27	618.80	65.73
江苏	6708.58	2566.89	167.89	20.32	44.03	70.87	516.47	63.82
浙江	9712.89	3558.41	182.99	12.62	45.10	63.42	474.87	47.89
安徽	5064.34	2238.91	181.91	11.08	34.54	85.65	468.93	84.59
福建	7356.26	3104.80	248.98	17.22	37.48	83.28	662.66	71.91
江西	4914.55	1979.83	178.03	5.57	33.68	104.01	444.81	48.14
山东	6069.35	2051.30	178.71	15.54	24.69	48.95	347.85	75.71
河南	4941.60	1662.30	200.32	19.87	27.74	63.48	317.97	65.96
湖北	5963.25	2279.64	184.20	13.04	31.98	95.94	430.47	50.47
湖南	6082.62	2179.40	194.50	8.42	34.10	94.64	465.63	44.59
广东	9636.27	3583.72	230.24	11.45	25.89	86.17	846.22	44.85
广西	5763.50	2305.98	170.07	11.21	30.06	80.44	715.98	41.78
海南	5502.43	2463.03	165.84	6.85	14.23	75.46	679.38	25.83
重庆	7118.06	2702.34	168.39	18.15	33.55	104.50	616.57	71.53
四川	5759.21	2240.65	174.46	18.87	26.97	91.77	535.32	58.15
贵州	4948.98	1968.22	157.29	7.17	21.13	71.30	450.80	43.65
云南	6023.56	2506.62	199.98	12.66	30.78	48.87	469.94	53.42
西藏	8045.34	3542.89	286.21	22.50	9.63	115.51	685.55	59.00
陕西	5666.54	1960.29	189.43	21.87	29.17	67.10	259.99	46.74
甘肃	5298.91	1908.10	185.20	10.55	17.93	80.16	290.95	45.87
青海	5400.24	1986.54	226.36	12.15	15.06	66.85	385.55	41.73
宁夏	5330.34	1919.42	204.07	21.43	22.44	74.53	332.80	40.12
新疆	5540.61	1987.42	189.65	18.64	20.16	74.14	412.76	43.54

3—19 续表1

单位:元

地区	水产品类	菜类	调味品	糖类	烟草类	酒和饮料	干鲜瓜果类	坚果及果仁
全国	**170.31**	**236.44**	**35.22**	**26.51**	**122.19**	**120.11**	**174.89**	**26.14**
北京	160.94	266.62	67.06	44.56	100.04	246.46	313.01	64.42
天津	271.92	249.97	56.18	24.24	112.77	170.61	241.72	55.12
河北	98.93	224.11	31.40	33.50	108.85	157.93	154.31	18.03
山西	36.37	191.68	25.80	17.97	123.69	83.29	125.95	17.68
内蒙古	43.24	156.04	27.23	16.00	86.29	97.69	136.80	20.68
辽宁	189.75	288.17	39.97	35.64	147.80	150.99	234.66	23.07
吉林	102.10	221.99	36.16	26.76	85.17	100.90	198.27	18.52
黑龙江	84.99	175.80	30.44	22.71	76.17	94.65	165.07	19.65
上海	534.09	336.30	49.59	54.21	226.21	212.17	294.26	49.93
江苏	234.46	245.06	38.04	23.54	158.04	119.15	154.20	30.48
浙江	547.10	311.38	36.33	28.42	254.58	173.46	255.48	39.21
安徽	112.94	218.83	34.62	21.58	171.14	176.93	128.42	20.26
福建	581.56	271.53	44.37	21.91	132.14	131.54	207.43	24.71
江西	110.71	262.94	26.33	19.10	81.03	74.36	145.80	20.89
山东	120.79	179.91	25.60	18.07	60.59	125.60	156.02	26.77
河南	39.28	189.63	29.04	15.51	75.92	102.39	111.50	19.29
湖北	119.35	257.12	35.13	20.04	145.22	101.80	123.08	22.28
湖南	100.92	238.90	23.39	27.09	109.79	80.53	186.42	23.66
广东	359.79	287.91	36.21	36.32	93.14	106.87	225.50	28.20
广西	191.51	216.11	24.85	23.23	52.75	65.82	153.57	17.05
海南	353.23	236.65	35.73	18.68	69.20	51.43	126.88	5.82
重庆	110.75	255.26	54.09	35.83	160.42	103.63	183.14	29.75
四川	68.47	236.66	43.29	28.34	134.99	100.83	137.70	22.71
贵州	43.50	211.95	29.29	31.74	134.90	95.87	142.63	20.72
云南	78.42	262.13	32.71	27.75	246.60	70.91	168.07	17.91
西藏	88.98	404.27	51.28	118.32	484.22	380.27	246.17	3.48
陕西	45.72	184.89	31.60	19.51	122.87	91.19	140.21	26.50
甘肃	41.67	221.60	31.23	18.51	123.58	115.05	152.44	24.78
青海	51.58	184.21	31.52	22.52	113.79	134.50	134.52	18.17
宁夏	43.06	203.69	29.76	21.19	112.05	78.80	171.87	29.00
新疆	54.72	182.13	21.59	29.32	67.28	81.25	177.18	34.41

3—19 续表 2

单位:元

地　区	糕点类	奶及奶制品	其他食品	在外用餐	食品加工服务费	衣　着	服　装	衣着材料
全　国	**53.46**	**124.70**	**58.37**	**438.24**	**1.22**	**637.73**	**455.32**	**11.88**
北　京	125.94	255.99	95.37	829.68	0.19	906.21	612.99	19.97
天　津	84.08	139.08	77.94	612.07	1.00	579.70	402.09	15.54
河　北	43.98	117.51	18.90	184.06	1.06	587.60	403.94	16.73
山　西	43.65	128.45	29.31	249.92	0.52	725.81	520.37	19.00
内蒙古	28.56	109.24	60.15	252.18	1.20	793.53	548.32	16.05
辽　宁	47.56	129.81	35.21	221.84	1.71	637.40	439.38	13.88
吉　林	33.87	86.59	53.93	268.71	1.16	666.49	463.85	9.44
黑龙江	33.88	101.37	44.86	245.20	1.29	696.24	483.90	9.43
上　海	118.82	241.82	93.77	896.85	0.11	750.81	542.05	16.78
江　苏	52.94	141.95	86.23	428.30	1.59	587.86	422.89	12.39
浙　江	62.58	139.17	94.71	827.63	0.67	830.03	627.83	11.23
安　徽	50.76	117.20	41.46	297.85	0.47	558.07	400.85	10.19
福　建	49.23	153.00	43.35	346.64	0.56	576.18	445.12	4.26
江　西	42.92	94.30	64.08	243.00	1.02	480.86	342.20	11.60
山　东	64.24	149.65	71.92	386.43	1.04	790.60	563.64	18.79
河　南	42.15	91.96	38.99	229.79	0.80	602.64	435.93	13.70
湖　北	50.14	90.27	47.66	482.43	1.29	669.30	480.02	10.56
湖　南	37.63	87.65	75.96	367.46	1.79	621.33	449.03	8.60
广　东	73.05	124.01	71.50	924.09	0.49	559.90	417.80	2.28
广　西	36.89	85.31	52.68	352.76	0.96	373.60	272.85	8.25
海　南	42.81	68.98	24.27	466.56	1.02	279.60	216.66	2.19
重　庆	50.72	178.21	53.62	501.55	2.43	735.01	526.98	7.07
四　川	38.04	130.10	39.18	374.42	3.08	536.46	378.18	9.52
贵　州	41.96	82.48	69.60	331.68	1.27	524.90	363.82	7.40
云　南	55.39	67.73	57.25	623.81	0.20	594.50	449.78	8.62
西　藏	46.58	333.64		205.64	5.12	1129.49	785.89	1.82
陕　西	54.57	103.81	58.07	492.96	0.61	559.07	394.62	13.51
甘　肃	30.20	115.57	86.31	333.99	7.29	645.19	437.52	21.72
青　海	33.54	96.29	97.19	338.77	0.42	612.75	402.89	12.69
宁　夏	32.21	103.70	73.26	354.02	0.42	585.24	410.05	18.96
新　疆	47.36	110.10	60.18	396.65	0.76	783.54	550.10	17.82

3—19 续表 3

单位:元

地　区	鞋　类	衣着加工	家庭设备用品及服务	耐　用消费品	室　内装饰品	床上用品	家庭日用杂品	家具材料
全　国	**138.67**	**6.80**	**410.34**	**213.57**	**15.58**	**29.40**	**120.89**	**3.12**
北　京	216.93	17.12	704.17	354.28	28.56	45.49	217.37	6.83
天　津	122.02	10.05	467.03	261.65	24.71	26.87	121.74	3.99
河　北	136.27	8.25	365.37	224.61	16.15	27.80	77.62	4.73
山　西	150.93	3.00	314.34	180.81	13.65	15.12	86.85	0.60
内蒙古	171.57	11.21	297.69	140.60	20.92	20.66	98.40	1.86
辽　宁	152.78	6.83	257.41	97.42	21.23	26.72	90.54	9.05
吉　林	157.78	5.32	245.62	105.97	11.44	21.62	90.62	2.72
黑龙江	171.16	7.89	217.00	92.17	11.60	20.85	75.88	1.50
上　海	150.54	11.27	792.51	433.95	29.31	57.88	193.03	1.72
江　苏	117.50	8.74	452.06	228.16	10.21	37.17	138.29	1.98
浙　江	158.93	9.69	592.61	320.29	23.85	47.89	140.61	13.21
安　徽	124.69	2.88	257.19	140.66	7.06	13.15	77.21	4.15
福　建	108.26	3.68	440.43	227.58	9.97	31.11	132.37	5.53
江　西	102.09	4.92	351.50	191.96	9.15	24.89	102.32	4.85
山　东	163.36	10.08	461.09	275.66	17.59	25.61	124.73	1.79
河　南	127.41	5.61	345.68	196.16	9.95	27.52	91.96	1.86
湖　北	147.91	7.18	383.40	207.37	8.85	21.02	129.82	1.53
湖　南	137.60	5.74	420.19	208.98	13.21	33.33	132.77	1.20
广　东	115.34	3.74	658.04	316.89	24.30	46.54	189.69	1.78
广　西	76.88	3.82	376.86	199.45	13.76	31.34	112.11	0.75
海　南	49.79	1.51	318.99	137.37	12.64	19.86	124.75	0.20
重　庆	169.38	4.47	475.36	253.06	16.54	37.67	131.50	2.69
四　川	121.33	5.89	399.60	217.25	9.93	26.14	119.74	0.95
贵　州	132.56	3.05	286.62	100.69	9.96	21.28	127.67	6.21
云　南	118.20	1.62	269.57	123.74	12.50	40.47	81.76	0.10
西　藏	323.96	3.37	444.00	204.37	11.69	99.84	117.94	0.48
陕　西	122.47	6.65	383.48	204.40	13.36	23.07	119.42	3.36
甘　肃	138.34	7.54	302.66	139.68	18.72	20.18	105.19	2.66
青　海	144.52	6.76	370.93	185.07	33.88	26.46	109.04	4.35
宁　夏	128.00	6.39	363.09	205.31	22.21	19.92	96.05	0.20
新　疆	166.47	11.44	271.14	113.71	22.06	20.06	95.36	2.84

3—19 续表 4

单位:元

地区	家务服务	医疗保健	交通和通信	交通	通信	教育文化娱乐服务	文化娱乐用品	教育
全国	**27.79**	**475.98**	**721.13**	**297.11**	**424.01**	**934.38**	**264.47**	**514.00**
北京	51.65	994.01	1688.08	924.31	763.77	1964.19	581.85	971.00
天津	28.08	697.76	721.28	296.11	425.18	1083.91	318.63	638.40
河北	14.46	550.90	607.75	259.11	348.65	660.58	214.20	361.99
山西	17.31	367.47	478.09	145.30	332.79	799.35	247.45	467.46
内蒙古	15.25	425.88	596.21	226.74	369.47	770.50	230.85	432.52
辽宁	12.45	534.30	631.14	219.69	411.45	747.41	198.09	476.16
吉林	13.25	462.12	550.17	202.52	347.66	742.15	190.66	471.74
黑龙江	15.00	456.29	499.69	174.45	325.24	644.49	153.22	396.55
上海	76.61	602.73	1258.72	621.22	637.50	1833.79	587.06	936.67
江苏	36.24	493.80	686.47	349.15	337.32	971.91	269.04	549.97
浙江	46.76	738.49	1223.95	639.93	584.02	1486.63	389.31	801.66
安徽	14.96	318.20	502.72	183.74	318.98	536.20	159.81	300.98
福建	33.87	348.81	867.82	294.28	573.54	898.57	288.52	472.05
江西	18.34	264.89	465.83	126.40	339.43	664.32	173.23	371.16
山东	15.72	444.04	638.22	272.44	365.78	931.46	334.59	500.30
河南	18.22	443.27	533.86	127.15	406.72	629.91	188.07	332.79
湖北	14.81	397.49	571.93	197.33	374.60	843.66	198.49	524.78
湖南	30.70	391.29	680.21	261.18	419.03	993.94	246.26	545.95
广东	78.84	616.81	1272.78	551.98	720.80	1437.07	377.40	678.88
广西	19.46	322.68	608.27	281.66	326.61	797.81	217.69	442.08
海南	24.17	413.95	601.92	284.82	317.10	630.05	146.63	382.17
重庆	33.90	459.69	790.26	293.58	496.68	1025.99	250.24	565.07
四川	25.58	425.13	586.79	239.16	347.63	823.72	237.20	450.63
贵州	20.81	291.82	561.22	212.99	348.23	714.30	199.29	378.23
云南	11.01	545.76	763.59	311.88	451.71	735.88	254.52	334.36
西藏	9.68	310.44	1183.87	375.80	808.07	596.91	134.34	430.70
陕西	19.87	491.17	528.62	175.00	353.62	950.85	213.54	627.11
甘肃	16.24	434.80	531.19	209.26	321.93	793.19	223.48	455.10
青海	12.14	451.31	509.37	182.43	326.94	713.27	218.33	366.69
宁夏	19.41	450.70	585.42	203.50	381.92	644.72	219.47	320.56
新疆	17.12	357.64	601.13	239.48	361.65	806.53	212.25	504.87

3—19 续表 5

单位:元

地　　区	文化娱乐服务	居　住	住　房	水电燃料及其他	杂项商品和服务	杂项商品	服　务
全　　国	**155.91**	**699.39**	**256.45**	**412.73**	**215.10**	**134.57**	**80.53**
北　　京	411.33	955.77	489.50	438.58	388.73	261.06	127.66
天　　津	126.88	1095.61	463.13	610.58	258.39	154.69	103.69
河　　北	84.40	595.24	149.23	426.32	159.90	89.22	70.68
山　　西	84.44	561.49	228.40	305.12	146.69	76.53	70.17
内 蒙 古	107.13	618.18	181.58	357.29	212.76	129.17	83.59
辽　　宁	73.17	630.86	182.71	433.29	244.42	112.92	131.51
吉　　林	79.75	669.32	217.33	429.18	198.30	118.18	80.12
黑 龙 江	94.72	539.50	145.70	367.85	178.05	106.96	71.09
上　　海	310.07	1280.43	641.36	551.82	418.71	281.94	136.77
江　　苏	152.89	715.98	297.20	398.08	233.61	136.85	96.76
浙　　江	295.66	953.10	427.60	491.92	329.68	196.44	133.24
安　　徽	75.41	487.37	140.79	332.85	165.69	82.53	83.15
福　　建	138.00	878.94	289.71	558.13	240.72	129.33	111.39
江　　西	119.93	573.38	231.80	332.72	133.94	86.87	47.08
山　　东	96.58	551.75	174.50	359.86	200.89	139.45	61.44
河　　南	109.06	566.30	187.85	350.65	157.63	98.30	59.33
湖　　北	120.38	655.00	216.60	419.30	162.83	114.07	48.76
湖　　南	201.72	586.90	214.21	355.61	209.35	136.73	72.63
广　　东	380.78	1196.40	443.72	661.90	311.55	209.84	101.70
广　　西	138.05	801.15	363.77	419.49	177.15	112.08	65.07
海　　南	101.25	604.72	184.05	383.06	190.18	122.04	68.14
重　　庆	210.68	741.60	249.19	451.61	187.81	149.94	37.87
四　　川	135.90	580.47	224.92	333.00	166.39	115.36	51.03
贵　　州	136.77	422.05	88.61	314.32	179.85	112.23	67.63
云　　南	147.00	445.46	151.14	277.88	162.18	94.49	67.69
西　　藏	31.86	468.49	74.44	374.47	369.26	160.53	208.73
陕　　西	110.19	609.05	264.52	328.77	184.01	112.11	71.90
甘　　肃	114.62	505.60	164.60	322.54	178.17	105.04	73.14
青　　海	128.25	559.33	206.83	314.02	196.74	123.29	73.45
宁　　夏	104.69	560.53	196.73	335.44	221.23	141.93	79.30
新　　疆	89.41	499.93	115.31	352.54	233.28	160.23	73.05

3—20　各地区城市居民家庭平均每百户年底耐用消费品拥有量

（2003 年底）

地　区	成套家具（套）	摩托车（辆）	自行车（辆）	助力车（辆）	家用汽车（辆）	洗衣机（台）	电风扇（台）	电冰箱（台）
全　国	**73.04**	**24.00**	**143.55**	**4.25**	**1.36**	**94.41**	**181.58**	**88.73**
北　京	88.58	5.59	202.06	4.61	6.60	99.25	143.05	100.40
天　津	91.87	8.87	228.53	4.40	2.20	96.33	119.93	98.47
河　北	81.14	34.62	221.91	3.85	1.96	99.21	163.00	93.70
山　西	74.70	26.00	182.45	2.35	1.16	97.22	89.93	78.96
内蒙古	66.72	29.08	196.97	2.09	1.33	93.41	66.04	78.96
辽　宁	41.15	6.97	131.76	2.31	0.58	89.26	76.99	87.05
吉　林	25.16	13.38	139.02	0.59	0.57	95.10	69.77	79.19
黑龙江	39.77	8.76	101.13	0.25	1.07	89.65	57.16	73.30
上　海	92.20	3.80	125.40	17.80	1.80	94.00	205.00	102.00
江　苏	71.74	27.58	172.89	13.22	1.50	97.65	205.09	90.29
浙　江	80.26	25.53	176.55	15.89	2.98	92.69	258.44	98.60
安　徽	61.80	17.65	134.15	3.57	0.18	93.20	248.68	88.54
福　建	81.54	42.37	143.91	2.81	0.73	97.74	242.40	96.23
江　西	72.81	18.13	139.92	1.81	0.21	93.92	253.70	84.97
山　东	87.57	46.12	192.24	7.82	1.28	92.13	180.76	90.52
河　南	69.44	25.65	204.56	4.82	0.54	95.94	218.43	83.69
湖　北	85.56	13.91	116.08	2.22	0.21	94.85	233.89	94.44
湖　南	82.98	14.75	67.61	2.01	0.27	95.25	253.57	87.06
广　东	75.72	75.18	133.11	1.75	4.37	97.71	299.98	92.56
广　西	82.37	46.87	186.62	4.08	0.82	90.68	290.34	85.47
海　南	17.03	63.71	113.59		2.25	77.16	189.37	70.21
重　庆	92.00	2.00	4.00	0.33	1.33	97.67	194.33	98.00
四　川	93.01	6.62	86.67	1.78	0.88	94.01	217.22	91.16
贵　州	68.93	7.74	21.51	0.41	0.46	95.58	98.82	84.71
云　南	64.83	28.34	139.43	2.77	2.20	93.16	34.73	77.09
西　藏	86.00	6.00	126.00		2.00	91.00	11.00	84.00
陕　西	68.95	15.69	138.32	0.82	0.44	94.94	131.59	81.47
甘　肃	77.79	10.97	161.56	1.90	0.11	96.39	54.73	85.71
青　海	44.49	7.09	71.02	1.24	0.81	99.10	12.81	78.45
宁　夏	28.11	16.24	176.64	1.73	0.52	91.82	77.88	79.53
新　疆	65.00	14.34	137.44	0.94	0.51	91.93	58.94	84.33

3—20 续表 1

地　区	冰　柜（台）	彩色电视机（台）	影碟机（台）	录音机（台）	录放像机（台）	家用电脑（台）	组合音响（套）	摄像机（架）
全　国	**6.97**	**130.50**	**58.69**	**48.55**	**17.91**	**27.81**	**26.89**	**2.45**
北　京	14.03	146.99	60.42	71.99	51.27	68.31	37.61	11.31
天　津	16.73	134.53	49.60	56.80	30.33	34.07	26.80	3.40
河　北	15.27	125.22	45.70	56.68	17.78	18.34	21.33	2.14
山　西	9.63	114.40	43.22	49.30	12.61	18.01	15.97	1.68
内蒙古	13.78	113.97	44.07	57.22	10.51	12.07	13.33	1.01
辽　宁	9.33	121.57	44.63	50.55	22.02	23.12	22.09	2.81
吉　林	9.07	120.41	50.13	51.91	15.54	14.07	12.17	1.50
黑龙江	12.10	110.44	43.22	49.61	15.24	13.77	14.46	2.70
上　海	3.20	167.60	73.80	60.20	33.40	60.40	39.60	5.80
江　苏	3.90	142.52	54.84	41.21	19.13	27.91	25.04	3.13
浙　江	4.52	159.39	63.19	51.46	20.42	40.23	28.11	2.76
安　徽	5.72	124.17	52.24	40.55	14.70	16.98	18.59	0.88
福　建	2.24	147.35	72.58	38.46	16.34	39.35	28.39	1.58
江　西	3.22	130.37	50.55	36.81	10.10	16.05	22.85	1.85
山　东	14.55	119.60	55.87	64.53	20.90	31.43	21.39	2.72
河　南	7.99	124.19	49.25	48.81	10.27	19.19	18.39	1.64
湖　北	6.24	128.34	67.63	39.28	14.32	27.68	31.61	1.28
湖　南	6.65	124.82	61.20	37.91	12.96	26.67	34.52	1.31
广　东	0.84	152.52	81.24	54.93	17.81	56.02	51.47	3.79
广　西	2.23	126.84	69.04	40.65	11.66	23.36	33.04	1.37
海　南	2.54	117.86	54.97	51.74	11.36	15.61	22.44	0.25
重　庆	1.00	150.67	70.67	28.00	20.67	34.67	35.33	3.67
四　川	2.99	131.89	67.90	37.69	14.55	21.29	30.17	1.23
贵　州	4.52	122.11	70.00	26.84	14.71	17.51	38.31	1.47
云　南	1.79	124.57	72.46	50.95	20.17	18.61	34.65	2.26
西　藏	9.00	132.00	73.00	59.00	45.00	16.00	33.00	5.00
陕　西	3.19	123.15	58.35	48.26	15.88	18.86	22.04	1.55
甘　肃	5.47	119.32	52.49	51.81	16.00	14.40	22.39	1.38
青　海	8.30	119.25	59.70	54.54	13.71	13.27	21.51	0.77
宁　夏	3.53	113.83	50.00	42.62	9.15	12.86	20.27	0.72
新　疆	3.14	112.39	55.12	64.02	16.07	15.81	19.68	1.09

3—20续表2

地区	照相机(架)	钢琴(架)	其他中高档乐器(件)	微波炉(台)	空调器(台)	取暖器(台)	电炊具(台)	淋浴热水器(台)
全国	**45.36**	**1.91**	**6.88**	**36.96**	**61.79**	**32.26**	**101.19**	**66.61**
北京	103.33	3.74	13.76	79.20	119.31	32.88	107.79	85.42
天津	56.27	1.40	4.13	61.40	90.87	21.80	101.13	82.73
河北	45.58	1.18	6.52	26.93	55.91	14.83	65.23	66.47
山西	38.78	1.22	5.69	14.63	18.17	10.27	38.95	31.06
内蒙古	33.73	0.90	6.83	14.49	3.01	5.79	148.45	33.50
辽宁	48.10	2.46	5.97	31.39	11.21	16.83	94.74	57.74
吉林	36.01	1.50	6.83	20.38	3.31	9.03	128.23	34.52
黑龙江	31.12	1.28	4.77	16.06	4.89	9.20	165.50	26.69
上海	70.00	3.20	6.80	87.60	135.80	73.20	154.40	80.60
江苏	41.74	1.67	4.18	63.52	90.94	50.21	108.68	72.76
浙江	50.72	2.00	6.50	51.21	105.23	44.09	112.09	82.98
安徽	33.62	1.29	7.09	28.18	61.75	44.28	90.99	61.69
福建	43.47	2.03	7.28	56.88	99.88	13.70	125.31	94.90
江西	32.11	1.52	7.41	23.04	46.01	64.44	77.43	69.22
山东	54.17	3.06	8.67	31.89	52.31	28.85	82.48	65.83
河南	37.03	1.95	7.39	20.37	73.07	33.46	69.63	41.54
湖北	42.81	1.68	7.09	37.99	77.75	60.55	110.46	67.96
湖南	38.70	1.47	6.65	30.81	55.38	68.59	57.90	64.02
广东	60.18	2.89	8.79	54.64	141.99	10.20	107.49	104.89
广西	39.36	1.16	6.36	33.02	46.82	21.08	124.94	94.00
海南	21.78	0.76	4.98	16.77	29.66		144.14	76.11
重庆	48.33	1.33	3.00	58.67	126.67	35.67	70.33	92.00
四川	37.57	1.44	6.22	32.10	56.21	44.04	107.08	82.06
贵州	30.50	2.07	4.71	28.09	4.58	55.47	106.31	46.25
云南	49.85	1.39	6.13	32.21	0.10	26.54	151.06	48.98
西藏	51.00		2.00	24.00	4.00	43.00	20.00	22.00
陕西	41.42	1.26	5.62	30.59	59.34	18.51	87.05	58.49
甘肃	40.79	2.57	8.70	17.64	1.96	9.16	73.71	49.17
青海	45.26	1.19	6.92	26.76	0.29	22.73	50.37	29.65
宁夏	25.37	0.87	5.64	20.63	2.58	8.11	136.37	50.88
新疆	39.93	2.37	13.57	12.96	4.92	8.68	86.02	61.83

3—20续表3

地　区	排油烟机（台）	消毒碗柜（台）	洗碗机（台）	饮水机（台）	吸尘器（台）	健身器材（台）	普通电话（部）	移动电话（部）	传真机（部）
全　国	**63.55**	**12.94**	**0.59**	**31.94**	**12.66**	**4.07**	**95.41**	**90.07**	**0.72**
北　京	81.32	6.24	0.75	42.32	36.39	10.94	102.30	133.68	1.78
天　津	82.40	1.40	0.20	31.33	24.33	5.40	97.67	77.80	1.00
河　北	69.90	2.53	0.49	25.68	12.71	6.19	92.54	65.81	0.30
山　西	58.11	1.34	0.29	27.83	6.53	2.44	92.17	61.72	0.26
内蒙古	55.18	0.83	0.24	21.18	10.32	1.90	87.92	74.64	0.44
辽　宁	75.64	3.92	0.55	20.21	23.50	2.92	93.38	74.50	0.60
吉　林	74.78	2.68	0.27	19.00	13.22	3.61	95.81	80.80	0.20
黑龙江	69.97	2.69	0.47	20.56	13.52	2.10	89.12	55.58	0.40
上　海	76.80	11.20	1.40	55.60	43.40	6.80	102.00	133.00	3.40
江　苏	73.49	5.07	0.41	47.33	15.09	4.02	98.65	99.73	1.27
浙　江	83.34	16.08	0.99	45.04	18.85	5.68	100.10	130.64	2.03
安　徽	55.42	2.32	0.52	23.98	8.55	3.10	95.58	69.84	0.25
福　建	62.74	27.96	0.99	28.82	5.39	6.95	105.37	121.05	1.33
江　西	39.14	6.87	0.31	24.08	4.15	2.13	94.65	78.06	0.17
山　东	82.61	5.21	0.89	56.92	16.22	4.89	97.32	97.48	0.26
河　南	49.10	5.80	0.32	30.63	4.59	3.38	95.05	66.27	0.51
湖　北	47.43	10.89	0.46	22.26	7.44	3.15	94.11	74.98	0.46
湖　南	35.68	17.85	0.44	23.35	4.26	2.64	92.36	102.66	0.17
广　东	79.24	76.49	1.25	31.66	10.13	7.08	102.04	150.66	2.15
广　西	56.81	39.72	0.34	22.80	4.72	3.46	95.04	75.76	0.68
海　南	53.23	48.88		16.79	0.51	3.49	93.50	73.56	
重　庆	41.00	8.67	1.00	33.33	14.67	4.67	97.67	95.67	
四　川	37.63	6.99	0.44	26.69	5.90	2.79	91.37	82.37	0.13
贵　州	41.20	25.76	0.26	46.13	5.41	2.08	92.00	81.50	0.46
云　南	73.06	8.13	0.64	40.29	8.39	3.55	93.65	85.94	0.24
西　藏	34.00	7.00	2.00	30.00	7.00	1.00	87.00	107.00	
陕　西	61.56	3.80	0.23	32.64	6.12	2.02	89.81	82.94	0.42
甘　肃	74.75	1.75	0.78	32.67	5.91	2.21	90.28	70.63	0.23
青　海	78.03	3.30		27.95	8.96	1.20	88.46	75.98	0.27
宁　夏	57.40	1.26		27.75	6.09	0.87	92.91	73.20	0.15
新　疆	76.36	3.82	0.36	24.97	17.30	3.22	92.73	72.36	0.07

3—21 各地区农村居民家庭平均每人生活消费支出

(2003 年)

单位:元

地区	生活消费支出合计	食品	衣着	居住	家庭设备及服务	医疗保健	交通和通讯	文教、娱乐用品及服务	其他商品及服务
全国	**1943.30**	**886.03**	**110.27**	**308.38**	**81.65**	**115.75**	**162.53**	**235.68**	**43.01**
北京	4147.30	1331.69	288.25	787.84	216.25	356.31	393.35	691.39	82.22
天津	2319.52	887.14	183.28	377.55	76.96	167.67	198.50	379.44	48.97
河北	1600.10	639.10	114.97	311.46	71.65	101.63	149.52	186.48	25.28
山西	1434.40	620.62	149.73	169.55	55.03	81.22	119.00	213.15	26.09
内蒙古	1770.56	731.12	121.81	246.85	65.73	124.42	192.00	256.17	32.46
辽宁	1884.08	813.66	147.72	289.86	68.42	132.63	170.60	218.99	42.20
吉林	1815.57	799.16	118.08	253.45	57.63	153.75	173.82	221.70	37.98
黑龙江	1661.70	676.14	119.05	309.48	48.63	135.20	157.90	188.22	27.08
上海	5669.57	2004.14	250.30	1436.72	296.51	332.77	587.02	675.56	86.55
江苏	2704.37	1118.55	140.56	441.87	137.74	142.11	268.53	379.15	75.86
浙江	4285.13	1635.64	229.47	774.99	206.69	306.31	496.08	531.11	104.84
安徽	1596.27	734.75	79.55	281.28	74.96	87.14	126.07	184.64	27.87
福建	2715.50	1222.23	144.58	398.15	146.66	128.95	278.43	296.65	99.85
江西	1907.57	986.07	99.85	264.12	62.68	91.98	141.69	223.80	37.39
山东	2133.20	891.82	134.30	341.69	92.17	138.80	187.03	291.33	56.07
河南	1508.70	726.57	96.36	238.44	63.32	91.39	100.17	160.94	31.49
湖北	1801.63	930.98	80.19	223.41	73.00	95.55	122.05	223.92	52.53
湖南	2139.15	1111.27	106.16	271.97	79.63	105.23	146.85	270.54	47.51
广东	2927.35	1402.04	117.68	469.48	121.85	137.43	286.66	305.86	86.35
广西	1751.23	899.07	61.12	323.28	63.69	74.81	121.45	175.55	32.26
海南	1644.79	947.10	52.59	147.69	75.80	96.05	107.80	158.32	59.44
重庆	1583.31	831.63	70.49	212.38	76.68	89.42	102.40	180.28	20.03
四川	1747.02	941.70	85.94	224.80	64.85	91.36	105.19	202.27	30.92
贵州	1185.17	674.71	54.46	170.56	41.51	46.62	49.59	128.13	19.59
云南	1405.70	744.58	57.27	257.65	51.42	79.93	59.54	131.49	23.82
西藏	1030.13	669.91	114.66	85.99	53.34	21.27	37.06	32.22	15.68
陕西	1455.39	572.67	85.15	236.33	63.52	106.66	97.33	267.87	25.86
甘肃	1336.85	586.38	74.02	201.57	57.45	96.18	109.34	191.83	20.08
青海	1563.15	775.89	113.88	192.17	60.94	115.73	145.85	131.71	26.98
宁夏	1637.13	680.15	109.19	286.09	56.09	116.31	170.52	178.34	40.44
新疆	1465.31	667.11	135.65	254.63	50.92	116.48	99.04	112.93	28.54

3—22 各地区农村居民家庭平均每人生活消费现金支出

(2003 年)

单位:元

地区	生活消费支出合计	食品	衣着	居住	家庭设备及服务	医疗保健	交通和通讯	文教、娱乐用品及服务	其他商品及服务
全国	**1576.64**	**551.21**	**109.51**	**278.07**	**81.28**	**115.75**	**162.53**	**235.68**	**42.61**
北京	4081.96	1271.63	288.12	786.46	216.25	356.31	393.35	691.39	78.46
天津	2220.24	788.31	182.83	377.55	76.96	167.67	198.50	379.44	48.97
河北	1388.48	427.62	114.85	311.46	71.65	101.63	149.52	186.48	25.27
山西	1205.69	399.03	149.67	162.74	54.86	81.22	119.00	213.15	26.01
内蒙古	1417.27	426.65	120.84	205.07	65.73	124.42	192.00	256.17	26.39
辽宁	1581.45	530.38	147.69	271.00	68.36	132.63	170.60	218.99	41.81
吉林	1490.10	549.50	118.07	177.64	57.63	153.75	173.82	221.70	37.98
黑龙江	1404.44	497.33	119.05	231.09	48.58	135.20	157.90	188.22	27.07
上海	5385.90	1720.50	250.30	1436.72	296.49	332.77	587.02	675.56	86.55
江苏	2292.94	727.88	140.49	421.18	137.74	142.11	268.53	379.15	75.86
浙江	4018.13	1379.59	229.03	764.53	206.64	306.31	496.08	531.11	104.84
安徽	1223.00	437.42	79.41	205.64	74.96	87.14	126.07	184.64	27.73
福建	2460.16	1002.98	144.50	362.42	146.66	128.95	278.43	296.65	99.56
江西	1423.41	550.49	99.27	216.66	62.57	91.98	141.69	223.80	36.95
山东	1827.57	596.26	133.13	332.79	92.17	138.80	187.03	291.33	56.07
河南	1093.84	366.60	96.22	187.92	59.15	91.39	100.17	160.94	31.45
湖北	1264.55	430.72	79.30	187.90	72.94	95.55	122.05	223.92	52.17
湖南	1692.34	672.05	106.09	265.80	79.60	105.23	146.85	270.54	46.18
广东	2528.14	1056.87	116.09	417.49	121.40	137.43	286.66	305.86	86.35
广西	1354.81	547.74	61.05	278.46	63.66	74.81	121.45	175.55	32.10
海南	1214.25	549.87	52.59	114.39	75.80	96.05	107.80	158.32	59.42
重庆	1111.06	376.75	70.49	195.52	76.20	89.42	102.40	180.28	20.00
四川	1194.64	440.40	85.20	174.66	64.69	91.36	105.19	202.27	30.87
贵州	745.20	248.73	54.46	157.49	41.40	46.62	49.59	128.13	18.79
云南	970.27	343.29	57.22	223.94	51.05	79.93	59.54	131.49	23.80
西藏	614.31	267.70	106.62	80.95	52.99	21.27	37.06	32.22	15.50
陕西	1245.41	379.96	84.87	219.35	63.52	106.66	97.33	267.87	25.86
甘肃	1001.48	273.00	73.98	180.09	57.45	96.18	109.34	191.83	19.62
青海	1081.33	312.55	110.50	177.99	60.07	115.73	145.85	131.71	26.93
宁夏	1273.04	323.90	109.11	278.33	56.09	116.31	170.52	178.34	40.44
新疆	1108.04	331.60	125.23	244.27	49.94	116.48	99.04	112.93	28.54

3—23　各地区农村居民家庭平均每人主要食品消费量

（2003 年）

单位:公斤

地　区	粮　食	蔬　菜	食　油	猪牛羊肉	家　禽	蛋类及其制品	水产品	食　糖	酒
全　国	**222.44**	**107.40**	**6.27**	**15.04**	**3.20**	**4.81**	**4.65**	**1.24**	**7.67**
北　京	134.05	92.78	9.15	14.60	2.17	10.13	4.25	2.92	14.42
天　津	150.20	69.99	10.00	11.07	0.84	10.80	8.35	0.72	10.14
河　北	216.72	55.97	6.59	7.10	0.54	6.36	2.25	0.65	7.29
山　西	218.91	80.87	5.72	5.36	0.24	6.15	0.47	1.15	2.59
内蒙古	207.30	70.77	2.79	21.18	1.41	3.82	1.45	1.34	10.77
辽　宁	194.39	178.59	5.90	16.45	2.51	9.59	4.49	0.73	10.80
吉　林	255.99	115.20	6.27	11.42	3.23	8.64	3.60	0.75	13.64
黑龙江	195.08	111.70	7.62	7.85	2.61	6.26	3.35	0.90	15.09
上　海	189.44	76.60	8.59	16.37	7.40	7.51	16.11	2.12	16.77
江　苏	251.98	109.12	8.27	12.05	4.50	6.72	9.09	1.30	8.82
浙　江	208.46	83.91	5.81	16.42	6.03	5.33	14.64	2.13	24.15
安　徽	228.35	80.97	6.87	9.07	4.27	5.04	5.43	1.42	10.61
福　建	198.27	99.92	5.19	16.51	5.14	3.55	13.30	2.35	16.84
江　西	264.80	144.22	8.77	13.24	3.31	3.50	5.19	1.13	7.31
山　东	229.06	118.19	6.96	8.09	2.70	11.61	4.01	1.00	10.81
河　南	236.97	100.11	4.22	6.48	1.23	8.01	1.35	1.13	4.23
湖　北	227.39	159.76	9.40	19.86	2.74	3.86	8.10	0.92	7.29
湖　南	247.21	149.44	8.35	17.51	3.89	3.28	6.89	1.13	4.02
广　东	233.75	130.22	6.73	22.27	10.40	2.83	13.30	2.16	3.33
广　西	205.65	108.94	4.92	14.44	7.33	1.12	3.57	1.18	6.14
海　南	236.31	86.61	5.70	15.40	9.77	1.31	14.75	1.24	3.88
重　庆	215.31	154.70	3.34	28.06	2.21	3.98	1.93	2.44	7.98
四　川	223.81	180.65	5.21	28.05	3.59	4.73	1.91	1.37	6.43
贵　州	201.36	130.67	3.85	28.01	1.18	1.20	0.33	0.84	5.18
云　南	195.37	90.80	3.03	26.41	2.67	1.56	1.21	1.21	5.36
西　藏	266.09	15.27	3.22	11.31	0.02	0.41		1.36	1.65
陕　西	193.30	50.69	5.83	6.63	0.32	2.29	0.29	0.92	2.24
甘　肃	235.23	40.02	4.95	10.80	1.11	2.14	0.24	0.85	3.31
青　海	219.54	53.93	8.25	30.44	0.55	0.77	0.53	1.37	2.71
宁　夏	224.23	84.38	7.22	11.33	2.81	2.74	0.51	1.62	2.02
新　疆	236.50	75.12	9.37	11.88	1.51	1.27	0.40	0.40	1.27

3—24 全国和西部12省(区、市)农村居民家庭平均每人主要消费品消费量

品名	单位	2000年		2001年		2002年		2003年	
		全国	西部12省(区、市)	全国	西部12省(区、市)	全国	西部12省(区、市)	全国	西部12省(区、市)
粮食(原粮)	公斤	250.23	240.77	238.62	231.04	236.50	228.22	222.44	214.47
#小麦	公斤	80.27	84.95	76.81	81.40	76.31	79.19	73.23	76.60
稻谷	公斤	126.82	105.75	122.89	105.22	123.11	105.75	119.31	105.20
豆类及豆制品	公斤	5.49	3.98	5.65	4.26	5.76	4.87	5.28	4.10
#大豆	公斤	2.53	1.59	2.46	1.81	2.20	1.51	2.05	1.43
蔬菜	公斤	111.98	103.02	109.30	97.87	110.55	98.72	107.40	100.75
食油	公斤	7.06	6.18	7.03	6.13	7.53	6.53	6.27	4.94
#植物油	公斤	5.45	4.36	5.51	4.37	5.77	4.71	5.31	4.08
肉禽及制品	公斤	18.30	20.15	18.21	20.12	18.60	20.81	19.68	23.24
#猪肉	公斤	13.28	15.79	13.35	15.67	13.70	16.13	13.78	17.23
牛肉	公斤	0.52	0.75	0.55	0.79	0.52	0.74	0.50	0.86
羊肉	公斤	0.61	1.34	0.60	1.27	0.65	1.41	0.76	1.77
家禽	公斤	2.81	1.98	2.87	2.09	2.91	2.21	3.20	2.45
蛋及制品	公斤	4.77	2.24	4.72	2.29	4.66	2.25	4.81	2.41
奶及制品	公斤	1.06	2.30	1.20	2.38	1.19	2.01	1.71	2.87
水产品	公斤	3.92	1.07	4.12	1.12	4.36	1.19	4.65	1.25
食糖	公斤	1.28	1.20	1.43	1.26	1.64	1.46	1.24	1.18
酒	公斤	7.02	4.72	7.10	4.98	7.50	4.94	7.67	5.12
水果及制品	公斤	18.31	14.79	20.33	16.19	18.77	16.61	17.54	14.69
坚果及制品	公斤	0.74	0.50	0.82	0.62	0.78	0.65	0.72	0.59

3—25 全国和西部12省(区、市)农村居民家庭平均每百户年底耐用消费品拥有量

品名	单位	2000年		2001年		2002年		2003年	
		全国	西部12省(区、市)	全国	西部12省(区、市)	全国	西部12省(区、市)	全国	西部12省(区、市)
洗衣机	台	28.58	18.49	29.94	19.49	31.80	21.07	34.27	23.11
电风扇	台	122.62	64.97	129.42	68.98	134.26	72.29	138.08	76.18
电冰箱	台	12.31	4.63	13.59	5.08	14.83	6.08	15.89	6.68
空调机	台	1.32	0.09	1.70	0.09	2.29	0.15	3.45	0.22
抽油烟机	台	2.75	0.51	3.15	0.53	3.58	0.63	4.11	0.66
自行车	辆	120.48	77.20	120.83	76.01	121.32	76.33	118.50	75.16
摩托车	辆	21.94	12.33	24.71	14.26	28.07	17.26	31.80	20.53
电话机	部	26.38	10.37	34.11	15.29	40.77	20.67	49.06	28.14
移动电话	部	4.32	1.09	8.06	2.80	13.67	6.27	23.68	13.55
组合音响	台	7.76	5.32	8.67	5.87	9.73	6.90	10.46	7.84
寻呼机	台	7.74	3.66	7.07	4.37	5.45	3.90	3.02	2.31
黑白电视机	台	52.97	50.86	50.74	48.64	48.14	46.12	42.80	41.59
彩色电视机	台	48.74	36.60	54.41	42.02	60.45	47.98	67.80	55.76
录放像机	台	3.30	1.84	3.33	2.03	3.32	2.01	3.51	2.42
收录机	台	21.58	25.14	20.74	24.90	20.41	24.71	18.70	23.48
照相机	架	3.12	1.76	3.23	1.97	3.34	2.02	3.36	1.99

3—26　各地区农村居民家庭平均每百户主要耐用消费品拥有量

（2003年底）

地　　区	大型家具（件）	洗衣机（台）	电风扇（台）	家庭设备及服务（台）	空调机（台）	交通和通讯（台）	自行车（辆）
全　　国	**285.82**	**34.27**	**138.08**	**15.89**	**3.45**	**4.11**	**118.50**
北　　京	261.07	94.00	159.47	96.93	35.07	29.47	212.80
天　　津	172.67	84.17	151.00	57.17	16.00	11.50	197.50
河　　北	202.10	68.17	161.24	26.83	3.07	2.98	191.02
山　　西	267.33	56.67	52.05	12.29	0.67	2.05	130.86
内 蒙 古	154.81	29.90	11.07	10.05		0.44	80.24
辽　　宁	144.55	58.52	51.53	18.31	0.32	2.80	125.87
吉　　林	92.31	58.75	18.63	7.19	0.19	0.63	86.44
黑 龙 江	73.79	54.20	16.88	10.98	0.31	2.10	84.42
上　　海	320.50	75.00	341.00	81.17	37.00	44.50	210.67
江　　苏	296.82	56.32	232.18	27.15	13.32	8.82	184.56
浙　　江	402.07	43.11	292.19	53.11	20.37	28.44	168.70
安　　徽	300.61	17.58	192.29	12.61	0.84	0.68	135.32
福　　建	232.14	42.14	184.67	26.26	7.58	8.02	83.79
江　　西	288.29	5.39	161.92	6.29	0.41	0.82	119.14
山　　东	296.98	24.67	164.93	20.90	1.79	4.36	177.00
河　　南	262.52	36.83	156.29	7.55	1.64	0.52	152.14
湖　　北	257.15	20.12	169.39	8.52	1.15	1.06	103.48
湖　　南	548.48	20.73	187.00	9.03	0.51	0.76	80.30
广　　东	369.30	28.28	304.38	18.95	7.07	11.45	145.47
广　　西	162.60	3.59	202.08	3.42	0.04	0.30	119.48
海　　南	267.08	4.86	114.15	5.56	0.97	0.97	48.56
重　　庆	403.78	15.89	141.61	8.89	0.39	0.33	16.94
四　　川	460.25	22.45	143.40	7.09	0.65	0.43	48.23
贵　　州	365.67	17.41	30.40	3.48		0.04	7.59
云　　南	107.79	21.00	10.79	4.17	0.25	1.67	44.21
西　　藏	428.33	3.54		3.13			55.42
陕　　西	251.04	40.36	81.80	6.31	0.36	0.63	133.47
甘　　肃	305.78	34.33	24.56	5.44		1.11	127.22
青　　海	383.50	23.17	3.00	6.50		0.33	55.83
宁　　夏	439.83	44.33	26.67	8.83		1.33	164.67
新　　疆	215.23	24.90	16.06	14.19	0.06	1.42	120.06

3—26 续表

地区	摩托车（辆）	电话机（部）	黑白电视机（台）	彩色电视机（台）	录放像机（台）	收录机（台）	照相机（架）
全国	**31.80**	**49.06**	**42.80**	**67.80**	**3.51**	**18.70**	**3.36**
北京	41.87	100.67	9.47	116.67	15.07	29.47	30.53
天津	45.50	73.67	15.67	105.50	7.33	19.00	6.00
河北	43.83	57.60	40.71	79.64	2.71	17.36	4.33
山西	32.67	35.33	37.71	74.10	3.29	24.48	2.90
内蒙古	37.57	22.91	36.80	65.19	1.07	32.28	2.86
辽宁	33.39	71.38	26.30	86.93	5.29	17.41	4.76
吉林	32.56	53.44	25.13	81.63	1.75	19.31	2.44
黑龙江	24.11	53.53	29.87	77.59	2.23	13.21	2.63
上海	87.67	108.83	48.33	125.17	11.17	33.17	12.83
江苏	40.09	80.26	55.68	75.09	6.65	20.08	4.91
浙江	47.56	84.15	39.89	109.67	10.19	25.19	7.93
安徽	17.10	58.75	60.32	59.00	2.39	16.19	2.13
福建	63.30	86.70	30.00	88.57	7.09	10.71	4.73
江西	27.84	42.45	65.92	52.04	2.53	11.18	1.59
山东	51.33	74.52	42.64	71.05	3.45	17.10	5.07
河南	21.14	39.57	53.14	56.00	1.24	11.64	1.38
湖北	25.01	31.39	55.00	56.27	1.18	9.82	1.79
湖南	17.49	41.35	57.86	49.59	2.08	10.86	1.35
广东	71.41	70.20	16.95	92.27	5.82	17.97	4.34
广西	32.34	31.08	57.19	47.66	1.26	13.38	1.21
海南	65.00	32.36	10.28	64.58	6.39	18.29	1.81
重庆	7.78	43.72	49.06	53.33	2.50	5.89	1.50
四川	15.48	23.15	52.30	56.05	2.40	12.05	1.30
贵州	9.64	17.10	32.95	39.20	1.21	9.78	1.16
云南	8.08	19.30	25.33	57.55	2.67	16.38	3.29
西藏	2.29	4.79	6.46	26.46	7.50	72.29	0.83
陕西	22.16	45.74	42.75	65.95	1.04	22.52	1.85
甘肃	24.17	36.72	33.11	69.44	2.61	38.28	3.06
青海	33.83	21.50	33.00	56.83	0.67	56.50	2.00
宁夏	45.50	38.17	28.33	84.33	0.17	37.17	3.00
新疆	27.48	25.94	53.55	45.68	8.97	58.52	2.45

四、中国批发零售贸易、餐饮业

4—1 限额以上批发零售贸易、餐饮业基本情况

(2003 年,按登记注册类型分)

	法人企业(个)	产业活动单位(个)	从业人数(人)
总 计	**33275**	**66145**	**5200497**
一、批发业	**14937**	**27856**	**1786669**
其中:国有及国有控股	7944	16875	1233335
内资企业	14406	27181	1741806
国有企业	5712	10029	847948
集体企业	1238	1898	144120
股份合作企业	279	346	24199
联营企业	178	207	9886
国有联营企业	91	117	5801
集体联营企业	11	11	431
国有与集体联营企业	33	33	1740
其他联营企业	43	46	1914
有限责任公司	3605	8505	351206
国有独资企业	241	591	47311
其他有限责任公司	3364	7914	303895
股份有限公司	1033	3479	255971
私营企业	2343	2699	106450
私营独资企业	104	139	5742
私营合伙企业	45	45	2056
私营有限责任公司	2086	2388	93140
私营股份有限公司	108	127	5512
其他企业	18	18	2026
港、澳、台商投资企业	199	259	16577
合资经营企业	53	66	4221
合作经营企业	16	20	2563
独资经营企业	121	162	7987
投资股份有限公司	9	11	1806
外商投资企业	332	416	28286
中外合资经营企业	43	103	8193
中外合作经营企业	6	12	897
外资企业	282	298	18611
外商投资股份有限公司	1	3	585

4—1 续表 1

	法人企业(个)	产业活动单位(个)	从业人数(人)
二、零售业	**12403**	**29381**	**2281095**
其中:国有及国有控股	4416	14459	1005576
内资企业	12149	28500	2140069
国有企业	3166	6062	495369
集体企业	1632	2520	166921
股份合作企业	412	753	55778
联营企业	114	132	15201
国有联营企业	48	57	5492
集体联营企业	10	12	644
国有与集体联营企业	30	35	3898
其他联营企业	26	28	5167
有限责任公司	2925	9459	625223
国有独资企业	98	231	28665
其他有限责任公司	2827	9228	596558
股份有限公司	968	4797	439955
私营企业	2903	4730	337434
私营独资企业	266	924	31693
私营合伙企业	94	102	11561
私营有限责任公司	2344	3429	270543
私营股份有限公司	199	275	23637
其他企业	29	47	4188
港、澳、台商投资企业	107	403	49626
合资经营企业	58	89	34021
合作经营企业	21	160	7609
独资经营企业	27	152	7614
投资股份有限公司	1	2	382
外商投资企业	147	478	91400
中外合资经营企业	85	254	58144
中外合作经营企业	33	128	15678
外资企业	26	92	16159
外商投资股份有限公司	3	4	1419

4—1续表2

	法人企业(个)	产业活动单位(个)	从业人数(人)
三、餐饮业	**5935**	**8908**	**1132733**
内资企业	5277	7363	871863
国有企业	723	1294	192960
集体企业	516	825	73672
股份合作企业	266	351	30555
联营企业	32	52	6545
国有联营企业	10	22	2883
集体联营企业	5	9	1335
国有与集体联营企业	2	2	466
其他联营企业	15	19	1861
有限责任公司	875	1274	168449
国有独资企业	5	17	2966
其他有限责任公司	870	1257	165483
股份有限公司	184	371	46747
私营企业	2626	3125	345953
私营独资企业	848	966	89203
私营合伙企业	191	221	20802
私营有限责任公司	1473	1800	218854
私营股份有限公司	114	138	17094
其他企业	55	71	6982
港、澳、台商投资企业	385	829	130095
合资经营企业	192	375	58216
合作经营企业	80	149	33993
独资经营企业	106	292	35432
投资股份有限公司	7	13	2454
外商投资企业	273	716	130775
中外合资经营企业	133	276	56344
中外合作经营企业	53	144	23607
外资企业	83	287	49955
外商投资股份有限公司	4	9	869

4—2 限额以上批发零售贸易、餐饮业基本情况

(2003 年,按国民经济行业分)

	法人企业(个)	产业活动单位(个)	从业人数(人)
总 计	**33275**	**66145**	**5200497**
一、批发业	**14937**	**27856**	**1786669**
农畜产品批发业	920	1553	197328
食品、饮料及烟草制品批发业	3189	7917	492769
米、面制品及食用油批发业	455	842	69159
烟草制品批发业	1771	3816	264293
纺织、服装及日用品批发业	1233	1549	112202
服装批发业	319	361	30132
文化、体育用品及器材批发业	442	515	45347
医药及医疗器材批发业	1115	3340	202795
矿产品、建材及化工产品批发业	4662	8712	480011
煤炭及制品批发业	358	459	43849
石油及制品批发业	1319	4030	250462
金属及金属矿批发业	1271	1433	72301
建材批发业	350	815	24399
化肥批发业	528	987	42465
机械设备、五金交电及电子产品批发业	2526	3016	203653
汽车、摩托车及零配件批发业	620	765	44837
家用电器批发业	280	360	32200
计算机、软件及辅助设备批发业	193	203	11859
贸易经纪与代理	286	287	18468
其他批发业	564	967	34096

4—2 续表

	法人企业(个)	产业活动单位(个)	从业人数(人)
二、零售业	**12403**	**29381**	**2281095**
综合零售业	4266	13029	1417927
百货零售业	2481	3906	875695
超级市场零售业	1231	4938	459115
食品、饮料及烟草制品专门零售业	803	2173	136022
纺织、服装及日用品专门零售业	571	1670	90979
服装零售业	212	313	38835
文化、体育用品及器材专门零售业	1332	2552	126918
体育用品零售业	24	30	2403
图书零售业	1083	1916	94486
医药及医疗器材专门零售业	899	4073	172651
药品零售业	841	3943	167134
汽车、摩托车、燃料及零配件专门零售业	2369	3015	129790
汽车零售业	1259	1315	58202
机动车燃料零售业	749	1276	56715
家用电器及电子产品专门零售业	1405	1717	134011
家用电器零售业	775	1005	99034
计算机、软件及辅助设备零售业	423	438	14490
通讯设备零售业	153	221	18531
五金、家具及室内装修材料专门零售业	447	629	40006
无店铺及其他零售业	311	523	32791
邮购及电子销售业	1	2	257
三、餐饮业	**5935**	**8908**	**1132733**
正餐服务业	5610	7825	996894
快餐服务业	231	878	120269
饮料及冷饮服务业	15	22	1671
其他餐饮服务业	79	183	13899

4—3 各地区限额以上批发业基本情况

(2003 年)

地 区	法人企业(个)	产业活动单位(个)	从业人数(人)
全 国	**14937**	**27856**	**1786669**
北 京	997	1032	80989
天 津	559	565	38691
河 北	576	577	76292
山 西	312	312	46736
内 蒙 古	177	184	21850
辽 宁	607	626	57921
吉 林	156	171	37362
黑 龙 江	285	1030	46713
上 海	758	4602	99628
江 苏	821	1702	123105
浙 江	1481	4606	103939
安 徽	388	2112	58672
福 建	1060	1078	65323
江 西	241	260	34743
山 东	865	974	130585
河 南	686	703	118419
湖 北	372	426	100054
湖 南	414	1309	59459
广 东	1722	1759	164578
广 西	335	398	39735
海 南	87	87	5873
重 庆	286	302	51267
四 川	327	336	48491
贵 州	152	156	26899
云 南	497	1689	53354
西 藏	12	22	1136
陕 西	197	227	28872
甘 肃	180	186	18087
青 海	32	33	6400
宁 夏	61	70	7019
新 疆	294	322	34477

其中:国有及国有控股

4—3 续表

地 区	法人企业(个)	产业活动单位(个)	从业人数(人)
全 国	**7944**	**16875**	**1233335**
北 京	541	547	58531
天 津	235	239	24658
河 北	368	368	53636
山 西	254	254	37506
内 蒙 古	142	144	17698
辽 宁	361	362	44212
吉 林	117	129	29158
黑 龙 江	171	795	39471
上 海	243	2813	51370
江 苏	399	812	75340
浙 江	510	2322	61116
安 徽	230	1628	42405
福 建	466	468	37508
江 西	203	215	29934
山 东	447	479	78341
河 南	389	389	68785
湖 北	252	284	84272
湖 南	318	1150	47715
广 东	790	793	109851
广 西	194	237	27894
海 南	37	37	3959
重 庆	143	150	37845
四 川	192	201	35673
贵 州	131	135	24974
云 南	292	1344	40361
西 藏	11	21	1046
陕 西	174	196	26453
甘 肃	133	134	13896
青 海	21	21	4750
宁 夏	37	43	5634
新 疆	143	165	19343

4—4　各地区限额以上批发业基本情况

内资企业

(2003 年,按登记注册类型分)

地　　区	法人企业(个)	产业活动单位(个)	从业人数(人)
全　　国	**14406**	**27181**	**1741806**
北　　京	977	999	78010
天　　津	487	492	35937
河　　北	576	576	76240
山　　西	311	311	46484
内 蒙 古	177	183	21827
辽　　宁	584	596	56212
吉　　林	156	170	37291
黑 龙 江	284	1028	46663
上　　海	479	4269	78875
江　　苏	812	1692	122567
浙　　江	1479	4593	103396
安　　徽	387	2111	58620
福　　建	1035	1045	62784
江　　西	240	258	34659
山　　东	856	958	128998
河　　南	684	701	118368
湖　　北	367	421	99602
湖　　南	414	1308	59380
广　　东	1660	1676	156882
广　　西	332	391	39471
海　　南	85	85	5841
重　　庆	279	290	50143
四　　川	326	335	48283
贵　　州	151	155	26823
云　　南	495	1687	53062
西　　藏	12	22	1136
陕　　西	195	225	28701
甘　　肃	179	181	17709
青　　海	32	33	6400
宁　　夏	61	70	7019
新　　疆	294	320	34423

国有企业

4—4 续表 1

地　区	法人企业(个)	产业活动单位(个)	从业人数(人)
全　国	**5712**	**10029**	**847948**
北　京	387	400	43557
天　津	146	147	16955
河　北	295	295	40327
山　西	228	228	34188
内蒙古	120	120	15169
辽　宁	270	277	31369
吉　林	95	107	23725
黑龙江	138	553	29038
上　海	81	351	14476
江　苏	253	550	38808
浙　江	243	1092	27131
安　徽	176	1123	31084
福　建	317	319	26938
江　西	161	177	24228
山　东	327	373	62537
河　南	325	329	60448
湖　北	182	213	55885
湖　南	227	734	32706
广　东	528	530	65040
广　西	164	193	20147
海　南	37	37	2162
重　庆	106	111	25648
四　川	158	166	25052
贵　州	112	115	21364
云　南	236	1035	32143
西　藏	10	20	654
陕　西	145	171	19533
甘　肃	113	114	11197
青　海	14	15	4396
宁　夏	31	34	2609
新　疆	87	100	9434

集体企业 4—4续表2

地区	法人企业(个)	产业活动单位(个)	从业人数(人)
全国	**1238**	**1898**	**144120**
北京	76	78	4341
天津	101	102	4468
河北	98	98	10689
山西	23	23	4857
内蒙古	7	7	725
辽宁	34	34	2843
吉林	7	7	911
黑龙江	20	40	1395
上海	39	215	2738
江苏	66	183	8593
浙江	60	207	3290
安徽	37	111	5051
福建	35	35	2379
江西	14	14	1721
山东	92	94	10340
河南	125	127	32135
湖北	41	41	9230
湖南	32	68	5406
广东	90	91	6099
广西	44	45	3010
海南	1	1	44
重庆	16	17	1493
四川	21	21	1783
贵州	12	12	1228
云南	51	129	2787
西藏			
陕西	9	9	702
甘肃	13	13	1817
青海	5	5	801
宁夏	6	6	300
新疆	63	65	12944

股份合作企业

4—4 续表 3

地　区	法人企业(个)	产业活动单位(个)	从业人数(人)
全　国	**279**	**346**	**24199**
北　京	36	36	1714
天　津	10	10	548
河　北	10	10	809
山　西	1	1	65
内蒙古	1	1	70
辽　宁	7	7	154
吉　林	3	3	912
黑龙江	6	6	206
上　海	6	8	199
江　苏	22	33	2766
浙　江	52	96	5136
安　徽	3	5	91
福　建	6	6	186
江　西	5	5	1215
山　东	23	25	3643
河　南	5	5	257
湖　北	10	10	843
湖　南	6	7	738
广　东	37	37	1343
广　西	6	7	668
海　南			
重　庆	6	6	1310
四　川	1	1	208
贵　州	1	1	27
云　南	10	14	410
西　藏			
陕　西	1	1	49
甘　肃	2	2	240
青　海	1	1	349
宁　夏			
新　疆	2	2	43

联营企业

4—4 续表 4

地　区	法人企业(个)	产业活动单位(个)	从业人数(人)
全　国	**178**	**207**	**9886**
北　京	10	10	447
天　津	6	6	322
河　北			
山　西	1	1	120
内蒙古			
辽　宁	4	4	158
吉　林			
黑龙江			
上　海	14	31	880
江　苏	14	16	1423
浙　江	11	17	253
安　徽			
福　建	31	31	855
江　西	1	1	13
山　东	5	6	177
河　南	2	3	460
湖　北	1	1	603
湖　南			
广　东	70	70	3798
广　西			
海　南	1	1	11
重　庆	1	1	94
四　川			
贵　州			
云　南	1	2	88
西　藏			
陕　西	2	2	75
甘　肃			
青　海	1	1	66
宁　夏			
新　疆	2	3	143

有限责任公司

4—4 续表 5

地 区	法人企业(个)	产业活动单位(个)	从业人数(人)
全 国	**3605**	**8505**	**351206**
北 京	268	272	15508
天 津	112	114	7182
河 北	91	91	10869
山 西	21	21	2167
内 蒙 古	26	29	3078
辽 宁	136	139	8498
吉 林	25	25	6279
黑 龙 江	39	57	8267
上 海	217	2895	40528
江 苏	286	557	39181
浙 江	683	2151	42822
安 徽	81	282	8450
福 建	219	220	9650
江 西	24	24	2895
山 东	203	223	26647
河 南	106	110	11864
湖 北	70	72	6618
湖 南	68	195	8927
广 东	447	454	37982
广 西	48	51	4350
海 南	28	28	1083
重 庆	75	77	9724
四 川	89	89	12191
贵 州	11	11	1949
云 南	87	166	9159
西 藏	1	1	392
陕 西	25	25	3899
甘 肃	22	22	1714
青 海	8	8	718
宁 夏	15	17	892
新 疆	74	79	7723

股份有限公司

4—4 续表 6

地 区	法人企业(个)	产业活动单位(个)	从业人数(人)
全 国	**1033**	**3479**	**255971**
北 京	40	43	6254
天 津	19	20	1438
河 北	61	61	11028
山 西	23	23	4536
内 蒙 古	10	12	1948
辽 宁	43	45	11193
吉 林	14	16	3068
黑 龙 江	31	318	5994
上 海	22	647	12690
江 苏	61	205	25526
浙 江	57	490	13529
安 徽	51	504	11020
福 建	62	68	9145
江 西	25	27	4113
山 东	72	101	17388
河 南	51	57	11066
湖 北	45	66	25126
湖 南	65	279	10445
广 东	110	114	26224
广 西	26	50	9365
海 南	5	5	2000
重 庆	22	24	8035
四 川	29	30	6303
贵 州	9	10	1653
云 南	40	211	6144
西 藏			
陕 西	10	14	4252
甘 肃	18	19	1686
青 海			
宁 夏	1	5	3048
新 疆	11	15	1754

私营企业

4—4 续表 7

地　　区	法人企业(个)	产业活动单位(个)	从业人数(人)
全　　国	**2343**	**2699**	**106450**
北　　京	159	159	6176
天　　津	92	92	5017
河　　北	21	21	2518
山　　西	13	13	504
内 蒙 古	13	14	837
辽　　宁	90	90	2097
吉　　林	11	11	2369
黑 龙 江	50	54	1763
上　　海	99	121	6382
江　　苏	109	147	6219
浙　　江	373	540	11235
安　　徽	39	86	2924
福　　建	364	365	13561
江　　西	9	9	342
山　　东	131	133	8051
河　　南	70	70	2138
湖　　北	17	17	1114
湖　　南	16	25	1158
广　　东	376	378	16296
广　　西	42	43	1819
海　　南	12	12	508
重　　庆	53	54	3839
四　　川	27	27	2692
贵　　州	6	6	602
云　　南	70	130	2331
西　　藏	1	1	90
陕　　西	3	3	191
甘　　肃	11	11	1055
青　　海	3	3	70
宁　　夏	8	8	170
新　　疆	55	56	2382

其他企业 4—4 续表 8

地区	法人企业(个)	产业活动单位(个)	从业人数(人)
全国	**18**	**18**	**2026**
北京	1	1	13
天津	1	1	7
河北			
山西	1	1	47
内蒙古			
辽宁			
吉林	1	1	27
黑龙江			
上海	1	1	982
江苏	1	1	51
浙江			
安徽			
福建	1	1	70
江西	1	1	132
山东	3	3	215
河南			
湖北	1	1	183
湖南			
广东	2	2	100
广西	2	2	112
海南	1	1	33
重庆			
四川	1	1	54
贵州			
云南			
西藏			
陕西			
甘肃			
青海			
宁夏			
新疆			

港、澳、台商投资企业 4－4续表9

地区	法人企业(个)	产业活动单位(个)	从业人数(人)
全国	**199**	**259**	**16577**
北京	7	12	979
天津	26	26	579
河北			
山西			
内蒙古			
辽宁	12	16	657
吉林			
黑龙江			
上海	76	106	5037
江苏	5	5	303
浙江		3	106
安徽	1	1	52
福建	19	21	1764
江西	1	1	65
山东	4	6	411
河南			
湖北	2	2	253
湖南		1	79
广东	36	42	4687
广西	2	5	160
海南	1	1	8
重庆	4	6	653
四川	1	1	208
贵州	1	1	76
云南	1	1	270
西藏			
陕西			
甘肃		2	230
青海			
宁夏			
新疆			

外商投资企业　　4—4 续表 10

地　区	法人企业(个)	产业活动单位(个)	从业人数(人)
全　国	**332**	**416**	**28286**
北　京	13	21	2000
天　津	46	47	2175
河　北		1	52
山　西	1	1	252
内蒙古		1	23
辽　宁	11	14	1052
吉　林		1	71
黑龙江	1	2	50
上　海	203	227	15716
江　苏	4	5	235
浙　江	2	10	437
安　徽			
福　建	6	12	775
江　西		1	19
山　东	5	10	1176
河　南	2	2	51
湖　北	3	3	199
湖　南			
广　东	26	41	3009
广　西	1	2	104
海　南	1	1	24
重　庆	3	6	471
四　川			
贵　州			
云　南	1	1	22
西　藏			
陕　西	2	2	171
甘　肃	1	3	148
青　海			
宁　夏			
新　疆		2	54

4—5 各地区限额以上批发业基本情况

（2003 年，按国民经济行业分）

农畜产品批发业

地　区	法人企业(个)	产业活动单位(个)	从业人数(人)
全　国	**920**	**1553**	**197328**
北　京	24	24	2171
天　津	25	25	1492
河　北	47	47	8644
山　西	16	16	2644
内蒙古	27	27	3355
辽　宁	97	97	10336
吉　林	32	32	13696
黑龙江	32	40	10583
上　海	3	10	163
江　苏	59	99	5840
浙　江	36	318	2387
安　徽	61	313	8958
福　建	30	30	1875
江　西	17	17	4490
山　东	74	74	19337
河　南	72	72	28623
湖　北	38	38	33008
湖　南	25	63	5448
广　东	49	51	9453
广　西	14	15	1260
海　南			
重　庆	7	7	1170
四　川	13	13	1582
贵　州	3	3	610
云　南	10	11	947
西　藏	2	2	80
陕　西	5	5	493
甘　肃	13	13	1597
青　海		1	700
宁　夏	4	4	168
新　疆	85	86	16218

食品、饮料及烟草制品批发业　　4—5 续表 1

地区	法人企业(个)	产业活动单位(个)	从业人数(人)
全国	**3189**	**7917**	**492769**
北京	110	115	15094
天津	47	49	3468
河北	188	189	20106
山西	111	111	9906
内蒙古	70	70	4880
辽宁	70	73	11897
吉林	37	45	7076
黑龙江	54	173	10645
上海	78	2066	17157
江苏	160	368	28723
浙江	222	1058	24758
安徽	92	408	15030
福建	144	149	17032
江西	82	93	12268
山东	203	235	38035
河南	204	211	41155
湖北	99	128	38585
湖南	140	470	19915
广东	322	329	47510
广西	94	112	14274
海南	19	19	1212
重庆	67	70	15470
四川	112	118	15456
贵州	75	76	18550
云南	178	946	26226
西藏	5	5	624
陕西	76	93	8832
甘肃	65	67	3841
青海	8	8	873
宁夏	26	27	1482
新疆	31	36	2689

纺织、服装及日用品批发业 4—5 续表 2

地区	法人企业(个)	产业活动单位(个)	从业人数(人)
全国	**1233**	**1549**	**112202**
北京	81	84	8436
天津	46	47	3132
河北	18	18	4120
山西	2	2	143
内蒙古	3	4	2350
辽宁	21	22	1475
吉林	3	4	389
黑龙江	8	28	824
上海	83	115	10453
江苏	117	165	12107
浙江	224	373	12606
安徽	21	25	1566
福建	144	146	6772
江西	13	13	1243
山东	64	67	11045
河南	27	27	3361
湖北	38	38	2372
湖南	16	36	1571
广东	215	221	16284
广西	8	8	759
海南	7	7	133
重庆	19	20	2592
四川	11	11	1905
贵州	3	3	341
云南	12	32	2869
西藏	1	4	69
陕西	17	17	1965
甘肃	3	3	409
青海	4	4	618
宁夏	1	1	60
新疆	3	4	233

文化体育用品及器材批发业　　4—5 续表 3

地　区	法人企业(个)	产业活动单位(个)	从业人数(人)
全　国	**442**	**515**	**45347**
北　京	48	55	5674
天　津	16	16	1302
河　北	4	4	807
山　西	1	1	266
内蒙古	3	3	652
辽　宁	10	10	739
吉　林	5	5	420
黑龙江	3	16	1009
上　海	20	23	2259
江　苏	13	26	2005
浙　江	51	68	1836
安　徽	9	14	805
福　建	56	56	2157
江　西	6	6	687
山　东	12	13	2010
河　南	20	20	2625
湖　北	9	9	1087
湖　南	14	23	1774
广　东	71	74	6558
广　西	12	12	1111
海　南	4	4	343
重　庆	7	7	1376
四　川	16	16	4857
贵　州	5	5	408
云　南	9	10	684
西　藏	1	1	31
陕　西	4	5	723
甘　肃	6	6	354
青　海	1	1	154
宁　夏	2	2	184
新　疆	4	4	450

医药及医疗器材批发业

4－5续表4

地　区	法人企业(个)	产业活动单位(个)	从业人数(人)
全　国	**1115**	**3340**	**202795**
北　京	84	88	7904
天　津	25	27	3336
河　北	46	46	10707
山　西	22	22	5466
内蒙古	9	9	1289
辽　宁	48	49	3943
吉　林	11	11	7475
黑龙江	15	84	6533
上　海	49	914	16984
江　苏	55	134	15008
浙　江	95	809	18517
安　徽	42	369	9350
福　建	53	54	6951
江　西	22	22	5517
山　东	48	50	11587
河　南	36	36	7482
湖　北	45	55	6488
湖　南	42	184	7997
广　东	167	168	16185
广　西	22	22	3639
海　南	22	22	1336
重　庆	34	34	8960
四　川	39	39	6667
贵　州	8	8	904
云　南	26	34	3097
西　藏	1	1	119
陕　西	17	17	6006
甘　肃	13	13	1567
青　海	3	3	103
宁　夏	6	6	653
新　疆	10	10	1025

矿产品、建材及化工产品批发业　　4—5 续表 5

地　区	法人企业(个)	产业活动单位(个)	从业人数(人)
全　国	**4662**	**8712**	**480011**
北　京	326	332	22068
天　津	223	224	15977
河　北	181	181	22255
山　西	121	121	22888
内蒙古	40	45	7112
辽　宁	204	212	20509
吉　林	52	56	7490
黑龙江	121	624	13772
上　海	133	959	16653
江　苏	246	597	40356
浙　江	489	1317	26515
安　徽	90	792	16301
福　建	361	365	17493
江　西	61	64	7734
山　东	303	349	29812
河　南	238	246	26719
湖　北	96	110	14918
湖　南	129	462	15983
广　东	517	523	43245
广　西	107	142	12953
海　南	24	24	2613
重　庆	87	91	12656
四　川	88	90	13483
贵　州	33	36	3913
云　南	176	491	14458
西　藏		7	
陕　西	41	53	7006
甘　肃	55	55	8180
青　海	13	13	3511
宁　夏	12	17	3871
新　疆	95	114	9567

机械设备、五金交电及电子产品批发业　　4—5 续表 6

地　区	法人企业(个)	产业活动单位(个)	从业人数(人)
全　国	**2526**	**3016**	**203653**
北　京	274	283	16931
天　津	143	143	8345
河　北	79	79	8306
山　西	33	33	3820
内蒙古	21	22	2026
辽　宁	144	150	8199
吉　林	15	17	801
黑龙江	44	48	2786
上　海	102	176	18030
江　苏	135	206	15329
浙　江	262	386	14197
安　徽	67	145	6285
福　建	202	208	10987
江　西	35	38	2412
山　东	127	149	15043
河　南	69	71	6557
湖　北	43	44	3060
湖　南	37	47	5478
广　东	310	321	21752
广　西	66	75	4960
海　南	6	6	156
重　庆	60	68	7908
四　川	42	43	4167
贵　州	19	19	1754
云　南	66	105	3852
西　藏	2	2	213
陕　西	35	35	3748
甘　肃	22	26	1853
青　海	3	3	441
宁　夏	8	11	524
新　疆	55	57	3733

贸易经纪与代理

4—5 续表 7

地　区	法人企业(个)	产业活动单位(个)	从业人数(人)
全　国	**286**	**287**	**18468**
北　京	2	2	44
天　津	10	10	244
河　北	1	1	40
山　西	1	1	1178
内蒙古			
辽　宁	1	1	183
吉　林			
黑龙江			
上　海	253	254	15852
江　苏			
浙　江	2	2	30
安　徽	1	1	20
福　建	6	6	199
江　西			
山　东	1	1	75
河　南	1	1	40
湖　北			
湖　南			
广　东	4	4	275
广　西			
海　南			
重　庆			
四　川			
贵　州			
云　南	2	2	60
西　藏			
陕　西			
甘　肃			
青　海			
宁　夏			
新　疆	1	1	228

其他批发业

4—5 续表 8

地区	法人企业(个)	产业活动单位(个)	从业人数(人)
全国	**564**	**967**	**34096**
北京	48	49	2667
天津	24	24	1395
河北	12	12	1307
山西	5	5	425
内蒙古	4	4	186
辽宁	12	12	640
吉林	1	1	15
黑龙江	8	17	561
上海	37	85	2077
江苏	36	107	3737
浙江	100	275	3093
安徽	5	45	357
福建	64	64	1857
江西	5	7	392
山东	33	36	3641
河南	19	19	1857
湖北	4	4	536
湖南	11	24	1293
广东	67	68	3316
广西	12	12	779
海南	5	5	80
重庆	5	5	1135
四川	6	6	374
贵州	6	6	419
云南	18	58	1161
西藏			
陕西	2	2	99
甘肃	3	3	286
青海			
宁夏	2	2	77
新疆	10	10	334

4－6 各地区限额以上零售业基本情况

(2003 年)

地　区	法人企业(个)	产业活动单位(个)	从业人数(人)
全　国	**12403**	**29381**	**2281095**
北　京	1120	1154	144910
天　津	250	251	47752
河　北	389	389	104858
山　西	382	382	66813
内蒙古	177	184	26765
辽　宁	520	539	103884
吉　林	200	209	40405
黑龙江	212	394	56437
上　海	280	9962	174932
江　苏	827	2357	247060
浙　江	763	2862	92750
安　徽	243	1195	51698
福　建	769	789	58646
江　西	188	198	31481
山　东	1179	1239	220388
河　南	1341	1365	149221
湖　北	377	535	90990
湖　南	358	1411	76561
广　东	986	1027	164899
广　西	278	297	47181
海　南	83	83	6026
重　庆	243	266	48410
四　川	340	345	71023
贵　州	84	92	19675
云　南	266	1194	34722
西　藏	10	59	2117
陕　西	124	151	42177
甘　肃	139	144	19970
青　海	27	29	5785
宁　夏	59	71	10531
新　疆	189	208	23028

其中:国有及国有控股

4－6 续表

地　区	法人企业(个)	产业活动单位(个)	从业人数(人)
全　国	**4416**	**14459**	**1005576**
北　京	349	353	77701
天　津	107	108	21129
河　北	190	190	55656
山　西	206	206	33784
内蒙古	71	72	13783
辽　宁	164	165	50157
吉　林	69	74	18432
黑龙江	108	170	23681
上　海	132	7189	112456
江　苏	252	999	86794
浙　江	169	670	21560
安　徽	107	692	24690
福　建	192	197	16706
江　西	98	99	15097
山　东	411	424	84020
河　南	527	527	76256
湖　北	175	186	48144
湖　南	190	854	39043
广　东	213	219	47899
广　西	124	132	28612
海　南	13	13	1634
重　庆	64	75	21470
四　川	92	93	14692
贵　州	38	46	9778
云　南	103	364	10386
西　藏	8	57	1208
陕　西	70	90	23694
甘　肃	63	64	8381
青　海	11	11	2371
宁　夏	25	32	5663
新　疆	75	88	10699

4—7　各地区限额以上零售业基本情况

内资企业

（2003 年，按登记注册类型分）

地　区	法人企业(个)	产业活动单位(个)	从业人数(人)
全　国	**12149**	**28500**	**2140069**
北　京	1094	1120	136739
天　津	239	240	40518
河　北	386	386	102096
山　西	382	382	66813
内蒙古	175	182	26496
辽　宁	502	517	97737
吉　林	197	204	38949
黑龙江	209	391	54479
上　海	247	9497	148744
江　苏	808	2331	229677
浙　江	759	2849	90515
安　徽	242	1192	51062
福　建	763	775	56082
江　西	187	195	30585
山　东	1164	1217	213160
河　南	1336	1360	148511
湖　北	362	503	86421
湖　南	351	1402	74245
广　东	938	967	129800
广　西	275	292	46090
海　南	81	81	5972
重　庆	236	256	45717
四　川	331	333	65644
贵　州	82	90	19524
云　南	261	1083	31751
西　藏	10	59	2117
陕　西	123	150	41963
甘　肃	138	142	19566
青　海	26	28	5600
宁　夏	58	70	10512
新　疆	187	206	22984

国有企业 4—7 续表 1

地　区	法人企业(个)	产业活动单位(个)	从业人数(人)
全　国	**3166**	**6062**	**495369**
北　京	247	256	41198
天　津	71	71	7489
河　北	150	150	32923
山　西	160	160	21176
内蒙古	49	49	7518
辽　宁	111	115	23741
吉　林	47	53	9588
黑龙江	88	140	10820
上　海	53	710	13941
江　苏	163	812	40621
浙　江	55	245	4971
安　徽	91	578	16964
福　建	132	135	12927
江　西	91	95	9879
山　东	291	298	47389
河　南	428	435	58344
湖　北	136	168	17969
湖　南	155	734	22071
广　东	137	140	22086
广　西	109	119	19542
海　南	4	4	526
重　庆	50	58	5503
四　川	71	71	6866
贵　州	26	33	6744
云　南	55	158	4026
西　藏	8	57	1868
陕　西	56	71	12476
甘　肃	49	50	4946
青　海	4	4	1261
宁　夏	21	25	3644
新　疆	58	68	6352

集体企业

4—7 续表 2

地　区	法人企业(个)	产业活动单位(个)	从业人数(人)
全　国	**1632**	**2520**	**166921**
北　京	159	159	12159
天　津	69	69	3997
河　北	54	54	7581
山　西	33	33	4049
内蒙古	6	7	667
辽　宁	39	40	4934
吉　林	10	10	1341
黑龙江	20	56	2346
上　海	21	140	5218
江　苏	81	148	15938
浙　江	63	590	6910
安　徽	13	61	1605
福　建	78	80	4636
江　西	3	3	433
山　东	157	158	21619
河　南	507	516	39589
湖　北	45	45	8192
湖　南	23	89	6495
广　东	120	122	7304
广　西	34	34	2773
海　南	1	1	25
重　庆	12	12	864
四　川	28	28	3748
贵　州	4	4	465
云　南	23	31	906
西　藏			
陕　西	9	9	2108
甘　肃	9	9	387
青　海	1	1	25
宁　夏	1	2	210
新　疆	9	9	397

股份合作企业 4—7续表3

地　区	法人企业(个)	产业活动单位(个)	从业人数(人)
全　国	**412**	**753**	**55778**
北　京	76	76	6217
天　津	12	12	863
河　北	20	20	4900
山　西	7	7	2272
内蒙古	5	5	1752
辽　宁	25	25	2403
吉　林	5	5	595
黑龙江	7	65	1888
上　海	8	25	984
江　苏	21	90	4057
浙　江	33	106	2214
安　徽	7	26	1514
福　建	16	17	1114
江　西	6	6	838
山　东	43	45	8610
河　南	24	24	1411
湖　北	8	8	1464
湖　南	3	3	121
广　东	22	22	1407
广　西	8	8	644
海　南	1	1	15
重　庆	14	14	3790
四　川	6	6	357
贵　州	1	1	750
云　南	23	123	2831
西　藏			
陕　西	2	2	688
甘　肃	2	3	166
青　海	6	7	1906
宁　夏			
新　疆	1	1	7

联营企业

4—7 续表 4

地 区	法人企业(个)	产业活动单位(个)	从业人数(人)
全 国	**114**	**132**	**15201**
北 京	20	20	1285
天 津	4	4	193
河 北			
山 西	1	1	97
内 蒙 古			
辽 宁	2	2	99
吉 林			
黑 龙 江	1	1	119
上 海	3	5	590
江 苏	5	9	759
浙 江	8	15	246
安 徽	2	2	211
福 建	11	11	334
江 西	1	1	158
山 东	4	4	2833
河 南	4	4	562
湖 北			
湖 南	1	2	100
广 东	39	43	6199
广 西	1	1	141
海 南	3	3	132
重 庆			
四 川			
贵 州	1	1	218
云 南			
西 藏			
陕 西			
甘 肃	1	1	841
青 海	2	2	84
宁 夏			
新 疆			

有限责任公司

4—7续表5

地　　区	法人企业(个)	产业活动单位(个)	从业人数(人)
全　　国	**2925**	**9459**	**625223**
北　　京	268	280	34966
天　　津	42	42	12362
河　　北	77	77	25495
山　　西	85	85	13530
内 蒙 古	40	42	6579
辽　　宁	136	139	27085
吉　　林	58	59	7770
黑 龙 江	26	31	6927
上　　海	97	4701	75159
江　　苏	304	678	94332
浙　　江	309	1214	48875
安　　徽	60	239	13017
福　　建	148	150	13559
江　　西	28	30	9407
山　　东	268	284	60375
河　　南	176	184	24556
湖　　北	60	113	12900
湖　　南	47	170	9613
广　　东	264	275	43601
广　　西	43	45	9983
海　　南	35	35	2369
重　　庆	50	58	15039
四　　川	105	106	23775
贵　　州	15	15	3552
云　　南	60	275	7209
西　　藏	1	1	88
陕　　西	23	24	6925
甘　　肃	28	28	4818
青　　海	5	5	1083
宁　　夏	21	24	4089
新　　疆	46	50	6185

股份有限公司　　4—7 续表 6

地　区	法人企业(个)	产业活动单位(个)	从业人数(人)
全　国	**968**	**4797**	**439955**
北　京	46	48	27289
天　津	7	8	7190
河　北	44	44	20846
山　西	43	43	12642
内蒙古	22	24	4564
辽　宁	28	34	21431
吉　林	24	24	13465
黑龙江	36	52	27778
上　海	26	2893	35748
江　苏	64	234	47412
浙　江	36	155	10810
安　徽	22	125	10810
福　建	48	51	3514
江　西	20	21	5666
山　东	136	158	47155
河　南	63	63	13481
湖　北	59	105	36107
湖　南	35	234	16779
广　东	44	47	12987
广　西	18	21	8237
海　南	4	4	819
重　庆	25	26	8544
四　川	41	42	14261
贵　州	10	11	3409
云　南	34	287	7775
西　藏	1	1	161
陕　西	11	13	11351
甘　肃	9	10	2562
青　海	2	2	553
宁　夏	1	5	1341
新　疆	9	12	5268

私营企业 4—7 续表 7

地　区	法人企业(个)	产业活动单位(个)	从业人数(人)
全　国	**2903**	**4730**	**337434**
北　京	277	280	13614
天　津	34	34	8424
河　北	41	41	10351
山　西	53	53	13047
内蒙古	53	55	5416
辽　宁	159	160	17899
吉　林	53	53	6190
黑龙江	31	46	4601
上　海	38	1008	16829
江　苏	168	355	26330
浙　江	255	524	16489
安　徽	47	161	6941
福　建	325	326	19747
江　西	38	39	4204
山　东	258	263	24152
河　南	134	134	10568
湖　北	53	63	9771
湖　南	85	168	18694
广　东	309	315	35720
广　西	60	61	3586
海　南	33	33	2086
重　庆	83	86	11816
四　川	79	79	16617
贵　州	25	25	4386
云　南	66	209	9004
西　藏			
陕　西	22	31	8415
甘　肃	40	41	5846
青　海	6	7	688
宁　夏	14	14	1228
新　疆	64	66	4775

其他企业　　　　4—7 续表 8

地　区	法人企业(个)	产业活动单位(个)	从业人数(人)
全　国	**29**	**47**	**4188**
北　京	1	1	11
天　津			
河　北			
山　西			
内蒙古			
辽　宁	2	2	145
吉　林			
黑龙江			
上　海	1	15	275
江　苏	2	5	228
浙　江			
安　徽			
福　建	5	5	251
江　西			
山　东	7	7	1027
河　南			
湖　北	1	1	18
湖　南	2	2	372
广　东	3	3	496
广　西	2	3	1184
海　南			
重　庆	2	2	161
四　川	1	1	20
贵　州			
云　南			
西　藏			
陕　西			
甘　肃			
青　海			
宁　夏			
新　疆			

港、澳、台商投资企业

4－7 续表 9

地　区	法人企业(个)	产业活动单位(个)	从业人数(人)
全　国	**107**	**403**	**49626**
北　京	10	16	2892
天　津	5	5	3626
河　北	2	2	1930
山　西			
内蒙古	2	2	269
辽　宁	8	9	2631
吉　林	1	1	636
黑龙江	1	1	473
上　海	11	161	5615
江　苏	5	8	4055
浙　江	1	5	890
安　徽	1	3	636
福　建	2	2	52
江　西	1	3	896
山　东	3	4	855
河　南	5	5	710
湖　北	9	25	3146
湖　南	3	3	202
广　东	24	29	14625
广　西			
海　南	1	1	42
重　庆	3	4	815
四　川	3	4	2315
贵　州	1	1	73
云　南	2	106	1813
西　藏			
陕　西	1	1	214
甘　肃			
青　海	1	1	185
宁　夏			
新　疆	1	1	30

外商投资企业 4—7 续表 10

地区	法人企业(个)	产业活动单位(个)	从业人数(人)
全国	**147**	**478**	**91400**
北京	16	18	5279
天津	6	6	3608
河北	1	1	832
山西			
内蒙古			
辽宁	10	13	3516
吉林	2	4	820
黑龙江	2	2	1485
上海	22	304	20573
江苏	14	18	13328
浙江	3	8	1345
安徽			
福建	4	12	2512
江西			
山东	12	18	6373
河南			
湖北	6	7	1423
湖南	4	6	2114
广东	24	31	20474
广西	3	5	1091
海南	1	1	12
重庆	4	6	1878
四川	6	8	3064
贵州	1	1	78
云南	3	5	1158
西藏			
陕西			
甘肃	1	2	404
青海			
宁夏	1	1	19
新疆	1	1	14

4—8 各地区限额以上零售业基本情况

综合零售业

（2003 年，按国民经济行业分）

地　区	法人企业(个)	产业活动单位(个)	从业人数(人)
全　国	**4266**	**13029**	**1417927**
北　京	188	191	80632
天　津	81	81	29753
河　北	192	192	74700
山　西	122	122	41138
内蒙古	51	51	13220
辽　宁	182	183	70801
吉　林	64	66	22962
黑龙江	95	112	39944
上　海	111	6874	129047
江　苏	387	705	155656
浙　江	242	1126	60105
安　徽	116	460	39056
福　建	184	187	28704
江　西	51	54	14761
山　东	440	464	135008
河　南	596	603	79950
湖　北	171	224	62613
湖　南	123	330	45622
广　东	277	294	97321
广　西	78	84	21295
海　南	16	16	2420
重　庆	79	87	35046
四　川	127	131	48169
贵　州	29	29	12297
云　南	81	162	15950
西　藏	2	2	909
陕　西	66	77	30865
甘　肃	50	52	12577
青　海	9	9	2829
宁　夏	20	21	5890
新　疆	36	40	8687

食品、饮料及烟草制品专门零售业　　4—8 续表 1

地　区	法人企业(个)	产业活动单位(个)	从业人数(人)
全　国	**803**	**2173**	**136022**
北　京	81	84	13060
天　津	29	29	4554
河　北	33	33	7256
山　西	28	28	4890
内蒙古	12	12	1713
辽　宁	12	13	1504
吉　林	8	8	1032
黑龙江	8	17	1128
上　海	35	414	9819
江　苏	43	164	19200
浙　江	57	411	4956
安　徽	12	179	2212
福　建	39	42	2515
江　西	4	4	661
山　东	51	52	12524
河　南	125	127	13808
湖　北	28	40	6005
湖　南	19	224	5485
广　东	39	42	5561
广　西	14	15	2775
海　南	1	1	42
重　庆	18	19	1519
四　川	29	29	4166
贵　州	6	6	1419
云　南	40	143	2648
西　藏			
陕　西	6	6	1923
甘　肃	12	12	1229
青　海	3	5	1043
宁　夏	1	2	364
新　疆	10	12	1011

纺织、服装及日用品专门零售业 4—8 续表 2

地　区	法人企业(个)	产业活动单位(个)	从业人数(人)
全　国	**571**	**1670**	**90979**
北　京	79	85	8929
天　津	13	13	3198
河　北	12	12	3094
山　西	18	18	2298
内蒙古	9	10	1023
辽　宁	27	30	4922
吉　林	11	12	1965
黑龙江	11	15	1492
上　海	29	890	8593
江　苏	32	66	7860
浙　江	19	133	2263
安　徽	11	16	1794
福　建	21	25	1944
江　西	5	6	799
山　东	35	41	7183
河　南	90	91	8840
湖　北	22	34	3484
湖　南	19	41	5020
广　东	40	44	4879
广　西	4	5	631
海　南	3	3	187
重　庆	11	14	1855
四　川	20	20	3004
贵　州	1	1	78
云　南	10	24	1126
西　藏			
陕　西	7	8	1991
甘　肃	1	2	321
青　海	1	1	602
宁　夏	1	1	124
新　疆	9	9	1480

文化、体育用品及器材专门零售业　　　　4—8 续表 3

地　区	法人企业(个)	产业活动单位(个)	从业人数(人)
全　国	**1332**	**2552**	**126918**
北　京	76	81	9360
天　津	34	34	2728
河　北	45	45	4331
山　西	51	51	3945
内蒙古	20	20	1552
辽　宁	54	55	7410
吉　林	34	35	4549
黑龙江	35	55	3037
上　海	27	477	5843
江　苏	93	392	14444
浙　江	74	239	4948
安　徽	39	186	3087
福　建	66	66	4187
江　西	44	47	2916
山　东	123	125	9104
河　南	97	97	7869
湖　北	44	44	4224
湖　南	78	159	4968
广　东	63	65	7446
广　西	25	25	3146
海　南	7	7	1134
重　庆	34	34	2855
四　川	40	40	3085
贵　州	14	14	1133
云　南	32	68	3459
西　藏			
陕　西	18	24	2071
甘　肃	31	31	1398
青　海	3	3	452
宁　夏	6	8	566
新　疆	25	25	1671

医药及医疗器材专门零售业 4—8 续表 4

地 区	法人企业(个)	产业活动单位(个)	从业人数(人)
全 国	**899**	**4073**	**172651**
北 京	69	71	7106
天 津	5	6	2539
河 北	37	37	5923
山 西	28	28	2779
内 蒙 古	10	11	1593
辽 宁	39	47	9881
吉 林	13	14	3471
黑 龙 江	14	105	2527
上 海	21	969	7365
江 苏	57	637	22692
浙 江	44	293	5066
安 徽	17	270	2883
福 建	40	42	4313
江 西	28	30	9056
山 东	98	98	19891
河 南	75	75	13251
湖 北	38	108	5784
湖 南	42	446	8551
广 东	44	44	11625
广 西	35	37	7356
海 南	3	3	326
重 庆	14	15	1138
四 川	28	28	2791
贵 州	10	10	1231
云 南	31	589	5824
西 藏			
陕 西	12	12	2119
甘 肃	12	13	2080
青 海	4	4	452
宁 夏	10	10	955
新 疆	21	21	2083

汽车、摩托车、燃料及零配件专门零售业　　4－8 续表 5

地　区	法人企业(个)	产业活动单位(个)	从业人数(人)
全　国	**2369**	**3015**	**129790**
北　京	249	254	8973
天　津	38	38	008
河　北	21	21	2041
山　西	91	91	5899
内蒙古	47	50	4044
辽　宁	109	111	3612
吉　林	36	40	3878
黑龙江	10	18	582
上　海	13	24	1552
江　苏	112	238	11381
浙　江	195	304	7453
安　徽	25	45	817
福　建	273	277	7656
江　西	27	27	1356
山　东	238	260	13875
河　南	155	160	7571
湖　北	32	41	4364
湖　南	42	144	2456
广　东	359	370	17171
广　西	45	51	3986
海　南	41	41	1508
重　庆	38	41	1942
四　川	50	50	3687
贵　州	9	16	1406
云　南	30	142	2619
西　藏	6	55	638
陕　西	3	12	1035
甘　肃	17	17	746
青　海	2	2	32
宁　夏	11	19	1785
新　疆	45	56	4727

家用电器及电子产品专门零售业　　4－8续表6

地　　区	法人企业(个)	产业活动单位(个)	从业人数(人)
全　　国	**1405**	**1717**	**134011**
北　　京	229	235	9096
天　　津	20	20	1722
河　　北	29	29	5459
山　　西	25	25	4115
内 蒙 古	22	22	1867
辽　　宁	78	79	3869
吉　　林	28	28	1777
黑 龙 江	30	35	6935
上　　海	11	143	4949
江　　苏	75	109	12497
浙　　江	97	159	6165
安　　徽	20	32	1588
福　　建	98	100	6948
江　　西	25	26	1480
山　　东	126	131	16803
河　　南	122	126	7516
湖　　北	25	27	2608
湖　　南	22	43	2555
广　　东	86	87	11998
广　　西	54	55	5982
海　　南	10	10	379
重　　庆	40	45	3365
四　　川	37	37	4941
贵　　州	10	10	1381
云　　南	29	46	2372
西　　藏	1	1	409
陕　　西	7	7	1226
甘　　肃	9	10	905
青　　海	2	2	134
宁　　夏	8	8	685
新　　疆	30	30	2285

五金、家具及室内装修材料专门零售业 4—8 续表 7

地 区	法人企业(个)	产业活动单位(个)	从业人数(人)
全 国	**447**	**629**	**40006**
北 京	94	96	3386
天 津	20	20	1700
河 北	17	17	1734
山 西	11	11	1079
内 蒙 古	3	4	628
辽 宁	14	15	1478
吉 林	5	5	393
黑 龙 江	3	3	344
上 海	22	124	6296
江 苏	16	20	1846
浙 江	9	59	720
安 徽	2	6	203
福 建	31	31	1204
江 西	3	3	341
山 东	43	43	4001
河 南	52	53	3207
湖 北	13	13	1727
湖 南	12	23	1844
广 东	38	41	3872
广 西	10	11	700
海 南			
重 庆	7	8	498
四 川	5	6	861
贵 州	1	1	178
云 南	3	3	286
西 藏			
陕 西	4	4	782
甘 肃	4	4	326
青 海			
宁 夏	1	1	78
新 疆	4	4	288

无店铺及其他零售业

4—8 续表 8

地　区	法人企业(个)	产业活动单位(个)	从业人数(人)
全　国	**311**	**523**	**32791**
北　京	55	57	4368
天　津	10	10	554
河　北	3	3	320
山　西	8	8	670
内蒙古	3	4	1125
辽　宁	5	6	407
吉　林	1	1	378
黑龙江	6	34	448
上　海	11	47	1468
江　苏	12	26	1484
浙　江	26	138	1074
安　徽	1	1	58
福　建	17	19	1175
江　西	1	1	111
山　东	25	25	1999
河　南	29	33	7209
湖　北	4	4	181
湖　南	1	1	60
广　东	40	40	5026
广　西	13	14	1310
海　南	2	2	30
重　庆	2	3	192
四　川	4	4	319
贵　州	4	5	552
云　南	10	17	438
西　藏	1	1	161
陕　西	1	1	165
甘　肃	3	3	388
青　海	3	3	241
宁　夏	1	1	84
新　疆	9	11	796

4—9　各地区限额以上餐饮业基本情况

(2003 年)

地　区	法人企业(个)	产业活动单位(个)	从业人数(人)
全　国	**5935**	**8908**	**1132733**
北　京	362	387	54387
天　津	107	107	18576
河　北	97	108	17160
山　西	108	108	21777
内蒙古	141	162	13787
辽　宁	300	353	37752
吉　林	41	99	14610
黑龙江	110	148	11415
上　海	242	928	49905
江　苏	583	674	91700
浙　江	401	845	82637
安　徽	55	153	14555
福　建	314	462	48878
江　西	49	106	13801
山　东	550	703	89823
河　南	222	260	33019
湖　北	196	277	48554
湖　南	160	327	44754
广　东	1053	1435	249702
广　西	98	171	22724
海　南	52	52	9683
重　庆	152	264	39775
四　川	211	246	40050
贵　州	66	76	11884
云　南	64	153	10589
西　藏			
陕　西	48	67	12511
甘　肃	73	76	10442
青　海	12	21	2603
宁　夏	33	60	5894
新　疆	35	80	9786

4—10 各地区限额以上餐饮业基本情况

内资企业

(2003 年,按登记注册类型分)

地 区	法人企业(个)	产业活动单位(个)	从业人数(人)
全 国	**5277**	**7363**	**871863**
北 京	288	309	33508
天 津	88	88	10565
河 北	93	94	15704
山 西	100	100	20452
内 蒙 古	134	146	12738
辽 宁	241	276	24213
吉 林	38	76	10253
黑 龙 江	91	122	8359
上 海	218	604	31590
江 苏	539	609	73027
浙 江	387	719	69060
安 徽	52	126	12618
福 建	246	336	32482
江 西	43	81	10134
山 东	513	657	81394
河 南	207	240	30075
湖 北	176	245	39546
湖 南	149	274	35765
广 东	886	1122	167591
广 西	92	155	20791
海 南	44	44	7134
重 庆	150	250	37351
四 川	200	224	33966
贵 州	66	70	9355
云 南	57	124	9010
西 藏			
陕 西	39	57	9585
甘 肃	63	66	8557
青 海	10	18	2303
宁 夏	33	59	5824
新 疆	34	72	8913

国有企业

4—10 续表 1

地　区	法人企业(个)	产业活动单位(个)	从业人数(人)
全　国	**723**	**1294**	**192960**
北　京	54	63	7383
天　津	19	19	2657
河　北	34	35	7008
山　西	21	21	3413
内蒙古	22	25	2074
辽　宁	22	37	3419
吉　林	6	26	4569
黑龙江	9	10	849
上　海	10	20	1250
江　苏	73	90	14809
浙　江	23	79	10214
安　徽	1	13	1489
福　建	30	68	7355
江　西		24	2754
山　东	121	185	26757
河　南	48	69	12358
湖　北	40	56	9109
湖　南	26	88	11617
广　东	64	139	25981
广　西	32	59	9102
海　南	8	8	1655
重　庆	11	32	10525
四　川	26	35	7700
贵　州	1	3	633
云　南	7	28	953
西　藏			
陕　西	6	12	1312
甘　肃	7	10	1239
青　海		3	548
宁　夏		15	991
新　疆	2	22	3237

集体企业

4—10续表2

地区	法人企业(个)	产业活动单位(个)	从业人数(人)
全国	**516**	**825**	**73672**
北京	40	44	3707
天津	14	14	548
河北	7	7	843
山西	7	7	1306
内蒙古	3	3	153
辽宁	19	24	1572
吉林	5	7	684
黑龙江	6	8	523
上海	25	138	3490
江苏	43	57	5214
浙江	24	73	5953
安徽	2	8	842
福建	20	28	1283
江西	3	5	433
山东	67	86	9548
河南	35	41	5468
湖北	12	14	1643
湖南	3	13	1222
广东	142	175	23088
广西	10	20	2277
海南	2	2	310
重庆	4	11	1087
四川	11	11	969
贵州	2	2	187
云南	7	21	759
西藏			
陕西		1	150
甘肃	1	1	30
青海			
宁夏	1	1	65
新疆	1	3	318

股份合作企业　　4—10续表3

地　区	法人企业(个)	产业活动单位(个)	从业人数(人)
全　国	**266**	**351**	**30555**
北　京	27	27	2183
天　津	1	1	130
河　北	1	1	338
山　西	3	3	394
内蒙古	5	6	241
辽　宁	6	7	726
吉　林			
黑龙江	1	1	90
上　海	9	34	923
江　苏	16	18	2766
浙　江	23	38	2708
安　徽	1	13	407
福　建	16	18	1761
江　西	3	4	513
山　东	13	15	1752
河　南	4	4	514
湖　北	5	6	468
湖　南	9	12	1328
广　东	89	94	9740
广　西	4	4	281
海　南	2	2	311
重　庆	10	12	995
四　川	5	7	742
贵　州	1	1	50
云　南	5	16	530
西　藏			
陕　西	1	1	65
甘　肃	6	6	599
青　海			
宁　夏			
新　疆			

联营企业　　4—10续表4

地　区	法人企业(个)	产业活动单位(个)	从业人数(人)
全　国	**32**	**52**	**6545**
北　京	5	5	389
天　津	1	1	297
河　北			
山　西			
内蒙古			
辽　宁			
吉　林			
黑龙江			
上　海			
江　苏	2	2	236
浙　江	1	4	719
安　徽		1	64
福　建	2	8	1200
江　西		1	68
山　东	1	1	32
河　南	1	1	253
湖　北			
湖　南		1	181
广　东	12	19	2514
广　西	2	2	141
海　南	2	2	260
重　庆	1	1	38
四　川	1	1	68
贵　州			
云　南			
西　藏			
陕　西			
甘　肃			
青　海			
宁　夏			
新　疆	1	2	85

有限责任公司　　4—10 续表 5

地　区	法人企业(个)	产业活动单位(个)	从业人数(人)
全　国	**875**	**1274**	**168449**
北　京	77	80	9419
天　津	16	16	2601
河　北	12	12	2420
山　西	16	16	4245
内蒙古	21	24	4144
辽　宁	26	34	3129
吉　林	3	9	1160
黑龙江	6	10	416
上　海	47	165	7441
江　苏	100	110	16062
浙　江	89	181	18786
安　徽	2	4	788
福　建	26	45	5312
江　西	2	4	507
山　东	93	107	16242
河　南	28	30	4425
湖　北	28	37	6547
湖　南	30	44	7624
广　东	86	119	22905
广　西	11	22	4022
海　南	10	10	2099
重　庆	20	36	4970
四　川	53	59	8833
贵　州	11	13	2436
云　南	8	16	2039
西　藏			
陕　西	10	14	1824
甘　肃	14	14	2396
青　海	2	4	688
宁　夏	19	24	2832
新　疆	9	15	2137

股份有限公司　　4—10 续表 6

地　区	法人企业(个)	产业活动单位(个)	从业人数(人)
全　国	**184**	**371**	**46747**
北　京	3	5	1432
天　津	1	1	114
河　北	9	9	1230
山　西	5	5	950
内蒙古	11	12	1193
辽　宁	9	11	1143
吉　林	4	9	1019
黑龙江		2	757
上　海	3	90	1420
江　苏	12	17	1762
浙　江	16	40	4670
安　徽		1	146
福　建	4	8	1037
江　西	2	3	347
山　东	22	25	4689
河　南	5	6	618
湖　北	10	11	1892
湖　南	8	19	3240
广　东	16	28	5339
广　西	5	10	1305
海　南	3	3	595
重　庆	10	21	4131
四　川	14	17	3079
贵　州	1	1	64
云　南	3	4	754
西　藏			
陕　西	4	5	3150
甘　肃	3	3	110
青　海			
宁　夏		1	200
新　疆	1	4	361

私营企业

4—10 续表 7

地　区	法人企业(个)	产业活动单位(个)	从业人数(人)
全　国	**2626**	**3125**	**345953**
北　京	82	85	8995
天　津	33	33	3907
河　北	30	30	3865
山　西	46	46	9121
内蒙古	67	71	4598
辽　宁	159	163	14224
吉　林	20	25	2821
黑龙江	69	91	5724
上　海	124	157	17066
江　苏	283	305	31543
浙　江	209	302	25915
安　徽	46	86	8882
福　建	147	160	14453
江　西	33	40	5512
山　东	193	231	22001
河　南	86	89	6439
湖　北	81	121	19887
湖　南	72	95	9962
广　东	467	529	75874
广　西	27	37	3633
海　南	14	14	1721
重　庆	93	135	15438
四　川	81	84	11947
贵　州	46	46	5605
云　南	27	39	3975
西　藏			
陕　西	18	24	3084
甘　肃	32	32	4183
青　海	8	11	1067
宁　夏	13	18	1736
新　疆	20	26	2775

其他企业 4—10 续表 8

地区	法人企业(个)	产业活动单位(个)	从业人数(人)
全国	**55**	**71**	**6982**
北京			
天津	3	3	311
河北			
山西	2	2	1023
内蒙古	5	5	335
辽宁			
吉林			
黑龙江			
上海			
江苏	10	10	635
浙江	2	2	95
安徽			
福建	1	1	81
江西			
山东	3	7	373
河南			
湖北			
湖南	1	2	591
广东	10	19	2150
广西	1	1	30
海南	3	3	183
重庆	1	2	167
四川	9	10	628
贵州	4	4	380
云南			
西藏			
陕西			
甘肃			
青海			
宁夏			
新疆			

港、澳、台商投资企业　　4—10 续表 9

地　区	法人企业(个)	产业活动单位(个)	从业人数(人)
全　国	**385**	**829**	**130095**
北　京	34	38	5384
天　津	7	7	829
河　北	1	1	40
山　西	5	5	1152
内蒙古	7	8	730
辽　宁	29	37	5378
吉　林	2	12	1805
黑龙江	5	8	341
上　海	16	234	11838
江　苏	20	20	2652
浙　江	9	28	4083
安　徽	2	6	710
福　建	42	63	9617
江　西	3	11	1496
山　东	20	24	4171
河　南	10	13	2000
湖　北	12	15	4512
湖　南	6	19	4852
广　东	125	218	56238
广　西	5	10	1378
海　南	2	2	826
重　庆	1	10	1761
四　川	6	10	2912
贵　州		3	1115
云　南	4	8	650
西　藏			
陕　西	4	5	2121
甘　肃	6	6	673
青　海	1	2	268
宁　夏		1	70
新　疆	1	5	493

外商投资企业

4—10 续表 10

地　区	法人企业(个)	产业活动单位(个)	从业人数(人)
全　国	**273**	**716**	**130775**
北　京	40	40	15495
天　津	12	12	7182
河　北	3	13	1416
山　西	3	3	173
内蒙古		8	319
辽　宁	30	40	8161
吉　林	1	11	2552
黑龙江	14	18	2715
上　海	8	90	6477
江　苏	24	45	16021
浙　江	5	98	9494
安　徽	1	21	1227
福　建	26	63	6779
江　西	3	14	2171
山　东	17	22	4258
河　南	5	7	944
湖　北	8	17	4496
湖　南	5	34	4137
广　东	42	95	25873
广　西	1	6	555
海　南	6	6	1723
重　庆	1	4	663
四　川	5	12	3172
贵　州		3	1414
云　南	3	21	929
西　藏			
陕　西	5	5	805
甘　肃	4	4	1212
青　海	1	1	32
宁　夏			
新　疆		3	380

4—11 各地区限额以上餐饮业基本情况

正餐服务业

(2003 年,按国民经济行业分)

地　　区	法人企业(个)	产业活动单位(个)	从业人数(人)
全　　国	**5610**	**7825**	**996894**
北　　京	315	340	37372
天　　津	88	88	10134
河　　北	95	96	16014
山　　西	98	98	21054
内 蒙 古	140	153	13413
辽　　宁	291	340	33248
吉　　林	40	95	14247
黑 龙 江	104	136	10684
上　　海	210	474	29362
江　　苏	555	605	76175
浙　　江	380	724	72513
安　　徽	54	133	13595
福　　建	294	423	44386
江　　西	46	98	12236
山　　东	540	687	87627
河　　南	208	245	30272
湖　　北	190	257	42176
湖　　南	141	286	39680
广　　东	1013	1356	225068
广　　西	94	161	21626
海　　南	47	47	9242
重　　庆	150	258	38794
四　　川	204	234	38704
贵　　州	66	76	11884
云　　南	58	129	9385
西　　藏			
陕　　西	44	62	10677
甘　　肃	69	72	9665
青　　海	10	17	2404
宁　　夏	33	59	5824
新　　疆	33	76	9433

快餐服务业 4—11 续表 1

地　区	法人企业(个)	产业活动单位(个)	从业人数(人)
全　国	**231**	**878**	**120269**
北　京	35	35	15849
天　津	10	10	4501
河　北	1	11	1019
山　西	9	9	675
内蒙古	1	9	374
辽　宁	9	13	4504
吉　林	1	4	363
黑龙江	4	10	553
上　海	20	364	18772
江　苏	17	52	13857
浙　江	12	97	8929
安　徽	1	20	960
福　建	12	27	3177
江　西	3	8	1565
山　东	10	15	2136
河　南	9	10	1708
湖　北	6	20	6378
湖　南	9	29	3605
广　东	33	70	23737
广　西	3	8	968
海　南	5	5	441
重　庆	2	6	981
四　川	5	9	1086
贵　州			
云　南	4	22	1018
西　藏			
陕　西	4	5	1834
甘　肃	3	3	759
青　海	1	2	97
宁　夏		1	70
新　疆	2	4	353

饮料及冷饮服务业

4—11 续表 2

地区	法人企业(个)	产业活动单位(个)	从业人数(人)
全国	**15**	**22**	**1671**
北京	4	4	336
天津	2	2	162
河北			
山西	1	1	48
内蒙古			
辽宁			
吉林			
黑龙江	2	2	178
上海			
江苏			
浙江	3	6	333
安徽			
福建			
江西			
山东		1	60
河南			
湖北			
湖南	1	3	249
广东		1	120
广西	1	1	35
海南			
重庆			
四川	1	1	150
贵州			
云南			
西藏			
陕西			
甘肃			
青海			
宁夏			
新疆			

其他餐饮服务业　　4—11 续表 3

地区	法人企业(个)	产业活动单位(个)	从业人数(人)
全国	**79**	**183**	**13899**
北京	8	8	830
天津	7	7	3779
河北	1	1	127
山西			
内蒙古			
辽宁			
吉林			
黑龙江			
上海	12	90	1771
江苏	11	17	1668
浙江	6	18	862
安徽			
福建	8	12	1315
江西			
山东			
河南	5	5	1039
湖北			
湖南	9	9	1220
广东	7	8	777
广西		1	95
海南			
重庆			
四川	1	2	110
贵州			
云南	2	2	186
西藏			
陕西			
甘肃	1	1	18
青海	1	2	102
宁夏			
新疆			

4—12　各地区批发零售贸易业商品销售总额

（2003 年）

单位:万元

地　区	销售总额	限额以上	限额以下
全　国	**994461045**	**486132042**	**508329003**
北　京	56860224	45099542	11760682
天　津	25921583	19154541	6767042
河　北	36720256	9848604	26871653
山　西	13877460	5735621	8141839
内蒙古	10753031	3292480	7460551
辽　宁	50146812	24764748	25382064
吉　林	14356304	5473801	8882503
黑龙江	21489841	6396777	15093064
上　海	66470357	52877622	13592735
江　苏	82815270	38462869	44352401
浙　江	100375216	52199863	48175353
安　徽	29040092	10240830	18799262
福　建	35236524	17753634	17482890
江　西	15683549	5792842	9890707
山　东	77583564	29158600	48424963
河　南	34708636	12398846	22309790
湖　北	41718906	13853129	27865777
湖　南	32537201	10382361	22154840
广　东	121878055	61627355	60250701
广　西	14031724	5212075	8819649
海　南	3449550	1533653	1915897
重　庆	12637884	8111676	4526208
四　川	29885673	10226830	19658843
贵　州	8457067	3145745	5311322
云　南	19684754	12898243	6786512
西　藏	702549	213616	488933
陕　西	13420793	5701422	7719371
甘　肃	8874979	5266447	3608532
青　海	1484233	595903	888330
宁　夏	1745871	948311	797560
新　疆	11913088	7764057	4149031

4—13 限额以上批发零售贸易业商品购、销、存总额

(2003年,按登记注册类型分)

单位:万元

	购进总额	#进口	销售总额
总计	**453838709**	**38086053**	**486132042**
一、批发业	**366963993**	**37168248**	**389243211**
其中:国有及国有控股	252565527	25510606	266499179
内资企业	346531673	32553274	366071357
国有企业	139746088	14452114	148243102
集体企业	12884460	805035	13781574
股份合作企业	3435754	115756	3630179
联营企业	3517236	232524	3727519
国有联营企业	2260729	127577	2412329
集体联营企业	187503	4879	174182
国有与集体联营企业	500254	56127	505195
其他联营企业	568751	43941	635813
有限责任公司	88966327	10266910	95048200
国有独资企业	13151293	3254733	14822537
其他有限责任公司	75815034	7012177	80225663
股份有限公司	69017970	4340848	71820104
私营企业	28709303	2339833	29545185
私营独资企业	1506067	118214	1449314
私营合伙企业	297988	847	337210
私营有限责任公司	25776793	2187488	26557498
私营股份有限公司	1128455	33284	1201163
其他企业	254536	253	275494
港、澳、台商投资企业	4410518	878876	5139335
合资经营企业	947571	235603	1067266
合作经营企业	661248	16174	734201
独资经营企业	2616538	627098	3128735
投资股份有限公司	185161		209133
外商投资企业	16021802	3736098	18032519
中外合资经营企业	7882819	363111	8346761
中外合作经营企业	223483		238857
外资企业	7771085	3372988	9212491
外商投资股份有限公司	144415		234410

4—13 续表 1

单位:万元

	批　发	#出　口	零　售	年末库存总　额
总　计	**379742935**	**58023113**	**106389107**	**38981511**
一、批发业	**363647903**	**57675072**	**25595307**	**28649700**
其中:国有及国有控股	249723054	41384063	16776125	18914094
内资企业	340917928	55788346	25153429	26883769
国有企业	140373078	22249524	7870024	12800686
集体企业	13233453	724122	548122	2587574
股份合作企业	3225629	354544	404550	214491
联营企业	3542676	554196	184843	193241
国有联营企业	2334655	118507	77675	113860
集体联营企业	146447	2675	27734	17697
国有与集体联营企业	469083	111920	36111	26239
其他联营企业	592491	321094	43323	35445
有限责任公司	89371816	20574163	5676384	6456939
国有独资企业	14438691	5143092	383846	1307677
其他有限责任公司	74933125	15431071	5292538	5149262
股份有限公司	64088600	8136443	7731503	2690118
私营企业	26817160	3150965	2728025	1915541
私营独资企业	1399540	559026	49774	94418
私营合伙企业	318943	30300	18267	41465
私营有限责任公司	24000893	2499938	2556606	1707515
私营股份有限公司	1097784	61701	103379	72143
其他企业	265517	44389	9977	25179
港、澳、台商投资企业	4936639	189368	202696	463045
合资经营企业	996826	52734	70439	92541
合作经营企业	628102	19007	106099	26571
独资经营企业	3107612	117627	21123	322330
投资股份有限公司	204099		5034	21603
外商投资企业	17793336	1697359	239183	1302886
中外合资经营企业	8188076	32246	158685	488043
中外合作经营企业	175437		63420	13779
外资企业	9195413	1665113	17078	796582
外商投资股份有限公司	234410			4483

4—13 续表 2

单位:万元

	购进总额	#进口	销售总额
二、零售业	**86874716**	**917805**	**96888831**
其中:国有及国有控股	32963785	416498	38079757
内资企业	78901056	892215	86791110
国有企业	12520556	136968	13824539
集体企业	4335910	2193	4521538
股份合作企业	1848139	4815	2066442
联营企业	1594248	62619	1641672
国有联营企业	430195	62522	443971
集体联营企业	59773		64767
国有与集体联营企业	932878		930267
其他联营企业	171402	97	202667
有限责任公司	25579010	320800	28090352
国有独资企业	1180971	2795	1331014
其他有限责任公司	24398039	318006	26759338
股份有限公司	16545188	75946	19610235
私营企业	16357870	288874	16913002
私营独资企业	943068	1031	986598
私营合伙企业	289885	5804	289705
私营有限责任公司	14014422	265814	14526131
私营股份有限公司	1110496	16225	1110568
其他企业	120134		123329
港、澳、台商投资企业	2300932	1653	2989312
合资经营企业	1592083	298	2218612
合作经营企业	401501		456601
独资经营企业	276385	1356	281723
投资股份有限公司	30963		32376
外商投资企业	5672728	23937	7108410
中外合资经营企业	3094418	11282	3526390
中外合作经营企业	1299689	154	1700236
外资企业	1234679	12501	1827758
外商投资股份有限公司	43943		54027

4—13 续表 3　　单位：万元

	批　发	#出　口	零　售	年末库存总　额
二、零售业	**16095032**	**348041**	**80793799**	**10331811**
其中：国有及国有控股	7679174	208806	30400583	4305548
内资企业	15180052	347176	71611058	9504947
国有企业	2838790	65873	10985750	2172785
集体企业	1058666	839	3462872	489985
股份合作企业	393202	637	1673241	212232
联营企业	353951		1287721	96999
国有联营企业	88960		355011	44495
集体联营企业			64767	6228
国有与集体联营企业	257566		672701	33246
其他联营企业	7425		195242	13030
有限责任公司	4535011	33723	23555342	3135206
国有独资企业	355051	7	975963	242177
其他有限责任公司	4179960	33716	22579378	2893029
股份有限公司	3795977	203732	15814259	1598795
私营企业	2178004	42372	14734998	1777130
私营独资企业	92459		894140	122671
私营合伙企业	9248		280457	40027
私营有限责任公司	1991979	40512	12534152	1478657
私营股份有限公司	84318	1861	1026250	135776
其他企业	26452		96877	21815
港、澳、台商投资企业	143052	11	2846260	221644
合资经营企业	55037		2163575	152475
合作经营企业	8444		448157	20127
独资经营企业	48043	11	233680	46898
投资股份有限公司	31527		848	2144
外商投资企业	771929	854	6336481	605220
中外合资经营企业	139702		3386687	353297
中外合作经营企业	147441		1552795	110227
外资企业	484725	854	1343033	137513
外商投资股份有限公司	62		53965	4184

4—14 限额以上批发零售贸易业商品购、销、存总额

（2003 年，按国民经济行业分） 单位：万元

	购进总额	#进口	销售总额
总计	**453838709**	**38086053**	**486132042**
一、批发业	**366963993**	**37168248**	**389243211**
农畜产品批发业	11776758	913559	13246026
食品、饮料及烟草制品批发业	63551422	2533421	71408347
米、面制品及食用油批发业	6514676	1157485	6917998
烟草制品批发业	45505393	925258	51263074
纺织、服装及日用品批发业	31337084	4736374	34524612
服装批发业	10374961	2262130	11397017
文化、体育用品及器材批发业	7231983	266063	7288751
医药及医疗器材批发业	18378088	657365	19971848
矿产品、建材及化工产品批发业	156391129	17473558	160666314
煤炭及制品批发业	6937537	113481	8918928
石油及制品批发业	79592532	5190626	79616699
金属及金属矿批发业	43802429	7475293	45100236
建材批发业	5064309	424669	5175834
化肥批发业	6481401	1175089	6817860
机械设备、五金交电及电子产品批发业	61281352	5927880	63229163
汽车、摩托车及零配件批发业	22249593	1198519	22584999
家用电器批发业	6384587	43013	6701206
计算机、软件及辅助设备批发业	3440350	181675	3561659
贸易经纪与代理	6499837	3033138	7968532
其他批发业	10516340	1626890	10939618
二、零售业	**86874716**	**917805**	**96888831**
综合零售业	42116937	233240	49817515
百货零售业	25443837	43652	30309929
超级市场零售业	15172162	183509	17766739
食品、饮料及烟草制品专门零售业	2330420	18752	2640853
纺织、服装及日用品专门零售业	2182585	10184	2593039
服装零售业	1017385	4972	1171963
文化、体育用品及器材专门零售业	3861826	9380	3849529
体育用品零售业	57517		69143
图书零售业	2817345	9065	2705803
医药及医疗器材专门零售业	4030453	10875	4438745
药品零售业	3855051	4655	4230692
汽车、摩托车、燃料及零配件专门零售业	20141215	518003	20559884
汽车零售业	14014556	477596	14046175
机动车燃料零售业	4820104	659	5157599
家用电器及电子产品专门零售业	9762274	100955	10228776
家用电器零售业	7327976	12230	7694556
计算机、软件及辅助设备零售业	1390214	86961	1425095
通讯设备零售业	916216	512	963894
五金、家具及室内装修材料专门零售业	1596520	5287	1753788
无店铺及其他零售业	852486	11131	1006702
邮购及电子销售业	10732		47270

4—14 续表

单位:万元

	批　发	#出　口	零　售	年末库存总　额
总　　计	**379742935**	**58023113**	**106389107**	**38981511**
一、批发业	**363647903**	**57675072**	**25595307**	**28649700**
农畜产品批发业	13103356	2796010	142670	4419243
食品、饮料及烟草制品批发业	69681777	4810738	1726571	5395613
米、面制品及食用油批发业	6777911	1945588	140087	1372646
烟草制品批发业	50464368	232278	798707	3224881
纺织、服装及日用品批发业	33924344	24508716	600267	1564542
服装批发业	11259852	8626270	137165	568714
文化、体育用品及器材批发业	6882748	1867566	406004	1158785
医药及医疗器材批发业	13984728	1006104	5987120	2503606
矿产品、建材及化工产品批发业	150617015	8644354	10049299	7476170
煤炭及制品批发业	8750030	1399132	168898	335895
石油及制品批发业	71229266	680625	8387433	1987564
金属及金属矿批发业	44326551	2866458	773685	3131213
建材批发业	4734299	525694	441535	377955
化肥批发业	6709648	273844	108212	803468
机械设备、五金交电及电子产品批发业	56680296	9989182	6548867	4761657
汽车、摩托车及零配件批发业	17673495	501077	4911504	1528302
家用电器批发业	6262871	384894	438335	675861
计算机、软件及辅助设备批发业	3311433	150808	250226	176257
贸易经纪与代理	7943637	1203733	24895	864355
其他批发业	10830003	2848670	109615	505728
二、零售业	**16095032**	**348041**	**80793799**	**10331811**
综合零售业	5648280	247117	44169235	4930915
百货零售业	2722373	235851	27587557	2868484
超级市场零售业	2471711	9958	15295028	1901218
食品、饮料及烟草制品专门零售业	760241	3437	1880612	532698
纺织、服装及日用品专门零售业	586266	70448	2006773	415709
服装零售业	294766	34874	877198	160608
文化、体育用品及器材专门零售业	807299	1734	3042230	1018797
体育用品零售业	27118		42025	3795
图书零售业	356904	1734	2348899	836230
医药及医疗器材专门零售业	1299171	11396	3139574	715986
药品零售业	1260173	11254	2970519	685958
汽车、摩托车、燃料及零配件专门零售业	3950826	6760	16609058	1367235
汽车零售业	2073358	4734	11972817	1035262
机动车燃料零售业	1598647		3558952	189629
家用电器及电子产品专门零售业	2269873	6569	7958903	1047151
家用电器零售业	1251727	5055	6442829	783496
计算机、软件及辅助设备零售业	612148	512	812947	138121
通讯设备零售业	308138	2	655756	103287
五金、家具及室内装修材料专门零售业	455309	48	1298479	224513
无店铺及其他零售业	317767	532	688935	78808
邮购及电子销售业	2552		44718	1021

4—15 各地区限额以上批发零售贸易业商品购、销、存总额

(2003 年)

单位:万元

地区	购进总额	#进口	销售总额	批发	#出口	零售	年末库存总额
全国	**453838709**	**38086053**	**486132042**	**379742935**	**58023113**	**106389107**	**38981511**
北京	43872821	9602354	45099542	35044386	5059393	10055157	4622164
天津	18586024	928121	19154541	16788626	1396861	2365915	1079329
河北	8803788	93680	9848604	7076641	736969	2771963	782343
山西	5055559	22023	5735621	3917849	544653	1817772	1176968
内蒙古	3004164	108970	3292480	2334777	143403	957703	371452
辽宁	23652171	1026155	24764748	20063126	1428793	4701621	1599873
吉林	4870438	98294	5473801	3514043	712208	1959759	821139
黑龙江	5711670	401213	6396777	4635650	130866	1761127	1067352
上海	48399833	7558992	52877622	41817202	6016031	11060420	3750845
江苏	36191310	2268031	38462869	28486999	7163085	9975870	2590483
浙江	50694637	4471923	52199863	43900653	11754798	8299210	3105178
安徽	9507506	697235	10240830	8257681	988009	1983149	717681
福建	15822222	1766316	17753634	14452191	4401071	3301443	1398919
江西	5178284	32839	5792842	4493364	671459	1299479	326380
山东	27209366	1163218	29158600	20338499	3028758	8820101	2503892
河南	11268661	109020	12398846	9238032	497221	3160815	1193400
湖北	12044168	325937	13853129	10076589	507812	3776539	979059
湖南	9757962	98667	10382361	7844216	587038	2538145	981387
广东	57452209	5503129	61627355	49449976	9572229	12177378	3536598
广西	4980547	40728	5212075	3547776	326449	1664299	353583
海南	1467821	105933	1533653	1265409	126255	268244	122769
重庆	7389316	116265	8111676	5804780	321630	2306896	683267
四川	9395379	68042	10226830	7398344	444902	2828486	715216
贵州	2914642	99001	3145745	2589326	110531	556420	392824
云南	11483453	288208	12898243	11338487	319781	1559756	1612879
西藏	124670	50	213616	140199	616	73417	32698
陕西	5336594	10087	5701422	4195846	409976	1505576	519571
甘肃	5241103	133120	5266447	4311969	111304	954478	378391
青海	527110	3137	595903	400718	18350	195185	124798
宁夏	886499	8560	948311	567416	12006	380895	145678
新疆	7008784	936806	7764057	6452167	480657	1311890	1295396

4—16 各地区限额以上批发业商品购、销、存总额

（2003 年）　　单位：万元

地区	购进总额	#进口	销售总额	批发	#出口	零售	年末库存总额
全国	**366963993**	**37168248**	**389243211**	**363647903**	**57675072**	**25595307**	**28649700**
北京	34583674	9406923	34771990	32850510	5028443	1921481	3684146
天津	16255418	926744	16743177	16195589	1392134	547587	869727
河北	7080868	93680	7859399	6912357	736969	947041	526600
山西	3679141	21826	4194372	3760633	544653	433739	996617
内蒙古	2170668	108061	2465682	2203416	143111	262266	266930
辽宁	19503982	1013860	20321110	19484360	1420265	836750	1146638
吉林	3388940	92809	3708944	3350624	712208	358320	635529
黑龙江	4678324	396239	5085890	4561953	130866	523937	855981
上海	40139380	7366476	42549711	39688937	5996704	2860774	2937543
江苏	27093951	2235359	28590454	27013561	7088378	1576892	1660045
浙江	44482209	4433519	45773203	42820133	11625041	2953070	2398319
安徽	8237721	685995	8816046	8135233	988009	680812	537915
福建	12940060	1703115	14640311	13863547	4386731	776763	965256
江西	4383831	32839	4895534	4390075	671459	505460	225507
山东	19426322	1131602	20598094	18973231	3024827	1624863	1506757
河南	8237208	103574	9098128	8129898	489892	968230	739806
湖北	9113938	325091	10119935	9458471	503566	661464	636866
湖南	8070858	98560	8554988	7588989	582303	965999	733579
广东	47899719	5257811	50987179	48171514	9535975	2815664	2457202
广西	3699613	19274	3808891	3329192	321783	479699	203013
海南	1140325	95075	1203125	1196058	126248	7068	78833
重庆	5276424	90937	5770436	5334296	321630	436140	481245
四川	6905726	64732	7486573	6957149	443236	529424	497148
贵州	2413006	97527	2679198	2534962	110531	144236	312155
云南	10423163	286084	11691007	11187952	319771	503056	1449957
西藏	46787	50	105403	102856	616	2547	18245
陕西	4178655	10087	4514961	4081849	409976	433112	329797
甘肃	4722051	124208	4647347	4213448	109451	433899	286696
青海	406229	3106	459261	374539	18348	84723	95020
宁夏	517568	8325	535953	498359	12006	37594	92824
新疆	5868237	934762	6566911	6284214	479944	282697	1023808

其中:国有及国有控股　　4－16续表　　单位:万元

地　区	购进总额	#进　口	销售总额	批　发	#出　口	零　售	年末库存总　额
全　国	**252565527**	**25510606**	**266499179**	**249723054**	**41384063**	**16776125**	**18914094**
北　京	27638466	9069593	27466650	26419152	4745704	1047498	2939183
天　津	12445154	540803	12928127	12543426	1307241	384701	613525
河　北	4656871	75900	5200969	4625280	620462	575689	337707
山　西	2826441	19602	3228305	2872322	125001	355983	227569
内蒙古	1819372	94918	2123627	1918535	143041	205092	240202
辽　宁	16060568	721602	16655214	16000598	1159235	654616	905342
吉　林	3071206	53223	3359260	3031680	694098	327581	582300
黑龙江	3376444	105307	3720774	3389977	37560	330798	767297
上　海	25315176	3498375	26244379	24927559	4369499	1316820	1546585
江　苏	18548680	1626901	19296777	18095119	5199778	1201658	896487
浙　江	24408119	2808018	24946584	23289559	6503232	1657024	1344674
安　徽	6294112	617176	6750925	6322613	794845	428312	392276
福　建	7896172	1304122	9127051	8589826	3122876	537224	519478
江　西	3607498	24174	4010319	3533366	652253	476954	192371
山　东	9134306	656588	9974074	9224995	2374639	749079	818074
河　南	5129561	68075	5668168	5204725	379855	463443	444789
湖　北	7496471	311577	7918548	7390316	422026	528232	352932
湖　南	6941157	96647	7243154	6403336	555427	839818	491307
广　东	30363061	2839170	32168895	30240783	6201147	1928112	1414612
广　西	2867180	18828	2947041	2570487	289253	376554	141034
海　南	820824	19792	884459	881215	91207	3244	42812
重　庆	3891164	69025	4252558	3909729	282712	342829	389530
四　川	5132949	53675	5568236	5129545	293258	438691	357447
贵　州	2240075	97021	2502957	2375176	110531	127781	295485
云　南	8818739	270285	9913661	9580863	211916	332798	1325644
西　藏	43861	50	103008	100461	616	2547	17319
陕　西	3352254	9550	3589326	3188008	409976	401318	283673
甘　肃	4120843	123711	4040569	3623819	98126	416750	189119
青　海	347892		390387	320549	12717	69838	82860
宁　夏	397854	8325	407238	375191	9143	32046	74866
新　疆	3503061	308575	3867940	3644846	166692	223094	687594

4—17　各地区限额以上批发业商品购、销、存总额

内资企业　(2003年,按登记注册类型分)　单位:万元

地区	购进总额	#进口	销售总额	批发	#出口	零售	年末库存总额
全国	**346531673**	**32553274**	**366071357**	**340917928**	**55788346**	**25153429**	**26883769**
北京	33811474	9370224	33805666	31906039	4785129	1899627	3610910
天津	14927903	596044	15358560	14928565	1361492	429996	752393
河北	7076120	93680	7854972	6907931	736969	947041	526279
山西	3665193	21826	4181447	3747708	544653	433739	995264
内蒙古	2164217	108061	2457426	2203416	143111	254011	266472
辽宁	18748785	937341	19524755	18731828	1403985	792927	1100190
吉林	3378844	92809	3698137	3339816	712208	358320	635529
黑龙江	4673877	396239	5081339	4557513	130866	523826	855981
上海	27121218	4124033	27802409	24954695	5091396	2847714	1689553
江苏	26942290	2228278	28428401	26855419	7088378	1572982	1646150
浙江	44309545	4432295	45584379	42670085	11619098	2914294	2386890
安徽	8224217	674020	8803119	8122307	988009	680812	536105
福建	12640239	1641078	14293306	13535637	4354921	757669	938870
江西	4320562	32839	4823458	4317999	671459	505460	225118
山东	19134832	1125761	20191922	18569223	3023803	1622700	1493144
河南	8211513	103574	9071556	8103326	489892	968230	737454
湖北	8977726	319998	10031766	9381316	468838	650449	620668
湖南	8068112	98560	8552541	7586542	582303	965999	733569
广东	45080251	4423346	47675394	45010571	8922353	2664823	2283283
广西	3656949	19274	3764005	3284306	321783	479699	201811
海南	1135108	94176	1197475	1190450	126248	7025	78460
重庆	5108714	90937	5543950	5119150	321630	424800	468793
四川	6872086	64732	7451351	6921927	443236	529424	497148
贵州	2411526	97527	2677683	2533447	110531	144236	312101
云南	10412522	286084	11679131	11176076	315715	503056	1448025
西藏	46787	50	105403	102856	616	2547	18245
陕西	4049942	10087	4378761	3945649	409976	433112	329092
甘肃	4644220	124208	4567587	4133688	109451	433899	284627
青海	406229	3106	459261	374539	18348	84723	95020
宁夏	517568	8325	535953	498359	12006	37594	92824
新疆	5793108	934762	6490247	6207550	479944	282697	1023805

国有企业 4—17 续表 1 单位:万元

地区	购进总额	＃进口	销售总额	批发	＃出口	零售	年末库存总额
全国	**139746088**	**14452114**	**148243102**	**140373078**	**22249524**	**7870024**	**12800686**
北京	18979550	8100038	17677681	17079909	3528528	597772	2370504
天津	8691896	300981	9012975	8822913	536987	190063	355103
河北	3293599	47780	3702903	3508477	562342	194426	245684
山西	2542007	19602	3025798	2772322	517066	253475	200043
内蒙古	1356577	28621	1410794	1217845	142362	192949	206155
辽宁	5961106	503612	6085732	5903463	689035	182270	719791
吉林	1336060	10174	1542695	1293303	90846	249393	435421
黑龙江	2650597	36768	2926399	2816705	32017	109694	708941
上海	6332972	669096	6803991	6237999	1435033	565992	394394
江苏	8049708	502395	8113563	7838115	1627772	275448	460681
浙江	10105640	528637	10783921	10343950	2207992	439971	510512
安徽	2450853	27968	2927628	2757187	125787	170441	241861
福建	4539480	408185	5343847	5073403	2132885	270444	258748
江西	3244315	23560	3539755	3283990	562770	255766	174807
山东	7552083	371464	8089994	7596920	1547565	493074	757943
河南	3981796	12258	4531446	4217188	228289	314258	398367
湖北	2688913	292533	2847362	2590087	235330	257275	267087
湖南	3570120	60802	3794092	3462812	400528	331280	311263
广东	17652176	1976980	18726686	17666323	4161063	1060362	862982
广西	1745537	14862	1882128	1737504	188390	144624	110400
海南	556615	19952	647577	644332	92486	3244	39399
重庆	2136292	49194	2376589	2254706	117021	121884	186296
四川	3437543	53675	3732654	3527155	293221	205498	248737
贵州	1909368	96231	2209085	2122542	90903	86543	230625
云南	7429395	142714	8468351	8311512	177419	156840	1158813
西藏	39695	50	44982	42435	616	2547	8473
陕西	2497343	5412	2617529	2434768	303485	182762	220001
甘肃	2282069	76888	2304803	1965950	98126	338854	112449
青海	329117		375185	302569	2904	72616	77636
宁夏	281731	8325	283561	252538	9143	31023	77090
新疆	2121939	63360	2413396	2294158	111614	119238	450481

集体企业　　4—17 续表 2　　单位:万元

地　区	购进总额	#进　口	销售总额	批　发	#出　口	零　售	年末库存总　额
全　国	**12884460**	**805035**	**13781574**	**13233453**	**724122**	**548122**	**2587574**
北　京	1745511	17798	1787375	1736138	465	51237	263749
天　津	847077	11728	863921	794364	1432	69557	62832
河　北	529288		547839	515409	14841	32430	71200
山　西	193331		221766	197431	813	24335	737252
内蒙古	81498	46632	79197	77887		1310	9582
辽　宁	267960	5797	285100	272614	271	12486	20053
吉　林	22426		24075	18775		5299	2134
黑龙江	336586	69741	329583	317215	12812	12368	18039
上　海	855653		716791	652822	798	63969	77252
江　苏	859208	38919	1013123	992882	2754	20241	206772
浙　江	649773	4270	696346	676177	138483	20169	42671
安　徽	295522	22219	341709	338817	10157	2892	57462
福　建	447187	48818	486237	479218	112651	7019	48117
江　西	92005		117279	116159		1120	10269
山　东	1696088	376318	1803300	1771171	338735	32129	129271
河　南	730059	60	931426	877955		53471	145794
湖　北	189161	1111	232729	220313		12416	114456
湖　南	188689		237190	230338	8489	6852	71569
广　东	805004	59368	842785	801350	62475	41434	86832
广　西	153525		171628	154502	1867	17126	10654
海　南	4825		4770	4051		719	829
重　庆	114219	15156	116914	112926		3988	9768
四　川	412856		449434	443887		5547	47960
贵　州	66577		74364	67609		6756	5109
云　南	230954		239079	225943		13136	18488
西　藏							
陕　西	31863		33217	33028		190	5434
甘　肃	109929	46823	126237	120690		5546	71338
青　海	30617	86	35701	34907		794	7306
宁　夏	12338		18379	17737		642	3760
新　疆	884733	40192	954083	931139	17080	22944	231625

股份合作企业 4—17 续表 3 单位:万元

地区	购进总额	#进口	销售总额	批发	#出口	零售	年末库存总额
全国	**3435754**	**115756**	**3630179**	**3225629**	**354544**	**404550**	**214491**
北京	334160		356797	284283	386	72514	30740
天津	63125		70387	54239	387	16148	7770
河北	37854		40084	24910		15174	3814
山西	4614		4514	4514			144
内蒙古	4544		3620	3620			924
辽宁	47403		46160	29645	582	16515	4046
吉林	8741		9408	1540		7868	2907
黑龙江	51233	9103	52556	28150	3979	24406	5129
上海	22898		25855	25463		392	1724
江苏	388358	60776	402770	395195	53086	7575	31901
浙江	1253707	4269	1192688	1148823	89801	43865	31955
安徽	7334		7375	7374		1	1076
福建	25257	115	27375	24913	6363	2462	2768
江西	30421		45016	32930	3313	12086	4433
山东	436598	5625	549442	440212	12747	109230	30646
河南	43895		43265	37177		6089	4920
湖北	67785	1011	91387	81606	68953	9781	20859
湖南	33905		41737	19808		21929	3009
广东	452254	31540	488107	472864	104535	15243	14842
广西	34778		34279	25619		8660	3032
海南							
重庆	32885		34553	32984		1569	3464
四川	896		2079	489		1590	16
贵州	3477		3493	3493			437
云南	35581	3316	42013	40772	10413	1241	2531
西藏							
陕西	1211		1278	1278			195
甘肃	3633		3817	1527		2289	669
青海	5406		5570			5570	—181
宁夏							
新疆	3803		4555	2202		2353	722

联营企业 4—17 续表 4 单位:万元

地区	购进总额	#进口	销售总额	批发	#出口	零售	年末库存总额
全国	**3517236**	**232524**	**3727519**	**3542676**	**554196**	**184843**	**193241**
北京	115671	21577	117147	116379	9694	769	8740
天津	993255		1011587	1011587	624		57724
河北							
山西	1341		3457	3457			591
内蒙古							
辽宁	25192	5333	27169	24733		2436	632
吉林							
黑龙江							
上海	305953	36368	326601	286936	36666	39665	25693
江苏	184677	10988	192241	190847	50795	1394	8187
浙江	207917	747	211333	206954	112343	4379	4491
安徽							
福建	398256	85393	420554	397149	110423	23405	21380
江西	1793		2093	2093			31
山东	71400	3456	73845	71335		2510	3569
河南	47085		46962	46962			1761
湖北	24830		27545	27545			187
湖南							
广东	1032566	66925	1148926	1055334	228188	93593	56221
广西							
海南	29977		31484	31484			
重庆	46378		54713	38661		16052	932
四川							
贵州							
云南	1582	1026	835	693		142	1304
西藏							
陕西	22913		23564	23564	3926		994
甘肃							
青海	296		587	88		499	478
宁夏							
新疆	6153	712	6876	6876	1538		327

有限责任公司　　4—17 续表 5　　单位：万元

地　　区	购进总额	#进　口	销售总额	批　　发	#出　口	零　　售	年末库存总　　额
全　　国	**88966327**	**10266910**	**95048200**	**89371816**	**20574163**	**5676384**	**6456939**
北　　京	6142308	1098468	7223761	6898147	1025923	325614	523044
天　　津	2589751	196431	2725388	2631915	478758	93473	162024
河　　北	1172874	29025	1300138	1086491	159787	213648	92362
山　　西	433131	2224	480432	446134	26774	34298	11741
内 蒙 古	449520	26074	707551	671150	615	36401	36129
辽　　宁	1590172	177557	1672396	1583170	286884	89226	128649
吉　　林	1148793	43050	1228743	1224271	620949	4472	158853
黑 龙 江	698719	70932	721524	519930	8836	201595	57177
上　　海	12006337	2136948	12242660	11465373	2361947	777287	782902
江　　苏	8977989	994744	9722210	9185068	3338351	537142	614515
浙　　江	20768371	2730506	21638261	20239558	6304682	1398703	1244155
安　　徽	859691	34628	939782	784186	193303	155597	53441
福　　建	2167075	158391	2425843	2341222	715349	84621	245651
江　　西	336363	9269	438392	336236	79465	102156	21249
山　　东	5460366	287437	5904894	5580279	990809	324615	391903
河　　南	1539768	82397	1654335	1468644	231739	185691	103300
湖　　北	1124043	16679	1258734	1219358	81129	39376	118302
湖　　南	1387206	30469	1413094	1337099	108474	75995	202110
广　　东	12201842	1346267	12727064	12298666	3114788	428397	653350
广　　西	567850	3521	586132	531727	119077	54405	32642
海　　南	163291	31386	181010	179112	30543	1898	11053
重　　庆	1447417	25055	1587637	1532213	102110	55424	134535
四　　川	1098646	359	1210600	1101187	33985	109414	123847
贵　　州	140111	790	159325	152801	19627	6524	41074
云　　南	1553915	126429	1691120	1528480	21859	162640	174954
西　　藏	4166		58026	58026			8846
陕　　西	881803	2473	1042937	958405	97522	84532	58512
甘　　肃	182587		198056	187647		10409	20268
青　　海	23863		25908	25871	14701	37	5578
宁　　夏	176664		183451	180651		2799	10060
新　　疆	1671695	605403	1698797	1618800	6178	79997	234714

股份有限公司　　4—17 续表 6　　单位:万元

地　区	购进总额	#进　口	销售总额	批　发	#出　口	零　售	年末库存总　额
全　国	**69017970**	**4340848**	**71820104**	**64088600**	**8136443**	**7731503**	**2690118**
北　京	5087045	103340	5237479	4650544	219797	586934	294911
天　津	782407	45151	775538	748572	307835	26965	53309
河　北	1324432		1455286	1025642		429644	78534
山　西	422046		373350	264282		109068	31988
内蒙古	167615		167979	164893	134	3086	9755
辽　宁	9981622	151027	10483390	10055055	410580	428336	157569
吉　林	752964	39586	777485	696436	414	81049	26385
黑龙江	484178		567193	401618	34421	165575	39875
上　海	4397580	815980	4715982	4249164	752147	466818	206486
江　苏	6923446	557176	7339492	6714362	1851653	625131	217919
浙　江	6492963	999865	6171322	5551749	2062206	619574	256268
安　徽	4011438	589206	3986472	3677501	658762	308972	152120
福　建	2509261	735984	2831519	2574670	508570	256849	169141
江　西	503604	10	559859	434097	25912	125762	10460
山　东	2431177	34814	2415586	1907177	77071	508409	90790
河　南	1238618	8859	1207406	874687	29864	332719	60589
湖　北	4701566	8665	5372317	5043255	83135	329062	87164
湖　南	2685611	6536	2828308	2335786	63804	492522	122313
广　东	6835554	144382	7269853	6505850	795533	764002	208422
广　西	969574	505	898242	665799	7316	232443	26635
海　南	294312		265890	265316		574	11785
重　庆	948022	1532	977848	781763	102253	196085	108755
四　川	1264757	10445	1359388	1165767	2040	193620	35433
贵　州	247504		186928	145895		41033	29664
云　南	739436	1966	800419	665956	59578	134462	65588
西　藏							
陕　西	583453	2202	629483	475176	5043	154307	41542
甘　肃	1802566		1688207	1616650		71557	67111
青　海							
宁　夏	15119		17421	15005	2863	2417	96
新　疆	420101	83620	460463	415934	75515	44529	29511

私营企业

4—17 续表 7

单位:万元

地区	购进总额	#进口	销售总额	批发	#出口	零售	年末库存总额
全国	**28709303**	**2339833**	**29545185**	**26817160**	**3150965**	**2728025**	**1915541**
北京	1402148	29002	1400228	1135441	336	264787	118547
天津	958422	41753	896822	863032	35470	33790	53535
河北	718074	16875	808722	747003		61720	34685
山西	64786		68289	55726		12563	13466
内蒙古	104464	6734	88285	68020		20265	3926
辽宁	875331	94016	924806	863148	16634	61659	69450
吉林	104925		110293	100054		10239	9500
黑龙江	452564	209695	484083	473895	38801	10188	26820
上海	3079647	465641	2842442	1910741	504805	931701	184686
江苏	1553495	63281	1639175	1533125	163967	106050	105863
浙江	4831174	164003	4890507	4502873	703591	387634	296838
安徽	599379		600153	557242		42910	30145
福建	2548711	204192	2752428	2639558	768680	112870	192365
江西	95501		99077	97354		1723	2844
山东	1471703	46647	1338042	1186030	56876	152012	87131
河南	630294		656716	580714		76002	22724
湖北	181296		201549	199015	291	2535	12607
湖南	202581	753	238122	200699	1010	37422	23305
广东	6084686	797885	6454451	6192659	455772	261791	399553
广西	178134	386	183342	161416	5133	21925	18339
海南	81783	42838	62159	61569	3219	590	13612
重庆	383501		395696	365898	245	29799	25042
四川	609510		646853	633099	69602	13755	40442
贵州	44489	506	44489	41108		3381	5191
云南	421659	10633	437314	402720	46446	34595	26347
西藏	2926		2395	2395			926
陕西	31356		30753	19431		11322	2415
甘肃	263436	497	246468	241225	11325	5243	12793
青海	16931	3020	16310	11104	744	5207	4203
宁夏	31717		33141	32428		713	1818
新疆	684683	141476	952077	938441	268019	13636	76425

其他企业　　4—17 续表 8　　单位:万元

地　区	购进总额	#进　口	销售总额	批　发	#出　口	零　售	年末库存总额
全　国	**254536**	**253**	**275494**	**265517**	**44389**	**9977**	**25179**
北　京	5081		5199	5199			675
天　津	1971		1943	1943			95
河　北							
山　西	3937		3841	3841			39
内蒙古							
辽　宁							
吉　林	4935		5438	5438			330
黑龙江							
上　海	120178		128087	126197		1890	16416
江　苏	5409		5826	5826			314
浙　江							
安　徽							
福　建	5012		5504	5504			700
江　西	16561		21988	15142		6847	1026
山　东	15417		16820	16100		720	1891
河　南							
湖　北	132		142	137		5	7
湖　南							
广　东	16170		17523	17523			1081
广　西	7552		8255	7739		516	110
海　南	4304		4584	4584			1782
重　庆							
四　川	47879	253	50343	50343	44389		713
贵　州							
云　南							
西　藏							
陕　西							
甘　肃							
青　海							
宁　夏							
新　疆							

港、澳、台商投资企业　　4—17 续表 9　　单位：万元

地　区	购进总额	#进　口	销售总额	批　发	#出　口	零　售	年末库存总　额
全　国	**4410518**	**878876**	**5139335**	**4936639**	**189368**	**202696**	**463045**
北　京	54572		59548	44024		15524	8195
天　津	240939	160403	241994	241994	20909		39058
河　北							
山　西							
内蒙古							
辽　宁	401174	67752	431037	399914	16280	31122	21425
吉　林							
黑龙江							
上　海	2148419	555030	2625300	2625298	94110	2	275183
江　苏	52341	7081	61338	58835		2503	12843
浙　江	22822		23918	23918	147		7086
安　徽	13504	11975	12927	12927			1810
福　建	153550	13563	184908	174457	16946	10451	12398
江　西	10515		10351	10351			388
山　东	54209	292	61059	60685		375	2697
河　南							
湖　北	18071	5092	19347	14962		4385	1592
湖　南	2746		2447	2447			10
广　东	1102277	56789	1258084	1120228	40976	137856	73104
广　西	30048		31386	31386			856
海　南	1726	899	2161	2161			82
重　庆	36787		41432	40953		479	4725
四　川	33640		35223	35223			
贵　州	1480		1515	1515			54
云　南	6034		7821	7821			965
西　藏							
陕　西							
甘　肃	25666		27542	27542			575
青　海							
宁　夏							
新　疆							

外商投资企业　　　　4—17 续表 10　　　　单位:万元

地　区	购进总额	#进　口	销售总额	批　发	#出　口	零　售	年末库存总　额
全　国	**16021802**	**3736098**	**18032519**	**17793336**	**1697359**	**239183**	**1302886**
北　京	717629	36699	906777	900447	243314	6330	65041
天　津	1086576	170297	1142622	1025031	9733	117592	78277
河　北	4747		4427	4427			321
山　西	13948		12925	12925			1353
内蒙古	6451		8255			8255	458
辽　宁	354023	8767	365319	352618		12701	25024
吉　林	10096		10808	10808			
黑龙江	4447		4551	4440		111	
上　海	10869743	2687413	12122002	12108944	811198	13058	972807
江　苏	99321		100715	99308		1408	1052
浙　江	149843	1224	164906	126130	5796	38776	4343
安　徽							
福　建	146272	48473	162097	153453	14864	8644	13988
江　西	52755		61725	61725			
山　东	237281	5549	345113	343324	1023	1789	10917
河　南	25695		26572	26572			2352
湖　北	118141		68823	62193	34728	6630	14606
湖　南							
广　东	1717191	777676	2053701	2040715	572647	12986	100815
广　西	12617		13499	13499			345
海　南	3492		3489	3447		43	291
重　庆	130923		185054	174193		10862	7727
四　川							
贵　州							
云　南	4607		4056	4056	4056		968
西　藏							
陕　西	128713		136200	136200			704
甘　肃	52165		52218	52218			1494
青　海							
宁　夏							
新　疆	75129		76665	76665			3

4—18 各地区限额以上批发业商品购、销、存总额

农畜产品批发业

(2003 年,按国民经济行业分)

单位:万元

地区	购进总额		销售总额				年末库存总额
		#进口		批发	#出口	零售	
全国	**11776758**	**913559**	**13246026**	**13103356**	**2796010**	**142670**	**4419243**
北京	2147755	494582	2109754	2107335	20333	2419	354105
天津	144939	7157	169760	168765	90560	995	102446
河北	345346		397573	391750	14841	5822	72342
山西	112190		125662	103934	7611	21728	734076
内蒙古	258728	546	332263	326630	125351	5633	126204
辽宁	682406	6671	688298	681616	193732	6682	307550
吉林	790774		884401	878096	593534	6305	313485
黑龙江	171045		277963	276795	43997	1168	439051
上海	124685	24335	122152	118076	27102	4076	5734
江苏	504965	9496	564767	554389	137694	10378	131376
浙江	1073630	124594	1205243	1202708	719100	2536	81846
安徽	480018	24945	596311	595021	38828	1290	170525
福建	289010	28351	362347	346355	100743	15993	14858
江西	98399		104010	101976	81	2033	37989
山东	871993	43438	985388	976451	113214	8937	248291
河南	436512	17986	589441	581406	34335	8034	180986
湖北	289185	321	356356	351309	40010	5047	145412
湖南	205053	8297	303730	299715	29480	4015	88244
广东	642936	98591	769221	762855	364519	6367	66000
广西	50318	143	46454	44140	20897	2314	6608
海南							
重庆	45742		57701	54244	13351	3457	15884
四川	98026		120943	119262		1681	36099
贵州	19978		26360	26227		133	1987
云南	38473		55432	51554	57	3878	10938
西藏	8045	50	10282	10125	616	157	793
陕西	16587		19405	19405	3263		3954
甘肃	25355		36929	30871	1805	6058	80216
青海	7087		7935	4089		3846	1347
宁夏	15744		15274	15157		118	9170
新疆	1781836	24057	1904669	1903100	60960	1570	631728

4—18 各地区限额以上批发业商品购、销、存总额

食品、饮料及烟草制品批发业　　4—18 续表 1　　单位:万元

地　区	购进总额	#进　口	销售总额	批　发	#出　口	零　售	年末库存总额
全　国	**63551422**	**2533421**	**71408347**	**69681777**	**4810738**	**1726571**	**5395613**
北　京	3426377	1391306	3662928	3606206	470955	56721	235340
天　津	546310	53239	610542	600496	972	10046	50893
河　北	1612105	15692	1876214	1837497	86357	38718	147554
山　西	1195489	16670	1285080	1256166	16163	28914	80235
内蒙古	726493		715994	687436	71	28558	44589
辽　宁	1459222	31316	1687380	1665994	53537	21386	179479
吉　林	981368		1065561	1063610		1951	170125
黑龙江	643834	6018	763293	761030	3926	2263	229965
上　海	5193306	66265	5034968	4689335	224951	345633	189843
江　苏	3901977	21489	4836659	4715931	97907	120728	318246
浙　江	4940221	170880	5628702	5454993	1144531	173710	265697
安　徽	1229490		1556529	1546650	6380	9879	90593
福　建	2113895	58295	2351803	2297442	426113	54361	109986
江　西	1415225		1559215	1534059	132924	25157	61812
山　东	3795510	183781	4369897	4288639	243595	81259	292350
河　南	2767603	53362	3217895	3103745	75105	114150	247491
湖　北	1482754	10687	1819103	1687400	82365	131704	217840
湖　南	2114538	16869	2374591	2331711	80540	42880	202325
广　东	6931848	367766	7903233	7671356	1470183	231877	319349
广　西	956478	161	992463	981881	47112	10583	49224
海　南	370520		413950	412618		1332	16480
重　庆	1410785	4475	1618957	1599574	25088	19384	151110
四　川	2696874	8079	2825832	2782748	14817	43085	159669
贵　州	1410738	19040	1717264	1709953	23663	7310	194923
云　南	6716541	36581	7795835	7727577	80228	68258	1086621
西　藏	22254		77671	77571		100	11574
陕　西	1263585		1314165	1272126		42038	114718
甘　肃	1218797	596	1200123	1192756		7367	52769
青　海	215051		244977	243371		1606	10957
宁　夏	284802		299944	297798		2146	35001
新　疆	507435	855	587579	584109	3257	3469	58856

纺织、服装及日用品批发业　　4—18续表2　　单位:万元

地　区	购进总额	#进　口	销售总额	批　发	#出　口	零　售	年末库存总　额
全　国	**31337084**	**4736374**	**34524612**	**33924344**	**24508716**	**600267**	**1564542**
北　京	1749010	629616	1917324	1868365	684484	48959	197559
天　津	672582	77065	693550	681056	522273	12494	44433
河　北	389963	8569	445365	443281	345477	2084	14967
山　西	2559		15559	8319		7240	179
内蒙古	77431	47848	74464	66203	5555	8261	6954
辽　宁	546900	107497	576170	575320	456416	851	30106
吉　林	22066	4920	74681	74681	68719		7177
黑龙江	37234	9103	43264	41152	11945	2111	4893
上　海	3376110	380275	3907779	3887862	2840316	19917	167545
江　苏	5725610	1290478	6153278	6144997	5149440	8282	261018
浙　江	7976455	950986	8258362	8093829	6106790	164533	261287
安　徽	444707	14232	445400	445391	417871	9	16542
福　建	2167190	506504	2900662	2887173	1770568	13489	125705
江　西	318648	15894	412491	407210	385656	5281	21089
山　东	1481531	175082	1824940	1684436	1228293	140504	82831
河　南	299712	22379	347752	332211	237255	15540	32236
湖　北	243540	13231	280452	258441	205713	22011	10214
湖　南	400382	28263	289171	268127	210673	21044	17721
广　东	4625353	436018	4879326	4795420	3202400	83906	189467
广　西	81196	2665	88158	86008	79515	2149	3690
海　南	89865	4556	100210	100210	85673		8075
重　庆	121840	6909	130164	121009	25671	9156	17317
四　川	186162	253	337344	336145	315128	1199	4577
贵　州	9901		13387	12886	3786	501	1003
云　南	36505		45873	40963	13136	4909	6019
西　藏	4925		3860	3860			732
陕　西	165917	482	173670	173152	106158	518	17104
甘　肃	20565	3548	21023	21023	7947		2143
青　海	32771		37242	37234	12717	8	9099
宁　夏	8572		9143	9143	9143		906
新　疆	21883		24548	19237		5311	1957

文化、体育用品及器材批发业　　4—18 续表 3　　单位:万元

地　区	购进总额	#进　口	销售总额	批　发	#出　口	零　售	年末库存总　额
全　国	**7231983**	**266063**	**7288751**	**6882748**	**1867566**	**406004**	**1158785**
北　京	950336	129792	943266	801948	124421	141318	375298
天　津	198337	5904	220786	214746	78195	6040	18163
河　北	155731	7899	157426	154802	5638	2623	18924
山　西	4508		4731	1185		3546	401
内蒙古	32324		35571	34244		1327	2230
辽　宁	129704		128013	125511	8264	2501	24871
吉　林	66448		48515	47988		527	43419
黑龙江	53834		53576	45684		7892	4939
上　海	406402		493748	493442	198979	306	58290
江　苏	363566	251	267072	256138	20660	10934	20931
浙　江	1043349	56371	1075544	1060719	504136	14825	118375
安　徽	149812		142120	137536		4584	23807
福　建	470537	14344	500504	492808	277448	7696	36046
江　西	125657	107	125100	118253	2901	6847	17684
山　东	306276	1982	227882	213642	33989	14240	36550
河　南	307537		270484	242581	2738	27903	46341
湖　北	133909		131313	124648		6665	17715
湖　南	241187		240133	214287	46	25846	22036
广　东	1093118	46678	1203717	1162922	559851	40795	111450
广　西	124499	54	141695	132664	16644	9031	13353
海　南	24852		25711	23873		1838	3911
重　庆	128119		117547	107703	15793	9844	24255
四　川	318144		322150	277993	17862	44157	66483
贵　州	69852		68734	67384		1350	2089
云　南	97454	2681	93168	91835		1333	23865
西　藏	4614		3006	2968		38	1609
陕　西	79350		96334	92415		3919	8149
甘　肃	57150		53748	47590		6159	1119
青　海	7930		8189	7200		989	1637
宁　夏	11085		14037	14011		26	3676
新　疆	76362		74932	74026		906	11169

医药及医疗器材批发业　　　　4—18 续表 4　　　　单位:万元

地区	购进总额	#进口	销售总额	批发	#出口	零售	年末库存总额
全国	**18378088**	**657365**	**19971848**	**13984728**	**1006104**	**5987120**	**2503606**
北京	1200250	151595	1309752	804933	64100	504819	197999
天津	650392	55654	705662	537417	27604	168245	48426
河北	683327	7175	712055	466000	44073	246055	62645
山西	232687		244814	164970		79844	22559
内蒙古	19725	2	19901	12201		7700	6417
辽宁	598124	7844	574466	434580	119414	139887	88178
吉林	128341		148699	127811		20888	44987
黑龙江	259956		274956	156430	244	118526	36335
上海	1967735	153283	2322615	1452950	153130	869665	280970
江苏	1010655	12383	1114098	677369	101316	436730	91363
浙江	2040987	9189	2142966	1182387	161835	960579	331037
安徽	947330	1	989270	679223		310047	83430
福建	591721	28507	705181	557757	21698	147425	74630
江西	257502	498	355902	227218	30908	128684	26630
山东	727520	12000	866594	458967	49301	407628	150324
河南	397738		416052	329789		86263	39594
湖北	751521	3168	792946	686649	4479	106298	86551
湖南	654948	2661	629604	525401	348	104204	175244
广东	2691122	149870	2892402	2521565	112924	370837	306738
广西	195020	693	210044	110419	7207	99626	25419
海南	148364	58799	141779	140747	124	1032	23727
重庆	908903	3432	934418	688046	89575	246372	108565
四川	443794		477583	321664	10805	155919	50698
贵州	52962		55761	50030		5732	8944
云南	297208	613	377243	259538	2468	117705	34316
西藏	632		756	734		22	1529
陕西	310898		329313	225556	1646	103757	31438
甘肃	49891		55293	42444		12849	13955
青海	1189		3752	2992	2904	760	825
宁夏	23952		29116	15407		13709	29827
新疆	133697		138856	123540		15317	20306

矿产品、建材及化工产品批发业 4－18 续表 5 单位:万元

地区	购进总额	#进口	销售总额	批发	#出口	零售	年末库存总额
全国	**156391129**	**17473558**	**160666314**	**150617015**	**8644354**	**10049299**	**7476170**
北京	19352919	5352684	18242815	17662963	1809007	579852	1395061
天津	10698333	197209	10957561	10794207	391282	163355	285981
河北	2738586	53439	2965711	2578969	161481	386742	132858
山西	1714766	434	1977956	1720937	481945	257020	118741
内蒙古	874679	32591	1117208	926552	8167	190657	62291
辽宁	13456851	496507	13948103	13568494	431245	379609	343816
吉林	1194898	48275	1266381	962507	39202	303874	47839
黑龙江	2884502	274597	3034624	2789372	37003	245252	107284
上海	10624553	2804523	11186773	11057814	947960	128959	682396
江苏	9819602	621025	10281430	9687699	389684	593731	380608
浙江	17605707	2509798	17422331	16944799	852305	477532	775830
安徽	3647241	618289	3722645	3489407	264437	233238	82500
福建	4406088	624097	4795518	4396999	734923	398519	352970
江西	1125150	4789	1238077	943323	54598	294755	37391
山东	5931126	329089	5902487	5347166	289418	555321	277155
河南	2570312	7637	2733803	2313018	55951	420785	84280
湖北	5673624	246312	6134259	5750174	84838	384084	111841
湖南	3150743	26853	3353753	2820292	129541	533461	138525
广东	22616823	2488790	23590555	21987017	953175	1603538	970630
广西	1709547	7190	1717399	1425661	115899	291738	58359
海南	467835	26588	476592	475297	29347	1295	21587
重庆	1388125	15273	1500755	1398583	10995	102172	106640
四川	2752944	10445	2958139	2705950	20386	252189	151142
贵州	634785	70143	576336	473183	53734	103153	71382
云南	2403757	218544	2390791	2143755	108761	247036	172628
西藏							
陕西	1626990	3228	1773091	1566551	42946	206541	108834
甘肃	3104535	120065	3048221	2661448	83716	386773	118500
青海	127575	3106	142776	67042	2728	75734	68310
宁夏	98832	8325	93334	73617		19716	7434
新疆	1989702	253716	2116891	1884219	59681	232671	203359

机械设备、五金交电及电子产品批发业　　4—18 续表 6　　单位：万元

地　区	购进总额	#进　口	销售总额	批　发	#出　口	零　售	年末库存总额
全　国	**61281352**	**5927880**	**63229163**	**56680296**	**9989182**	**6548867**	**4761657**
北　京	4877189	1030378	5571355	5004766	1701170	566589	821414
天　津	3032005	483391	3036714	2857733	184710	178981	271915
河　北	1016146	905	1162416	898373	78070	264044	72558
山　西	397075	2498	408356	373191	17401	35165	35488
内蒙古	155291	7409	140827	120731	2695	20096	17956
辽　宁	2506675	337535	2618353	2332518	105832	285835	166468
吉　林	197887	39614	213480	188704	10753	24776	7864
黑龙江	508441	16642	513556	366832	14109	146724	31461
上　海	11116236	872205	11244895	9792182	344463	1452713	690864
江　苏	4537826	249330	4148767	3753019	972071	395748	437452
浙　江	8334160	580207	8419868	7275709	1805764	1144159	537760
安　徽	1265241	28529	1285561	1166095	251082	119466	66376
福　建	2075264	222610	2204476	2074409	645506	130067	192624
江　西	980690	7066	1035062	992360	56374	42702	18913
山　东	5160309	262594	5150377	4733693	616567	416684	364284
河　南	1202719	1779	1260032	965651	65021	294381	96745
湖　北	531066	51372	596724	591300	86160	5424	47001
湖　南	1220429	15610	1179818	961741	86601	218077	86186
广　东	7702756	1508413	8168250	7692922	2220868	475328	457585
广　西	520478	8368	533090	469954	22368	63136	39305
海　南	23957	2633	26501	24930		1571	2623
重　庆	1255581	60848	1360669	1316322	141157	44347	56365
四　川	370967	45596	405468	374273	61617	31195	27358
贵　州	161675	7303	167427	146920	29348	20508	28636
云　南	404790	25815	484578	431342	99230	53236	45163
西　藏	6318		9828	7598		2230	2008
陕　西	709190	6376	802516	726177	255963	76340	45343
甘　肃	228144		211483	196923		14560	13909
青　海	14627		14389	12610		1779	2845
宁　夏	65382		65800	63920	2863	1880	6755
新　疆	702839	52855	788528	767400	111420	21128	70435

贸易经纪与代理　　　　4—18 续表 7　　　　单位:万元

地　区	购进总额	#进　口	销售总额	批　发	#出　口	零　售	年末库存总　额
全　国	**6499837**	**3033138**	**7968532**	**7943637**	**1203733**	**24895**	**864355**
北　京	17940	8094	16750	16750	9354		3323
天　津	35632	13713	53117	49363	929	3754	1948
河　北	1		6	6			0
山　西	4132		96011	96011			4134
内蒙古							
辽　宁	73524	24528	48996	48996	48996		
吉　林							
黑龙江							
上　海	5568380	2746785	6839347	6818206	629884	21141	821576
江　苏							
浙　江	19970		18838	18838	18838		481
安　徽	8499		9703	9703	9411		
福　建	57791		63063	63063	51943		3329
江　西							
山　东	401899	53644	483451	483451	310653		9194
河　南	3659		4562	4562			485
湖　北							
湖　南							
广　东	129298	8636	130719	130719	122049		3800
广　西							
海　南							
重　庆							
四　川							
贵　州							
云　南	1712	339	2082	2082	1477		
西　藏							
陕　西							
甘　肃							
青　海							
宁　夏							
新　疆	177400	177400	201887	201887	200		16085

其他批发业　　4－18 续表 8　　单位:万元

地　区	购进总额	#进　口	销售总额	批　发	#出　口	零　售	年末库存总额
全　国	**10516340**	**1626890**	**10939618**	**10830003**	**2848670**	**109615**	**505728**
北　京	861898	218876	998047	977244	144618	20804	104048
天　津	276890	33412	295484	291807	95609	3677	45523
河　北	139664		142633	141680	1033	953	4752
山　西	15734	2224	36203	35919	21534	284	803
内蒙古	25998	19665	29454	29419	1273	35	289
辽　宁	50577	1962	51331	51331	2829		6172
吉　林	7158		7226	7226			632
黑龙江	119477	89879	124659	124659	19642		2054
上　海	1761973	318805	1397434	1379070	629919	18364	40325
江　苏	1229751	30908	1224384	1224020	219607	363	19051
浙　江	1447732	31495	1601350	1586153	311743	15197	26006
安　徽	65382		68508	66208		2300	4141
福　建	768565	220407	756756	747543	357788	9213	55109
江　西	62560	4485	65677	65677	8017		3999
山　东	750160	69993	787077	786788	139798	289	45778
河　南	251416	431	258108	256934	19487	1174	11649
湖　北	8339		8782	8550		232	294
湖　南	83577	8	184187	167715	45076	16472	3298
广　东	1466466	153048	1449757	1446740	530008	3017	32185
广　西	62079		79588	78465	12141	1123	7054
海　南	14933	2499	18383	18383	11103		2431
重　庆	17329		50225	48815		1410	1109
四　川	38814	359	39114	39114	2620		1122
贵　州	53116	1041	53929	48379		5550	3190
云　南	426723	1513	446004	439305	14416	6699	70406
西　藏							
陕　西	6138		6467	6467			257
甘　肃	17613		20526	20393	15983	133	4086
青　海							
宁　夏	9199		9305	9305			55
新　疆	477082	425879	729022	726696	244426	2326	9912

4—19 各地区限额以上零售业商品购、销、存总额

（2003 年）

单位：万元

地　区	购进总额	#进　口	销售总额	批　发	#出　口	零　售	年末库存总额
全　国	**86874716**	**917805**	**96888831**	**16095032**	**348041**	**80793799**	**10331811**
北　京	9289146	195431	10327552	2193876	30951	8133676	938018
天　津	2330606	1377	2411365	593037	4727	1818328	209601
河　北	1722920		1989205	164283		1824922	255743
山　西	1376419	197	1541249	157217		1384032	180352
内蒙古	833496	908	826798	131361	292	695437	104522
辽　宁	4148189	12294	4443638	578766	8527	3864871	453235
吉　林	1481498	5485	1764857	163419		1601439	185611
黑龙江	1033346	4973	1310887	73697		1237191	211371
上　海	8260453	192516	10327911	2128265	19327	8199646	813302
江　苏	9097359	32672	9872415	1473438	74707	8398977	930437
浙　江	6212428	38405	6426660	1080520	129757	5346140	706859
安　徽	1269785	11240	1424785	122448		1302337	179767
福　建	2882162	63201	3113323	588644	14340	2524679	433663
江　西	794453		897308	103289		794019	100874
山　东	7783044	31616	8560506	1365268	3931	7195238	997134
河　南	3031453	5446	3300718	1108134	7329	2192585	453594
湖　北	2930231	846	3733193	618118	4246	3115075	342193
湖　南	1687104	108	1827373	255227	4735	1572146	247809
广　东	9552490	245318	10640176	1278462	36254	9361714	1079396
广　西	1280934	21454	1403185	218584	4667	1184600	150570
海　南	327496	10858	330528	69351	7	261177	43936
重　庆	2112892	25329	2341241	470485		1870756	202023
四　川	2489654	3310	2740257	441195	1666	2299062	218068
贵　州	501636	1475	466548	54364		412184	80669
云　南	1060290	2124	1207235	150535	11	1056700	162922
西　藏	77883		108213	37343		70870	14453
陕　西	1157940		1186461	113997		1072464	189774
甘　肃	519053	8912	619100	98521	1853	520579	91695
青　海	120881	31	136642	26179	2	110463	29778
宁　夏	368931	235	412358	69057		343301	52854
新　疆	1140547	2044	1197146	167953	713	1029193	271588

其中:国有及国有控股　　　　　　4—19 续表　　　　　　单位:万元

地区	购进总额	#进口	销售总额	批发	#出口	零售	年末库存总额
全国	**32963785**	**416498**	**38079757**	**7679174**	**208806**	**30400583**	**4305548**
北京	4133076	149107	4676527	978129	30520	3698399	437240
天津	1245959	1377	1289374	508140	4727	781235	104533
河北	782067		912335	85768		826567	123066
山西	462350		563239	58273		504967	71459
内蒙古	348135	908	405590	75524		330066	40240
辽宁	1388490	5461	1648820	304685	7360	1344136	178904
吉林	640913	222	749312	87223		662090	67768
黑龙江	370360	1670	515847	17869		497978	96827
上海	4272239	181762	5426293	1399051	18473	4027242	460971
江苏	3037314	10396	3305612	513093	65038	2792519	310716
浙江	1383308	11086	1425927	203492	15992	1222435	176715
安徽	514365	11198	668913	86875		582038	81134
福建	692127	1828	728271	187266	13340	541005	216481
江西	261607		292546	22039		270507	40010
山东	2498425	2624	2803406	549364	2180	2254043	401581
河南	1364512	223	1464272	526681	7329	937591	234851
湖北	1785137	104	2421282	447102	4159	1974180	166039
湖南	843885	108	918392	177867	4735	740525	121596
广东	2444195	20143	2943515	458044	29638	2485471	285725
广西	675328	27	718171	78079	4599	640092	62759
海南	76697		106191	42978		63213	5150
重庆	1213137	16664	1386163	348153		1038010	82038
四川	416123		480887	99008		381879	59310
贵州	242997	1044	182396	39508		142889	27458
云南	252950	365	272513	49592		222921	58714
西藏	67558		101858	37343		64515	10107
陕西	505688		528885	98152		430733	82645
甘肃	193451		218230	35257		182973	45695
青海	56984	31	68207	13048	2	55159	15505
宁夏	192615		240234	43698		196536	31634
新疆	601796	152	616549	107876	713	508673	208678

4—20　各地区限额以上零售业商品购、销、存总额

（2003 年，按登记注册类型分）

内资企业　　　　单位：万元

地　区	购进总额		销售总额				年末库存总额
		#进　口		批　发	#出　口	零　售	
全　国	**78901056**	**892215**	**86791110**	**15180052**	**347176**	**71611058**	**9504947**
北　京	8708825	193525	9504146	2143480	30951	7360665	889271
天　津	2096056	1377	2154335	576069	4727	1578266	179194
河　北	1673527		1920098	164283		1755815	253790
山　西	1376419	197	1541249	157217		1384032	180352
内蒙古	829516	908	823249	131361	292	691888	101632
辽　宁	3800357	10580	4021034	575830	8527	3445204	415685
吉　林	1430805	5485	1654848	163419		1491429	179777
黑龙江	975431	4973	1254267	73697		1180570	207976
上　海	6148019	182914	7492747	1641707	18473	5851040	637102
江　苏	8286761	32672	8895934	1401663	74707	7494271	837702
浙　江	5939593	38405	6082895	1072963	129757	5009932	690401
安　徽	1233747	11240	1380941	121701		1259240	176842
福　建	2672936	63201	2877659	568613	14340	2309046	417540
江　西	782530		881985	102292		779693	97688
山　东	7359250	31568	8101661	1267124	3931	6834537	962857
河　南	2931567	5446	3199431	1102534	7329	2096897	449959
湖　北	2686135	846	3434685	605866	4246	2828820	309567
湖　南	1533391	108	1669295	224257	4735	1445038	234201
广　东	7884587	232998	8521689	1195749	36254	7325940	827278
广　西	1230279	21454	1340463	217957	4667	1122506	146825
海　南	316988	10858	317937	66264	7	251674	43442
重　庆	1996773	25329	2198993	470298		1728695	191874
四　川	2154906	3310	2362854	425371	1666	1937483	200419
贵　州	493349	1475	457030	54364		402666	79867
云　南	999441	2124	1071587	144511		927076	149853
西　藏	77883		108213	37343		70870	14453
陕　西	1155173		1183694	113997		1069697	189503
甘　肃	505828	8912	603601	98521	1853	505080	86797
青　海	113809	31	130789	24716	2	106073	28797
宁　夏	367567	235	410842	68934		341908	52793
新　疆	1139608	2044	1192960	167953	713	1025008	271510

国有企业　　4—20 续表1　　单位:万元

地区	购进总额	#进口	销售总额	批发	#出口	零售	年末库存总额
全国	**12520556**	**136968**	**13824539**	**2838790**	**65873**	**10985750**	**2172785**
北京	2335707	92815	2604483	773173	30455	1831310	273220
天津	235358	595	325976	109260		216716	23903
河北	472489		505237	61928		443309	80136
山西	303590		355477	39855		315621	57334
内蒙古	195586		216116	50580		165537	26923
辽宁	519374	339	584255	104108		480148	97231
吉林	163748		207871	25109		182763	34557
黑龙江	203687	1670	234445	12085		222361	59475
上海	718518	6718	769914	96729	1055	673185	85759
江苏	796283	834	814059	67777	6403	746282	102873
浙江	261876	13	275002	48875		226127	56315
安徽	299346	61	325291	37450		287841	49946
福建	376984	125	414202	101377	13340	312825	202621
江西	190942		206601	16041		190559	33297
山东	990194		1139901	257831	1757	882070	258386
河南	945953	223	1022112	321020	2102	701091	199008
湖北	398955		399665	41976		357689	55796
湖南	356178		388008	63520		324488	84658
广东	988526	17482	1118752	217908	10759	900844	103695
广西	356748		369943	42111		327833	45949
海南	14379		6541	2276		4265	1018
重庆	249203	15576	272435	18120		254315	21731
四川	230487		248815	49222		199593	40800
贵州	93704		106579	34039		72540	16646
云南	59370	365	67113	15468		51645	20048
西藏	75870		86323	34757		51566	13205
陕西	274814		279609	94914		184694	37960
甘肃	111335		114821	27753		87068	21854
青海	32080		40260	10139	2	30121	10685
宁夏	91240		110751	21995		88756	18269
新疆	178034	152	213984	41396		172588	39489

集体企业 4—20 续表 2 单位:万元

地区	购进总额	#进口	销售总额	批发	#出口	零售	年末库存总额
全国	**4335910**	**2193**	**4521538**	**1058666**	**839**	**3462872**	**489985**
北京	642868	781	746667	164840	383	581828	69036
天津	104188		109069	34355		74714	14690
河北	121001		133704	26728		106976	16662
山西	83748		93812	16024		77788	17595
内蒙古	118736		23618	3688		19930	2822
辽宁	81581		80396	15985		64411	7234
吉林	16763		17310	2751		14559	2513
黑龙江	35691		37139	3608		33532	6040
上海	179533		210312	80805		129507	23283
江苏	374220		384039	91820	455	292219	33439
浙江	266606		279125	88170		190955	40459
安徽	48312		18409	818		17592	3449
福建	114150		137227	17601		119626	15507
江西	2880		3857			3857	723
山东	497302		527070	67138		459932	54092
河南	595621	229	661496	216213		445283	77293
湖北	236570	700	257689	47988		209700	37226
湖南	136546		147997	39643		108354	12802
广东	386979	280	415473	65293		350181	30071
广西	61514	19	61269	19938		41331	4847
海南	429		442			442	21
重庆	17482		20025	4000		16024	1882
四川	47111		51376	21577		29799	5581
贵州	70129		7435	1511		5924	814
云南	26569	185	27982	5116		22866	2788
西藏							
陕西	25887		24143	2277		21865	4077
甘肃	19286		20428	12472		7955	1222
青海	8267		8575	6002		2572	286
宁夏	1084		1400	73		1326	460
新疆	14859		14057	2233		11824	3072

股份合作企业　　　　4—20 续表 3　　　　单位:万元

地区	购进总额	#进口	销售总额	批发	#出口	零售	年末库存总额
全　国	**1848139**	**4815**	**2066442**	**393202**	**637**	**1673241**	**212232**
北　京	375115		391912	111925		279987	34602
天　津	14736		19767	2647		17121	1333
河　北	79098		84300	2128		82172	10242
山　西	43821		55333			55333	1332
内蒙古	8847		26346	26		26321	4274
辽　宁	106734	61	119930	24269		95661	19322
吉　林	11160		12167	2641		9525	1865
黑龙江	20716		25517	814		24704	6052
上　海	23984		32986	4451		28535	2240
江　苏	133989	4712	147637	16080		131557	13700
浙　江	158987		170266	52580		117686	23643
安　徽	26554	42	24734	264		24470	4582
福　建	25804		36405	9441		26964	3281
江　西	61538		61191	7015		54177	6170
山　东	352512		365695	110077	551	255618	39951
河　南	61341		65159	19362		45797	5743
湖　北	22991		26072	7350	86	18722	1303
湖　南	6350		6652			6652	516
广　东	87664		143443	5999		137444	9686
广　西	32021		33269	2398		30871	2313
海　南			3613	3010		603	196
重　庆	43325		42843	4372		38471	2836
四　川	6927		7604	287		7318	1366
贵　州	2633		2003			2003	160
云　南	91698		100057	4521		95536	6769
西　藏							
陕　西	33188		43545	579		42966	1241
甘　肃	2355		2171			2171	428
青　海	13283		15222	966		14256	6920
宁　夏							
新　疆	771		602			602	169

联营企业　　4—20 续表 4　　单位:万元

地　区	购进总额	#进　口	销售总额	批　发	#出　口	零　售	年末库存总　额
全　国	**1594248**	**62619**	**1641672**	**353951**		**1287721**	**96999**
北　京	239909	58279	254042	71529		182513	22221
天　津	26227		26181	1659		24522	2264
河　北							
山　西	621		632			632	427
内蒙古							
辽　宁	752		1003			1003	106
吉　林							
黑龙江	1148		1148			1148	71
上　海	21081		24117	12079		12038	2931
江　苏	44956		46219	484		45735	2267
浙　江	32534		33170	140		33030	2387
安　徽	15493	3864	17234			17234	1140
福　建	26326	379	28862	4289		24574	1219
江　西	29835		28133			28133	1792
山　东	883260		881529	250339		631191	30190
河　南	13908		18939	359		18580	2097
湖　北							
湖　南	1878		1871			1871	41
广　东	224968	97	246822	8695		238126	26109
广　西	19942		20498			20498	799
海　南	3250		2983			2983	493
重　庆							
四　川							
贵　州	2572		2742			2742	44
云　南							
西　藏							
陕　西							
甘　肃	1193		1065			1065	155
青　海	4395		4482	4378		104	245
宁　夏							
新　疆							

有限责任公司

4—20 续表 5

单位：万元

地区	购进总额	#进口	销售总额	批发	#出口	零售	年末库存总额
全国	**25579010**	**320800**	**28090352**	**4535011**	**33723**	**23555342**	**3135206**
北京	2697685	26052	2857928	488942	26	2368987	268027
天津	565007	782	605717	76667		529050	53665
河北	524818		621349	51991		569358	76138
山西	259509		298377	27815		270563	33850
内蒙古	162817	908	163689	24222		139467	21298
辽宁	1115731	1926	1233795	199108		1034687	108952
吉林	250271	2779	306743	19352		287391	60299
黑龙江	147992		184170	10163		174007	31684
上海	2521383	172813	3339584	870675		2468909	283285
江苏	3699487	10724	3894831	546274	10422	3348557	411946
浙江	2813647	336	2867496	357193	1102	2510303	355721
安徽	436046	7273	509076	20817		488260	57746
福建	663885	14489	701769	138140		563629	72105
江西	148862		163143	6451		156693	20871
山东	1634338	515	1768985	181515	1200	1587470	240074
河南	626186		676648	250667		425982	89013
湖北	386485	19	514263	75636		438627	72938
湖南	319099		329669	44254		285416	47002
广东	3006348	36050	3106184	434211	20905	2671973	300844
广西	288490	21419	347947	81299	68	266648	43031
海南	146981	4333	158424	12909		145515	23887
重庆	738864	6990	852192	257154		595039	56286
四川	1055651	1779	1120210	225454		894756	83499
贵州	84870	1044	96881	3317		93564	16828
云南	239818	1391	247143	29850		217292	49281
西藏	478		602			602	252
陕西	371757		420095	10843		409252	74269
甘肃	94968	7051	115313	19942		95371	14833
青海	23051		25784	327		25457	5131
宁夏	137048	235	134421	10024		124397	14639
新疆	417438	1892	427926	59802		368123	147813

股份有限公司　　4—20 续表 6　　单位:万元

地区	购进总额	#进口	销售总额	批发	#出口	零售	年末库存总额
全国	**16545188**	**75946**	**19610235**	**3795977**	**203732**	**15814259**	**1598795**
北京	962904	745	1130556	125317	39	1005239	87945
天津	757922		658014	307225	4727	350789	55711
河北	264076		353352	15369		337984	34944
山西	214278		279323	46933		232390	25883
内蒙古	143861		183366	17522	292	165844	11080
辽宁	838714	4990	1005085	114419	8527	890666	65404
吉林	585563		678845	84580		594265	49555
黑龙江	337137		540700	22487		518214	77549
上海	1506202	3133	1783115	556246	17418	1226869	139552
江苏	2090834	3568	2430521	568530	57427	1861991	173849
浙江	786571	18931	842054	218687	93781	623367	60211
安徽	198446		275432	55544		219888	32735
福建	252556	8504	262440	54082		208357	7724
江西	240054		285269	46549		238720	16661
山东	1896207	2550	2219926	301312	423	1918615	216331
河南	343354	4144	393278	169057	5227	224221	29359
湖北	1453436	84	2050787	418507	4159	1632280	123283
湖南	430541	108	489523	60987	4735	428535	40692
广东	986049	27610	1174882	179686		995196	84595
广西	305236	16	336612	41397	4599	295214	28243
海南	66447		84438	40008		44430	4687
重庆	472289		540200	135879		404321	31679
四川	386582	1532	464659	69336	1666	395324	32357
贵州	117995		99767	5574		94193	14106
云南	192989		250475	42807		207668	30775
西藏	1535		21288	2586		18702	995
陕西	198385		208253	2563		205690	39145
甘肃	82659		103433	6979		96454	20413
青海	22696	31	25314	2269		23045	1617
宁夏	90583		115127	25956		89171	15618
新疆	319088		324203	57583	713	266620	46100

私营企业　　4—20 续表 7　　单位:万元

地区	购进总额	#进口	销售总额	批发	#出口	零售	年末库存总额
全国	**16357870**	**288874**	**16913002**	**2178004**	**42372**	**14734998**	**1777130**
北京	1454086	14854	1517981	407755	48	1110226	134132
天津	392619		409611	44257		365354	27629
河北	212045		222156	6139		216017	35668
山西	470852	197	458296	26589		431707	43930
内蒙古	199669		210113	35324		174790	35235
辽宁	1125934	3264	986052	117886		868166	115555
吉林	403301	2707	431913	28986		402927	30990
黑龙江	229060	3304	231147	24541		206606	27107
上海	1174920	250	1329860	20722		1309138	99902
江苏	1133754	12833	1166051	110698		1055353	97369
浙江	1619372	19126	1615783	307319	34874	1308464	151665
安徽	209549		210765	6809		203956	27245
福建	1180684	39704	1264432	222761	1000	1041671	111461
江西	108419		133791	26237		107554	18174
山东	1083421	28503	1172647	93489		1079158	121450
河南	345205	851	361800	125857		235943	47446
湖北	187516	42	186030	14408		171622	18991
湖南	277475		300735	15826		284909	47629
广东	2199463	151479	2311183	283932	4590	2027251	263039
广西	160186		164388	30814		133574	20805
海南	85503	6525	61497	8061	7	53436	13140
重庆	463471	2763	459234	50774		408461	77261
四川	418681		460192	59496		400696	36556
贵州	121447	431	141624	9923		131700	31270
云南	388996	182	378818	46748		332069	40191
西藏							
陕西	251143		208051	2820		205231	32812
甘肃	194033	1861	246370	31375	1853	214995	27893
青海	10038		11152	635		10517	3914
宁夏	47612		49143	10886		38258	3807
新疆	209417		212188	6938		205250	34868

其他企业 4—20 续表 8 单位:万元

地 区	购进总额	#进 口	销售总额	批 发	#出 口	零 售	年末库存总 额
全 国	**120134**		**123329**	**26452**		**96877**	**21815**
北 京	552		576			576	87
天 津							
河 北							
山 西							
内 蒙 古							
辽 宁	11537		10518	55		10462	1881
吉 林							
黑 龙 江							
上 海	2398		2859			2859	150
江 苏	13239		12576			12576	2259
浙 江							
安 徽							
福 建	32548		32322	20922		11400	3623
江 西							
山 东	22017		25908	5423		20484	2385
河 南							
湖 北	180		180			180	30
湖 南	5323		4841	27		4814	861
广 东	4590		4951	25		4926	9240
广 西	6144		6538			6538	839
海 南							
重 庆	12138		12064			12064	200
四 川	9467		9998			9998	260
贵 州							
云 南							
西 藏							
陕 西							
甘 肃							
青 海							
宁 夏							
新 疆							

港、澳、台商投资企业　　4－20 续表 9　　单位：万元

地区	购进总额	#进口	销售总额	批发	#出口	零售	年末库存总额
全国	**2300932**	**1653**	**2989312**	**143052**	**11**	**2846260**	**221644**
北京	179889	809	245929	45849		200080	11910
天津	112498		95291	16968		78323	11844
河北	45793		60083			60083	1262
山西							
内蒙古	3980		3549			3549	2890
辽宁	87626		127696			127696	17597
吉林	2235		53412			53412	465
黑龙江	10183		11070			11070	
上海	459445		510688	3204		507484	14813
江苏	149819		155340	306		155034	25273
浙江	130712		185850	7557		178293	4236
安徽	36038		43844	747		43097	2924
福建	3075		3338			3338	87
江西	11923		15323	997		14326	3186
山东	13454		11422	1344		10077	4157
河南	99885		101287	5600		95687	3635
湖北	82450		118819	7099		111720	22395
湖南	1830		2048			2048	76
广东	721802	844	1010821	47573		963248	79253
广西							
海南	2844		2912	1781		1130	161
重庆	10202		13605	187		13419	2246
四川	110247		121113			121113	4624
贵州	923		734			734	189
云南	13829		82999	2377	11	80623	7108
西藏							
陕西	2767		2767			2767	272
甘肃							
青海	7072		5853	1463		4390	982
宁夏							
新疆	412		3520			3520	59

外商投资企业　　4—20 续表 10　　单位:万元

地区	购进总额	#进口	销售总额	批发	#出口	零售	年末库存总额
全国	**5672728**	**23937**	**7108410**	**771929**	**854**	**6336481**	**605220**
北京	400432	1097	577477	4547		572931	36837
天津	122051		161739			161739	18564
河北	3600		9024			9024	691
山西							
内蒙古							
辽宁	260206	1715	294907	2936		291971	19953
吉林	48458		56597			56597	5368
黑龙江	47733		45550			45550	3394
上海	1652989	9602	2324476	483354	854	1841122	161387
江苏	660779		821142	71468		749673	67463
浙江	142123		157916			157916	12221
安徽							
福建	206150		232326	20031		212295	16036
江西							
山东	410339	48	447424	96800		350624	30120
河南							
湖北	161646		179689	5154		174535	10231
湖南	151883		156031	30971		125061	13531
广东	946101	11476	1107666	35140		1072526	172865
广西	50655		62721	627		62094	3745
海南	7664		9679	1306		8373	334
重庆	105917		128642			128642	7903
四川	224500		256290	15824		240466	13025
贵州	7364		8784			8784	613
云南	47021		52649	3648		49001	5961
西藏							
陕西							
甘肃	13225		15499			15499	4898
青海							
宁夏	1364		1516	123		1393	62
新疆	528		665			665	19

4—21 各地区限额以上零售业商品购、销、存总额

（2003 年，按国民经济行业分）

综合零售业

单位：万元

地　区	购进总额	#进　口	销售总额	批　发	#出　口	零　售	年末库存总额
全　国	**42116937**	**233240**	**49817515**	**5648280**	**247117**	**44169235**	**4930915**
北　京	3738165	5652	4472370	363536	39	4108834	323904
天　津	1278282		1494136	286649	587	1207488	88744
河　北	1154209		1382691	71730		1310961	160129
山　西	521688		624851	19888		604963	63657
内蒙古	227686		302019	15211		286808	29400
辽　宁	2164294	5329	2393498	138423	8527	2255076	235957
吉　林	690590		912638	19180		893458	93919
黑龙江	621280	1512	864571	14778		849792	128980
上　海	5836752	175125	7568576	1678590	17418	5889986	463046
江　苏	5011819	3596	5629081	555675	74707	5073406	573342
浙　江	3000389	11534	3134527	331902	94883	2802626	387258
安　徽	785706	3864	949958	74159		875799	122609
福　建	781918	1449	878261	42356	7585	835905	78209
江　西	339232		398145	49676		348468	42100
山　东	3315393	2033	3682016	363028	854	3318988	517020
河　南	1127512	229	1239495	197591		1041904	178132
湖　北	2028122	826	2704269	451062	4159	2253207	241190
湖　南	867643	108	950205	57873	4735	892332	91859
广　东	3793392	15596	4613398	207619	26645	4405778	523609
广　西	502479	1173	556400	59445	4599	496956	77998
海　南	65018		80350	302		80048	15777
重　庆	1274679	3652	1486314	341507		1144807	84471
四　川	1087891	1532	1273901	183702	1666	1090199	107805
贵　州	157514		183882	9163		174719	39260
云　南	299706		417796	34601		383195	47470
西　藏	10325		6355			6355	4346
陕　西	859671		876280	43484		832796	98305
甘　肃	165436		263223	4898		258326	40544
青　海	63946	31	74267	2269		71998	5698
宁　夏	128106		151767	6411		145356	18760
新　疆	218094		252277	23572	713	228705	47416

食品、饮料及烟草制品专门零售业　　4—21 续表 1　　单位:万元

地　区	购进总额	#进　口	销售总额	批　发	#出　口	零　售	年末库存总　额
全　国	**2330420**	**18752**	**2640853**	**760241**	**3437**	**1880612**	**532698**
北　京	271709	1134	309049	55490		253559	20281
天　津	52022	780	65898	13305		52594	8230
河　北	58469		62894	6307		56587	15026
山　西	46558		57668	10485		47183	11890
内蒙古	41789		46103	12802		33302	8389
辽　宁	45809		47930	16592		31338	4045
吉　林	19108		25131	2437		22694	11596
黑龙江	13633		18834			18834	9881
上　海	233224	9619	279571	115853	48	163718	46144
江　苏	161740		190861	31723		159138	10013
浙　江	187340		206587	32489		174098	17439
安　徽	18148		20519	7317		13202	4105
福　建	73353	379	82443	14731		67713	4667
江　西	11310		14001	1708		12293	511
山　东	194277		230645	85791	1200	144854	42714
河　南	278103	223	300757	158177	2102	142581	101240
湖　北	65365		72940	16276	86	56664	2902
湖　南	72242		80729	30817		49912	20480
广　东	177973	6323	191506	47633		143873	19832
广　西	45825		54049	4532		49517	2453
海　南	2844		2912	1781		1130	161
重　庆	32738		43978	9631		34348	4813
四　川	66150		79837	25913		53923	20837
贵　州	18853		21311	14892		6420	1260
云　南	43920	294	53064	9493		43571	11137
西　藏							
陕　西	16620		13313	7904		5408	6001
甘　肃	38015		33989	24361		9628	6855
青　海	6938		7506	454		7052	2090
宁　夏	3889		6909	221		6688	2039
新　疆	32457		19920	1128		18792	115666

纺织、服装及日用品专门零售业　　4—21 续表 2　　单位:万元

地区	购进总额	#进口	销售总额	批发	#出口	零售	年末库存总额
全国	**2182585**	**10184**	**2593039**	**586266**	**70448**	**2006773**	**415709**
北京	311910	2060	414045	225627	27137	188418	95486
天津	115449		99015	38819		60196	12656
河北	26258		39515	3303		36213	4799
山西	15619		18073	1521		16553	4377
内蒙古	8707		7132			7132	4003
辽宁	94551	192	113544	4070		109474	8691
吉林	16198	2707	16108			16108	4845
黑龙江	18620		20237	2517		17721	7862
上海	337848	250	343191	112751	854	230440	74311
江苏	121520	1161	149409	20261		129147	12395
浙江	150661		154656	71980	34874	82676	24550
安徽	23821	42	26663	1024		25639	4162
福建	80534		93041	15387		77654	9060
江西	17912		20090	1079		19011	4781
山东	128183		211437	17712		193725	29463
河南	127498		177348	22326		155022	25737
湖北	52340		56338	3983		52355	8546
湖南	88313		80512	12905		67607	15062
广东	189304	3772	236075	19361	7583	216714	26892
广西	8265		8283	2333		5949	843
海南	8902		11299	1306		9993	792
重庆	16192		21769	1466		20303	4709
四川	129166		146985	4114		142872	4524
贵州	7364		8784			8784	613
云南	13786		37867	1508		36360	4553
西藏							
陕西	27052		31726	118		31608	4904
甘肃	8824		9870			9870	4277
青海	5121		6325			6325	2255
宁夏	126		216			216	105
新疆	32541		33487	797		32690	10456

文化、体育用品及器材专门零售业　　4—21 续表 3　　单位:万元

地区	购进总额	#进口	销售总额	批发	#出口	零售	年末库存总额
全国	**3861826**	**9380**	**3849529**	**807299**	**1734**	**3042230**	**1018797**
北京	246580	2514	257422	48141	26	209281	81442
天津	65784	3	70176	2041		68135	15388
河北	90505		87115	4217		82898	18982
山西	76303		77879	5011		72868	13309
内蒙古	23677		21358	3580		17778	7690
辽宁	153422		158347	36647		121700	59897
吉林	56379		60768	6343		54425	19409
黑龙江	53412	158	49608	5283		44324	13723
上海	246718	6288	218452	72695	1007	145757	46633
江苏	790716		795991	243167		552824	74863
浙江	225322	336	210781	35216		175565	58011
安徽	101513		97492	10721		86771	20749
福建	136702		133896	23513	700	110383	188523
江西	84809		83917	2363		81554	18386
山东	342476		351327	100360	1	250968	82779
河南	178380		180330	50885		129445	37525
湖北	98523		98191	18167		80024	29106
湖南	169629		166044	22755		143289	47488
广东	213468	81	219932	52360		167572	68145
广西	63322		64595	11147		53448	11708
海南	24005		16133	2276		13857	5869
重庆	74471		78312	9078		69234	9691
四川	102172		105085	13936		91149	10458
贵州	20144		23297	2374		20923	4984
云南	67602		64005	4876		59129	23913
西藏							
陕西	57734		59758	8935		50823	14830
甘肃	38336		36930	1492		35438	7926
青海	5855		5117	538		4579	9243
宁夏	12356		12181	84		12097	4601
新疆	41512		45089	9099		35989	13526

医药及医疗器材专门零售业　　4－21 续表 4　　单位：万元

地区	购进总额	＃进口	销售总额	批发	＃出口	零售	年末库存总额
全国	**4030453**	**10875**	**4438745**	**1299171**	**11396**	**3139574**	**715986**
北京	300263	5912	352899	83523	143	269376	54954
天津	400584		257477	182882	4140	74595	52827
河北	101980		111770	21170		90600	14693
山西	33711		42354	8402		33952	7637
内蒙古	11311		11896	5649		6247	3339
辽宁	335526		368311	181840		186471	30631
吉林	34825	222	55463	16516		38947	7106
黑龙江	48278		48113	7447		40666	8127
上海	206754		270504	29447		241057	54203
江苏	554590		635303	171241		464062	77291
浙江	173834	22	183787	26243		157544	35893
安徽	46689	61	53293	8402		44891	6947
福建	92660		92710	21279		71432	13489
江西	83620		103704	8713		94991	17277
山东	351355	519	440303	121724	1876	318579	69983
河南	181454		194761	118297	5227	76464	25295
湖北	73311	19	87338	24025		63313	20417
湖南	167182		181766	17165		164601	29628
广东	341087	2924	402059	89805		312254	70180
广西	99445		119615	28259		91356	19440
海南	4529		4956	1001		3955	1272
重庆	41444		36519	7351		29168	9286
四川	44929		50202	17647		32556	8365
贵州	29600	1044	25480	11046		14434	6348
云南	94618		105803	42222	11	63581	22501
西藏							
陕西	13815		14583	3566		11017	5668
甘肃	21565		27089	11743		15346	8465
青海	9467		11333	1088		10246	7660
宁夏	23701		29481	3269		26212	5214
新疆	108330	152	119875	28211		91665	21849

汽车、摩托车、燃料及零配件专门零售业　　　4—21 续表 5　　　单位:万元

地　区	购进总额	#进　口	销售总额	批　发	#出　口	零　售	年末库存总　额
全　国	**20141215**	**518003**	**20559884**	**3950826**	**6760**	**16609058**	**1367235**
北　京	2482067	115460	2478777	541735	2806	1937043	151079
天　津	130169	595	137287	31641		105646	5686
河　北	112882		121254	24805		96449	6419
山　西	504504		534594	90670		443923	55182
内蒙古	437743	908	347728	80806		266922	29699
辽　宁	1004789	5190	995571	135257		860314	77136
吉　林	580140	2557	602529	97332		505197	35699
黑龙江	66945	3304	64657	13332		51326	3010
上　海	229922	430	240825	31928		208897	13323
江　苏	1327027	25824	1347512	198727		1148785	95508
浙　江	1831789	26513	1896026	431667		1464360	120761
安　徽	193929	7273	180038	12736		167302	12161
福　建	1278648	51931	1381505	338145		1043360	84125
江　西	188173		195669	12843		182826	8333
山　东	1779155	28881	1910038	234068		1675970	134111
河　南	591716	4995	611299	336706		274593	28394
湖　北	341495		362097	41710		320387	16719
湖　南	225180		254490	75659		178832	16658
广　东	3719854	177363	3759138	630137	2026	3129001	243550
广　西	356180	20270	385284	38515	68	346769	19420
海　南	201253	10858	187379	54577	7	132802	17526
重　庆	422716	21677	424990	78465		346524	26914
四　川	607542	1779	612803	139057		473745	36837
贵　州	166530		99980	8648		91333	6287
云　南	342106	1391	350606	35221		315385	29472
西　藏	34397		45210	497		44713	7454
陕　西	56722		74836	39372		35465	4585
甘　肃	180176	8912	179693	42582	1853	137111	18464
青　海	12499		12826	10253		2572	347
宁　夏	162612		176371	57830		118541	18933
新　疆	572356	1892	588871	85907		502964	43445

家用电器及电子产品专门零售业　　4—21 续表 6　　单位:万元

地　区	购进总额	#进　口	销售总额	批　发	#出　口	零　售	年末库存总　额
全　国	**9762274**	**100955**	**10228776**	**2269873**	**6569**	**7958903**	**1047151**
北　京	1455081	58429	1485443	597446	512	887997	150244
天　津	208061		202536	13445		189091	15321
河　北	141929		142715	16493		126222	29374
山　西	148152	197	147232	18293		128940	17368
内蒙古	61664		69351	8619		60732	20773
辽　宁	302497	1583	318408	60983		257425	32057
吉　林	63485		71388	21611		49777	8810
黑龙江	198088		229509	29563		199946	26402
上　海	747725		923570	3412		920158	64680
江　苏	1027492	2059	999858	246992		752866	76128
浙　江	575750		567059	132088		434971	58996
安　徽	92261		89685	4349		85336	8175
福　建	357846	9442	351583	103753	6055	247830	46902
江　西	66808		78904	26501		52403	8215
山　东	1513720	100	1572675	398328		1174347	99568
河　南	373691		409260	124073		285187	41055
湖　北	234058	1	299560	57742		241817	18587
湖　南	49074		64418	14525		49893	16423
广　东	753969	28294	792034	154212		637822	85916
广　西	138995		176734	67916		108818	15874
海　南	31626		35360	34260		1100	1658
重　庆	20403		23312	5098		18214	2014
四　川	239080		233984	21933		212052	60212
贵　州	428501		445474	55316		390158	27372
云　南	87344	431	90570	6129		84441	20308
西　藏	166629	185	137626	12945		124681	19231
陕　西	104237		103520	10619		92901	54431
甘　肃	44799		43193	5230		37963	3705
青　海	7961		11048	10115	2	934	137
宁　夏	36990	235	34232	1242		32990	2991
新　疆	84356		78535	6643		71892	14225

五金、家具及室内装修材料专门零售业　　4—21 续表 7　　单位：万元

地　区	购进总额	#进　口	销售总额	批　发	#出　口	零　售	年末库存总　额
全　国	**1596520**	**5287**	**1753788**	**455309**	**48**	**1298479**	**224513**
北　京	328047	2960	381236	216044	48	165192	42181
天　津	72271		74733	20470		54263	9210
河　北	34969		38708	15823		22885	5334
山　西	14712		16940	1849		15092	5221
内蒙古	12917		12233	4402		7830	886
辽　宁	39629		39482	758		38725	4216
吉　林	20337		20088			20088	3779
黑龙江	3877		4685			4685	899
上　海	356328	804	376429	70675		305754	46085
江　苏	78236	32	86290	2154		84136	8654
浙　江	18214		19041	4159		14882	2394
安　徽	6885		6417	3424		2993	781
福　建	43891		45705	3527		42178	7144
江　西	2159		2458	406		2052	1255
山　东	86580	83	84421	7009		77412	16695
河　南	100348		101360	46792		54568	9062
湖　北	22047		37073			37073	3731
湖　南	47137		48384	23530		24854	10184
广　东	226006	1156	261314	17987		243327	35280
广　西	5984		6268	827		5441	1008
海　南							
重　庆	8536		11080	13		11067	1859
四　川	19736		21845	69		21776	1437
贵　州	2663		2507	296		2212	442
云　南	14553	253	24084	6099		17985	3272
西　藏							
陕　西	11069		10799			10799	998
甘　肃	12114		11636	7810		3826	1344
青　海							
宁　夏	800		784			784	121
新　疆	6476		7789	1188		6601	1043

无店铺及其他零售业　　4—21续表8　　单位:万元

地区	购进总额	#进口	销售总额	批发	#出口	零售	年末库存总额
全国	**852486**	**11131**	**1006702**	**317767**	**532**	**688935**	**78808**
北京	155324	1311	176312	62335	241	113977	18446
天津	7985		10105	3785		6320	1539
河北	1719		2543	435		2108	988
山西	15172		21657	1098		20559	1710
内蒙古	8003		8978	292	292	8687	344
辽宁	7672		8546	4197		4348	606
吉林	437		745			745	448
黑龙江	9212		10675	777		9899	12488
上海	65182		106793	12914		93879	4877
江苏	24219		38111	3497		34614	2244
浙江	49130		54197	14778		39419	1556
安徽	833		720	315		405	78
福建	36610		54179	25953		28226	1544
江西	430		420			420	16
山东	71905		77644	37249		40395	4800
河南	72751		86108	53287		32821	7153
湖北	14970		15389	5154		10235	996
湖南	705		825			825	27
广东	137436	9809	164721	59349		105372	5992
广西	60439	11	31956	5611		26345	1825
海南	1535		21288	2586		18702	995
重庆	542		4187	3010		1177	526
四川	3036		4294	1041		3253	68
贵州	3566		4125	1440		2685	433
云南	11624		10735	1817		8918	1168
西藏	17370		16384	3570		12814	1374
陕西	11021		1647			1647	53
甘肃	9787		13477	405		13072	116
青海	9093		8220	1463		6756	2349
宁夏	350		418			418	89
新疆	44426		51304	11409		39895	3962

4—22　限额以上批发零售贸易业商品销售类值

单位:万元

	合计		批发		零售	
	2003年	2002年	2003年	2002年	2003年	2002年
食品、饮料、烟酒类	88215030	75651392	69514199	60096421	18700831	15554971
肉禽蛋类	4653403	4416739	2303230	2359104	2350173	2057635
其他食品类	27205967	21233169	16833834	12869457	10372133	8363712
饮料类	3262408	2728271	1249079	1077444	2013329	1650828
烟酒类	53093253	47273213	49128057	43790416	3965196	3482797
服装鞋帽、针、纺织品类	36273246	32365367	23066573	20757096	13206673	11608271
服装类	21012827	17861023	12529099	10456318	8483728	7404705
鞋帽类	4750645	4226491	2295094	2083748	2455550	2142743
针、纺织品类	10509774	10277854	8242379	8217031	2267394	2060823
化妆品类	2783007	2431975	713634	676994	2069373	1754980
金银珠宝类	1909238	1815784	282375	360162	1626863	1455622
日用品类	11245361	9925900	5914129	5250975	5331233	4674925
洗涤用品类	2590610	2150439	978666	895358	1611944	1255081
儿童玩具类	581464	510449	294441	257811	287023	252638
五金、电料类	3589542	3248449	2889048	2605181	700494	643268
体育、娱乐用品类	1452697	1197894	663964	571861	788733	626033
书报杂志类	6774254	6092963	3820605	3497511	2953649	2595452
电子出版物及音像制品类	418617	364010	162623	146314	255994	217696
家用电器和音像器材类	21854240	18425752	10581891	8895799	11272349	9529953
中西药品类	22755514	18533264	13808218	10428084	8947296	8105180
西药	15659665	12709646	9392077	7050563	6267588	5659083
中草药及中成药	5976132	4882896	3684454	2777514	2291678	2105382
文化办公用品类	6389725	4748830	4511751	3145806	1877974	1603025
家具类	1353204	1049280	561277	430974	791927	618306
通讯器材类	7566188	5917658	5460042	4685184	2106147	1232474
煤炭及制品类	8002839	6496343	7867212	6377366	135627	118977
木材及制品类	983541	785606	930073	749328	53468	36278
石油及制品类	86651143	67058083	74688107	58408747	11963035	8649336
化工材料及制品类	21286386	18049632	21107522	17902292	178864	147340
化肥类	7083787	6642874	7083787	6642874		
金属材料类	38325203	23744001	38063879	23529153	261325	214849
建筑及装潢材料类	3606360	2452967	2656235	1752598	950125	700368
机电产品及设备类	51270831	40154310	35346578	30328433	15924253	9825878
农机类	1209494	1385899	1209494	1385899		
汽车类	33593907	25495318	18775286	16699505	14818622	8795813
种子饲料类	737387	627041	737387	627041		
棉麻类	5828437	4284805	5828437	4284805		
其他类	23961382	21332152	21860352	19425427	2101030	1906725

4—23 各地区限额以上批发零售贸易业商品销售类值

食品、饮料、烟酒类 单位:万元

地区	合计		批发		零售	
	2003年	2002年	2003年	2002年	2003年	2002年
全国	**88215030**	**75651392**	**69514199**	**60096421**	**18700831**	**15554971**
北京	5749537	4305671	4072509	2839770	1677028	1465901
天津	992587	761667	639036	463331	353551	298335
河北	2415384	2097932	2025134	1769245	390250	328687
山西	1626882	1413194	1266750	1080907	360133	332287
内蒙古	1053673	810438	955098	725414	98576	85024
辽宁	2792119	2551718	2163912	2041979	628207	509739
吉林	2287430	1566273	2067454	1401016	219976	165257
黑龙江	1268784	921836	1035128	714160	233656	207676
上海	9786697	8369062	5513672	4387991	4273025	3981071
江苏	7013506	6075109	5207769	4641215	1805737	1433895
浙江	6143415	3248449	4813616	4335508	1329800	1068254
安徽	2112554	1819357	1843383	1596364	269171	222993
福建	2734603	2436676	2305460	2154535	429143	282141
江西	1633866	1275456	1518629	1182894	115237	92562
山东	5748388	4490295	4558911	3512073	1189477	978222
河南	3824475	3715243	3289637	3300971	534838	414272
湖北	2554403	2203158	1690854	1538517	863549	664641
湖南	2494441	2249842	2189563	2007481	304878	242362
广东	8618372	7446907	6764988	6140570	1853384	1306337
广西	1158660	884406	993437	735402	165223	149004
海南	409114	357667	388629	330891	20485	26776
重庆	1933634	1789297	1621835	1572320	311798	216978
四川	3304509	3316484	2843344	2931642	461165	384843
贵州	1409482	1217643	1347184	1171293	62299	46350
云南	5202058	5018753	4949940	4778381	252119	240372
西藏	7876	12554	6160	4772	1716	7782
陕西	1560302	1170851	1320994	988017	239309	182834
甘肃	1304600	967860	1218265	897228	86335	70633
青海	289801	255311	241791	215580	48010	39731
宁夏	266299	173075	222626	143652	43673	29423
新疆	517578	573896	438494	493303	79083	80593

肉禽蛋类　　4—23 续表 1　　单位:万元

地区	合计		批发		零售	
	2003 年	2002 年	2003 年	2002 年	2003 年	2002 年
全国	**4653403**	**4416739**	**2303230**	**2359104**	**2350173**	**2057635**
北京	321300	237474	101644	56275	219656	181199
天津	52484	46371	5873	5975	46612	40396
河北	84999	72712	18933	18812	66067	53901
山西	73509	80341	6097	12141	67412	68200
内蒙古	23632	14548	6433	6097	17199	8451
辽宁	106659	106868	6069	25808	100590	81061
吉林	29678	21917	2985	5004	26693	16914
黑龙江	50804	48698	6151	17491	44653	31208
上海	580633	547284	296484	241467	284149	305817
江苏	494546	486912	231811	262301	262735	224611
浙江	283990	3248449	106619	115553	177372	154598
安徽	52092	47547	22880	22846	29212	24701
福建	84873	101914	32255	46428	52618	55487
江西	69211	69513	53198	55219	16013	14294
山东	427106	434668	257518	289116	169588	145552
河南	200378	174226	92046	79942	108332	94284
湖北	246599	273925	109923	159250	136676	114675
湖南	157020	139337	113300	91465	43720	47872
广东	853179	822715	600366	638623	252813	184092
广西	174591	169609	136373	113487	38218	56121
海南	1778	11285	850	8921	928	2364
重庆	61960	30701	28464	13747	33496	16954
四川	103335	107617	47908	57377	55427	50240
贵州	4512	2433	775	560	3737	1873
云南	61118	58544	9507	6100	51610	52444
西藏		2482				2482
陕西	22146	11765	2445	1886	19701	9879
甘肃	15706	11596	5426	4068	10279	7528
青海	6573	5007	631	1481	5942	3526
宁夏	2483	902			2483	902
新疆	6512	7676	267	1665	6244	6011

其他食品类　　4－23 续表 2　　单位:万元

地　区	合计		批发		零售	
	2003 年	2002 年	2003 年	2002 年	2003 年	2002 年
全　国	**27205967**	**21233169**	**16833834**	**12869457**	**10372133**	**8363712**
北　京	3209041	2444603	2209599	1575232	999442	869371
天　津	468222	311183	266897	146447	201325	164736
河　北	733501	620735	523447	455235	210054	165500
山　西	244007	205135	91641	72906	152366	132229
内蒙古	324295	203391	278879	160291	45416	43100
辽　宁	1333308	1237902	971792	950902	361517	287000
吉　林	1501000	782506	1365964	678978	135036	103529
黑龙江	486662	284424	356255	154945	130407	129479
上　海	4618140	4012618	2115734	1724863	2502406	2287755
江　苏	1913405	1665375	950932	902471	962474	762904
浙　江	2082217	3248449	1342551	1112842	739667	562223
安　徽	564600	484450	408490	363402	156110	121048
福　建	1005559	735789	715975	574555	289584	161235
江　西	243787	187964	184248	142698	59539	45266
山　东	2122055	1509007	1456291	981659	665764	527348
河　南	846254	511490	634136	343059	212118	168431
湖　北	693141	511977	267845	183536	425296	328441
湖　南	301340	251286	137808	132332	163532	118954
广　东	2356473	1884769	1384492	1303752	971982	581017
广　西	277872	155859	194790	100206	83082	55653
海　南	19515	23778	7392	5065	12123	18713
重　庆	430380	321740	224242	176783	206138	144957
四　川	580546	463354	325421	246494	255125	216860
贵　州	55617	43621	20318	21836	35300	21784
云　南	296063	226362	173118	120465	122945	105897
西　藏	1021	5158	479	1015	542	4143
陕　西	182319	171590	56039	69066	126280	102524
甘　肃	62296	60412	27782	24453	34514	35959
青　海	32877	37718	5982	14418	26895	23300
宁　夏	50273	43288	21538	24824	28734	18464
新　疆	170181	160619	113759	104727	56422	55892

饮料类　　4—23 续表 3　　单位:万元

地区	合计		批发		零售	
	2003 年	2002 年	2003 年	2002 年	2003 年	2002 年
全　国	**3262408**	**2728271**	**1249079**	**1077444**	**2013329**	**1650828**
北　京	326931	285296	122447	96015	204484	189281
天　津	57995	48022	5579	3970	52416	44053
河　北	53687	49233	6662	7120	47025	42113
山　西	64136	60575	7559	10379	56577	50196
内蒙古	54430	15002	44837	5105	9593	9897
辽　宁	87537	78463	23206	28704	64331	49760
吉　林	37971	35111	13302	16187	24669	18924
黑龙江	28009	22789	5581	6329	22427	16461
上　海	661872	623077	254061	221071	407811	402006
江　苏	299646	226110	72908	64319	226737	161791
浙　江	276188	3248449	142076	114847	134112	117537
安　徽	50760	33256	22619	10737	28141	22519
福　建	74283	123942	50022	106392	24262	17551
江　西	12093	10371	3050	4517	9043	5854
山　东	164070	146336	56865	57430	107206	88906
河　南	99227	73343	27578	22470	71649	50873
湖　北	119152	84413	24388	19473	94764	64940
湖　南	52761	44263	23538	23575	29223	20687
广　东	412458	271858	211432	144046	201026	127812
广　西	27964	22245	10387	9427	17577	12818
海　南	3045	3175	235	1030	2810	2145
重　庆	41679	39203	11343	15208	30336	23996
四　川	81990	64533	31960	26632	50031	37901
贵　州	6432	5915	111	85	6322	5830
云　南	26010	26204	7946	10245	18064	15959
西　藏	1801	1220	1193	752	608	468
陕　西	79746	51192	34781	21387	44965	29806
甘　肃	25680	7450	15283	671	10398	6779
青　海	5773	3829			5773	3829
宁　夏	4928	4499	144	600	4784	3899
新　疆	24154	34961	17988	28722	6166	6239

烟酒类　　4—23 续表 4　　单位:万元

地区	合计		批发		零售	
	2003 年	2002 年	2003 年	2002 年	2003 年	2002 年
全　国	**53093253**	**47273213**	**49128057**	**43790416**	**3965196**	**3482797**
北　京	1892265	1338298	1638819	1112248	253446	226050
天　津	413886	356090	360687	306940	53199	49151
河　北	1543196	1355251	1476093	1288078	67104	67174
山　西	1245230	1067143	1161453	985481	83778	81662
内蒙古	651317	577497	624949	553921	26368	23576
辽　宁	1264615	1128485	1162846	1036566	101769	91919
吉　林	718781	726738	685203	700847	33578	25891
黑龙江	703310	565924	667140	535396	36169	30528
上　海	3926052	3186083	2847393	2200590	1078659	985493
江　苏	4305909	3696712	3952118	3412124	353791	284588
浙　江	3501020	3248449	3222370	2992266	278650	233895
安　徽	1445103	1254104	1389394	1199379	55708	54725
福　建	1569888	1475030	1507209	1427161	62679	47869
江　西	1308775	1007608	1278133	980460	30642	27148
山　东	3035158	2400285	2788237	2183868	246920	216416
河　南	2678616	2956184	2535877	2855500	142739	100684
湖　北	1495511	1332843	1288698	1176258	206813	156585
湖　南	1983321	1814956	1914918	1760108	68404	54848
广　东	4996262	4467566	4568699	4054149	427563	413416
广　西	678234	536693	651887	512281	26347	24412
海　南	384776	319429	380152	315875	4624	3554
重　庆	1399615	1397653	1357786	1366582	41829	31071
四　川	2538638	2680980	2438055	2601139	100583	79841
贵　州	1342921	1165674	1325981	1148812	16940	16863
云　南	4818868	4707644	4759369	4641572	59500	66072
西　藏	5054	3694	4488	3005	566	689
陕　西	1276091	936303	1227728	895678	48363	40625
甘　肃	1200918	888402	1169774	868036	31144	20367
青　海	244578	208757	235178	199681	9400	9076
宁　夏	208615	124386	200944	118228	7671	6158
新　疆	316731	370640	306480	358189	10251	12451

服装鞋帽、针、纺织品类　　4—23 续表 5　　单位:万元

地　区	合计		批发		零售	
	2003 年	2002 年	2003 年	2002 年	2003 年	2002 年
全　国	**36273246**	**32365367**	**23066573**	**20757096**	**13206673**	**11608271**
北　京	2441575	2561957	1053572	1273284	1388003	1288673
天　津	898895	766756	524718	448165	374178	318591
河　北	726253	713861	283228	282607	443024	431253
山　西	223252	219136	14386	14192	208865	204943
内蒙古	146569	147018	4174	11633	142395	135385
辽　宁	1310245	1306648	447315	513625	862930	793023
吉　林	433238	364346	72640	45889	360598	318457
黑龙江	558551	505354	161299	104041	397251	401313
上　海	4902093	4981700	3219255	3621158	1682838	1360542
江　苏	5789640	4905319	4452897	3765894	1336743	1139424
浙　江	5896572	3248449	5124690	4061366	771881	651241
安　徽	641704	633866	382515	391291	259189	242575
福　建	1638835	1483784	1473713	1361799	165122	121985
江　西	484836	248768	408152	202744	76684	46024
山　东	2187736	1934559	1196114	1068453	991622	866106
河　南	742345	519962	337294	199467	405051	320495
湖　北	929550	833577	213119	175703	716431	657874
湖　南	436521	456610	208597	253470	227924	203140
广　东	3663221	3152372	2768706	2401814	894515	750557
广　西	158078	158368	34802	35910	123276	122458
海　南	47097	40257	19645	16919	27452	23338
重　庆	359381	305486	62559	57354	296822	248132
四　川	668284	659060	256115	311653	412169	347407
贵　州	53218	53475	2291	3581	50927	49894
云　南	114650	119055	16877	20717	97773	98338
西　藏	6285	3768	4853	1916	1432	1852
陕　西	320128	302006	64418	74408	255710	227598
甘　肃	94272	104286	19827	25870	74445	78416
青　海	30913	27541	10240	6206	20673	21335
宁　夏	54375	45464	3383	1707	50992	43757
新　疆	314937	98405	225179	4259	89759	94146

服装类　　4—23 续表 6　　单位:万元

地区	合计 2003年	合计 2002年	批发 2003年	批发 2002年	零售 2003年	零售 2002年
全国	**21012827**	**17861023**	**12529099**	**10456318**	**8483728**	**7404705**
北京	1464124	1335835	492947	462666	971177	873169
天津	508490	428163	242536	195340	265954	232823
河北	383983	375787	121202	122132	262781	253655
山西	128321	128438	11956	10643	116365	117795
内蒙古	94696	83289	2747	361	91949	82928
辽宁	916039	908548	335986	368080	580053	540469
吉林	296816	243828	67169	40964	229648	202865
黑龙江	366557	312613	125976	83339	240581	229275
上海	2853054	2566947	1899745	1748877	953309	818070
江苏	3285583	2685722	2414372	1945886	871212	739837
浙江	3142554	3248449	2646628	2054490	495926	433904
安徽	322576	315476	159324	166282	163252	149194
福建	727895	714462	630675	641525	97220	72937
江西	314815	132867	265795	109037	49020	23830
山东	1189358	1066466	560448	520129	628910	546338
河南	360113	247552	130332	75421	229781	172131
湖北	584175	519933	95684	92698	488491	427235
湖南	227759	223169	81256	94096	146504	129073
广东	2416747	1973723	1780323	1459722	636424	514002
广西	85896	81748	14800	15232	71096	66515
海南	33815	28368	13768	11507	20047	16861
重庆	206414	174730	20604	20308	185810	154422
四川	414307	373409	128624	142921	285683	230488
贵州	40581	40930	2182	3410	38399	37520
云南	75561	75018	11008	8749	64553	66269
西藏	1438	1280	770	570	668	710
陕西	180059	166005	25318	35355	154741	130650
甘肃	63480	62001	17139	19824	46341	42177
青海	13406	11149	5180	2298	8226	8851
宁夏	28741	22243	3235	1577	25506	20666
新疆	285475	72927	221371	2879	64105	70048

鞋帽类　　4—23 续表 7　　单位:万元

地区	合计		批发		零售	
	2003 年	2002 年	2003 年	2002 年	2003 年	2002 年
全　国	**4750645**	**4226491**	**2295094**	**2083748**	**2455550**	**2142743**
北　京	351381	345343	98662	109447	252719	235896
天　津	80014	68840	19067	19538	60947	49302
河　北	100518	114881	7859	25614	92659	89267
山　西	41881	40588	1080	1272	40801	39316
内蒙古	27766	31325	23	46	27743	31279
辽　宁	179870	175480	16506	35793	163364	139688
吉　林	64232	56306	95	1920	64138	54387
黑龙江	106240	96235	14529	13345	91711	82890
上　海	494039	452584	204648	223999	289391	228585
江　苏	459610	420543	217325	208533	242285	212010
浙　江	737722	3248449	610806	419238	126916	100029
安　徽	130735	114061	80359	67219	50376	46842
福　建	612333	554760	578159	532157	34174	22603
江　西	31268	23146	16267	11851	15001	11295
山　东	272721	250037	67923	69200	204798	180838
河　南	115264	87875	29709	15641	85555	72234
湖　北	141079	128679	15746	6074	125333	122605
湖　南	73217	75676	27264	35768	45953	39908
广　东	393839	364138	245859	247462	147980	116676
广　西	33733	29108	6330	5752	27404	23356
海　南	9314	7800	4491	3412	4823	4388
重　庆	68856	59809	13370	12157	55487	47652
四　川	82343	74154	9651	10207	72692	63946
贵　州	9199	10477		2	9199	10475
云　南	17647	18645	566	874	17080	17771
西　藏	1334	1257	959	569	375	688
陕　西	69632	59507	6089	3969	63542	55539
甘　肃	13139	17899	79	2607	13060	15292
青　海	3742	3817	26	33	3716	3784
宁　夏	10569	9182		4	10569	9178
新　疆	17409	15073	1648	47	15761	15026

针、纺织品类 4—23 续表 8 单位:万元

地区	合计		批发		零售	
	2003 年	2002 年	2003 年	2002 年	2003 年	2002 年
全国	**10509774**	**10277854**	**8242379**	**8217031**	**2267394**	**2060823**
北京	626070	880779	461963	701171	164107	179608
天津	310391	269753	263114	233287	47277	36466
河北	241753	223192	154167	134861	87585	88331
山西	53050	50109	1351	2277	51699	47832
内蒙古	24108	32404	1404	11226	22704	21178
辽宁	214336	222620	94823	109753	119513	112867
吉林	72189	64212	5376	3006	66813	61206
黑龙江	85754	96505	20794	7357	64960	89149
上海	1555000	1962169	1114862	1648282	440138	313887
江苏	2044447	1799054	1821201	1611476	223246	187578
浙江	2016296	3248449	1867256	1587638	149039	117309
安徽	188393	204329	142832	157790	45561	46539
福建	298607	214562	264878	188117	33729	26445
江西	138753	92755	126090	81856	12663	10899
山东	725657	618055	567744	479124	157914	138931
河南	266968	184535	177253	108405	89715	76130
湖北	204296	184965	101689	76931	102607	108034
湖南	135544	157765	100077	123606	35468	34158
广东	852635	814510	742524	694630	110111	119880
广西	38449	47512	13673	14926	24776	32586
海南	3968	4089	1386	2000	2582	2089
重庆	84111	70947	28585	24889	55526	46058
四川	171634	211497	117841	158524	53793	52972
贵州	3438	2068	109	169	3329	1899
云南	21443	25392	5303	11094	16140	14298
西藏	3513	1231	3124	777	389	454
陕西	70438	76494	33011	35084	37427	41410
甘肃	17653	24386	2608	3439	15044	20947
青海	13765	12575	5034	3875	8731	8700
宁夏	15065	14038	148	126	14917	13912
新疆	12053	10405	2160	1334	9893	9071

化妆品类　　4—23 续表 9　　单位:万元

地　区	合计		批发		零售	
	2003 年	2002 年	2003 年	2002 年	2003 年	2002 年
全　国	**2783007**	**2431975**	**713634**	**676994**	**2069373**	**1754980**
北　京	322736	296987	96492	89368	226244	207619
天　津	84338	84213	28104	32023	56234	52189
河　北	72443	63234	19903	16147	52540	47087
山　西	28292	27469	3081	4075	25211	23394
内蒙古	10986	10009	129	243	10856	9766
辽　宁	112418	89067	15157	6675	97261	82392
吉　林	32029	27798	175	479	31854	27319
黑龙江	47048	41758	3256	3040	43792	38718
上　海	512373	483056	205957	176130	306416	306926
江　苏	217757	214023	42999	67695	174758	146328
浙　江	228031	3248449	74016	52759	154015	109101
安　徽	33512	31396	1568	2121	31944	29275
福　建	53314	37131	17083	11721	36230	25409
江　西	10339	7757	61	148	10278	7609
山　东	187868	160388	46052	46236	141816	114152
河　南	80347	70183	12496	18233	67851	51950
湖　北	138182	105401	20373	20006	117809	85395
湖　南	42167	39148	2709	4115	39458	35033
广　东	249311	189849	65454	51922	183856	137926
广　西	25360	29890	914	2062	24447	27828
海　南	8240	8231		759	8240	7472
重　庆	59245	52070	14751	16524	44494	35546
四　川	74184	62684	10842	11604	63342	51080
贵　州	9847	10091	1930	2379	7918	7713
云　南	51515	45361	12359	23258	39156	22103
西　藏	885	689			885	689
陕　西	49575	44556	10842	9932	38734	34624
甘　肃	12385	13501	2948	3485	9437	10015
青　海	5520	5219	1361	1316	4159	3903
宁　夏	7820	6761	876	1064	6944	5697
新　疆	14941	12198	1749	1475	13192	10723

金银珠宝类 4－23 续表 10 单位:万元

地区	合计		批发		零售	
	2003 年	2002 年	2003 年	2002 年	2003 年	2002 年
全国	**1909238**	**1815784**	**282375**	**360162**	**1626863**	**1455622**
北京	240222	254789	63237	80834	176985	173955
天津	48772	45927	5321	8650	43451	37278
河北	44059	37249		153	44059	37096
山西	30779	29071	513		30266	29071
内蒙古	6384	4785	1	50	6383	4735
辽宁	121904	107024	17463	18439	104441	88586
吉林	21868	19325		36	21868	19289
黑龙江	40026	38564	307	136	39719	38428
上海	312111	325892	50641	63993	261470	261899
江苏	226580	191648	32436	20603	194144	171045
浙江	109190	3248449	9445	4433	99745	92782
安徽	42241	41408	641		41600	41408
福建	52182	55820	20643	33449	31539	22371
江西	20374	14556	31		20343	14556
山东	111385	79373	12185	10050	99200	69323
河南	34303	34006	128	147	34175	33859
湖北	60668	54212	171	6027	60497	48185
湖南	34094	65768	3360	31894	30734	33874
广东	162041	152212	58234	64995	103807	87217
广西	16928	13404	97	37	16832	13367
海南	7239	12449		5566	7239	6883
重庆	33544	32383	5617	8109	27927	24274
四川	48779	33047	36	793	48743	32254
贵州	6091	4464			6091	4463
云南	8293	11941	2	58	8291	11883
西藏	886	319			886	319
陕西	32108	25485	1793	1546	30315	23938
甘肃	13600	12142			13600	12142
青海	459	546			459	546
宁夏	11836	10253	73	158	11763	10095
新疆	10294	10509		5	10294	10504

日用品类　　4—23 续表 11　　单位:万元

地　区	合计 2003 年	合计 2002 年	批发 2003 年	批发 2002 年	零售 2003 年	零售 2002 年
全　国	**11245361**	**9925900**	**5914129**	**5250975**	**5331233**	**4674925**
北　京	1039764	896122	414482	342183	625282	553939
天　津	165152	147845	58853	43856	106299	103990
河　北	202416	203650	60241	75314	142175	128336
山　西	67689	64530	6853	8646	60837	55884
内 蒙 古	37172	25564	9006	1784	28166	23781
辽　宁	250815	212654	48004	38336	202811	174318
吉　林	95221	87203	15486	13077	79735	74126
黑 龙 江	111394	111092	18061	13539	93333	97553
上　海	1840162	2042927	840565	1042779	999597	1000148
江　苏	1042732	972999	548882	575785	493850	397214
浙　江	1559633	3248449	1258116	781903	301517	225196
安　徽	227056	202483	144227	124939	82828	77544
福　建	345464	313541	230882	217653	114582	95888
江　西	73070	58790	31854	28222	41216	30568
山　东	451822	399489	152131	146417	299691	253072
河　南	256118	202898	87730	63433	168388	139465
湖　北	280468	253609	65085	46397	215383	207212
湖　南	147440	138188	60515	66680	86925	71508
广　东	2175280	1828939	1560738	1372282	614542	456657
广　西	102473	90594	27275	31330	75198	59264
海　南	25637	19059	18278	10888	7359	8171
重　庆	216631	153764	88292	53617	128338	100147
四　川	211741	179283	60214	42201	151527	137082
贵　州	25502	21230	6534	7760	18969	13471
云　南	63844	84749	16805	22077	47039	62672
西　藏	1842	1206	814	682	1028	524
陕　西	146441	123756	65011	59994	81430	63762
甘　肃	25432	25014	6830	7156	18602	17858
青　海	10382	11552	2083	2377	8299	9175
宁　夏	18880	18327	5532	5685	13347	12642
新　疆	27691	27744	4749	3987	22942	23756

洗涤用品类　　4—23 续表 12　　单位:万元

地区	合计		批发		零售	
	2003 年	2002 年	2003 年	2002 年	2003 年	2002 年
全国	**2590610**	**2150439**	**978666**	**895358**	**1611944**	**1255081**
北京	237132	183477	69415	59256	167717	124221
天津	52056	42896	9899	10321	42157	32575
河北	55333	50969	13169	16404	42163	34565
山西	35648	30502	2299	3250	33349	27252
内蒙古	8476	5494	308	292	8168	5203
辽宁	60758	51196	5138	3278	55620	47918
吉林	27340	23755	3923	6237	23417	17518
黑龙江	28355	21898	9509	6088	18846	15810
上海	290070	296169	113248	114923	176822	181246
江苏	228088	191221	44649	67805	183440	123416
浙江	218653	3248449	108083	125560	110570	65691
安徽	34307	21743	9333	3982	24974	17761
福建	61753	40410	28247	15946	33506	24464
江西	20717	18711	3971	5434	16746	13277
山东	145466	117604	52069	51555	93398	66050
河南	88867	64607	33723	24612	55144	39995
湖北	96810	79984	19251	16321	77559	63663
湖南	48968	39409	6378	7635	42590	31774
广东	522597	418748	334033	272882	188564	145866
广西	31465	18839	2027	3743	29438	15096
海南	3779	2629	107		3672	2629
重庆	73081	46531	43381	25435	29700	21096
四川	81903	68940	21414	14996	60490	53944
贵州	9533	6427	4180	3732	5353	2695
云南	35379	45005	10307	11862	25072	33143
西藏	1554	1061	814	682	740	379
陕西	56063	37949	19910	12924	36153	25025
甘肃	14334	12075	4262	4619	10072	7456
青海	4224	4649	1272	1479	2952	3170
宁夏	5784	4827	449	926	5334	3901
新疆	12117	11464	3898	3180	8220	8284

儿童玩具类　　　　4—23 续表 13　　　　单位:万元

地　区	合计		批发		零售	
	2003 年	2002 年	2003 年	2002 年	2003 年	2002 年
全　国	**581464**	**510449**	**294441**	**257811**	**287023**	**252638**
北　京	34151	34781	4830	7475	29321	27306
天　津	7658	7146	1777	984	5881	6162
河　北	7532	7693	142	145	7390	7548
山　西	11034	14086	500	2310	10535	11776
内蒙古	1104	1086		20	1104	1066
辽　宁	7412	6784		422	7412	6363
吉　林	4256	4941		105	4256	4835
黑龙江	3324	3096		4	3324	3091
上　海	56038	49709	31759	24085	24279	25624
江　苏	116145	92944	87351	69491	28793	23453
浙　江	58954	3248449	42228	28046	16726	14232
安　徽	26896	21564	18829	14354	8067	7210
福　建	17111	27829	10580	21796	6531	6034
江　西	6083	4282	2	9	6081	4273
山　东	26867	28821	5787	11229	21081	17593
河　南	15468	12177	3043	2162	12425	10015
湖　北	20030	13732	5618	2043	14412	11689
湖　南	6588	7732	111	694	6477	7038
广　东	113027	91538	74649	65383	38379	26155
广　西	2865	2081	16		2849	2081
海　南	1186	1130	112	267	1074	863
重　庆	5618	6198	1761	1504	3856	4693
四　川	11118	10503	1925	2480	9193	8023
贵　州	1467	1179			1467	1179
云　南	5164	3535	352	167	4813	3368
西　藏	288	145			288	145
陕　西	6383	6286	1236	1732	5147	4555
甘　肃	2441	1566	1		2440	1566
青　海	1246	1912	31	88	1215	1824
宁　夏	2331	1375	1774	715	557	660
新　疆	1680	2322	28	103	1652	2220

五金、电料类　　4—23 续表 14　　单位:万元

地　区	合计		批发		零售	
	2003 年	2002 年	2003 年	2002 年	2003 年	2002 年
全　国	**3589542**	**3057088**	**2889048**	**2413820**	**700494**	**643268**
北　京	265232	197321	171563	144427	93669	52894
天　津	97263	87494	83480	72535	13783	14960
河　北	110455	112853	89315	90705	21141	22147
山　西	17839	20912	5773	7351	12065	13560
内蒙古	6873	3726	4497	421	2376	3305
辽　宁	107060	88366	67432	69188	39628	19179
吉　林	14879	12517	1347	2773	13532	9743
黑龙江	23402	16866	13997	4654	9404	12212
上　海	513717	496859	396090	352670	117627	144189
江　苏	380835	221258	313359	150081	67476	71177
浙　江	892939	3248449	849818	612679	43122	31823
安　徽	28952	20965	22483	15974	6468	4991
福　建	52296	54549	38947	44992	13349	9558
江　西	3567	4409	646	1973	2921	2436
山　东	95259	79293	62385	50112	32874	29181
河　南	99921	82928	28807	27565	71114	55363
湖　北	52010	47992	24572	19396	27438	28596
湖　南	23740	40286	15104	26392	8636	13895
广　东	586088	608741	538270	567888	47818	40854
广　西	19187	14780	9400	3908	9786	10872
海　南	7712	7106	7125	6571	587	535
重　庆	37950	44494	30431	37774	7519	6720
四　川	26799	26998	12526	7364	14273	19633
贵　州	5917	6746	5176	6112	741	635
云　南	11799	17875	7256	12741	4543	5133
西　藏	240	824		276	240	548
陕　西	73211	72200	64785	63590	8426	8609
甘　肃	6488	4670	2273	1816	4215	2854
青　海	1092	1877	125	184	967	1693
宁　夏	1040	1420	431	508	609	912
新　疆	25781	16262	21633	11199	4149	5063

体育、娱乐用品类　　4—23 续表 15　　单位:万元

地区	合计		批发		零售	
	2003 年	2002 年	2003 年	2002 年	2003 年	2002 年
全国	**1452697**	**1197894**	**663964**	**571861**	**788733**	**626033**
北京	144615	152052	48629	56097	95986	95955
天津	68215	46657	47500	32980	20714	13677
河北	23873	22112	6222	5706	17651	16406
山西	11375	9170	999	528	10375	8642
内蒙古	2148	2624	52	33	2096	2591
辽宁	37972	34500	11609	14734	26363	19766
吉林	14201	10973	477	330	13725	10643
黑龙江	10331	9815	46	8	10285	9807
上海	251933	181717	58824	74947	193109	106770
江苏	167926	145762	90403	85624	77523	60138
浙江	112131	3248449	74220	75382	37911	32677
安徽	24873	23850	12762	12128	12111	11722
福建	65617	38797	52335	28657	13282	10140
江西	3988	4392	1203	812	2785	3580
山东	58831	58407	21541	27727	37291	30679
河南	32720	23327	11181	5846	21539	17481
湖北	30192	23703	2523	2994	27669	20709
湖南	25208	26270	14238	14841	10971	11429
广东	271478	182228	193448	116529	78030	65700
广西	8712	6749	86	90	8626	6659
海南	1114	961			1114	961
重庆	19479	23352	3051	5368	16428	17985
四川	22437	20350	3193	3026	19245	17324
贵州	3031	1272	1384	70	1646	1202
云南	7268	8476	176	460	7092	8016
西藏	184	2			184	2
陕西	23845	19016	6893	6409	16952	12607
甘肃	4622	8373	848	289	3774	8084
青海	896	1099	121	20	775	1079
宁夏	1469	1698		224	1469	1474
新疆	2016	2130	3	2	2014	2128

书报杂志类　　4—23 续表 16　　单位：万元

地区	合计		批发		零售	
	2003 年	2002 年	2003 年	2002 年	2003 年	2002 年
全　国	**6774254**	**6092963**	**3820605**	**3497511**	**2953649**	**2595452**
北　京	697315	510209	433637	300404	263678	209805
天　津	117311	87129	35859	34933	81452	52197
河　北	223727	223197	143440	148226	80288	74971
山　西	61744	51690	5694	4243	56050	47448
内蒙古	55633	45457	37908	28441	17725	17016
辽　宁	142257	148571	58667	57771	83590	90801
吉　林	119356	127584	50170	55924	69187	71660
黑龙江	92982	82465	34269	36619	58713	45846
上　海	449942	432761	252484	282968	197458	149793
江　苏	678210	590987	335884	315312	342325	275675
浙　江	354816	3248449	187439	240781	167377	174097
安　徽	229645	213585	143330	131459	86315	82126
福　建	188632	193074	103270	112653	85362	80422
江　西	188791	157952	106076	88812	82715	69140
山　东	529209	481404	281544	260126	247665	221278
河　南	436861	416552	262576	255581	174285	160971
湖　北	219507	186768	124989	105831	94518	80937
湖　南	343605	279356	188058	147100	155546	132256
广　东	389746	352456	231495	194763	158251	157693
广　西	176166	162285	116891	108219	59275	54066
海　南	24323	20150	20203	15167	4120	4983
重　庆	155182	139995	84521	80849	70661	59146
四　川	366908	325539	248435	216412	118473	109126
贵　州	84210	69954	65018	53829	19192	16125
云　南	99107	68963	51751	35215	47356	33749
西　藏		2641		1955		686
陕　西	123542	119492	77263	67447	46279	52045
甘　肃	96396	81896	53293	48950	43103	32946
青　海	11021	10713	7125	6364	3896	4349
宁　夏	15281	15032	9003	8926	6279	6106
新　疆	102831	80228	70315	52234	32517	27995

电子出版物及音像制品类　　4—23 续表 17　　单位:万元

地区	合计		批发		零售	
	2003 年	2002 年	2003 年	2002 年	2003 年	2002 年
全　国	**418617**	**364010**	**162623**	**146314**	**255994**	**217696**
北　京	55878	54369	18190	17630	37688	36739
天　津	6492	5601	3794	3960	2698	1641
河　北	7437	6511	979	1140	6458	5372
山　西	4549	3855	8		4541	3855
内蒙古	659	600		4	659	596
辽　宁	18026	11405	6124	4134	11902	7271
吉　林	17586	4351	8490	747	9097	3604
黑龙江	4066	5802	421	1448	3645	4354
上　海	52651	49212	21642	19964	31009	29248
江　苏	25531	21668	7163	5163	18369	16505
浙　江	25920	3248449	8648	7941	17272	12460
安　徽	5118	5921	2947	3904	2171	2017
福　建	11443	29473	3001	24638	8443	4835
江　西	8027	7265	5635	4968	2392	2297
山　东	18157	18649	4250	4410	13907	14240
河　南	22572	5769	15705	783	6867	4986
湖　北	10966	7088	2799	2201	8167	4887
湖　南	10229	9107	3513	2532	6716	6575
广　东	68757	61579	32906	28803	35851	32776
广　西	6708	1667	1581	25	5126	1642
海　南	45	378			45	378
重　庆	7140	7177	3214	2756	3925	4421
四　川	15913	14420	6289	6170	9624	8251
贵　州	293	165	43	48	250	117
云　南	4287	4623	865	1015	3422	3608
西　藏	245				245	
陕　西	7769	5801	4179	1801	3590	4000
甘　肃	214	496			214	496
青　海	1185	280	76	130	1109	150
宁　夏	382	104	158		224	104
新　疆	370	273	2		368	273

家用电器和音像器材类　　　　4—23 续表 18　　　　单位：万元

地　区	合　计		批　发		零　售	
	2003 年	2002 年	2003 年	2002 年	2003 年	2002 年
全　国	**21854240**	**18425752**	**10581891**	**8895799**	**11272349**	**9529953**
北　京	1429462	1293352	442976	399895	986486	893457
天　津	618799	520742	334379	245607	284419	275135
河　北	454457	427424	94937	86710	359520	340714
山　西	235731	175510	80370	61045	155362	114465
内蒙古	108434	91266	23720	17606	84714	73660
辽　宁	741310	591947	241378	198502	499932	393446
吉　林	231662	195906	58940	37191	172722	158715
黑龙江	362846	244160	129614	38335	233231	205825
上　海	1928302	1765414	780429	689400	1147873	1076014
江　苏	2731428	2451298	1331908	1308515	1399520	1142783
浙　江	2017136	3248449	1163108	881553	854028	615625
安　徽	567068	411777	310388	161523	256680	250254
福　建	566122	419510	318224	253389	247899	166120
江　西	287521	179111	159552	84493	127969	94618
山　东	1934361	1903355	1030549	1160111	903812	743244
河　南	609747	583971	216986	266178	392761	317793
湖　北	738202	719257	173811	212849	564391	506408
湖　南	373238	342133	165394	153288	207844	188845
广　东	3564150	2743859	2694992	2057819	869158	686040
广　西	281318	160141	139119	36101	142198	124040
海　南	9643	11503	792	6257	8851	5246
重　庆	625166	415992	294934	159321	330232	256671
四　川	529588	514173	123302	152055	406286	362118
贵　州	121579	105374	32833	32089	88747	73284
云　南	184876	140933	52699	51023	132177	89910
西　藏	937	1409	502		435	1409
陕　西	253650	274716	25963	48534	227687	226182
甘　肃	145503	77634	76559	20865	68943	56769
青　海	23502	16898	1473	1156	22029	15742
宁　夏	46073	40284	10523	14415	35550	25869
新　疆	132431	109525	71537	59974	60894	49552

中西药品类　　4—23 续表 19　　单位:万元

地区	合计		批发		零售	
	2003 年	2002 年	2003 年	2002 年	2003 年	2002 年
全国	**22755514**	**18533264**	**13808218**	**10428084**	**8947296**	**8105180**
北京	1580566	1370399	829892	667050	750674	703349
天津	865851	657547	644333	444113	221518	213434
河北	734221	643912	407507	336462	326714	307450
山西	268639	236307	162521	140365	106118	95942
内蒙古	38829	30833	20936	9926	17893	20907
辽宁	786103	580257	492292	316924	293811	263332
吉林	184102	148722	120900	116661	63203	32061
黑龙江	327887	244208	177450	126405	150437	117804
上海	2005570	1805430	933880	865064	1071690	940366
江苏	1719098	1497861	785704	658338	933394	839523
浙江	2416585	3248449	1397049	1146307	1019536	948858
安徽	1019450	706051	669329	404324	350121	301727
福建	723012	679453	491923	391588	231090	287865
江西	433899	312993	237236	164526	196663	148467
山东	1188770	1138184	505505	513893	683265	624291
河南	635811	407276	457996	247911	177815	159365
湖北	857406	446830	654549	257552	202857	189278
湖南	764146	618801	490564	335158	273582	283643
广东	3212825	2527935	2469986	1890131	742838	637804
广西	326992	283632	139792	118692	187200	164939
海南	116568	98810	112092	93016	4476	5794
重庆	876831	595942	608903	403517	267928	192425
四川	488105	472061	312862	315380	175243	156681
贵州	56588	40745	37371	25108	19217	15636
云南	415848	292216	229559	132391	186289	159825
西藏	424	38	5	20	419	18
陕西	315572	287146	205992	185720	109581	101426
甘肃	83066	78933	46963	35980	36103	42953
青海	12427	11773	4492	3550	7935	8223
宁夏	54108	48614	17969	15999	36140	32615
新疆	246216	175191	142668	66011	103548	109180

西药　　4—23 续表 20　　单位:万元

地区	合计		批发		零售	
	2003 年	2002 年	2003 年	2002 年	2003 年	2002 年
全　国	**15659665**	**12709646**	**9392077**	**7050563**	**6267588**	**5659083**
北　京	1125647	967887	636228	501921	489419	465966
天　津	492538	437434	342035	271793	150503	165641
河　北	594564	522603	328551	273756	266013	248847
山　西	199257	177932	119663	104113	79594	73818
内蒙古	27966	12987	16185	2719	11781	10268
辽　宁	541410	426901	342488	235240	198922	191660
吉　林	153859	115826	101784	99017	52075	16809
黑龙江	223920	194599	117675	104048	106246	90551
上　海	1256917	1105653	566224	517546	690693	588107
江　苏	1121443	993769	464070	401718	657373	592051
浙　江	1771099	3248449	1048893	817190	722206	648857
安　徽	842838	598055	564635	363471	278203	234584
福　建	482465	422577	328731	239033	153734	183544
江　西	311744	180718	173269	80999	138475	99719
山　东	822838	806975	357876	393284	464961	413691
河　南	466091	285164	348027	182402	118064	102762
湖　北	610500	316240	456523	162612	153977	153628
湖　南	499647	452991	314588	248290	185060	204701
广　东	2076676	1638579	1575163	1210172	501513	428406
广　西	213483	184354	85825	69555	127658	114799
海　南	108599	87960	104964	82930	3635	5030
重　庆	530261	362237	339973	219806	190289	142432
四　川	316334	273549	173628	149827	142706	123722
贵　州	33600	27521	24372	19654	9228	7868
云　南	302811	193437	143700	67520	159110	125917
西　藏	415	25	5	16	410	9
陕　西	231947	223193	146687	141203	85260	81991
甘　肃	59719	60093	34970	27109	24749	32984
青　海	10182	9643	2983	2364	7199	7279
宁　夏	38260	33847	14702	12017	23559	21830
新　疆	192636	130852	117660	49238	74976	81614

中草药及中成药 4—23 续表 21 单位:万元

地区	合计		批发		零售	
	2003 年	2002 年	2003 年	2002 年	2003 年	2002 年
全国	**5976132**	**4882896**	**3684454**	**2777514**	**2291678**	**2105382**
北京	318547	305466	111414	105218	207133	200248
天津	339299	212519	280219	167294	59080	45226
河北	108668	105341	54292	55764	54375	49577
山西	69369	58280	42858	36247	26511	22033
内蒙古	7820	5733	3287	1272	4533	4462
辽宁	201750	135994	123682	75014	78067	60980
吉林	16211	10321	9457	4248	6754	6074
黑龙江	63442	39751	35499	19560	27943	20191
上海	606132	571737	295582	282428	310550	289309
江苏	506962	450762	256848	217715	250113	233047
浙江	605932	3248449	326516	311250	279416	276065
安徽	174887	105493	104656	40728	70230	64765
福建	154214	167876	93908	84152	60306	83724
江西	108646	118685	59446	82009	49200	36676
山东	330932	291505	128723	100876	202210	190629
河南	136034	102772	84279	56949	51755	45823
湖北	246906	130590	198026	94940	48880	35650
湖南	231282	153711	167029	85070	64253	68641
广东	901345	600015	711362	439206	189983	160809
广西	109976	95618	52930	47588	57046	48030
海南	7319	10850	6506	10086	813	764
重庆	267923	197239	210948	155858	56975	41381
四川	171318	198487	138994	165552	32324	32934
贵州	18476	8969	8635	4586	9842	4383
云南	104212	82500	82071	61023	22141	21477
西藏	9	13		4	9	9
陕西	78899	58897	56192	42155	22707	16742
甘肃	21146	17042	11375	8783	9771	8259
青海	2245	2130	1509	1186	736	944
宁夏	15805	14760	3267	3981	12538	10778
新疆	50427	42526	24944	16773	25483	25753

文化办公用品类　　4—23 续表 22　　单位：万元

地区	合计		批发		零售	
	2003年	2002年	2003年	2002年	2003年	2002年
全国	**6389725**	**4748830**	**4511751**	**3145806**	**1877974**	**1603025**
北京	851344	642175	635377	423020	215967	219155
天津	127914	136866	84829	103650	43084	33216
河北	53167	57539	28991	32004	24176	25535
山西	20262	23826	8588	11813	11674	12013
内蒙古	18161	10165	1084	885	17077	9280
辽宁	773251	496787	669314	423672	103936	73115
吉林	52092	32681	4205	3961	47887	28721
黑龙江	46719	38000	5237	6605	41482	31395
上海	544172	563808	323537	297415	220635	266393
江苏	443954	241544	149138	56816	294816	184728
浙江	506060	3248449	401277	297768	104783	88154
安徽	103357	48837	78103	34524	25254	14313
福建	214816	189850	159925	145526	54891	44324
江西	40454	33718	25865	21288	14589	12430
山东	872863	506685	753663	385252	119201	121433
河南	207980	142883	123118	85565	84862	57318
湖北	68550	57733	23020	9626	45530	48107
湖南	115299	127616	83412	87340	31888	40276
广东	873868	648021	718979	531179	154889	116843
广西	79299	47160	37338	23705	41961	23456
海南	4182	2825	1403	1840	2779	985
重庆	23707	29582	5360	10601	18346	18981
四川	93140	141258	62852	73777	30288	67481
贵州	12178	7797	3962	1612	8216	6185
云南	62805	37897	19415	17812	43390	20085
西藏	230	26			230	26
陕西	47669	22526	27370	4050	20299	18476
甘肃	35827	2438	22732	36	13095	2402
青海	1092	1544	100	134	992	1410
宁夏	20479	9986	6891	7401	13588	2585
新疆	74836	61136	46668	46929	28169	14208

家具类　　4—23 续表 23　　单位:万元

地区	合计		批发		零售	
	2003 年	2002 年	2003 年	2002 年	2003 年	2002 年
全　国	**1353204**	**1049280**	**561277**	**430974**	**791927**	**618306**
北　京	116542	110884	16577	20461	99965	90423
天　津	80677	69264	7450	4928	73227	64336
河　北	19309	22446	566	740	18743	21706
山　西	13108	17615	565	930	12543	16685
内蒙古	4569	6412	3	33	4566	6379
辽　宁	23064	22256	4273	5219	18791	17037
吉　林	21636	15949	158	22	21478	15927
黑龙江	16857	20000	5	554	16852	19446
上　海	214130	82014	64273	30825	149857	51189
江　苏	41956	37733	15943	13729	26013	24005
浙　江	76081	3248449	65932	44806	10149	7795
安　徽	9937	8771	7323	5971	2613	2800
福　建	62035	47365	48816	41402	13218	5963
江　西	1727	2543	554	1853	1173	690
山　东	97504	90397	30206	32748	67298	57650
河　南	44929	32581	1886	1035	43043	31546
湖　北	34658	27239	2025	665	32633	26574
湖　南	21611	8913	4227	3175	17384	5738
广　东	415860	309526	283806	188368	132054	121157
广　西	1107	972	552	115	554	857
海　南	273	886	263	857	10	29
重　庆	10222	10914		830	10222	10085
四　川	12047	36096	5047	29102	6999	6994
贵　州	216	145	101	106	115	39
云　南	2194	2330	25	641	2169	1689
西　藏	55	161			55	161
陕　西	4563	6750	306	1814	4257	4936
甘　肃	3399	3214			3399	3214
青　海	36	682			36	682
宁　夏	1332	1167			1332	1167
新　疆	1570	1453	393	46	1177	1407

通讯器材类 4—23 续表 24 单位:万元

地区	合计		批发		零售	
	2003 年	2002 年	2003 年	2002 年	2003 年	2002 年
全国	**7566188**	**5917658**	**5460042**	**4685184**	**2106147**	**1232474**
北京	1777169	1398985	1505832	1202781	271337	196204
天津	313007	124696	227381	86639	85626	38056
河北	41495	32351	20639	17352	20856	14999
山西	43211	61451	15304	39368	27908	22083
内蒙古	15057	7356	6927	1520	8130	5836
辽宁	252429	196499	171423	157890	81006	38609
吉林	53964	52312	40513	46967	13451	5345
黑龙江	113117	107902	97373	99807	15744	8095
上海	791247	560611	384040	369220	407207	191391
江苏	449399	259889	164694	84388	284705	175501
浙江	408359	3248449	327585	234560	80775	50882
安徽	62975	12459	44290	6000	18685	6459
福建	239560	248128	193309	209904	46251	38223
江西	47114	21786	29630	19448	17484	2338
山东	256247	170279	117635	100802	138612	69477
河南	198780	85425	137881	49658	60899	35767
湖北	185886	130103	138153	105123	47733	24980
湖南	97450	70243	70339	52956	27111	17286
广东	1475484	1484074	1317530	1345634	157954	138441
广西	109937	47287	82707	33205	27230	14082
海南	37	3729		3681	37	48
重庆	242389	180680	177620	139601	64770	41079
四川	155784	213646	81274	168148	74510	45498
贵州	9365	272	2630	47	6735	225
云南	27596	17245	13584	13612	14012	3633
西藏	225				225	
陕西	118366	98642	63074	66759	55292	31883
甘肃	14154	2769	3847	2405	10307	364
青海	11678	6124	9988	5289	1690	835
宁夏	15768	1199	11306		4462	1199
新疆	38942	36074	3538	22419	35405	13655

煤炭及制品类　　4—23 续表 25　　单位:万元

地区	合计		批发		零售	
	2003 年	2002 年	2003 年	2002 年	2003 年	2002 年
全国	**8002839**	**6496343**	**7867212**	**6377366**	**135627**	**118977**
北京	2325156	2046759	2303888	2023142	21268	23617
天津	101999	41599	95579	32592	6420	9008
河北	262989	197331	259924	191382	3066	5949
山西	1043898	757344	1026516	750197	17383	7146
内蒙古	51836	24532	50483	24532	1354	
辽宁	96823	132204	93185	125964	3639	6240
吉林	18002	5438	12806	4672	5196	766
黑龙江	53897	56754	37799	48333	16098	8422
上海	738338	660992	736542	660081	1796	911
江苏	528494	408845	523497	402437	4997	6408
浙江	629022	3248449	619553	531783	9470	3958
安徽	52567	35128	49446	29497	3122	5631
福建	96727	103402	94857	101459	1870	1943
江西	8799	5200	8046	5200	753	
山东	255449	275954	244880	263623	10569	12332
河南	357451	173527	343958	158912	13493	14615
湖北	36252	43439	35915	43057	337	382
湖南	5083	3563	2947	3465	2136	98
广东	1099294	847390	1096888	844660	2406	2730
广西	43621	17652	42816	16493	804	1159
海南	4424	1197	4343	1197	81	
重庆	26030	10604	25689	10193	341	412
四川	12080	2967	10749	2084	1332	883
贵州	23159	15010	23159	15010		
云南	92523	49117	91268	48032	1255	1084
西藏						
陕西	22796	26442	22036	25555	760	886
甘肃	8009	10337	6152	8822	1857	1515
青海	1720	5709		4148	1720	1561
宁夏						
新疆	6401	2166	4294	845	2107	1321

木材及制品类　　　　4—23 续表 26　　　　单位:万元

地　区	合计		批发		零售	
	2003 年	2002 年	2003 年	2002 年	2003 年	2002 年
全　国	**983541**	**785606**	**930073**	**749328**	**53468**	**36278**
北　京	44630	83166	31027	76455	13603	6711
天　津	12258	9306	11944	9188	315	118
河　北	5579	4453	5542	4446	38	7
山　西	5115	5365	323	199	4792	5166
内蒙古	5049	20187	5049	20187		
辽　宁	26041	17542	25903	17485	139	57
吉　林	7362	15090	7360	15086	2	4
黑龙江	110347	45571	109614	45163	734	408
上　海	83753	46687	81554	45701	2199	986
江　苏	50502	45177	41483	40133	9019	5044
浙　江	212607	3248449	212112	141192	495	933
安　徽	8134	4277	8134	4277		
福　建	121963	73673	115039	71161	6924	2512
江　西	2891	3044	2891	1794		1250
山　东	90972	74005	87261	72403	3711	1603
河　南	33931	24010	32764	23471	1167	539
湖　北	5827	9801	2147	4254	3680	5547
湖　南	4997	3434	1717	3434	3280	
广　东	120485	123735	119730	122694	755	1042
广　西	11445	5495	10541	5478	904	17
海　南	1876	966	1874	962	2	4
重　庆	1930	549	1881	549	48	1
四　川	5822	6478	5822	5986		491
贵　州	284	4822	125	3763	159	1060
云　南	5470	8766	5308	8721	163	45
西　藏						
陕　西	2482	4851	1142	2118	1339	2733
甘　肃	77	59	77	58	0	1
青　海	1656	1055	1656	1055		
宁　夏	1	1851	1	1851		
新　疆	55	65	55	65		

石油及制品类　　　　4—23 续表 27　　　　单位:万元

地　区	合计		批发		零售	
	2003 年	2002 年	2003 年	2002 年	2003 年	2002 年
全　国	**86651143**	**67058083**	**74688107**	**58408747**	**11963035**	**8649336**
北　京	5574602	3510670	4934146	3036956	640456	473714
天　津	5373782	4043297	5255466	3915811	118317	127486
河　北	1349824	1725312	933514	1389037	416311	336275
山　西	857032	623765	598205	394510	258827	229256
内 蒙 古	672611	591141	391011	375848	281600	215293
辽　宁	10314403	7968534	9900467	7677124	413936	291410
吉　林	1134712	812334	751468	533756	383244	278578
黑 龙 江	2282000	2299849	2008707	2049700	273293	250149
上　海	2051587	1143230	2043627	1124321	7960	18909
江　苏	5652217	4529239	4956612	4074809	695605	454430
浙　江	6995461	3248449	6341224	5335319	654237	434841
安　徽	1766777	1407931	1585598	1303084	181179	104847
福　建	1987121	1669205	1466227	1282806	520894	386399
江　西	1009129	824052	744670	645661	264459	178391
山　东	3196935	2498748	2416107	1994430	780827	504318
河　南	2702830	2054835	2222473	1772854	480357	281981
湖　北	5848042	4914968	5287802	4484698	560240	430270
湖　南	2632022	1862793	2086355	1488004	545666	374790
广　东	15001221	10911013	12869609	9395334	2131612	1515679
广　西	1277607	1099218	931118	837868	346489	261350
海　南	385675	265220	324832	228069	60843	37151
重　庆	632123	523772	534350	446073	97773	77698
四　川	1741131	1238745	1508581	1087100	232550	151645
贵　州	330010	336320	186567	205114	143442	131206
云　南	1033060	654958	715864	467669	317196	187289
西　藏	28858	23891	230		28628	23891
陕　西	1002182	860338	802950	716451	199232	143888
甘　肃	2502737	1808456	2128360	1521217	374377	287240
青　海	106016	135519	36187	66401	69829	69118
宁　夏	146528	115327	77815	63836	68713	51492
新　疆	1062911	835243	647967	494889	414944	340354

化工材料及制品类　　4－23 续表 28　　单位:万元

地　区	合计		批发		零售	
	2003年	2002年	2003年	2002年	2003年	2002年
全　国	**21286386**	**18049632**	**21107522**	**17902292**	**178864**	**147340**
北　京	2770342	2357118	2759383	2350190	10959	6928
天　津	713490	562084	701295	553233	12194	8851
河　北	478454	587296	474942	584160	3512	3136
山　西	169332	154890	165974	149991	3358	4899
内蒙古	132045	129733	130693	127969	1352	1763
辽　宁	474303	533259	473083	533259	1220	
吉　林	71675	91609	71290	89248	386	2360
黑龙江	527394	465361	527274	465119	120	242
上　海	1581635	1020719	1581623	1020581	12	138
江　苏	2135189	2002678	2123921	1989244	11267	13435
浙　江	2819820	3248449	2815410	2218403	4410	9041
安　徽	358985	291973	356227	286214	2758	5759
福　建	1121293	812149	1105476	801399	15817	10749
江　西	69171	93081	65520	90522	3651	2559
山　东	1874119	1792294	1846958	1767541	27161	24753
河　南	623114	521103	594524	503765	28590	17338
湖　北	114547	187824	110935	183749	3612	4075
湖　南	176751	216500	174260	210856	2491	5644
广　东	2206918	1676790	2192415	1668538	14504	8252
广　西	220468	254730	218514	253031	1955	1698
海　南	101229	41563	97108	41500	4121	63
重　庆	397704	208752	391353	203753	6350	4999
四　川	405893	303035	403157	302644	2735	391
贵　州	175060	154420	174222	154326	837	95
云　南	733378	622183	720608	617464	12769	4719
西　藏	3163	3533	3163	3533		
陕　西	79493	93973	79493	93973		
甘　肃	150375	135894	147735	134015	2640	1879
青　海	23497	32509	23480	32488	17	21
宁　夏	18158	19055	18129	19021	29	34
新　疆	559393	456082	559357	452564	37	3519

化肥类　　　　4—23 续表 29　　　　单位:万元

地　区	合　计		批　发		零　售	
	2003 年	2002 年	2003 年	2002 年	2003 年	2002 年
全　国	**7083787**	**6642874**	**7083787**	**6642874**		
北　京	1081749	939851	1081749	939851		
天　津	73184	84411	73184	84411		
河　北	307990	386615	307990	386615		
山　西	75254	77884	75254	77884		
内蒙古	77934	87058	77934	87058		
辽　宁	99887	178695	99887	178695		
吉　林	64346	79311	64346	79311		
黑龙江	395528	358452	395528	358452		
上　海	93882	32326	93882	32326		
江　苏	329749	330046	329749	330046		
浙　江	546141	3248449	546141	474689		
安　徽	186810	158167	186810	158167		
福　建	238508	225529	238508	225529		
江　西	27020	32630	27020	32630		
山　东	866699	904697	866699	904697		
河　南	369809	390217	369809	390217		
湖　北	44536	75713	44536	75713		
湖　南	66570	110300	66570	110300		
广　东	303715	335833	303715	335833		
广　西	149414	174412	149414	174412		
海　南	81433	29552	81433	29552		
重　庆	268255	95005	268255	95005		
四　川	349489	227505	349489	227505		
贵　州	76102	46385	76102	46385		
云　南	359443	308874	359443	308874		
西　藏	2639	2795	2639	2795		
陕　西	25894	41669	25894	41669		
甘　肃	121290	121460	121290	121460		
青　海	21851	28397	21851	28397		
宁　夏	9075	16672	9075	16672		
新　疆	369591	287725	369591	287725		

金属材料类　　4—23 续表 30　　单位:万元

地区	合计		批发		零售	
	2003 年	2002 年	2003 年	2002 年	2003 年	2002 年
全国	**38325203**	**23744001**	**38063879**	**23529153**	**261325**	**214849**
北京	6904800	3485815	6871313	3429536	33487	56279
天津	4115482	2103796	4092817	2087253	22665	16543
河北	749572	566004	745836	563332	3735	2671
山西	83423	53891	73082	51179	10342	2712
内蒙古	31673	25347	31394	17571	279	7776
辽宁	2178199	1698522	2178199	1698522		
吉林	191026	17980	190981	17978	45	2
黑龙江	130035	189648	125919	186924	4116	2724
上海	2202532	1532462	2202532	1532462		
江苏	2341843	1612434	2327804	1599288	14039	13147
浙江	5736844	3248449	5721304	3316003	15540	9382
安徽	1132587	623081	1130438	623033	2149	48
福建	1299426	909895	1287752	890596	11674	19299
江西	145640	85150	141080	80851	4560	4299
山东	963068	642880	909876	628209	53192	14671
河南	682967	433863	678984	430769	3983	3094
湖北	538358	327011	527359	318310	10999	8701
湖南	380312	345862	364814	336294	15499	9568
广东	4971966	3487425	4963462	3479753	8504	7673
广西	364249	159725	354717	159276	9532	449
海南	11560	16773	7815	12842	3745	3931
重庆	403178	354644	399697	348915	3481	5729
四川	793919	579209	791338	572465	2581	6744
贵州	36640	32468	36640	32072		396
云南	428212	342797	409385	330835	18828	11962
西藏						
陕西	327628	137753	327628	137753		
甘肃	488393	198814	482654	192829	5739	5985
青海	16683	3883	16538	3883	145	
宁夏	18417	3209	18394	2865	23	344
新疆	656573	448277	654129	447556	2444	721

建筑及装潢材料类　　4—23 续表 31　　单位:万元

地区	合计		批发		零售	
	2003 年	2002 年	2003 年	2002 年	2003 年	2002 年
全　国	**3606360**	**2452967**	**2656235**	**1752598**	**950125**	**700368**
北　京	503910	244860	370514	217460	133396	27400
天　津	125118	130555	44074	45580	81044	84975
河　北	18968	25123	16515	22466	2453	2657
山　西	12509	7549	3390	1618	9119	5930
内蒙古	13348	4803	6114	769	7234	4034
辽　宁	102684	135615	82401	122535	20283	13081
吉　林	22715	6272	21115	4764	1599	1509
黑龙江	9689	8696	9614	8223	74	473
上　海	1016128	573054	573397	196028	442731	377026
江　苏	181736	135205	138491	87627	43245	47578
浙　江	174244	3248449	154848	102869	19396	18878
安　徽	18077	13800	17052	12898	1025	902
福　建	264637	254796	240223	243410	24414	11387
江　西	15935	12664	15103	12011	832	653
山　东	230790	135738	205719	130864	25071	4874
河　南	70168	50962	63393	49036	6775	1926
湖　北	44196	30287	17455	17992	26741	12295
湖　南	11131	13705	8285	12275	2846	1430
广　东	483999	338096	429717	306574	54283	31522
广　西	42827	14062	38676	13182	4151	880
海　南	170	3789	167	3778	3	11
重　庆	28140	35968	17420	26917	10720	9050
四　川	28754	28546	16508	17025	12245	11521
贵　州	40910	22449	40910	22399		50
云　南	20252	18265	15050	14520	5202	3745
西　藏						
陕　西	24291	25510	9314	8142	14977	17368
甘　肃	17277	2492	17112	2152	165	340
青　海	946	1801	946	1801		
宁　夏	163	314	110	269	53	45
新　疆	82650	56245	82602	47415	48	8830

机电产品及设备类 4—23 续表 32 单位:万元

地区	合计		批发		零售	
	2003 年	2002 年	2003 年	2002 年	2003 年	2002 年
全国	**51270831**	**40154310**	**35346578**	**30328433**	**15924253**	**9825878**
北京	5773871	4084904	3677858	2757552	2096013	1327352
天津	1742746	1235719	1512787	1113513	229960	122206
河北	918712	989442	670124	738636	248588	250807
山西	460598	290031	257347	226117	203251	63914
内蒙古	321752	152410	144159	52737	177593	99674
辽宁	1729400	1457147	973511	1067512	755889	389635
吉林	623510	335805	221495	111990	402015	223814
黑龙江	394606	279898	309087	243835	85519	36064
上海	8325922	8254161	7138878	7281708	1187044	972453
江苏	3915301	2573715	2798577	2075805	1116724	497909
浙江	5746906	3248449	4016392	3402587	1730513	1006244
安徽	1052936	691983	873081	612682	179856	79301
福建	1869517	1324087	1067806	893503	801711	430584
江西	928379	580558	772370	560192	156009	20366
山东	4394189	3832813	3340933	3252473	1053257	580340
河南	1379427	1205380	861439	814887	517988	390493
湖北	393722	335627	346725	327743	46997	7884
湖南	1047908	550368	754552	349269	293356	201099
广东	5513833	4105691	2921100	2279397	2592734	1826295
广西	736384	506319	389005	401757	347379	104562
海南	89502	64808	9027	16473	80475	48335
重庆	977588	525032	569463	272571	408125	252461
四川	711015	616245	284422	306242	426594	310004
贵州	155714	154427	105323	105034	50391	49393
云南	514949	308098	276336	211001	238613	97098
西藏	3094		3094			
陕西	436172	392667	383649	327020	52523	65647
甘肃	248805	175828	108136	109404	140669	66424
青海	4694	18590	3541	14675	1153	3915
宁夏	63339	23811	29343	13150	33996	10660
新疆	796340	679917	527020	388969	269320	290948

农机类　　4—23 续表 33　　单位:万元

地区	合计		批发		零售	
	2003 年	2002 年	2003 年	2002 年	2003 年	2002 年
全　国	**1209494**	**1385899**	**1209494**	**1385899**		
北　京	21895	23954	21895	23954		
天　津	12257	17475	12257	17475		
河　北	118846	126154	118846	126154		
山　西	34910	36487	34910	36487		
内蒙古	20343	11266	20343	11266		
辽　宁	78108	56775	78108	56775		
吉　林	3746	5799	3746	5799		
黑龙江	46625	43164	46625	43164		
上　海	6905	17222	6905	17222		
江　苏	223975	231684	223975	231684		
浙　江	55873	3248449	55873	49740		
安　徽	38491	50712	38491	50712		
福　建	11587	10462	11587	10462		
江　西	16436	8666	16436	8666		
山　东	183867	258274	183867	258274		
河　南	119978	197062	119978	197062		
湖　北	11671	10952	11671	10952		
湖　南	19866	14352	19866	14352		
广　东	48139	46006	48139	46006		
广　西	39328	38123	39328	38123		
海　南	1816	3116	1816	3116		
重　庆	8177	3500	8177	3500		
四　川	5548	9452	5548	9452		
贵　州	2314	2798	2314	2798		
云　南	13214	39496	13214	39496		
西　藏	3094		3094			
陕　西	5892	7296	5892	7296		
甘　肃	18864	26626	18864	26626		
青　海	2581	7341	2581	7341		
宁　夏	14593	141	14593	141		
新　疆	20557	31805	20557	31805		

汽车类 4－23 续表 34 单位：万元

地区	合计		批发		零售	
	2003 年	2002 年	2003 年	2002 年	2003 年	2002 年
全国	**33593907**	**25495318**	**18775286**	**16699505**	**14818622**	**8795813**
北京	2577640	1648676	657527	505688	1920113	1142988
天津	1351491	976796	1131513	863706	219978	113090
河北	599266	645577	386112	430890	213154	214688
山西	397310	213254	205131	167056	192179	46197
内蒙古	259250	123897	90258	33521	168992	90377
辽宁	1370420	1114194	634905	740113	735516	374081
吉林	515298	277037	142944	81647	372354	195390
黑龙江	275323	178277	196658	148147	78665	30130
上海	7457176	7107651	6285470	6139577	1171706	968074
江苏	1532065	998008	533055	576262	999009	421746
浙江	3244212	3248449	1608142	1306275	1636071	913472
安徽	497616	320386	325236	245430	172381	74956
福建	1064307	625599	325238	237961	739068	387638
江西	884623	522000	729719	501836	154904	20164
山东	2704373	2339482	1771754	1882309	932619	457173
河南	899346	656673	449401	342435	449945	314238
湖北	246717	164623	203003	160323	43714	4300
湖南	840130	386918	553523	191618	286607	195301
广东	3618317	2766068	1189719	1109465	2428599	1656603
广西	551494	302619	235146	229838	316347	72782
海南	85630	52408	8438	9746	77192	42662
重庆	706587	411289	307268	165221	399319	246067
四川	566971	485908	147493	181894	419478	304014
贵州	57413	58441	15518	21355	41895	37086
云南	300179	137436	86343	57283	213836	80153
西藏						
陕西	222701	193733	176363	133374	46338	60359
甘肃	188065	103696	84313	52678	103751	51018
青海	1926	9285	941	6232	985	3053
宁夏	37674	13373	4418	3750	33256	9622
新疆	540389	442270	289736	173876	250653	268394

种子饲料类　　　　4—23 续表 35　　　　单位:万元

地　区	合计		批发		零售	
	2003 年	2002 年	2003 年	2002 年	2003 年	2002 年
全　国	**737387**	**627041**	**737387**	**627041**		
北　京	124400	111964	124400	111964		
天　津	1618	1607	1618	1607		
河　北	19333	14654	19333	14654		
山　西	3131	2695	3131	2695		
内蒙古	4770	2547	4770	2547		
辽　宁	33013	16314	33013	16314		
吉　林	13195	9	13195	9		
黑龙江	837	21	837	21		
上　海	8916	3656	8916	3656		
江　苏	19963	16313	19963	16313		
浙　江	37124	3248449	37124	25199		
安　徽	21342	20110	21342	20110		
福　建	103865	77151	103865	77151		
江　西	3610	4843	3610	4843		
山　东	99975	92404	99975	92404		
河　南	41456	21286	41456	21286		
湖　北	47020	35034	47020	35034		
湖　南	3196	11239	3196	11239		
广　东	115486	91936	115486	91936		
广　西	2973	9269	2973	9269		
海　南	121		121			
重　庆	355	289	355	289		
四　川	1292	46329	1292	46329		
贵　州		888		888		
云　南	4147	2947	4147	2947		
西　藏						
陕　西	2930	929	2930	929		
甘　肃	7179	4215	7179	4215		
青　海						
宁　夏						
新　疆	16140	13195	16140	13195		

棉麻类 4—23 续表 36 单位:万元

地区	合计		批发		零售	
	2003 年	2002 年	2003 年	2002 年	2003 年	2002 年
全　国	**5828437**	**4284805**	**5828437**	**4284805**		
北　京	1473111	483275	1473111	483275		
天　津	58359	23126	58359	23126		
河　北	190689	155965	190689	155965		
山　西	58038	38794	58038	38794		
内蒙古	2691	23	2691	23		
辽　宁	32377	19969	32377	19969		
吉　林	106	18401	106	18401		
黑龙江	1368	1373	1368	1373		
上　海	103840	14067	103840	14067		
江　苏	280769	271245	280769	271245		
浙　江	234602	3248449	234602	186283		
安　徽	148835	110158	148835	110158		
福　建	5057	12084	5057	12084		
江　西	31787	17989	31787	17989		
山　东	376093	337761	376093	337761		
河　南	413219	322868	413219	322868		
湖　北	330850	283704	330850	283704		
湖　南	221997	197544	221997	197544		
广　东	48596	31392	48596	31392		
广　西	12712	27991	12712	27991		
海　南						
重　庆	7474	4517	7474	4517		
四　川	69711	46112	69711	46112		
贵　州						
云　南	2254	2345	2254	2345		
西　藏						
陕　西	12342	10525	12342	10525		
甘　肃	9740	7494	9740	7494		
青　海						
宁　夏						
新　疆	1701819	1659800	1701819	1659800		

其他类　　4—23 续表 37　　单位:万元

地区	合计		批发		零售	
	2003 年	2002 年	2003 年	2002 年	2003 年	2002 年
全国	**23961382**	**21332152**	**21860352**	**19425427**	**2101030**	**1906725**
北京	2731591	2086532	2532380	1909562	199211	176970
天津	1203038	1139924	1130792	1069824	72246	70100
河北	179108	147288	165452	132570	13657	14719
山西	130376	135258	71353	98444	59023	36814
内蒙古	24932	21343	13577	11362	11355	9981
辽宁	871077	614706	817597	560216	53480	54490
吉林	60540	48350	26337	15976	34202	32374
黑龙江	118896	133138	88480	101861	30416	31277
上海	1742554	2471074	1519204	2255713	223350	215361
江苏	2117272	1892347	1966742	1784441	150530	107907
浙江	3761603	3248449	3638878	3143617	122725	104831
安徽	205337	79364	182648	62303	22689	17061
福建	1540646	1342629	1460555	1306737	80091	35892
江西	127189	110652	95704	90618	31485	20034
山东	1561153	1439486	1370269	1289442	190884	150044
河南	590413	666959	517745	545729	72668	121230
湖北	391507	431059	213813	170342	177694	260717
湖南	286798	263380	207819	194501	78979	68879
广东	2303498	2130518	2085640	1939837	217858	190682
广西	152074	132225	124336	111017	27738	21208
海南	70610	59985	56294	42863	14316	17122
重庆	226739	99121	182836	68960	43903	30161
四川	284313	211733	206505	155059	77808	56674
贵州	438101	323874	429307	319731	8794	4143
云南	2090434	1710108	2071673	1695703	18761	14405
西藏	2709	3958	2573	3927	136	31
陕西	15403	36742	11000	32181	4402	4561
甘肃	81974	62252	57034	49052	24940	13200
青海	10648	15970	5628	13053	5020	2917
宁夏	11950	44164	5115	37497	6835	6666
新疆	628900	229565	603067	213290	25833	16275

4—24 限额以上批发零售贸易业商品销售数量

	计量单位	合计		批发		零售	
		2003年	2002年	2003年	2002年	2003年	2002年
粮食	吨	65507905	47972503	62016461	44789602	3491444	3182900
食用植物油	吨	4393908	3195091	3576830	2516581	817078	678510
食糖	吨	3068289	2623081	2873515	2468109	194773	154972
卷烟	万支	426980847		415791659		11189188	
酒	吨	5492255		4019019		1473236	
＃白酒	吨	1381292		797488		583804	
啤酒	吨	3102021		2739219		362802	
棉花	吨	5347687	4179122	5332235	4158928	15452	20194
布	百米	35774837	38638608	34900723	37727128	874114	911480
各种服装	百件	37053385		29819278		7234107	
＃童装	百件	2546672		1774087		772585	
鞋	百双	13290444	11027213	10309073	8691785	2981371	2335428
照相机	台	2604605		1164608		1439997	
＃数码照相机	台	374123		134657		239466	
彩色电视机	台	25907324		14571812		11335512	
电视机	台		23736055		13226011		10510044
组合音响	台	1886972	1513653	596024	479211	1290948	1034442
摄像机	台	347824	202684	80975	26646	266849	176038
录像机	台		56043		8537		47506
影碟机	台	7737395	5987292	2183848	1323599	5553547	4663693
家用电冰箱	台	12015470	10535629	6231649	5632341	5783821	4903288
家用洗衣机	台	12354483	9769887	5874651	4708107	6479832	5061780
房间空调器	台	18649853	14080401	10871766	8343590	7778087	5736811
微波炉	台	7421329	6333361	3163610	2567550	4257719	3765811
微型计算机	台	2988950	1878987	1593970	1057774	1394980	821213
普通电话机	台	14600561	11320045	8614188	5620231	5986373	5699814
移动电话机	台	38977031	30176615	27317506	24070308	11659525	6106307
寻呼机	台		271074		163546		107528
化学肥料	吨	54512300	53837687	54512300	53837687		
化学农药	吨	1117419	583499	1117419	583499		
农用薄膜	吨	260854	287546	260854	287546		
煤炭	吨	293208466	247873297	288283016	242126006	4925450	5747291
木材	立方米	4664359	3353282	4604154	3316146	60205	37136
汽油	吨	85625864	80154824	70472671	68294039	15153193	11860785
煤油	吨	11869975	11426378	11701930	11221509	168045	204869
柴油	吨	168106639	159836238	151756010	147700243	16350629	12135995
钢材	吨	116443154	68759344	115661846	68153953	781308	605391
铜	吨	1106648	967887	1106648	967887		
铝	吨	854747	627694	854747	627694		
水泥	吨	12905707	9741282	12858702	9591833	47005	149449
汽车	辆	2644163	2202713	1543422	1468171	1100741	734542
＃轿车	辆	1514704	1246614	818691	837826	696013	408788
摩托车	辆	3150459	2624918	2234727	1822388	915732	802530
拖拉机	台	207116	377079	207116	377079		

4—25 各地区限额以上批发零售贸易业商品销售数量

粮食　　　　　　　　　　　　　　　　　　　　　　　　　　单位:吨

地区	合计		批发		零售	
	2003年	2002年	2003年	2002年	2003年	2002年
全国	**65507905**	**47972503**	**62016461**	**44789602**	**3491444**	**3182900**
北京	6193320	3962579	6089038	3859281	104282	103298
天津	454360	837715	424251	813371	30109	24344
河北	2107614	2459313	2036186	2396892	71428	62421
山西	538685	684211	312349	497136	226336	187075
内蒙古	6332835	1248552	6257223	1183281	75612	65271
辽宁	6252163	5042261	6112812	4937744	139351	104517
吉林	13018244	9136485	12912811	9072421	105433	64064
黑龙江	1326839	939008	1252997	741399	73842	197609
上海	1959207	2344104	1676217	2069794	282990	274310
江苏	1755531	2243586	1548343	2025269	207188	218317
浙江	2806154	2073020	2693005	1983474	113149	89546
安徽	2575274	2321448	2532539	2309735	42735	11713
福建	826392	495599	764014	440275	62378	55324
江西	1108351	1244772	1082566	1067562	25785	177210
山东	6495325	4345125	6219380	4230804	275945	114321
河南	2952249	1597406	2775624	1366628	176625	230778
湖北	1478581	1121734	1321479	1049274	157102	72460
湖南	648892	301333	525321	241773	123571	59560
广东	2644431	2436800	2458782	2236413	185649	200387
广西	98202	65513	80342	50447	17860	15066
海南	246824	78301	243588	76574	3236	1727
重庆	559566	317494	449165	204114	110401	113380
四川	876342	563042	667031	375615	209311	187426
贵州	29674	57071	17459	47319	12215	9752
云南	668715	541468	434383	290285	234332	251183
西藏	18398		9603		8795	
陕西	212813	226196	185265	200114	27548	26082
甘肃	163511	155775	99158	108935	64353	46840
青海	46112	47182	18800	21997	27312	25185
宁夏	226001	133898	150137	120366	75864	13532
新疆	887300	951512	666593	771310	220707	180202

食用植物油 4—25 续表 1 单位:吨

地区	合计		批发		零售	
	2003 年	2002 年	2003 年	2002 年	2003 年	2002 年
全国	**4393908**	**3195091**	**3576830**	**2516581**	**817078**	**678510**
北京	1998453	1275172	1910986	1205638	87467	69534
天津	344420	151250	313070	116899	31350	34351
河北	107303	103552	79203	77818	28100	25734
山西	54624	71072	28340	22423	26284	48649
内蒙古	36320	18116	34793	16978	1527	1138
辽宁	25815	33008	7411	20045	18404	12963
吉林	13272	4103	6847	779	6425	3324
黑龙江	6921	6683	798	106	6123	6577
上海	362155	410925	230961	280655	131194	130270
江苏	208485	126995	135731	77142	72754	49853
浙江	198592	163471	135371	124155	63221	39316
安徽	43291	74837	37155	72100	6136	2737
福建	51703	53176	39982	46515	11721	6661
江西	9260	6354	4518	2738	4742	3616
山东	104457	82181	60972	57715	43485	24466
河南	118699	99215	99493	71975	19206	27240
湖北	94039	61825	26686	21473	67353	40352
湖南	41333	18725	28253	10904	13080	7821
广东	159357	106458	105493	70268	53864	36190
广西	10582	9209	1115	735	9467	8474
海南	1289	75			1289	75
重庆	164986	124866	132482	104488	32504	20378
四川	103225	87986	69377	49872	33848	38115
贵州	2814	3751	12	894	2802	2857
云南	41731	31914	27450	20617	14281	11297
西藏	1500		1110		390	
陕西	7971	5440		209	7971	5230
甘肃	3131	2030	954	2	2177	2028
青海	3072	8746	1843	5906	1229	2840
宁夏	616	928	100	594	516	334
新疆	74492	53028	56324	36938	18168	16090

食糖 4—25 续表 2 单位:吨

地区	合计		批发		零售	
	2003 年	2002 年	2003 年	2002 年	2003 年	2002 年
全国	**3068289**	**2623081**	**2873515**	**2468109**	**194773**	**154972**
北京	175590	450637	157567	433807	18023	16830
天津	91940	69252	77694	57765	14246	11487
河北	417764	231064	411827	224732	5937	6332
山西	14708	26554	7353	20529	7355	6025
内蒙古	10744	24005	10609	23474	135	531
辽宁	19432	23872	13336	21858	6096	2014
吉林	1976	4515		562	1976	3953
黑龙江	2629	564	25	21	2604	543
上海	300678	233525	276540	211986	24138	21539
江苏	89796	252780	66583	236812	23213	15968
浙江	179892	188183	165323	177204	14569	10979
安徽	5295	10808	4136	10176	1159	632
福建	62977	72542	59532	67228	3445	5314
江西	3005	3734	2444	3524	561	210
山东	376761	239431	365980	229474	10781	9957
河南	83281	44034	57305	22984	25976	21050
湖北	20578	20200	12277	14536	8301	5664
湖南	18034	17778	15887	15476	2147	2302
广东	168660	303426	164182	301035	4478	2391
广西	659540	191092	653741	187506	5799	3586
海南	269	11			269	11
重庆	24716	27842	21272	25833	3444	2009
四川	14487	12223	11903	9763	2584	2461
贵州	4853	6395	4653	6378	200	17
云南	293525	108919	290961	108225	2564	694
西藏	22		1		21	
陕西	10043	10781	7612	9658	2430	1123
甘肃	686	338	112	2	574	336
青海	594	64			594	64
宁夏	11636	48092	10942	47562	694	530
新疆	4178	420	3718		460	420

棉花　　4—25 续表 3　　单位:吨

地区	合计		批发		零售	
	2003 年	2002 年	2003 年	2002 年	2003 年	2002 年
全　国	**5347687**	**4179122**	**5332235**	**4158928**	**15452**	**20194**
北　京	1554979	415965	1554966	415952	13	13
天　津	45595	25474	45595	25474		
河　北	142907	161165	142905	161010	2	155
山　西	103714	46585	97612	42036	6102	4549
内蒙古	5	8			5	8
辽　宁	16161	18709	16136	18679	25	30
吉　林	101	58	51		50	58
黑龙江	42	116	42	116		
上　海	55978	70799	55978	66443		4356
江　苏	196380	208350	196200	208325	180	25
浙　江	174564	137366	174564	137366		
安　徽	106744	109421	106734	109421	10	
福　建	10265		10026		239	
江　西	28103	34964	28103	34964		
山　东	233340	240986	233340	240985		1
河　南	321107	329363	313463	327814	7644	1549
湖　北	228773	288581	228022	287330	751	1251
湖　南	166618	115152	166595	115127	23	25
广　东	39400	33122	39398	33120	2	2
广　西	21	45	14	31	7	14
海　南	2	4			2	4
重　庆	196	1235	4	1185	192	50
四　川	50216	40736	50171	40684	45	52
贵　州						
云　南	1749	1674	1741	1671	8	3
西　藏	983		983			
陕　西	9251	6063	9250	6063	1	
甘　肃	8026	8007	7909	5785	117	2222
青　海		1				1
宁　夏						
新　疆	1852467	1885173	1852433	1879347	34	5826

布　　4—25 续表 4　　单位:百米

地　区	合　计		批　发		零　售	
	2003 年	2002 年	2003 年	2002 年	2003 年	2002 年
全　国	**35774837**	**38638608**	**34900723**	**37727128**	**874114**	**911480**
北　京	1374019	1278231	1353705	1243249	20314	34982
天　津	905369	872690	894671	860498	10698	12192
河　北	1431830	1311509	1389153	1272685	42677	38824
山　西	50933	55910	7260	6772	43673	49138
内蒙古	6913	10920	5	75	6908	10845
辽　宁	793864	1271919	749587	1209589	44277	62330
吉　林	18790	33200	3746	2576	15044	30624
黑龙江	61379	557377	29888	281102	31491	276275
上　海	5659680	10397844	5597434	10343593	62246	54251
江　苏	9524491	9256449	9509709	9229979	14782	26470
浙　江	7411518	6367123	7193466	6351297	218052	15826
安　徽	586181	365173	583375	361243	2806	3930
福　建	722535	599385	674323	573875	48212	25510
江　西	638049	692954	637526	691759	523	1195
山　东	1482291	1341967	1442298	1300272	39993	41695
河　南	1058985	436366	880620	306647	178365	129719
湖　北	347934	297111	330711	269422	17223	27689
湖　南	572351	376899	565272	370403	7079	6496
广　东	2112628	1878583	2103383	1867912	9245	10671
广　西	70580	23374	59475	7513	11105	15861
海　南	509	3293	509	3293		
重　庆	52041	25756	46278	20846	5763	4910
四　川	618359	686378	605163	679474	13196	6904
贵　州	51	171	3		48	171
云　南	17966	146494	13380	141014	4586	5480
西　藏	21				21	
陕　西	243010	344437	229783	330966	13227	13471
甘　肃	439	927			439	927
青　海	650	1892		13	650	1879
宁　夏	9786	1308			9786	1308
新　疆	1685	2968		1061	1685	1907

鞋

4—25 续表 5

单位:百双

地区	合计		批发		零售	
	2003 年	2002 年	2003 年	2002 年	2003 年	2002 年
全国	**13290444**	**11027213**	**10309073**	**8691785**	**2981371**	**2335428**
北京	412215	313404	187360	131478	224855	181926
天津	255319	122057	76393	72068	178926	49989
河北	96709	100396	9139	14811	87570	85585
山西	45281	73244	809	1020	44472	72224
内蒙古	23029	34496	12	14	23017	34482
辽宁	210504	188091	36778	76984	173726	111107
吉林	46993	53382	47	1933	46946	51449
黑龙江	226231	83641	142629	8468	83602	75173
上海	1144428	692923	948205	485319	196223	207604
江苏	716110	674593	522859	490960	193251	183633
浙江	2804488	1985936	2633086	1863297	171402	122639
安徽	643975	463774	510342	424915	133633	38859
福建	3623740	3537080	3529389	3446822	94351	90258
江西	60837	66184	49110	55503	11727	10681
山东	529263	457632	273582	196927	255681	260705
河南	287984	303235	75929	85468	212055	217767
湖北	193191	155449	68262	12569	124929	142880
湖南	200706	111610	106526	81034	94180	30576
广东	1076313	1213314	942585	1090573	133728	122741
广西	61564	52682	19135	11613	42429	41069
海南	66664	13197	31183	12627	35481	570
重庆	46156	28302	2377	1354	43779	26948
四川	148116	136721	91216	89767	56900	46954
贵州	11770	8865	11	11	11759	8854
云南	24748	27214	1323	4134	23425	23080
西藏	1225		608		617	
陕西	236534	68739	9331	2894	227203	65845
甘肃	54132	38243	40719	28464	13413	9779
青海	4152	3746		194	4152	3552
宁夏	26731	10426		50	26731	10376
新疆	11336	8637	128	514	11208	8123

组合音响　　4—25 续表 6　　单位:台

地区	合计		批发		零售	
	2003 年	2002 年	2003 年	2002 年	2003 年	2002 年
全国	**1886972**	**1513653**	**596024**	**479211**	**1290948**	**1034442**
北京	98020	87346	9300	12775	88720	74571
天津	28955	41538	2724	4984	26231	36554
河北	35400	28000	2659	240	32741	27760
山西	20826	15034	1630	3695	19196	11339
内蒙古	4329	6101	4	39	4325	6062
辽宁	67365	59251	2271	9408	65094	49843
吉林	28356	9592	11412		16944	9592
黑龙江	38829	32808	4950	877	33879	31931
上海	200588	337656	66152	202006	134436	135650
江苏	154112	106135	16220	8975	137892	97160
浙江	110646	79115	32414	28620	78232	50495
安徽	79860	18939	59218	4486	20642	14453
福建	17141	19085	1490	7287	15651	11798
江西	10929	8511	285	1880	10644	6631
山东	89142	61900	4755	4452	84387	57448
河南	51652	43482	1729	10671	49923	32811
湖北	104413	104754	4657	6709	99756	98045
湖南	28579	19166	652	248	27927	18918
广东	505867	262116	363388	157542	142479	104574
广西	8802	6668	332	68	8470	6600
海南	12256	953			12256	953
重庆	49866	41048	6013	11451	43853	29597
四川	47676	35976	737	301	46939	35675
贵州	34244	36282	349	572	33895	35710
云南	16653	9003	14	187	16639	8816
西藏	143				143	
陕西	17913	32104	727	1312	17186	30792
甘肃	16403	5002	1931	265	14472	4737
青海	2410	208			2410	208
宁夏	4045	3350		55	4045	3295
新疆	1552	2530	11	106	1541	2424

摄像机 4—25 续表 7 单位:台

地区	合计		批发		零售	
	2003 年	2002 年	2003 年	2002 年	2003 年	2002 年
全国	**347824**	**202684**	**80975**	**26646**	**266849**	**176038**
北京	53631	44016	12572	6350	41059	37666
天津	9364	12891	608	2325	8756	10566
河北	6292	3883	18	9	6274	3874
山西	5015	5622		1600	5015	4022
内蒙古	1266	687	4		1262	687
辽宁	19027	7662	344	595	18683	7067
吉林	3781	1871			3781	1871
黑龙江	2568	1673			2568	1673
上海	33771	36627	648	9155	33123	27472
江苏	17041	13211	982	269	16059	12942
浙江	15384	9528	4405	1760	10979	7768
安徽	8009	1994	4280	12	3729	1982
福建	7074	1781	867	42	6207	1739
江西	1180	622	7		1173	622
山东	35120	14667	593	4206	34527	10461
河南	7413	2860	131		7282	2860
湖北	4195	2745	34	11	4161	2734
湖南	2429	1320	167		2262	1320
广东	77694	17159	54335	177	23359	16982
广西	2247	724	283		1964	724
海南	5				5	
重庆	7837	3534	78	19	7759	3515
四川	10100	4457	14	13	10086	4444
贵州	220	1092			220	1092
云南	7127	1810	50		7077	1810
西藏						
陕西	7056	3046	511	79	6545	2967
甘肃	851	6063			851	6063
青海	175	136			175	136
宁夏	496	306			496	306
新疆	1456	697	44	24	1412	673

影碟机　　4—25 续表 8　　单位:台

地区	合计		批发		零售	
	2003 年	2002 年	2003 年	2002 年	2003 年	2002 年
全国	**7737395**	**5987292**	**2183848**	**1323599**	**5553547**	**4663693**
北京	713496	570283	168254	86990	545242	483293
天津	133196	165209	1584	2821	131612	162388
河北	180228	148722	13652	11244	166576	137478
山西	64521	46706	940	4858	63581	41848
内蒙古	47758	40830	140	477	47618	40353
辽宁	356949	298553	55457	107803	301492	190750
吉林	103248	79645	6037	3765	97211	75880
黑龙江	198631	144653	35267	17314	163364	127339
上海	879957	630767	283762	120746	596195	510021
江苏	613559	574113	81041	52700	532518	521413
浙江	222330	213376	12975	17512	209355	195864
安徽	190698	154273	36113	44878	154585	109395
福建	158755	101038	74040	45236	84715	55802
江西	62226	58108	3553	6360	58673	51748
山东	630042	423143	148432	100891	481610	322252
河南	197760	152509	6895	21177	190865	131332
湖北	325362	282450	52400	4436	272962	278014
湖南	98321	75450	6931	3836	91390	71614
广东	1470308	828573	1010519	415113	459789	413460
广西	88415	92906	5395	30326	83020	62580
海南	4899	1788			4899	1788
重庆	261180	174154	79736	45498	181444	128656
四川	320674	317863	44821	101764	275853	216099
贵州	70929	59289	532	1919	70397	57370
云南	94863	53704	1816	2368	93047	51336
西藏	13				13	
陕西	127012	190859	16101	32245	110911	158614
甘肃	64637	69186	32108	38964	32529	30222
青海	14503	7881			14503	7881
宁夏	24260	12218			24260	12218
新疆	18665	19043	5347	2358	13318	16685

家用电冰箱

4—25 续表 9

单位:台

地区	合计		批发		零售	
	2003 年	2002 年	2003 年	2002 年	2003 年	2002 年
全国	**12015470**	**10535629**	**6231649**	**5632341**	**5783821**	**4903288**
北京	419125	376006	28000	29865	391125	346141
天津	321567	266592	162823	129478	158744	137114
河北	318595	279274	82356	72035	236239	207239
山西	143911	149071	70772	82722	73139	66349
内蒙古	99187	77939	28114	21128	71073	56811
辽宁	666854	486610	316894	249553	349960	237057
吉林	175886	169378	39224	46238	136662	123140
黑龙江	438678	166644	242413	15399	196265	151245
上海	620652	561858	147104	126178	473548	435680
江苏	1457309	1137306	928413	651137	528896	486169
浙江	535465	513791	242933	253630	292532	260161
安徽	348291	188357	198761	67430	149530	120927
福建	212916	146319	108511	82468	104405	63851
江西	168337	146136	93479	86157	74858	59979
山东	2000970	2224864	1453052	1803985	547918	420879
河南	498209	424947	215991	206163	282218	218784
湖北	409643	363757	97520	63917	312123	299840
湖南	213390	237358	87228	111837	126162	125521
广东	1226891	1371849	849031	1033457	377860	338392
广西	243925	102394	125930	27374	117995	75020
海南	5981	2306	142	48	5839	2258
重庆	441463	269055	264724	133424	176739	135631
四川	330918	310124	101505	124269	229413	185855
贵州	98057	87529	35877	37953	62180	49576
云南	164029	143710	82120	86469	81909	57241
西藏	411				411	
陕西	104764	148290	11371	24329	93393	123961
甘肃	151037	37527	109989	447	41048	37080
青海	19306	13380			19306	13380
宁夏	33299	21845	10486	6592	22813	15253
新疆	146404	111413	96886	58659	49518	52754

家用洗衣机　　　　4—25 续表 10　　　　单位:台

地　区	合　计		批　发		零　售	
	2003 年	2002 年	2003 年	2002 年	2003 年	2002 年
全　国	**12354483**	**9769887**	**5874651**	**4708107**	**6479832**	**5061780**
北　京	506884	408074	59783	52713	447101	355361
天　津	164651	128781	27436	16085	137215	112696
河　北	306714	269547	45657	65115	261057	204432
山　西	192512	164667	100116	96807	92396	67860
内蒙古	114154	78927	41389	27392	72765	51535
辽　宁	528583	340259	202360	125947	326223	214312
吉　林	174547	152406	28791	26288	145756	126118
黑龙江	215523	185445	80071	13658	135452	171787
上　海	639214	549768	160755	80917	478459	468851
江　苏	1183735	955711	647324	458557	536411	497154
浙　江	1068033	900230	296892	662921	771141	237309
安　徽	447921	251246	287385	118247	160536	132999
福　建	195711	155503	114480	95801	81231	59702
江　西	138287	133758	71942	77059	66345	56699
山　东	1859006	1525217	1246220	1123150	612786	402067
河　南	642563	502800	274213	231516	368350	271284
湖　北	459450	348014	132361	76002	327089	272012
湖　南	251696	270698	112142	128300	139554	142398
广　东	1561717	1017702	1170929	630880	390788	386822
广　西	200486	105870	106838	23349	93648	82521
海　南	7352	2662	183	42	7169	2620
重　庆	274829	228268	128695	105335	146134	122933
四　川	430898	387712	183979	169758	246919	217954
贵　州	145318	129647	57263	56902	88055	72745
云　南	193773	189396	105249	124859	88524	64537
西　藏	561				561	
陕　西	124002	192021	14143	46306	109859	145715
甘　肃	104857	41776	59812	253	45045	41523
青　海	19665	14738			19665	14738
宁　夏	41574	23996	10382	4455	31192	19541
新　疆	160267	115048	107861	69493	52406	45555

房间空调器　　4—25 续表 11　　单位:台

地区	合计		批发		零售	
	2003年	2002年	2003年	2002年	2003年	2002年
全国	**18649853**	**14080401**	**10871766**	**8343590**	**7778087**	**5736811**
北京	1018258	958369	326731	310324	691527	648045
天津	402243	346905	210126	204558	192117	142347
河北	350680	268642	132917	98134	217763	170508
山西	72395	53747	39648	29573	32747	24174
内蒙古	19570	13839	7516	6993	12054	6846
辽宁	231391	172214	128791	104698	102600	67516
吉林	29341	31344	3913	5792	25428	25552
黑龙江	74403	39931	51240	12709	23163	27222
上海	1378464	1032560	377116	360082	1001348	672478
江苏	3405500	2432216	2156187	1603968	1249313	828248
浙江	2330404	2032604	1915080	1614732	415324	417872
安徽	578514	241771	324320	82805	254194	158966
福建	606942	400877	418322	292892	188620	107985
江西	459302	173336	325509	97196	133793	76140
山东	1697781	1730601	1178253	1426467	519528	304134
河南	717430	664677	305724	417504	411706	247173
湖北	607417	670881	129293	104485	478124	566396
湖南	544947	374060	351902	230458	193045	143602
广东	2147717	1169687	1493798	777385	653919	392302
广西	327923	105134	206420	37377	121503	67757
海南	16972	1774	419	32	16553	1742
重庆	797026	424598	482557	208562	314469	216036
四川	451008	493620	97566	229988	353442	263632
贵州	33552	21088	14481	10113	19071	10975
云南	17554	12615	13614	11315	3940	1300
西藏						
陕西	128035	149699	19857	24419	108178	125280
甘肃	105022	7079	96668	5	8354	7074
青海	38	3			38	3
宁夏	11331	7318	1822	2644	9509	4674
新疆	88693	49212	61976	38380	26717	10832

微波炉　　4—25 续表 12　　单位:台

地区	合计		批发		零售	
	2003 年	2002 年	2003 年	2002 年	2003 年	2002 年
全国	**7421329**	**6333361**	**3163610**	**2567550**	**4257719**	**3765811**
北京	520989	486490	148980	146966	372009	339524
天津	316989	162081	192282	16755	124707	145326
河北	208638	177223	46196	33742	162442	143481
山西	81270	54371	13841	9615	67429	44756
内蒙古	47942	31979	8849	6073	39093	25906
辽宁	395193	316705	80050	94479	315143	222226
吉林	113520	86088	22513	8853	91007	77235
黑龙江	207371	133871	122592	41923	84779	91948
上海	649098	552868	193067	107183	456031	445685
江苏	1162876	1084631	569593	591887	593283	492744
浙江	254579	281158	101852	113141	152727	168017
安徽	207851	143913	107010	69757	100841	74156
福建	209480	160972	140128	112845	69352	48127
江西	126487	67119	72145	29311	54342	37808
山东	701469	645885	435128	462943	266341	182942
河南	102659	133090	25895	54160	76764	78930
湖北	278359	230210	74853	54536	203506	175674
湖南	155152	166522	87490	39838	67662	126684
广东	438600	419439	172605	176719	265995	242720
广西	116386	68077	45704	19374	70682	48703
海南	7023	5820	27	2720	6996	3100
重庆	308003	215812	155555	93554	152448	122258
四川	368569	331656	184130	178574	184439	153082
贵州	62401	52521	24225	13687	38176	38834
云南	88429	83568	18926	24311	69503	59257
西藏						
陕西	108674	130701	15190	21898	93484	108803
甘肃	68560	24916	46930	368	21630	24548
青海	17585	10032			17585	10032
宁夏	40710	33366	19673	16234	21037	17132
新疆	56467	42277	38181	26104	18286	16173

微型计算机　　4－25 续表 13　　单位:台

地区	合计		批发		零售	
	2003 年	2002 年	2003 年	2002 年	2003 年	2002 年
全　国	**2988950**	**1878987**	**1593970**	**1057774**	**1394980**	**821213**
北　京	147044	180040	47407	64309	99637	115731
天　津	125063	31892	99764	11502	25299	20390
河　北	14649	12243	897	1277	13752	10966
山　西	30181	10557	21828	8507	8353	2050
内蒙古	8717	8846	104	49	8613	8797
辽　宁	519870	362534	429249	325980	90621	36554
吉　林	30381	11154	2743		27638	11154
黑龙江	22478	10008	9577	3443	12901	6565
上　海	53370	87385	19508	6517	33862	80868
江　苏	463446	250018	71863	53401	391583	196617
浙　江	180210	113635	75709	71951	104501	41684
安　徽	69944	2130	46818	19	23126	2111
福　建	112158	81175	75492	49587	36666	31588
江　西	57137	48672	47581	42819	9556	5853
山　东	325678	198483	144141	107796	181537	90687
河　南	144141	51079	88039	20397	56102	30682
湖　北	16070	12763	5294	772	10776	11991
湖　南	38872	76887	30415	54949	8457	21938
广　东	338077	178013	241060	152477	97017	25536
广　西	67672	27603	28961	15266	38711	12337
海　南	10616	1139	5740	715	4876	424
重　庆	23670	21380	6522	5579	17148	15801
四　川	13104	11275	3330	2166	9774	9109
贵　州	20119	5523	13222	3201	6897	2322
云　南	37262	20448	15870	11766	21392	8682
西　藏						
陕　西	18058	9061	2470	2545	15588	6516
甘　肃	38717	28945	23572	22236	15145	6709
青　海						
宁　夏	10082	1105			10082	1105
新　疆	52164	24994	36794	18548	15370	6446

普通电话机　　4—25 续表 14　　单位:台

地区	合计		批发		零售	
	2003 年	2002 年	2003 年	2002 年	2003 年	2002 年
全国	**14600561**	**11320045**	**8614188**	**5620231**	**5986373**	**5699814**
北京	1489439	1651848	996665	1070350	492774	581498
天津	940095	569395	3432	29023	936663	540372
河北	588490	961946	492699	857682	95791	104264
山西	105579	127496	937	2210	104642	125286
内蒙古	16082	9112			16082	9112
辽宁	238428	436779	63853	225633	174575	211146
吉林	291176	153078	216142	1239	75034	151839
黑龙江	214809	95983	156385	47499	58424	48484
上海	1018277	1557568	341891	716542	676386	841026
江苏	687948	582058	192496	54434	495452	527624
浙江	1013156	923410	530524	618286	482632	305124
安徽	57249	47285	1091	606	56158	46679
福建	311292	212931	202830	100300	108462	112631
江西	40988	27817	5418		35570	27817
山东	400768	385467	57682	121345	343086	264122
河南	299605	258359	177888	144681	121717	113678
湖北	183773	149314	21236	14046	162537	135268
湖南	108812	87667	378	4	108434	87663
广东	5468849	2249672	4509358	1478172	959491	771500
广西	148812	145077	48899	31317	99913	113760
海南	5620	4788			5620	4788
重庆	177683	175070	43011	15253	134672	159817
四川	517772	125011	407470	1095	110302	123916
贵州	8589	3779			8589	3779
云南	22753	27457		461	22753	26996
西藏						
陕西	175392	152441	129420	81792	45972	70649
甘肃	6592	11209		1577	6592	9632
青海	3512	3042			3512	3042
宁夏	14021	31572		54	14021	31518
新疆	45000	153414	14483	6630	30517	146784

移动电话机　　4—25 续表 15　　单位：台

地　区	合计		批发		零售	
	2003 年	2002 年	2003 年	2002 年	2003 年	2002 年
全　国	**38977031**	**30176615**	**27317506**	**24070308**	**11659525**	**6106307**
北　京	9535808	9341987	7731923	8192723	1803885	1149264
天　津	1507127	807500	1050510	568612	456617	238888
河　北	161894	91484	47660	37232	114234	54252
山　西	256876	222397	74305	63716	182571	158681
内蒙古	121286	33597	51074	5055	70212	28542
辽　宁	1055574	360149	536028	178728	519546	181421
吉　林	76761	6509		2346	76761	4163
黑龙江	626658	548325	554800	519662	71858	28663
上　海	3290674	2393338	2038333	1667421	1252341	725917
江　苏	1949262	1118593	776049	264647	1173213	853946
浙　江	978892	860684	669142	656911	309750	203773
安　徽	264241	87006	157230	35382	107011	51624
福　建	686101	130838	551876	100700	134225	30138
江　西	265615	141753	177226	134702	88389	7051
山　东	1787780	633714	817673	327501	970107	306213
河　南	1141839	439430	732750	296615	409089	142815
湖　北	1082671	674735	933845	631960	148826	42775
湖　南	517919	266530	389060	231904	128859	34626
广　东	8056100	8614247	7216823	7848130	839277	766117
广　西	714988	159246	423832	26053	291156	133193
海　南						
重　庆	2138952	1068607	1301284	744211	837668	324396
四　川	950265	1277353	482150	1052052	468115	225301
贵　州	15758	2147	4985	1472	10773	675
云　南	109782	7582	13742	4499	96040	3083
西　藏						
陕　西	1271841	640369	438692	435887	833149	204482
甘　肃	92311	17379	40252	15661	52059	1718
青　海	2288				2288	
宁　夏	132762	5683	99062		33700	5683
新　疆	185006	225433	7200	26526	177806	198907

化学肥料 4—25 续表 16 单位:吨

地区	合计		批发		零售	
	2003 年	2002 年	2003 年	2002 年	2003 年	2002 年
全国	**54512300**	**53837687**	**54512300**	**53837687**		
北京	7896154	6803949	7896154	6803949		
天津	433678	1130371	433678	1130371		
河北	2141497	2755460	2141497	2755460		
山西	801783	868112	801783	868112		
内蒙古	502613	739435	502613	739435		
辽宁	910028	1416706	910028	1416706		
吉林	261743	324003	261743	324003		
黑龙江	2231468	2267770	2231468	2267770		
上海	785152	1241587	785152	1241587		
江苏	2356648	2382405	2356648	2382405		
浙江	5189400	4173295	5189400	4173295		
安徽	1686416	1471432	1686416	1471432		
福建	1807378	1911938	1807378	1911938		
江西	205694	311868	205694	311868		
山东	5659748	6654919	5659748	6654919		
河南	3038259	3278176	3038259	3278176		
湖北	405814	579857	405814	579857		
湖南	531601	844389	531601	844389		
广东	1904758	2098087	1904758	2098087		
广西	1537405	1705078	1537405	1705078		
海南	472194	370940	472194	370940		
重庆	2603054	1389946	2603054	1389946		
四川	3760676	2664492	3760676	2664492		
贵州	475462	193311	475462	193311		
云南	2806244	2669684	2806244	2669684		
西藏	19195		19195			
陕西	301381	492680	301381	492680		
甘肃	941046	951218	941046	951218		
青海	137162	162271	137162	162271		
宁夏	125482	119381	125482	119381		
新疆	2583167	1864927	2583167	1864927		

化学农药　　4—25 续表 17　　单位:吨

地　区	合计		批发		零售	
	2003 年	2002 年	2003 年	2002 年	2003 年	2002 年
全　国	**1117419**	**583499**	**1117419**	**583499**		
北　京	1399	2098	1399	2098		
天　津	7601	9393	7601	9393		
河　北	9714	10918	9714	10918		
山　西	2125	2183	2125	2183		
内蒙古	721	1480	721	1480		
辽　宁	73307	91253	73307	91253		
吉　林	4632	2480	4632	2480		
黑龙江	78746	2115	78746	2115		
上　海	264749	47535	264749	47535		
江　苏	224227	58494	224227	58494		
浙　江	111905	79985	111905	79985		
安　徽	15563	14577	15563	14577		
福　建	26155	35453	26155	35453		
江　西	141	1458	141	1458		
山　东	24537	36553	24537	36553		
河　南	112121	21488	112121	21488		
湖　北	2135	2110	2135	2110		
湖　南	9439	9872	9439	9872		
广　东	36731	58297	36731	58297		
广　西	12572	14883	12572	14883		
海　南	3261	1430	3261	1430		
重　庆	12367	3838	12367	3838		
四　川	11058	14945	11058	14945		
贵　州	108	656	108	656		
云　南	16781	18600	16781	18600		
西　藏						
陕　西	330	18722	330	18722		
甘　肃	918	1133	918	1133		
青　海	753	1317	753	1317		
宁　夏	20	1692	20	1692		
新　疆	53303	18541	53303	18541		

农用薄膜　　4—25 续表 18　　单位:吨

地区	合计		批发		零售	
	2003 年	2002 年	2003 年	2002 年	2003 年	2002 年
全　国	**260854**	**287546**	**260854**	**287546**		
北　京	7707	30953	7707	30953		
天　津	10028	12928	10028	12928		
河　北	4612	4363	4612	4363		
山　西	16756	7767	16756	7767		
内蒙古	2328	2949	2328	2949		
辽　宁	4487	2711	4487	2711		
吉　林	1451	892	1451	892		
黑龙江	470	3617	470	3617		
上　海	11705	29109	11705	29109		
江　苏	4278	1677	4278	1677		
浙　江	46325	35388	46325	35388		
安　徽	8404	433	8404	433		
福　建	10681	901	10681	901		
江　西						
山　东	25449	47885	25449	47885		
河　南	13189	6926	13189	6926		
湖　北	16894	14913	16894	14913		
湖　南	160	248	160	248		
广　东	386	364	386	364		
广　西	302	150	302	150		
海　南						
重　庆	1639	750	1639	750		
四　川	11809	13111	11809	13111		
贵　州		1		1		
云　南	9134	9839	9134	9839		
西　藏	316		316			
陕　西	122	276	122	276		
甘　肃	2199	1931	2199	1931		
青　海	160	186	160	186		
宁　夏	29	496	29	496		
新　疆	49834	56782	49834	56782		

煤炭 4—25 续表 19 单位:吨

地　区	合　计		批　发		零　售	
	2003 年	2002 年	2003 年	2002 年	2003 年	2002 年
全　国	**293208466**	**247873297**	**288283016**	**242126006**	**4925450**	**5747291**
北　京	93199347	74142023	92320294	73268908	879053	873115
天　津	3783894	1741264	3531945	1429783	251949	311481
河　北	10946253	8208728	10823460	7944200	122793	264528
山　西	60605072	53743561	59656481	53041330	948591	702231
内蒙古	3771884	1001925	3520959	1001925	250925	
辽　宁	5093614	4760126	4969338	4492697	124276	267429
吉　林	432761	358457	332446	270551	100315	87906
黑龙江	2444491	4774068	2194373	4395393	250118	378675
上　海	4699840	8105700	4644904	7803899	54936	301801
江　苏	16270000	13264327	16090000	13142797	180000	121530
浙　江	12459512	18747328	12431131	18644880	28381	102448
安　徽	2155208	1507176	2001571	1303120	153637	204056
福　建	3677410	3772865	3650107	3744409	27303	28456
江　西	315086	285348	315086	285348		
山　东	8633221	8427465	8334184	8024882	299037	402583
河　南	16658184	8754421	16060972	7820588	597212	933833
湖　北	1020155	1351094	1020152	1351094	3	
湖　南	171172	241506	151872	241506	19300	
广　东	33469672	26742979	33461958	26598245	7714	144734
广　西	2026149	401896	2000784	365206	25365	36690
海　南	217405	27114	206167	27114	11238	
重　庆	1557296	727074	1556089	723029	1207	4045
四　川	1185217	237941	1096518	189891	88699	48050
贵　州	1153115	1273946	1153115	1273946		
云　南	5353701	3346583	5296788	3276673	56913	69910
西　藏						
陕　西	1287406	799670	1211287	748350	76119	51320
甘　肃	220847	258822	68494	131249	152353	127573
青　海	99431	651162		556832	99431	94330
宁　夏						
新　疆	301123	218728	182541	28161	118582	190567

木材　　4—25 续表 20　　单位:立方米

地　区	合计		批发		零售	
	2003 年	2002 年	2003 年	2002 年	2003 年	2002 年
全　国	**4664359**	**3353282**	**4604154**	**3316146**	**60205**	**37136**
北　京	148037	549779	148029	549757	8	22
天　津	37786	19936	37786	19776		160
河　北	12599	17026	12461	17001	138	25
山　西	10215	21197	8720	18664	1495	2533
内蒙古	87637	5210	87637	5210		
辽　宁	16778	23691	16778	23691		
吉　林	13345	82962	13345	82962		
黑龙江	1617730	646438	1617730	646438		
上　海	357984	218265	337956	207177	20028	11088
江　苏	426062	282292	420236	274533	5826	7759
浙　江	298562	350963	288009	348476	10553	2487
安　徽	1265		1265			
福　建	462167	341278	462167	341278		
江　西	21792	34653	21792	34653		
山　东	377839	66537	371654	66537	6185	
河　南	255739	154511	252285	154118	3454	393
湖　北	2371	1844	912	510	1459	1334
湖　南	19426	20026	19426	20026		
广　东	346934	375119	346889	372965	45	2154
广　西	131263	111160	131263	111160		
海　南						
重　庆	2538		2538			
四　川	7771	5979	822	5979	6949	
贵　州						
云　南	71	6388	71	6383		5
西　藏						
陕　西	6744	16827	2679	7651	4065	9176
甘　肃	921	816	921	816		
青　海						
宁　夏	10	117	10	117		
新　疆	773	268	773	268		

汽油

4—25 续表 21

单位:吨

地区	合计		批发		零售	
	2003 年	2002 年	2003 年	2002 年	2003 年	2002 年
全　国	**85625864**	**80154824**	**70472671**	**68294039**	**15153193**	**11860785**
北　京	6315918	4524093	5181762	3517939	1134156	1006154
天　津	3837635	6919675	3644438	6685978	193197	233697
河　北	1161622	1881251	710858	1492348	450764	388903
山　西	832315	618517	417132	306200	415183	312317
内蒙古	644511	731537	331414	453625	313097	277912
辽　宁	8821026	7293259	7958222	6751049	862804	542210
吉　林	1626856	1638028	991376	1114789	635480	523239
黑龙江	2032680	2642304	1672884	2328159	359796	314145
上　海	12047060	11891449	11961031	11797224	86029	94225
江　苏	4674183	4302409	4002554	3752846	671629	549563
浙　江	4757655	4721363	4052668	4089817	704987	631546
安　徽	1458841	1361364	1258205	1214846	200636	146518
福　建	1552428	1119017	970400	694710	582028	424307
江　西	688596	664588	406195	490156	282401	174432
山　东	2955811	2494792	1841757	1878492	1114054	616300
河　南	2511779	1701036	1772578	1110431	739201	590605
湖　北	6623032	6244954	5953863	5736111	669169	508843
湖　南	2737817	2089545	2116876	1685954	620941	403591
广　东	10027355	8708409	7668561	6682558	2358794	2025851
广　西	1081460	1052755	642578	726975	438882	325780
海　南	388342	254637	283125	192564	105217	62073
重　庆	587139	605114	477499	508759	109640	96355
四　川	1799795	1441394	1512079	1254846	287716	186548
贵　州	289135	283382	146826	160909	142309	122473
云　南	1043059	590517	674943	356378	368116	234139
西　藏	29548		17		29531	
陕　西	844777	784178	649267	621105	195510	163073
甘　肃	2938468	2485230	2529551	2151063	408917	334167
青　海	158520	146747	36361	59886	122159	86861
宁　夏	143900	185087	68191	123658	75709	61429
新　疆	1014601	778193	539460	354664	475141	423529

煤油　　4－25 续表 22　　单位:吨

地　区	合计		批发		零售	
	2003 年	2002 年	2003 年	2002 年	2003 年	2002 年
全　国	**11869975**	**11426378**	**11869975**	**11426378**		
北　京	1374334	1385640	1374334	1385640		
天　津	421998	744679	421998	744679		
河　北	21191	45034	21191	45034		
山　西	54770	65745	54770	65745		
内蒙古	9	4091	9	4091		
辽　宁	1093053	860747	1093053	860747		
吉　林	55403	19448	55403	19448		
黑龙江	177320	516735	177320	516735		
上　海	4196114	3667981	4196114	3667981		
江　苏	45958	48438	45958	48438		
浙　江	155125	227814	155125	227814		
安　徽	5418	30348	5418	30348		
福　建	46397	32185	46397	32185		
江　西	13244	8427	13244	8427		
山　东	60889	61771	60889	61771		
河　南	267205	24153	267205	24153		
湖　北	482988	564762	482988	564762		
湖　南	100378	27816	100378	27816		
广　东	1822343	1447729	1822343	1447729		
广　西	99642	134632	99642	134632		
海　南	125251	152841	125251	152841		
重　庆	5702	6223	5702	6223		
四　川	417290	484966	417290	484966		
贵　州	8303	16067	8303	16067		
云　南	216994	200986	216994	200986		
西　藏	230		230			
陕　西	129730	143005	129730	143005		
甘　肃	361899	412865	361899	412865		
青　海	3730	2157	3730	2157		
宁　夏	335	691	335	691		
新　疆	106732	88402	106732	88402		

柴油　　4－25 续表 23　　单位:吨

地区	合计		批发		零售	
	2003 年	2002 年	2003 年	2002 年	2003 年	2002 年
全国	**168106639**	**159836238**	**168106639**	**159836238**		
北京	8138200	4119585	8138200	4119585		
天津	7605400	11941986	7605400	11941986		
河北	2283215	3562138	2283215	3562138		
山西	1748603	1061691	1748603	1061691		
内蒙古	1149626	1187607	1149626	1187607		
辽宁	22820923	17831815	22820923	17831815		
吉林	2211718	1480806	2211718	1480806		
黑龙江	4150762	5020541	4150762	5020541		
上海	20554207	25899213	20554207	25899213		
江苏	10171356	9246747	10171356	9246747		
浙江	13371557	13429235	13371557	13429235		
安徽	3944346	3698501	3944346	3698501		
福建	2268555	2681561	2268555	2681561		
江西	1903015	1741932	1903015	1741932		
山东	5737595	5497340	5737595	5497340		
河南	5566621	3257968	5566621	3257968		
湖北	10796792	10366314	10796792	10366314		
湖南	5060238	4145536	5060238	4145536		
广东	18817969	17249388	18817969	17249388		
广西	2271915	2472620	2271915	2472620		
海南	547466	319755	547466	319755		
重庆	1116409	1153753	1116409	1153753		
四川	3038118	2468130	3038118	2468130		
贵州	555799	605880	555799	605880		
云南	2156606	1223131	2156606	1223131		
西藏	30334		30334			
陕西	1959786	1831989	1959786	1831989		
甘肃	5575764	4374077	5575764	4374077		
青海	299588	267519	299588	267519		
宁夏	314683	270525	314683	270525		
新疆	1939473	1428955	1939473	1428955		

钢材　　4—25 续表 24　　单位:吨

地区	合计		批发		零售	
	2003 年	2002 年	2003 年	2002 年	2003 年	2002 年
全　国	**116443154**	**68759344**	**116443154**	**68759344**		
北　京	15234659	8596290	15234659	8596290		
天　津	12565210	9844026	12565210	9844026		
河　北	2723366	2167448	2723366	2167448		
山　西	212355	360599	212355	360599		
内蒙古	89227	19301	89227	19301		
辽　宁	6476296	5506855	6476296	5506855		
吉　林	355457	69561	355457	69561		
黑龙江	188313	396748	188313	396748		
上　海	34058099	4165994	34058099	4165994		
江　苏	4632662	4157981	4632662	4157981		
浙　江	8589069	9022628	8589069	9022628		
安　徽	2574279	2004743	2574279	2004743		
福　建	3606220	2475854	3606220	2475854		
江　西	375248	266143	375248	266143		
山　东	2378253	2185155	2378253	2185155		
河　南	1673205	1338913	1673205	1338913		
湖　北	1675287	992731	1675287	992731		
湖　南	622572	607295	622572	607295		
广　东	9964063	8719715	9964063	8719715		
广　西	496050	71875	496050	71875		
海　南	94846	109663	94846	109663		
重　庆	779272	706755	779272	706755		
四　川	1876125	1610691	1876125	1610691		
贵　州	143760	134923	143760	134923		
云　南	1287920	876502	1287920	876502		
西　藏						
陕　西	747234	294783	747234	294783		
甘　肃	1412228	497276	1412228	497276		
青　海	59875	986	59875	986		
宁　夏	2253	9224	2253	9224		
新　疆	1549751	1548686	1549751	1548686		

铜 4—25 续表 25 单位：吨

地区	合计		批发		零售	
	2003 年	2002 年	2003 年	2002 年	2003 年	2002 年
全　国	**1106648**	**967887**	**1106648**	**967887**		
北　京	25903	55107	25903	55107		
天　津	5172	11027	5172	11027		
河　北	358	120	358	120		
山　西	1309	1842	1309	1842		
内蒙古	5500		5500			
辽　宁	44111	36916	44111	36916		
吉　林						
黑龙江	529	167	529	167		
上　海	454541	427990	454541	427990		
江　苏	12402	16237	12402	16237		
浙　江	184232	149693	184232	149693		
安　徽	434	3284	434	3284		
福　建	81754	141220	81754	141220		
江　西						
山　东	2899	15	2899	15		
河　南	40640	8163	40640	8163		
湖　北	1377	1664	1377	1664		
湖　南	5137	9361	5137	9361		
广　东	170157	95919	170157	95919		
广　西						
海　南						
重　庆	562	1895	562	1895		
四　川	200	290	200	290		
贵　州		74		74		
云　南	2566	4196	2566	4196		
西　藏						
陕　西	4110	1666	4110	1666		
甘　肃	831		831			
青　海	3905	612	3905	612		
宁　夏						
新　疆	58019	429	58019	429		

铝　　　　4—25 续表 26　　　　单位:吨

地区	合计		批发		零售	
	2003 年	2002 年	2003 年	2002 年	2003 年	2002 年
全　国	**854747**	**627694**	**854747**	**627694**		
北　京	69090	39184	69090	39184		
天　津	19478	14200	19478	14200		
河　北	1908	1709	1908	1709		
山　西	142	196	142	196		
内蒙古	2367		2367			
辽　宁	5992	6146	5992	6146		
吉　林						
黑龙江	12901	7279	12901	7279		
上　海	92273	79479	92273	79479		
江　苏	48123	42317	48123	42317		
浙　江	163256	123824	163256	123824		
安　徽		448		448		
福　建	24602	32030	24602	32030		
江　西	3570	191	3570	191		
山　东	31557	18240	31557	18240		
河　南	44471	57963	44471	57963		
湖　北	12796	8907	12796	8907		
湖　南	25080	6102	25080	6102		
广　东	165910	117776	165910	117776		
广　西	47406	8052	47406	8052		
海　南						
重　庆	27335	44279	27335	44279		
四　川	2196	1209	2196	1209		
贵　州	15890	5641	15890	5641		
云　南	10579	9906	10579	9906		
西　藏						
陕　西	253	1658	253	1658		
甘　肃	26089	305	26089	305		
青　海						
宁　夏						
新　疆	1483	653	1483	653		

水泥 4—25 续表 27 单位:吨

地区	合计		批发		零售	
	2003 年	2002 年	2003 年	2002 年	2003 年	2002 年
全国	**12905707**	**9741282**	**12905707**	**9741282**		
北京	1331830	1128754	1331830	1128754		
天津	166278	188045	166278	188045		
河北	52149	149963	52149	149963		
山西	7551	7878	7551	7878		
内蒙古	1027	8175	1027	8175		
辽宁	109735	40771	109735	40771		
吉林	178	80	178	80		
黑龙江	313818	147254	313818	147254		
上海	1197969	1922441	1197969	1922441		
江苏	506830	366613	506830	366613		
浙江	2359771	765860	2359771	765860		
安徽	97687	121406	97687	121406		
福建	1976564	1283658	1976564	1283658		
江西						
山东	198483	245462	198483	245462		
河南	62404	74416	62404	74416		
湖北	98020	163677	98020	163677		
湖南	64118	122525	64118	122525		
广东	1828232	730271	1828232	730271		
广西	682207	508701	682207	508701		
海南	255		255			
重庆	8009		8009			
四川	399001	465953	399001	465953		
贵州	624965	331844	624965	331844		
云南	127410	264708	127410	264708		
西藏						
陕西	139514	212749	139514	212749		
甘肃	94198	72259	94198	72259		
青海						
宁夏	15	6087	15	6087		
新疆	457489	411732	457489	411732		

汽车 4—25 续表 28 单位:辆

地区	合计		批发		零售	
	2003年	2002年	2003年	2002年	2003年	2002年
全国	**2644163**	**2202713**	**2644163**	**2202713**		
北京	187272	138521	187272	138521		
天津	191991	283154	191991	283154		
河北	67142	89131	67142	89131		
山西	43041	27798	43041	27798		
内蒙古	22098	11077	22098	11077		
辽宁	99812	76483	99812	76483		
吉林	29225	22925	29225	22925		
黑龙江	22072	18212	22072	18212		
上海	491359	438318	491359	438318		
江苏	119840	84358	119840	84358		
浙江	209995	172430	209995	172430		
安徽	48148	25974	48148	25974		
福建	87637	64867	87637	64867		
江西	85820	70782	85820	70782		
山东	198652	179019	198652	179019		
河南	77254	65832	77254	65832		
湖北	14668	12910	14668	12910		
湖南	119923	43971	119923	43971		
广东	240527	188284	240527	188284		
广西	46110	29134	46110	29134		
海南	9883	4023	9883	4023		
重庆	53677	27469	53677	27469		
四川	43645	43249	43645	43249		
贵州	3846	4460	3846	4460		
云南	31773	19360	31773	19360		
西藏	1		1			
陕西	23561	19519	23561	19519		
甘肃	22369	7553	22369	7553		
青海	128	501	128	501		
宁夏	5937	1438	5937	1438		
新疆	46757	31961	46757	31961		

#轿车

4—25 续表 29

单位:辆

地区	合计		批发		零售	
	2003 年	2002 年	2003 年	2002 年	2003 年	2002 年
全国	**1514704**	**1246614**	**1514704**	**1246614**		
北京	111932	86055	111932	86055		
天津	152442	265697	152442	265697		
河北	16673	15355	16673	15355		
山西	15997	9543	15997	9543		
内蒙古	10232	5366	10232	5366		
辽宁	53026	36720	53026	36720		
吉林	17368	10419	17368	10419		
黑龙江	7615	9251	7615	9251		
上海	465349	406143	465349	406143		
江苏	53333	26936	53333	26936		
浙江	96826	85862	96826	85862		
安徽	21355	9290	21355	9290		
福建	45009	29275	45009	29275		
江西	15202	11330	15202	11330		
山东	43175	28194	43175	28194		
河南	22608	17450	22608	17450		
湖北	6945	2948	6945	2948		
湖南	73808	13254	73808	13254		
广东	128417	81939	128417	81939		
广西	20691	6264	20691	6264		
海南	3262	1570	3262	1570		
重庆	32716	11333	32716	11333		
四川	31418	29512	31418	29512		
贵州	2632	2828	2632	2828		
云南	23155	11428	23155	11428		
西藏	1		1			
陕西	10822	7667	10822	7667		
甘肃	7431	5677	7431	5677		
青海	56	153	56	153		
宁夏	1602	668	1602	668		
新疆	23606	18487	23606	18487		

摩托车　　4—25 续表 30　　单位:辆

地　区	合计		批发		零售	
	2003 年	2002 年	2003 年	2002 年	2003 年	2002 年
全　国	**3150459**	**2624918**	**3150459**	**2624918**		
北　京	33966	32873	33966	32873		
天　津	4315	6532	4315	6532		
河　北	72115	88268	72115	88268		
山　西	52054	57306	52054	57306		
内 蒙 古	10262	24315	10262	24315		
辽　宁	29939	28434	29939	28434		
吉　林	9832	7590	9832	7590		
黑 龙 江	37321	32181	37321	32181		
上　海	20230	42775	20230	42775		
江　苏	349552	214413	349552	214413		
浙　江	407401	361897	407401	361897		
安　徽	87071	24375	87071	24375		
福　建	243135	230939	243135	230939		
江　西	95	841	95	841		
山　东	461485	525427	461485	525427		
河　南	385933	337728	385933	337728		
湖　北	23924	14742	23924	14742		
湖　南	125417	94521	125417	94521		
广　东	175869	149912	175869	149912		
广　西	80791	67903	80791	67903		
海　南		534		534		
重　庆	458888	213104	458888	213104		
四　川	15940	3834	15940	3834		
贵　州	7935	6695	7935	6695		
云　南	13863	13168	13863	13168		
西　藏	216		216			
陕　西	9333	2280	9333	2280		
甘　肃	12836	10316	12836	10316		
青　海	697	2797	697	2797		
宁　夏	8782	8483	8782	8483		
新　疆	11262	20735	11262	20735		

拖拉机　　4—25 续表 31　　单位:台

地区	合计		批发		零售	
	2003 年	2002 年	2003 年	2002 年	2003 年	2002 年
全国	**207116**	**377079**	**207116**	**377079**		
北京	140	151	140	151		
天津	214	993	214	993		
河北	22802	21693	22802	21693		
山西	1986	3272	1986	3272		
内蒙古	7948	6581	7948	6581		
辽宁	8596	3045	8596	3045		
吉林	5236	1423	5236	1423		
黑龙江	11366	16968	11366	16968		
上海		43592		43592		
江苏	26244	27701	26244	27701		
浙江	8090	6565	8090	6565		
安徽	13637	20011	13637	20011		
福建	905	1002	905	1002		
江西	315	311	315	311		
山东	24642	57036	24642	57036		
河南	30934	114888	30934	114888		
湖北	4415	5189	4415	5189		
湖南	1697	1558	1697	1558		
广东	235	957	235	957		
广西	18275	9342	18275	9342		
海南	8	37	8	37		
重庆	433	586	433	586		
四川	412	761	412	761		
贵州	28	175	28	175		
云南	3924	16504	3924	16504		
西藏	3000		3000			
陕西	293	727	293	727		
甘肃	10056	11748	10056	11748		
青海	190	3537	190	3537		
宁夏						
新疆	1095	726	1095	726		

4—26 餐饮业销售情况

(2003 年)

单位:万元

	营业总收入	商品零售额
总 计	**63258892**	**59887061**
一、限额以上	**8962029**	**7840009**
1.按登记注册类型分组		
内资企业	6260250	5521350
国有企业	1118481	894150
集体企业	462026	381658
股份合作企业	252850	237559
联营企业	46711	38080
国有联营企业	20409	16658
集体联营企业	4476	2648
国有与集体联营企业	6885	5645
其他联营企业	14942	13130
有限责任公司	1240044	1078040
国有独资企业	25574	10336
其他有限责任公司	1214470	1067705
股份有限公司	356777	302560
私营企业	2732831	2550287
私营独资企业	646792	595138
私营合伙企业	163904	155326
私营有限责任公司	1797289	1685186
私营股份有限公司	124845	114637
其他企业	50531	39016
港、澳、台商投资企业	1166945	897000
合资经营企业	469387	378371
合作经营企业	298499	158841
独资经营企业	381811	344483
投资股份有限公司	17248	15305
外商投资企业	1534834	1421659
中外合资经营企业	638147	582405
中外合作经营企业	301481	261875
外资企业	567687	551172
外商投资股份有限公司	27518	26207
2.按国民经济行业分组		
正餐服务	7298103	6244199
快餐服务	1479534	1422372
饮料及冷饮服务	19658	16407
其他餐饮服务	164735	157031
二、限额以下	**54296863**	**52047053**

4—27 各地区餐饮业销售情况

(2003 年)

单位:万元

地区	营业总收入	商品零售额
全国	**63258892**	**59887061**
北京	1242425	1213501
天津	1106670	1099120
河北	2564296	2346644
山西	923821	876346
内蒙古	1015563	994708
辽宁	3447042	3388794
吉林	1604002	1530264
黑龙江	1577080	1524006
上海	2148324	2148258
江苏	4621640	4344381
浙江	3690553	3625536
安徽	1567531	1545309
福建	1779526	1701392
江西	934002	832723
山东	5245693	4610143
河南	3433529	3405151
湖北	3081774	2829257
湖南	2435423	2237886
广东	8738942	8130087
广西	1405469	1334666
海南	316349	314230
重庆	1106775	1073179
四川	3834265	3558925
贵州	776287	766636
云南	1176290	1158661
西藏		
陕西	1783931	1664525
甘肃	634675	622680
青海	164995	164414
宁夏	233395	206440
新疆	668627	639200

4－28 各地区限额以上餐饮业销售情况

（2003 年）

单位:万元

地区	营业总收入	商品零售额
全国	**8962029**	**7840009**
北京	665209	638999
天津	155921	148371
河北	97878	91234
山西	111528	102405
内蒙古	74298	71822
辽宁	412695	390946
吉林	89252	77355
黑龙江	113519	112876
上海	633798	633732
江苏	788917	655582
浙江	828594	791681
安徽	95436	95249
福建	360520	343211
江西	96837	92088
山东	610108	511204
河南	170823	157359
湖北	288909	258138
湖南	283007	250798
广东	2033398	1460381
广西	113387	105133
海南	56610	56219
重庆	208170	184157
四川	234117	204641
贵州	58561	57039
云南	77946	72916
西藏		
陕西	114098	100692
甘肃	62438	60466
青海	7963	7382
宁夏	38838	37251
新疆	79256	70683

4—29 各地区限额以上餐饮业销售情况

（2003 年，按登记注册类型分）

内资企业 单位：万元

地区	营业总收入	商品零售额
全国	**6260250**	**5521350**
北京	339157	318319
天津	95232	89002
河北	71467	65776
山西	94547	85424
内蒙古	63421	60944
辽宁	237663	220020
吉林	52510	44081
黑龙江	72414	71770
上海	406650	406584
江苏	616953	502824
浙江	678935	644230
安徽	73540	73352
福建	207388	196506
江西	72161	67692
山东	501649	416930
河南	151685	139516
湖北	209294	185443
湖南	217902	187135
广东	1258542	980770
广西	99412	91824
海南	32214	31859
重庆	181719	162213
四川	182598	153950
贵州	53428	52003
云南	60294	56629
西藏		
陕西	73516	72206
甘肃	46744	44773
青海	7095	6605
宁夏	36994	35407
新疆	65128	57564

国有企业 4—29 续表 1 单位:万元

地区	营业总收入	商品零售额
全国	**1118481**	**894150**
北京	54227	53209
天津	19966	19483
河北	29479	28008
山西	11315	10660
内蒙古	17289	15951
辽宁	39336	36046
吉林	19546	18518
黑龙江	4427	4135
上海	40615	40615
江苏	108427	81215
浙江	67252	63590
安徽	7033	7012
福建	47746	44046
江西	13939	13163
山东	157188	121258
河南	49759	45286
湖北	36815	25128
湖南	63138	48646
广东	163438	73863
广西	36697	32920
海南	3730	3672
重庆	26059	22991
四川	41048	34003
贵州	2837	2826
云南	7263	6690
西藏		
陕西	7098	5854
甘肃	4948	3134
青海	1206	1189
宁夏	7332	6694
新疆	29329	24346

集体企业 4—29 续表 2 单位:万元

地区	营业总收入	商品零售额
全国	**462026**	**381658**
北京	22399	19620
天津	3246	2616
河北	2943	2667
山西	4466	2699
内蒙古	760	658
辽宁	16425	16182
吉林	2225	1173
黑龙江	4703	4703
上海	32224	32224
江苏	40083	28476
浙江	50801	44950
安徽	3998	3998
福建	11632	11110
江西	2659	2519
山东	44967	34540
河南	23443	22509
湖北	6604	3664
湖南	5033	4950
广东	149959	112425
广西	8202	7019
海南	3896	3896
重庆	5009	4667
四川	6302	5074
贵州	778	778
云南	4762	4483
西藏		
陕西	766	766
甘肃	55	55
青海		
宁夏	417	417
新疆	3270	2822

股份合作企业　　4—29 续表 3　　单位:万元

地　区	营业总收入	商品零售额
全　国	**252850**	**237559**
北　京	15008	14787
天　津	847	847
河　北	1394	1284
山　西	4179	4179
内 蒙 古	1423	1423
辽　宁	5779	4934
吉　林		
黑 龙 江	425	425
上　海	12549	12549
江　苏	23306	22224
浙　江	29864	28607
安　徽	155	155
福　建	11137	8936
江　西	3826	3060
山　东	9534	7931
河　南	4327	4181
湖　北	2993	1327
湖　南	11279	11128
广　东	95714	93051
广　西	1386	1292
海　南	787	787
重　庆	6520	5571
四　川	5255	4564
贵　州	286	286
云　南	3111	2288
西　藏		
陕　西	263	263
甘　肃	1505	1483
青　海		
宁　夏		
新　疆		

联营企业 4－29 续表 4 单位：万元

地　区	营业总收入	商品零售额
全　国	**46711**	**38080**
北　京	5415	5291
天　津	1974	1974
河　北		
山　西		
内蒙古		
辽　宁		
吉　林		
黑龙江		
上　海		
江　苏	1706	1330
浙　江	7727	6487
安　徽	435	435
福　建	7784	7637
江　西	353	353
山　东	211	211
河　南	488	387
湖　北		
湖　南	802	802
广　东	16862	10523
广　西	1415	1409
海　南	297	
重　庆	230	230
四　川	422	422
贵　州		
云　南		
西　藏		
陕　西		
甘　肃		
青　海		
宁　夏		
新　疆	589	589

有限责任公司　　4—29 续表 5　　单位:万元

地　　区	营业总收入	商品零售额
全　　国	**1240044**	**1078040**
北　　京	95514	93255
天　　津	28887	24289
河　　北	11058	9572
山　　西	19231	16064
内 蒙 古	13778	13009
辽　　宁	30627	28484
吉　　林	7379	6110
黑 龙 江	3314	3019
上　　海	87010	87010
江　　苏	152426	117246
浙　　江	196732	184331
安　　徽	2674	2674
福　　建	30375	30002
江　　西	3683	2245
山　　东	103808	85999
河　　南	24306	20959
湖　　北	40373	37299
湖　　南	45564	36547
广　　东	171911	127015
广　　西	17097	16529
海　　南	9137	9137
重　　庆	26087	20976
四　　川	40577	31778
贵　　州	11550	11115
云　　南	9665	8681
西　　藏		
陕　　西	13640	13604
甘　　肃	13601	13515
青　　海	1615	1524
宁　　夏	17639	16798
新　　疆	10788	9252

股份有限公司　　4－29 续表 6　　单位:万元

地　　区	营业总收入	商品零售额
全　　国	**356777**	**302560**
北　　京	30539	23653
天　　津	1319	1319
河　　北	5366	4787
山　　西	6052	5621
内 蒙 古	6216	6186
辽　　宁	13781	10017
吉　　林	5356	4426
黑 龙 江	2639	2639
上　　海	14512	14470
江　　苏	12488	4217
浙　　江	53829	51623
安　　徽	1301	1301
福　　建	5117	5086
江　　西	5469	4175
山　　东	28669	22854
河　　南	3113	3045
湖　　北	9243	8808
湖　　南	27089	24601
广　　东	26317	16145
广　　西	8571	6864
海　　南	3382	3382
重　　庆	25257	19094
四　　川	13762	10856
贵　　州	577	577
云　　南	5297	5297
西　　藏		
陕　　西	35237	35237
甘　　肃	1085	1085
青　　海		
宁　　夏	2204	2204
新　　疆	2991	2991

私营企业　　4—29 续表 7　　单位:万元

地　　区	营业总收入	商品零售额
全　　国	**2732831**	**2550287**
北　　京	116056	108504
天　　津	36313	35795
河　　北	21228	19458
山　　西	46693	43591
内 蒙 古	22416	22178
辽　　宁	131716	124357
吉　　林	18005	13854
黑 龙 江	56906	56849
上　　海	219740	219716
江　　苏	275145	244758
浙　　江	272065	264176
安　　徽	57945	57778
福　　建	92787	88878
江　　西	42232	42178
山　　东	154533	141681
河　　南	46248	43148
湖　　北	113267	109218
湖　　南	61259	58311
广　　东	616770	539612
广　　西	26000	25746
海　　南	9537	9537
重　　庆	91905	88033
四　　川	65700	57721
贵　　州	34270	33291
云　　南	30197	29190
西　　藏		
陕　　西	16512	16482
甘　　肃	25551	25501
青　　海	4275	3892
宁　　夏	9402	9293
新　　疆	18160	17564

其他企业

4—29 续表 8

单位:万元

地区	营业总收入	商品零售额
全国	**50531**	**39016**
北京		
天津	2679	2679
河北		
山西	2611	2611
内蒙古	1539	1539
辽宁		
吉林		
黑龙江		
上海		
江苏	3372	3360
浙江	665	466
安徽		
福建	810	810
江西		
山东	2739	2457
河南		
湖北		
湖南	3738	2150
广东	17570	8137
广西	45	45
海南	1447	1447
重庆	651	651
四川	9532	9532
贵州	3131	3131
云南		
西藏		
陕西		
甘肃		
青海		
宁夏		
新疆		

港、澳、台商投资企业　　4—29 续表 9　　单位:万元

地　区	营业总收入	商品零售额
全　国	**1166945**	**897000**
北　京	78915	74417
天　津	7280	5960
河　北	597	597
山　西	7903	7903
内 蒙 古	5609	5609
辽　宁	52754	50422
吉　林	5308	2942
黑 龙 江	5408	5408
上　海	152551	152551
江　苏	21635	17281
浙　江	55506	53539
安　徽	4497	4497
福　建	84316	80793
江　西	7678	7503
山　东	25020	16648
河　南	13822	12943
湖　北	33559	31270
湖　南	25144	23702
广　东	467859	250902
广　西	5796	5160
海　南	7159	7159
重　庆	17696	13213
四　川	19932	19325
贵　州	2437	2395
云　南	7569	6599
西　藏		
陕　西	34153	22056
甘　肃	6929	6929
青　海	825	735
宁　夏	1845	1845
新　疆	7246	6700

外商投资企业　　4—29 续表 10　　单位：万元

地区	营业总收入	商品零售额
全国	**1534834**	**1421659**
北京	247137	246264
天津	53410	53410
河北	25814	24861
山西	9079	9079
内蒙古	5269	5269
辽宁	122279	120504
吉林	31435	30332
黑龙江	35698	35698
上海	74597	74597
江苏	150329	135477
浙江	94153	93912
安徽	17399	17399
福建	68816	65912
江西	16998	16893
山东	83440	77625
河南	5316	4901
湖北	46056	41425
湖南	39961	39961
广东	306997	228709
广西	8179	8149
海南	17237	17202
重庆	8755	8731
四川	31587	31367
贵州	2695	2641
云南	10083	9689
西藏		
陕西	6429	6429
甘肃	8764	8764
青海	42	42
宁夏		
新疆	6882	6420

4—30 各地区限额以上餐饮业销售情况

(2003 年,按国民经济行业分)

正餐服务 单位:万元

地 区	营业总收入	商品零售额
全 国	**7298103**	**6244199**
北 京	418242	394452
天 津	84183	81714
河 北	75156	68511
山 西	100525	91402
内蒙古	68799	66323
辽 宁	333812	312062
吉 林	71198	60403
黑龙江	107668	107025
上 海	349958	349892
江 苏	650768	517434
浙 江	732852	696036
安 徽	77430	77243
福 建	297742	281869
江 西	84147	79398
山 东	551820	453194
河 南	156379	142937
湖 北	227031	197406
湖 南	240565	210626
广 东	1721545	1197539
广 西	101679	93515
海 南	50303	49913
重 庆	197418	173599
四 川	213237	183982
贵 州	58561	57039
云 南	62826	58190
西 藏		
陕 西	89266	80210
甘 肃	55304	53333
青 海	7532	6956
宁 夏	36994	35407
新 疆	75165	66592

快餐服务　　4－30 续表 1　　单位:万元

地　　区	营业总收入	商品零售额
全　　国	**1479534**	**1422372**
北　　京	231734	229786
天　　津	32263	32169
河　　北	22454	22454
山　　西	10901	10901
内 蒙 古	5499	5499
辽　　宁	78883	78883
吉　　林	18055	16952
黑 龙 江	4592	4592
上　　海	228974	228974
江　　苏	122116	122116
浙　　江	86127	86127
安　　徽	18006	18006
福　　建	50495	50495
江　　西	12690	12690
山　　东	58055	57777
河　　南	12146	12124
湖　　北	61878	60733
湖　　南	29413	28759
广　　东	301826	255073
广　　西	10260	10260
海　　南	6306	6306
重　　庆	10752	10558
四　　川	17181	16961
贵　　州		
云　　南	10975	10581
西　　藏		
陕　　西	24832	20482
甘　　肃	7123	7123
青　　海	62	57
宁　　夏	1845	1845
新　　疆	4091	4091

饮料及冷饮服务　　4—30 续表 2　　单位:万元

地　区	营业总收入	商品零售额
全　国	19658	16407
北　京	8631	8616
天　津	1960	717
河　北		
山　西	102	102
内蒙古		
辽　宁		
吉　林		
黑龙江	1259	1259
上　海		
江　苏		
浙　江	1651	1555
安　徽		
福　建		
江　西		
山　东	233	233
河　南		
湖　北		
湖　南	3209	3209
广　东	1806	
广　西	118	28
海　南		
重　庆		
四　川	689	689
贵　州		
云　南		
西　藏		
陕　西		
甘　肃		
青　海		
宁　夏		
新　疆		

其他餐饮服务　　4—30 续表 3　　单位:万元

地　区	营业总收入	商品零售额
全　国	164735	157031
北　京	6602	6145
天　津	37516	33772
河　北	269	269
山　西		
内蒙古		
辽　宁		
吉　林		
黑龙江		
上　海	54866	54866
江　苏	16033	16033
浙　江	7963	7963
安　徽		
福　建	12283	10847
江　西		
山　东		
河　南	2298	2298
湖　北		
湖　南	9819	8204
广　东	8221	7770
广　西	1330	1330
海　南		
重　庆		
四　川	3009	3009
贵　州		
云　南	4146	4146
西　藏		
陕　西		
甘　肃	10	10
青　海	369	369
宁　夏		
新　疆		

4—31　各地区限额以下餐饮业销售情况

（2003 年）

单位：万元

地　区	营业总收入	商品零售额
全　国	**54296863**	**52047053**
北　京	577216	574502
天　津	950749	950749
河　北	2466418	2255410
山　西	812293	773941
内蒙古	941264	922886
辽　宁	3034347	2997848
吉　林	1514750	1452910
黑龙江	1463561	1411130
上　海	1514526	1514526
江　苏	3832723	3688799
浙　江	2861960	2833856
安　徽	1472094	1450061
福　建	1419006	1358181
江　西	837165	740635
山　东	4635585	4098939
河　南	3262706	3247792
湖　北	2792865	2571119
湖　南	2152416	1987088
广　东	6705544	6669706
广　西	1292082	1229533
海　南	259739	258011
重　庆	898605	889022
四　川	3600148	3354284
贵　州	717726	709597
云　南	1098343	1085744
西　藏		
陕　西	1669833	1563833
甘　肃	572238	562214
青　海	157032	157032
宁　夏	194557	169189
新　疆	589371	568517

4—32 限额以上批发零售贸易企业年末资产负债(一)

(2003 年)

单位:万元

	流动资产小计	#存货	长期投资	固定资产小计	固定资产原价
总计	**161953558**	**37737798**	**17956963**	**41901563**	**48907032**
一、批发企业	**131398620**	**28978540**	**15378487**	**23857918**	**28168400**
其中:国有及国有控股	89354172	20309070	12688749	18864419	22195063
(一)按登记注册类型分组					
内资企业	125413624	27319572	14985302	23418801	27549453
国有企业	58410021	13574893	7536606	11673945	13979229
集体企业	9748651	2061365	388999	1051269	1443288
股份合作企业	947388	220971	66334	190054	221011
联营企业	1158873	195812	135050	102339	121813
国有联营企业	654707	118940	50430	48581	69053
集体联营企业	100830	13544	43347	3772	5930
国有与集体联营企业	119676	20954	10095	20134	19887
其他联营企业	283660	42374	31178	29852	26943
有限责任公司	32023161	6428930	3629591	4142273	4744538
国有独资企业	6480069	1393640	1616483	1013215	1062819
其他有限责任公司	25543092	5035290	2013108	3129058	3681719
股份有限公司	13997602	2987614	2681830	5428726	6089849
私营企业	9052919	1827031	544736	822877	941040
私营独资企业	398842	86468	32462	42657	44434
私营合伙企业	86857	11627	4255	7234	8648
私营有限责任公司	8048699	1660323	483312	731627	838702
私营股份有限公司	518521	68613	24708	41359	49257
其他企业	75009	22957	2156	7319	8685
港、澳、台商投资企业	1627788	451231	238868	164639	234637
合资经营企业	277642	90808	10135	81044	107643
合作经营企业	139422	31129	32571	20606	34807
独资经营企业	1062908	309083	6473	31645	43186
投资股份有限公司	147817	20211	189689	31345	49000
外商投资企业	4357209	1207737	154317	274478	384311
中外合资经营企业	905934	436786	10029	127544	151324
中外合作经营企业	23634	4307	4804	5588	24934
外资企业	3426314	766447	139484	141312	207960
外商投资股份有限公司	1327	198		33	93

4—32 续表 1

单位:万元

	流动资产 小计	#存货	长期投资	固定资产 小计	固定资产 原价
(二)按国民经济行业分组					
农畜产品批发业	15360912	4681670	957138	1751650	2303298
食品、饮料及烟草制品批发业	21599873	5816731	2567864	5889574	7033139
米、面制品及食用油批发业	5302318	1735856	543480	887362	1068038
烟草制品批发业	11394747	3260415	1304652	3485018	4236830
纺织、服装及日用品批发业	15066631	1929425	2192227	1538422	1920342
服装批发业	4632923	711564	876777	441856	533795
文化、体育用品及器材批发业	3211293	777676	707254	787489	802338
医药及医疗器材批发业	7379064	2068132	623016	1367841	1614629
矿产品、建材及化工产品批发业	38459115	7438182	5278468	9666394	11071309
煤炭及制品批发业	2921830	415821	306154	637267	593882
石油及制品批发业	8258545	1616940	1530974	6396831	7297153
金属及金属矿批发业	17122000	3212555	2274692	1338990	1586087
建材批发业	2198158	337347	242573	344720	396214
化肥批发业	3484380	958555	189440	383093	493202
机械设备、五金交电及电子产品批发业	23087034	4732553	2400601	2223736	2624529
汽车、摩托车及零配件批发业	5961416	1494708	474257	625561	688367
家用电器批发业	2131781	622911	76667	151204	140933
计算机、软件及辅助设备批发业	933553	163785	109516	67357	73966
贸易经纪与代理	3652356	1017147	75171	214909	285886
其他批发业	3582342	517025	576748	417905	512930

4—32 续表 2

单位:万元

	流动资产小计	#存货	长期投资	固定资产小计	固定资产原价
二、零售企业	**30554938**	**8759257**	**2578477**	**18043644**	**20738631**
其中:国有及国有控股	12173617	3698459	1544188	10306080	11799682
(一)按登记注册类型分组					
内资企业	28070777	8141767	2506505	16365632	18608288
国有企业	4994066	1526571	269439	4302669	5060773
集体企业	1386453	356564	100923	818520	924947
股份合作企业	650378	174363	63831	314991	359505
联营企业	370967	147495	46718	148972	146485
国有联营企业	128525	55108	27779	38802	47983
集体联营企业	10586	5568	157	4127	5242
国有与集体联营企业	155927	65784	16574	63524	40415
其他联营企业	75928	21036	2209	42520	52845
有限责任公司	9143225	2548646	531565	3895240	4427708
国有独资企业	511701	144834	75001	321356	333779
其他有限责任公司	8631524	2403812	456564	3573884	4093929
股份有限公司	6112466	1786085	1251536	5517307	6173307
私营企业	5363775	1582327	241647	1361662	1504590
私营独资企业	334050	113862	14006	112542	132881
私营合伙企业	108587	34511	3670	32209	32397
私营有限责任公司	4593628	1332417	211655	1114504	1218887
私营股份有限公司	327509	101538	12316	102408	120425
其他企业	49448	19715	846	6271	10972
港、澳、台商投资企业	853258	176155	27211	658779	848353
合资经营企业	550337	119586	25555	412142	542607
合作经营企业	187479	20785	810	126074	162002
独资经营企业	114405	34902	847	120556	143730
投资股份有限公司	1038	881		7	14
外商投资企业	1630903	441336	44761	1019233	1281991
中外合资经营企业	953195	253958	30523	599902	810025
中外合作经营企业	230904	48357	10965	155823	225482
外资企业	436497	138309	3154	243883	219147
外商投资股份有限公司	10307	712	119	19626	27336

4—32 续表 3

单位:万元

	流动资产小计	#存货	长期投资	固定资产小计	固定资产原价
(二)按国民经济行业分组					
综合零售业	15412561	4510750	1697487	12199457	13950492
百货零售业	9711636	2560303	1394254	9520180	10770924
超级市场零售业	5123337	1782595	254441	2303366	2722168
食品、饮料及烟草制品专门零售业	1239151	420419	83289	675882	753344
纺织、服装及日用品专门零售业	873072	253266	55674	547158	605743
服装零售业	416867	112864	19702	337393	348501
文化、体育用品及器材专门零售业	1608287	579742	76826	1046728	1207346
体育用品零售业	35790	14020	614	16453	8583
图书零售业	1195775	416875	50257	850623	974480
医药及医疗器材专门零售业	1618386	541627	82445	478284	581315
药品零售业	1521385	510130	74777	452451	549392
汽车、摩托车、燃料及零配件专门零售业	5191603	1265459	312521	1475375	1631196
汽车零售业	4210808	1011886	219058	600994	614051
机动车燃料零售业	544912	123049	69900	795112	921696
家用电器及电子产品专门零售业	3585645	931199	164138	808264	1084780
家用电器零售业	2818486	695166	89935	454977	437453
计算机、软件及辅助设备零售业	403529	118384	25897	50210	58126
通讯设备零售业	316089	98607	44062	299925	585279
五金、家具及室内装修材料专门零售业	633391	184436	55712	286744	316022
无店铺及其他零售业	392843	72358	50386	525752	608394
邮购及电子销售业	17129	889	1152	329	448
(三)按零售业态分组					
百货商店	9485584	2377554	1351790	9533695	10742347
超级市场	6028290	2159455	268635	2719060	3196985
专业(专卖)店	11450258	3242397	714203	4013596	4829117
其他	3590806	979852	243850	1777293	1970184

4—33 限额以上批发零售贸易企业年末资产负债(二)

(2003年)

单位:万元

	累计折旧	#本年折旧	资产合计	负债合计	所有者权益合计
总计	**12505755**	**2584583**	**233805449**	**175195439**	**58610010**
一、批发企业	**7699717**	**1525860**	**178275749**	**134522184**	**43753565**
其中:国有及国有控股	6106233	1146091	126353670	92789295	33564375
(一)按登记注册类型分组					
内资企业	7474823	1484050	171245255	129223568	42021686
国有企业	4016222	755133	80021190	60796974	19224216
集体企业	536160	123110	11787677	10880711	906966
股份合作企业	45712	11897	1259641	970900	288741
联营企业	38216	8938	1441240	1117406	323834
国有联营企业	22742	2763	756443	577220	179222
集体联营企业	2167	660	148667	139610	9057
国有与集体联营企业	7673	4179	187157	127569	59588
其他联营企业	5634	1335	348973	273006	75967
有限责任公司	1249793	224606	41403096	31295711	10107385
国有独资企业	301903	44975	9281852	6510133	2771719
其他有限责任公司	947890	179631	32121244	24785578	7335666
股份有限公司	1383945	304367	24627163	15735790	8891373
私营企业	202624	55651	10620498	8352494	2268003
私营独资企业	12144	3081	492601	369284	123317
私营合伙企业	1996	595	103694	74485	29209
私营有限责任公司	179394	50149	9426747	7412632	2014115
私营股份有限公司	9090	1826	597455	496094	101361
其他企业	2151	348	84751	73582	11168
港、澳、台商投资企业	84905	11461	2120465	1543583	576882
合资经营企业	37859	4315	423271	315194	108077
合作经营企业	14200	793	200280	141884	58397
独资经营企业	15189	4692	1112673	942858	169815
投资股份有限公司	17656	1661	384241	143648	240593
外商投资企业	139990	30349	4910029	3755033	1154996
中外合资经营企业	48300	8004	1085782	849021	236762
中外合作经营企业	19371	1012	39770	57368	—17599
外资企业	72259	21322	3783110	2847990	935120
外商投资股份有限公司	60	11	1367	654	713

4—33 续表 1

单位:万元

	累计折旧	#本年折旧	资产合计	负债合计	所有者权益合计
(二)按国民经济行业分组					
农畜产品批发业	718218	153375	18785161	17984165	800996
食品、饮料及烟草制品批发业	2015234	423473	31064373	19179523	11884850
米、面制品及食用油批发业	301271	40604	6880356	5894364	985992
烟草制品批发业	1233838	300859	16638321	7977047	8661275
纺织、服装及日用品批发业	576542	88198	18235513	14351231	3884283
服装批发业	148073	27084	6065153	4391093	1674060
文化、体育用品及器材批发业	207950	36994	4844185	3353226	1490959
医药及医疗器材批发业	460200	83804	9837228	7746021	2091207
矿产品、建材及化工产品批发业	2822250	553433	58202366	41840052	16362314
煤炭及制品批发业	178978	39191	3909666	2789242	1120423
石油及制品批发业	1822835	378411	20034727	11991121	8043606
金属及金属矿批发业	369116	59829	21038505	16523515	4514991
建材批发业	79784	14980	3144320	2448032	696289
化肥批发业	157328	23364	4168450	3516843	651607
机械设备、五金交电及电子产品批发业	682150	135156	28508822	23116940	5391882
汽车、摩托车及零配件批发业	153148	42810	7346549	5949405	1397144
家用电器批发业	32797	7654	2371264	2090744	280520
计算机、软件及辅助设备批发业	24235	4358	1299655	886171	413484
贸易经纪与代理	80401	25485	4036780	3210840	825940
其他批发业	136772	25943	4761320	3740186	1021134

4－33 续表 2

单位：万元

	累计折旧	#本年折旧	资产合计	负债合计	所有者权益合计
二、零售企业	**4806038**	**1058723**	**55529700**	**40673255**	**14856446**
其中：国有及国有控股	2807744	557580	25974471	18000322	7974150
(一)按登记注册类型分组					
内资企业	4235103	947763	50610148	36909990	13700158
国有企业	1375005	265487	10183731	7658210	2525522
集体企业	215712	49266	2436027	1862519	573508
股份合作企业	82858	14141	1103428	845791	257637
联营企业	45751	9343	630387	440539	189848
国有联营企业	14854	4077	211889	152200	59690
集体联营企业	1770	216	27068	19635	7433
国有与集体联营企业	7150	894	249529	166819	82709
其他联营企业	21978	4156	141901	101885	40016
有限责任公司	931059	244561	14840839	11664782	3176058
国有独资企业	55262	11972	933566	772870	160696
其他有限责任公司	875797	232589	13907273	10891911	3015362
股份有限公司	1294345	265593	14070104	8742957	5327147
私营企业	285670	97861	7282745	5647172	1635573
私营独资企业	27869	8318	494217	399557	94660
私营合伙企业	4723	1051	147738	110922	36816
私营有限责任公司	229140	78512	6164004	4776752	1387252
私营股份有限公司	23938	9981	476787	359942	116845
其他企业	4703	1513	62886	48020	14866
港、澳、台商投资企业	201384	38907	1768560	1391577	376983
合资经营企业	133914	26310	1164405	882103	282301
合作经营企业	42270	9090	347816	311185	36632
独资经营企业	25193	3505	255295	196789	58506
投资股份有限公司	7	2	1045	1500	－455
外商投资企业	369551	72053	3150992	2371687	779305
中外合资经营企业	220219	40707	1907336	1309539	597796
中外合作经营企业	69832	17030	472177	355326	116851
外资企业	71789	13070	735943	670711	65233
外商投资股份有限公司	7711	1246	35536	36111	－575

4—33 续表 3

单位：万元

	累计折旧	#本年折旧	资产合计	负债合计	所有者权益合计
(二)按国民经济行业分组					
综合零售业	3076570	682429	32516118	23761467	8754651
百货零售业	2278945	439557	22714307	16128712	6585594
超级市场零售业	688380	205681	8710895	6791316	1919579
食品、饮料及烟草制品专门零售业	192025	46096	2157138	1747281	409857
纺织、服装及日用品专门零售业	114961	36483	1580085	1230968	349117
服装零售业	49583	16019	835442	666636	168807
文化、体育用品及器材专门零售业	313960	64765	2876572	1688519	1188053
体育用品零售业	2047	697	53758	44260	9498
图书零售业	249991	53606	2189745	1242702	947043
医药及医疗器材专门零售业	144027	29652	2333289	1773575	559714
药品零售业	136498	28390	2198026	1671492	526534
汽车、摩托车、燃料及零配件专门零售业	342280	92688	7362650	5314966	2047683
汽车零售业	124125	37402	5254574	3982209	1272365
机动车燃料零售业	190354	46938	1540197	894239	645957
家用电器及电子产品专门零售业	429036	72553	4623097	3703752	919345
家用电器零售业	77928	18212	3393625	2897546	496079
计算机、软件及辅助设备零售业	15999	3721	497014	390166	106848
通讯设备零售业	333300	50250	676823	371377	305446
五金、家具及室内装修材料专门零售业	54152	15009	1058138	851899	206239
无店铺及其他零售业	139027	19050	1022614	600828	421786
邮购及电子销售业	119	105	18650	12494	6156
(三)按零售业态分组					
百货商店	2246808	434112	22390552	16113719	6276833
超级市场	787383	244320	10231179	8064274	2166905
专业(专卖)店	1324467	268919	16871063	11944496	4926567
其他	447381	111372	6036906	4550766	1486141

4—34　限额以上批发零售贸易企业年末资产负债(三)

(2003 年)　　单位:万元

	实收资本	#国家资本	#港澳台资本	#外商资本
总　计	**35912977**	**13797550**	**565028**	**1356425**
一、批发企业	**24779157**	**11194465**	**226181**	**659757**
其中:国有及国有控股	17703902	10442787	74369	47476
(一)按登记注册类型分组				
内资企业	23745772	11107825	50458	4550
国有企业	10245675	6848713	33559	3346
集体企业	956213	111280		
股份合作企业	183225	20652		
联营企业	214904	73948		
国有联营企业	114200	46876		
集体联营企业	6851	279		
国有与集体联营企业	46791	24191		
其他联营企业	47062	2602		
有限责任公司	5620792	2045665	916	751
国有独资企业	1394418	1136522	62	
其他有限责任公司	4226374	909142	854	751
股份有限公司	4813809	1985667	14100	153
私营企业	1702776	20864	730	300
私营独资企业	77966	2194		
私营合伙企业	23713			
私营有限责任公司	1518791	16891	730	300
私营股份有限公司	82306	1780		
其他企业	8378	1037	1152	
港、澳、台商投资企业	298917	50404	166259	18927
合资经营企业	109821	22890	55661	3946
合作经营企业	41740	16134	12597	6655
独资经营企业	83637	776	73152	8327
投资股份有限公司	63719	10604	24849	
外商投资企业	734468	36236	9465	636280
中外合资经营企业	161050	36153	2102	82503
中外合作经营企业	41478			40562
外资企业	531891	83	7363	513165
外商投资股份有限公司	50			50

4—34 续表 1

单位:万元

	实收资本	＃国家资本	＃港澳台资本	＃外商资本
(二)按国民经济行业分组				
农畜产品批发业	1614120	941424	10	30005
食品、饮料及烟草制品批发业	3347296	2148797	35280	52822
米、面制品及食用油批发业	839773	641716	250	7312
烟草制品批发业	1239388	976232		
纺织、服装及日用品批发业	2310935	973927	20529	81642
服装批发业	665473	241124	17436	1584
文化、体育用品及器材批发业	641384	425909	3188	25929
医药及医疗器材批发业	1343836	382669	22582	2889
矿产品、建材及化工产品批发业	11064635	4965811	61328	79520
煤炭及制品批发业	656828	280356		
石油及制品批发业	5150583	2554675	56044	53487
金属及金属矿批发业	3306578	1454719	84	8685
建材批发业	495551	119724		8712
化肥批发业	399986	74758		
机械设备、五金交电及电子产品批发业	3367018	992655	46255	145781
汽车、摩托车及零配件批发业	972717	165241	24345	38717
家用电器批发业	235561	71274	2450	1243
计算机、软件及辅助设备批发业	194697	28858	4733	2020
贸易经纪与代理	315468	11916	26733	217735
其他批发业	774464	351356	10276	23434

4—34 续表 2

单位:万元

	实收资本	♯国家资本	♯港澳台资本	♯外商资本
二、零售企业	**11133820**	**2603084**	**338848**	**696669**
其中:国有及国有控股	4818408	2220545	66941	133327
(一)按登记注册类型分组				
内资企业	9598926	2464639	19663	34052
国有企业	1725057	1231922	417	7184
集体企业	475159	30968	712	102
股份合作企业	216348	7700		200
联营企业	149769	33308		
国有联营企业	43747	17548		
集体联营企业	2682	122		
国有与集体联营企业	56788	3137		
其他联营企业	46551	12500		
有限责任公司	2649978	355418	11486	3053
国有独资企业	104609	85893	71	
其他有限责任公司	2545369	269524	11415	3053
股份有限公司	2851569	794349	4477	22447
私营企业	1516659	9975	2571	1066
私营独资企业	90273	1475		950
私营合伙企业	26328	506		
私营有限责任公司	1294788	7365	2571	116
私营股份有限公司	105270	628		
其他企业	14388	1000		
港、澳、台商投资企业	445951	44936	278828	7538
合资经营企业	308007	39998	163323	6771
合作经营企业	84562	4939	69699	
独资经营企业	53197		45802	767
投资股份有限公司	184		4	
外商投资企业	1088943	93509	40356	655079
中外合资经营企业	733453	67352	29129	400759
中外合作经营企业	137980	9433	10813	95147
外资企业	214070	15574	415	158023
外商投资股份有限公司	3440	1150		1150

4—34 续表 3

单位:万元

	实收资本	#国家资本	#港澳台资本	#外商资本
(二)按国民经济行业分组				
综合零售业	6571281	1395196	294075	567895
百货零售业	4505120	1221487	177189	222336
超级市场零售业	1842181	159836	111073	340256
食品、饮料及烟草制品专门零售业	372532	167769	5495	19447
纺织、服装及日用品专门零售业	370738	41190	14783	46589
服装零售业	212330	20678	7773	34681
文化、体育用品及器材专门零售业	418465	228792	1000	6642
体育用品零售业	6251	346		487
图书零售业	255044	190280	400	5880
医药及医疗器材专门零售业	509341	146275	5755	357
药品零售业	477408	122908	5710	327
汽车、摩托车、燃料及零配件专门零售业	1562773	293210	16261	13395
汽车零售业	995433	125603	3296	1436
机动车燃料零售业	427086	159713	12764	11959
家用电器及电子产品专门零售业	730843	147783	494	8428
家用电器零售业	404576	48031		
计算机、软件及辅助设备零售业	129543	14669	266	8428
通讯设备零售业	184014	84502	229	
五金、家具及室内装修材料专门零售业	261094	32703	24	25902
无店铺及其他零售业	336755	150168	960	8015
邮购及电子销售业	5000			
(三)按零售业态分组				
百货商店	4434351	1243816	201429	197600
级市场	2087379	208689	91698	370745
专业(专卖)店	3318701	852091	29758	100760
其他	1293388	298489	15963	27563

4—35 各地区限额以上批发零售贸易企业年末资产负债

(2003 年)

单位:万元

地区	资产合计	#流动资产	#固定资产	负债合计	所有者权益合计
全国	**233805449**	**161953558**	**41901563**	**175195439**	**58610010**
北京	35254100	25861112	3118168	25732814	9521286
天津	7029858	5300148	1044249	5531831	1498027
河北	5318675	3406563	1509426	4289543	1029132
山西	3675700	2339694	1070531	2761808	913892
内蒙古	1621950	1086105	430916	1233455	388495
辽宁	10595862	7836264	2339011	8830889	1764973
吉林	3552179	2450756	791298	3181899	370279
黑龙江	3894583	2952379	1016726	3127871	766712
上海	22203541	14995582	3294176	15058457	7145085
江苏	15778875	10970996	3019209	11694800	4084075
浙江	19054552	14092641	2812623	13527374	5527178
安徽	4044725	2879303	821786	3174021	870704
福建	8353597	6006106	1392158	5393145	2960453
江西	1890410	1231873	496777	1434489	455921
山东	13853241	9127639	2986373	11112256	2740985
河南	6531838	4561023	1538306	5677667	854171
湖北	6811390	4405510	1513303	5382497	1428892
湖南	5531288	3312176	1325675	4326174	1205114
广东	25555366	16957817	4218986	18750962	6804404
广西	2304604	1342786	733859	1680640	623964
海南	767477	422266	231507	442940	324538
重庆	3510663	2408998	787081	2795686	714977
四川	4609997	2953868	979263	3314977	1295020
贵州	1937626	1348745	478220	1583986	353640
云南	7683251	5276299	1352230	5391251	2292000
西藏	207552	116601	56668	125236	82316
陕西	2827217	1825230	645346	2307702	519514
甘肃	1970191	1144805	586318	1513806	456385
青海	339105	180895	119013	223957	115148
宁夏	511861	337522	147524	344491	167370
新疆	6584174	4821856	1044837	5248816	1335359

4—36 各地区限额以上批发企业年末资产负债

（2003 年）

单位：万元

地区	资产合计	#流动资产	#固定资产	负债合计	所有者权益合计
全国	**178275749**	**131398620**	**23857918**	**134522184**	**43753565**
北京	29230544	22178004	1670533	21702048	7528496
天津	5520977	4492746	596564	4495387	1025590
河北	3694684	2592568	832967	3040406	654278
山西	2302029	1657884	487686	1751373	550656
内蒙古	1036169	782205	188587	823187	212983
辽宁	7620327	6432906	1131167	6640482	979845
吉林	2462131	1919466	338304	2368140	93991
黑龙江	2923937	2528418	512135	2408891	515046
上海	16556943	12179913	1486419	11225418	5331525
江苏	10833953	8196606	1497121	7904231	2929722
浙江	16123535	12352561	1950960	11470193	4653342
安徽	3253870	2446739	536469	2562154	691716
福建	6920134	5067730	993322	4453501	2466632
江西	1442204	970222	352460	1118134	324070
山东	9099885	6475561	1376843	7378138	1721747
河南	4499831	3341964	908176	3857356	642475
湖北	4690385	3451679	679886	3825062	865323
湖南	4164709	2666323	775728	3373634	791074
广东	20455959	13734030	2965256	14865126	5590833
广西	1431061	874381	410005	1095190	335871
海南	531406	292475	145314	274458	256948
重庆	2481856	1749674	481179	1981074	500781
四川	3141890	2037781	573501	2238380	903511
贵州	1556549	1133143	363829	1260428	296121
云南	6696316	4804169	1093363	4580021	2116295
西藏	111458	74281	24041	79313	32145
陕西	1870876	1347695	297941	1676550	194326
甘肃	1408416	922846	291551	1108340	300077
青海	214877	129688	56344	129647	85230
宁夏	281410	173533	74641	207660	73751
新疆	5717430	4391430	765624	4628266	1089164

其中:国有及国有控股 4—36 续表 单位:万元

地　区	资产合计	#流动资产	#固定资产	负债合计	所有者权益合计
全　国	**126353670**	**89354172**	**18864419**	**92789295**	**33564375**
北　京	24258175	17960873	1397074	17417182	6840993
天　津	4203823	3343886	515100	3507350	696473
河　北	2353436	1566855	637123	1919794	433641
山　西	1553661	1077452	398316	1200925	352736
内蒙古	905014	666052	175656	744057	160956
辽　宁	6347935	5412888	1017681	5639224	708712
吉　林	2196650	1738946	298617	2147480	49171
黑龙江	2242573	1895608	431689	1850484	392090
上　海	10751960	7324243	955439	7087790	3664171
江　苏	6988834	4982971	1151171	4562966	2425868
浙　江	8996297	6328294	1377901	5647770	3348528
安　徽	2306823	1716254	419853	1784715	522108
福　建	4656793	3197172	789893	2910889	1745904
江　西	1221153	784677	329822	922898	298255
山　东	5568853	3672691	1027089	4462988	1105865
河　南	2620763	1867484	630539	2130658	490105
湖　北	2761876	2026571	545630	2114161	647714
湖　南	3474071	2118743	690459	2709974	764097
广　东	13667076	8432576	2267639	9516829	4150247
广　西	1118415	641795	352853	854055	264360
海　南	331218	168667	93093	176565	154653
重　庆	1889755	1290097	428988	1507845	381910
四　川	2302538	1399268	446890	1581144	721394
贵　州	1506982	1092073	358323	1219333	287650
云　南	5830270	4132879	979966	3957348	1872922
西　藏	105325	73283	20520	77699	27626
陕　西	1476589	1057132	275906	1353874	122715
甘　肃	1003210	601127	266941	764863	238347
青　海	173821	101046	49903	98490	75331
宁　夏	224487	126039	69331	159157	65330
新　疆	3315294	2556533	465015	2760791	554503

4—37 各地区限额以上零售企业年末资产负债

(2003 年)

单位:万元

地区	资产合计	#流动资产	#固定资产	负债合计	所有者权益合计
全国	**55529700**	**30554938**	**18043644**	**40673255**	**14856446**
北京	6023556	3683108	1447635	4030766	1992790
天津	1508881	807402	447685	1036444	472437
河北	1623991	813996	676459	1249137	374855
山西	1373671	681811	582845	1010435	363236
内蒙古	585781	303900	242329	410268	175513
辽宁	2975535	1403358	1207844	2190407	785128
吉林	1090048	531291	452994	813760	276288
黑龙江	970646	423961	504591	718980	251666
上海	5646599	2815669	1807756	3833039	1813559
江苏	4944922	2774390	1522089	3790569	1154353
浙江	2931018	1740080	861663	2057182	873836
安徽	790855	432564	285318	611867	178988
福建	1433464	938377	398836	939643	493820
江西	448206	261651	144317	316355	131851
山东	4753356	2652078	1609529	3734118	1019238
河南	2032007	1219059	630130	1820311	211696
湖北	2121006	953831	833417	1557436	563570
湖南	1366580	645853	549947	952540	414040
广东	5099408	3223787	1253730	3885836	1213571
广西	873543	468405	323853	585450	288093
海南	236072	129791	86193	168482	67590
重庆	1028807	659323	305902	814612	214195
四川	1468107	916086	405761	1076598	391509
贵州	381078	215603	114392	323559	57519
云南	986935	472130	258867	811230	175705
西藏	96095	42320	32627	45923	50172
陕西	956341	477534	347405	631153	325188
甘肃	561775	221958	294767	405466	156309
青海	124227	51207	62670	94310	29918
宁夏	230451	163990	72883	136832	93619
新疆	866745	430426	279214	620550	246195

其中:国有及国有控股 4—37 续表 单位:万元

地区	资产合计	#流动资产	#固定资产	负债合计	所有者权益合计
全国	**25974471**	**12173617**	**10306080**	**18000322**	**7974150**
北京	2988615	1589310	935846	1683896	1304720
天津	992235	471947	323940	646024	346211
河北	970591	456456	428310	754561	216030
山西	557681	202401	321536	396297	161385
内蒙古	301846	154668	156150	224996	76850
辽宁	1477037	563823	717568	1040381	436656
吉林	432329	178927	203503	302429	129900
黑龙江	441580	169644	254773	336385	105196
上海	3586365	1536131	1251649	2193687	1392678
江苏	1885111	975950	722856	1362119	522992
浙江	796504	410526	293378	459958	336546
安徽	382399	191467	162565	283350	99049
福建	396303	241626	154918	232422	163881
江西	152822	89677	48870	105356	47466
山东	1897836	954842	739771	1557523	340313
河南	1110611	584598	427866	1077116	33495
湖北	1261933	527399	523919	895582	366351
湖南	910119	395914	395681	623812	286307
广东	1630179	774071	669581	1019438	610740
广西	496782	237573	239711	344264	152518
海南	58161	25428	31009	35350	22810
重庆	651368	398055	217485	537124	114244
四川	417136	176943	175263	314235	102901
贵州	169852	56085	80930	146122	23731
云南	408182	161225	125251	340898	67284
西藏	84579	39587	25221	41013	43567
陕西	424941	183883	163428	250599	174343
甘肃	375172	87643	259865	275717	99455
青海	38288	15983	22207	31414	6874
宁夏	140923	65715	36102	69296	71627
新疆	536992	256123	196928	418961	118032

4—38 限额以上批发零售贸易企业损益及分配(一)

(2003年)　　单位:万元

	商品销售收入净额	商品销售成本	经营费用	商品销售税金及附加	商品销售利润
总计	**418892374**	**385145479**	**15952682**	**627070**	**17147191**
一、批发企业	**336898683**	**312110314**	**10687964**	**392249**	**13688204**
其中:国有及国有控股	232302537	214316427	7198083	281516	10486559
(一)按登记注册类型分组					
内资企业	316711654	294218709	9609051	371927	12492016
国有企业	126673767	115758709	3752692	188494	6962883
集体企业	12552495	11898827	306758	11057	335853
股份合作企业	3183135	3014400	93614	2839	72281
联营企业	3298597	3126003	86992	2252	83350
国有联营企业	2108292	2001168	52345	1447	53332
集体联营企业	165748	150787	9463	184	5315
国有与集体联营企业	458452	436923	11572	236	9721
其他联营企业	566105	537126	13612	385	14983
有限责任公司	83891298	78659789	2702614	76402	2452494
国有独资企业	12908828	12016436	540506	9781	342104
其他有限责任公司	70982470	66643353	2162108	66620	2110389
股份有限公司	60291547	56265581	1946899	66056	2004047
私营企业	26580217	25271935	708587	24364	575331
私营独资企业	1313346	1228297	35738	1258	48053
私营合伙企业	294178	279590	8229	251	6109
私营有限责任公司	23913692	22765157	634924	19914	493698
私营股份有限公司	1059001	998891	29697	2941	27471
其他企业	240599	223464	10896	463	5776
港、澳、台商投资企业	4629269	4173210	230810	1815	223434
合资经营企业	874259	810776	40198	368	22917
合作经营企业	668587	604168	42531	342	21547
独资经营企业	2917096	2648320	108773	1105	158897
投资股份有限公司	169327	109945	39308		20074
外商投资企业	15557761	13718396	848103	18507	972754
中外合资经营企业	7335172	6715374	292095	287	327416
中外合作经营企业	124484	114555	8078	27	1824
外资企业	8089203	6881900	546930	18193	642180
外商投资股份有限公司	8902	6567	1000		1335

4—38 续表 1

单位:万元

	商品销售收入净额	商品销售成本	经营费用	商品销售税金及附加	商品销售利润
(二)按国民经济行业分组					
农畜产品批发业	12887770	12348396	527523	8655	3196
食品、饮料及烟草制品批发业	59051428	51326211	1979384	132705	5613128
米、面制品及食用油批发业	6345515	6091651	239257	2179	12428
烟草制品批发业	42282792	35866052	1182948	106273	5127518
纺织、服装及日用品批发业	32657676	30587123	1026955	13717	1029882
服装批发业	10719459	9918121	377088	4830	419421
文化、体育用品及器材批发业	5836638	5224400	251289	9612	351337
医药及医疗器材批发业	17525550	16041323	730648	21150	732430
矿产品、建材及化工产品批发业	138578932	130839902	3943575	140674	3634828
煤炭及制品批发业	7723484	6956797	509139	13460	244088
石油及制品批发业	66292220	62154761	2075319	69290	1972899
金属及金属矿批发业	39247686	37737355	657959	31571	820801
建材批发业	4580276	4350259	127443	5589	96984
化肥批发业	6776455	6437010	194577	2307	142561
机械设备、五金交电及电子产品批发业	53141518	50015089	1604528	37865	1484037
汽车、摩托车及零配件批发业	20323083	19196529	524978	10857	590718
家用电器批发业	5511727	5162408	274308	5311	69700
计算机、软件及辅助设备批发业	2654359	2536061	57497	1844	58957
贸易经纪与代理	7304379	6238656	414220	20631	630873
其他批发业	9914793	9489215	209843	7241	208494

4—38 续表 2

单位:万元

	商品销售收入净额	商品销售成本	经营费用	商品销售税金及附加	商品销售利润
二、零售企业	**81993691**	**73035165**	**5264718**	**234821**	**3458987**
其中:国有及国有控股	31365391	27286847	2028068	111811	1938665
(一)按登记注册类型分组					
内资企业	74121943	66339269	4365089	223228	3194357
国有企业	10912050	9443915	705942	39905	722287
集体企业	3414130	3080978	164294	12401	156457
股份合作企业	1950801	1769768	96858	6573	77602
联营企业	1411727	1323846	53724	1983	32174
国有联营企业	371181	339327	20394	416	11045
集体联营企业	57686	50604	5812	498	772
国有与集体联营企业	801577	773225	11761	224	16367
其他联营企业	181283	160691	15757	846	3990
有限责任公司	24650025	22219132	1589761	61282	779851
国有独资企业	1111643	979640	59299	3799	68905
其他有限责任公司	23538383	21239492	1530462	57484	710946
股份有限公司	16335697	14256247	925745	64272	1089433
私营企业	15334382	14141412	823386	36389	333195
私营独资企业	927116	815935	79722	3803	27657
私营合伙企业	329330	297115	18666	1595	11954
私营有限责任公司	13123698	12145644	678454	27932	271668
私营股份有限公司	954238	882718	46544	3060	21916
其他企业	113131	103971	5379	422	3359
港、澳、台商投资企业	2193866	1775439	254091	6234	158102
合资经营企业	1538203	1262372	173636	3094	99102
合作经营企业	391570	308434	42975	2095	38067
独资经营企业	261906	202725	37398	1045	20737
投资股份有限公司	2187	1908	82		197
外商投资企业	5677882	4920457	645538	5359	106528
中外合资经营企业	3072047	2610180	370861	3883	87124
中外合作经营企业	979869	814321	103426	1033	61089
外资企业	1580819	1459431	169111	377	—48099
外商投资股份有限公司	45147	36525	2141	67	6414

4—38 续表 3

单位:万元

	商品销售收入净额	商品销售成本	经营费用	商品销售税金及附加	商品销售利润
(二)按国民经济行业分组					
综合零售业	41027908	35693986	3348319	144559	1841045
百货零售业	23999513	20621556	1506340	106506	1765112
超级市场零售业	15716876	13934110	1692966	33731	56070
食品、饮料及烟草制品专门零售业	2214959	1938044	170652	10727	95536
纺织、服装及日用品专门零售业	1845806	1448204	237752	10503	149347
服装零售业	940154	721920	129966	5422	82846
文化、体育用品及器材专门零售业	3247584	2524307	297743	18524	407009
体育用品零售业	60004	50357	4248	150	5249
图书零售业	2271867	1691061	231877	9697	339232
医药及医疗器材专门零售业	3552921	3085164	248759	8197	210800
药品零售业	3373196	2927257	237057	7817	201066
汽车、摩托车、燃料及零配件专门零售业	18388802	17423837	419480	18715	526770
汽车零售业	13025496	12475448	216492	10640	322916
机动车燃料零售业	4121687	3772320	173002	6490	169875
家用电器及电子产品专门零售业	9283657	8778876	328468	15231	161083
家用电器零售业	6861461	6506490	238661	9122	107189
计算机、软件及辅助设备零售业	1408942	1333217	47894	1189	26642
通讯设备零售业	899799	833069	35892	4506	26333
五金、家具及室内装修材料专门零售业	1546428	1351106	158228	5907	31188
无店铺及其他零售业	885626	791641	55317	2458	36210
邮购及电子销售业	45756	44430	272	152	902
(三)按零售业态分组					
百货商店	23044814	19813247	1327006	99321	1805240
超级市场	18536756	16435355	1989184	40425	71793
专业(专卖)商店	30195902	27491463	1372500	67467	1264473
其他	10216218	9295101	576028	27609	317481

4—39　限额以上批发零售贸易企业损益及分配(二)

(2003 年)　　　　单位:万元

	代购代销收入	主营业务利润	其他业务利润	管理费用	#税金	#财产保险
总　　计	**316165**	**17463356**	**2928141**	**11737548**	**320562**	**98611**
一、批发企业	**293684**	**13981888**	**1196747**	**7695598**	**200521**	**68777**
其中:国有及国有控股	256384	10742943	813100	5584058	153989	54367
(一)按登记注册类型分组						
内资企业	282911	12774926	1044779	7156125	190186	66781
国有企业	184954	7147838	521576	3867342	114207	36729
集体企业	2504	338357	49082	299733	7650	2843
股份合作企业	444	72726	8881	49057	1562	631
联营企业	—1164	82186	10819	45736	1010	315
国有联营企业	1178	54511	3841	26110	720	185
集体联营企业		5315	2140	3251	39	31
国有与集体联营企业	—2405	7316	2730	6855	57	31
其他联营企业	63	15045	2107	9519	194	67
有限责任公司	66383	2518877	309617	1626874	35039	11785
国有独资企业	12933	355038	86482	312141	7750	2378
其他有限责任公司	53450	2163839	223135	1314733	27289	9407
股份有限公司	25001	2029048	94250	930866	21656	12368
私营企业	4753	580085	49563	331557	8984	2038
私营独资企业	130	48183	1510	25450	505	149
私营合伙企业	1	6110	207	3410	134	38
私营有限责任公司	4533	498231	45024	289428	7541	1780
私营股份有限公司	90	27561	2823	13270	804	72
其他企业	34	5810	991	4960	77	73
港、澳、台商投资企业	43	223477	37434	144510	2299	730
合资经营企业	43	22960	2713	20296	664	78
合作经营企业		21547	3768	15333	123	95
独资经营企业		158897	29096	97341	1196	509
投资股份有限公司		20074	1858	11540	318	49
外商投资企业	10731	983485	114534	394962	8036	1266
中外合资经营企业	639	328055	6555	35867	2077	368
中外合作经营企业		1824	541	3627	252	36
外资企业	10092	652272	107438	355024	5697	862
外商投资股份有限公司		1335		445	10	

4－39 续表 1

单位：万元

	代购代销收入	主营业务利润	其他业务利润	管理费用	＃税金	＃财产保险
(二)按国民经济行业分组						
农畜产品批发业	7272	10468	52035	435563	10360	3986
食品、饮料及烟草制品批发业	37298	5650426	231285	2392105	70980	27911
米、面制品及食用油批发业	4055	16483	38998	195895	3740	1784
烟草制品批发业	21226	5148744	66210	1798717	53541	23192
纺织、服装及日用品批发业	26854	1056736	96989	753773	15072	4066
服装批发业	11351	430771	25411	247661	4803	1280
文化、体育用品及器材批发业	2605	353942	40364	241981	5554	1764
医药及医疗器材批发业	4787	737217	48593	681704	12369	4102
矿产品、建材及化工产品批发业	132266	3767094	337094	1780337	52581	20252
煤炭及制品批发业	7798	251886	72511	176698	5662	957
石油及制品批发业	44653	2017552	47785	717550	23775	12419
金属及金属矿批发业	61995	882796	120831	452654	11159	3252
建材批发业	1082	98066	37783	89508	2834	490
化肥批发业	947	143508	14656	98324	3303	1181
机械设备、五金交电及电子产品批发业	59036	1543073	242421	912336	25275	4786
汽车、摩托车及零配件批发业	7971	598689	40492	193168	6938	1618
家用电器批发业	2426	72126	14738	80371	1825	353
计算机、软件及辅助设备批发业	298	59254	8404	42376	883	136
贸易经纪与代理	8277	639150	101457	336725	3643	1023
其他批发业	15289	223783	46511	161075	4687	888

4—39 续表 2

单位:万元

	代购代销收入	主营业务利润	其他业务利润	管理费用	#税金	#财产保险
二、零售企业	**22480**	**3481467**	**1731393**	**4041950**	**120041**	**29835**
其中:国有及国有控股	—2622	1936043	662373	2033083	63947	14928
(一)按登记注册类型分组						
内资企业	22428	3216785	1349929	3611461	110436	27710
国有企业	—4649	717638	222131	817892	27061	7030
集体企业	8905	165362	52169	167143	5749	1171
股份合作企业	809	78411	23006	80016	2035	1237
联营企业	1106	33280	17320	29936	779	138
国有联营企业	8	11052	7940	11008	215	53
集体联营企业		772	1152	1421	22	2
国有与集体联营企业	1096	17464	3513	7413	287	32
其他联营企业	2	3992	4715	10095	255	51
有限责任公司	5231	785082	531896	1056154	29012	6910
国有独资企业	62	68967	13718	69308	1877	639
其他有限责任公司	5169	716115	518178	986847	27135	6272
股份有限公司	1464	1090897	285992	970334	34008	8253
私营企业	9552	342747	215716	484412	11729	2958
私营独资企业	136	27793	9590	30972	1115	187
私营合伙企业	39	11993	10108	16491	329	43
私营有限责任公司	9227	280895	188346	406527	9059	2519
私营股份有限公司	150	22066	7672	30422	1226	208
其他企业	9	3369	1699	5574	64	14
港、澳、台商投资企业	51	158153	89620	168216	2082	641
合资经营企业	51	99152	59250	110455	1510	547
合作经营企业		38067	14101	37177	464	35
独资经营企业		20737	16269	20464	108	59
投资股份有限公司		197		120		
外商投资企业	2	106530	291844	262273	7522	1483
中外合资经营企业	2	87126	169668	125275	4585	1079
中外合作经营企业		61089	49908	66573	2533	266
外资企业		—48099	71385	67073	183	117
外商投资股份有限公司		6414	883	3353	222	22

4—39 续表 3

单位:万元

	代购代销收入	主营业务利润	其他业务利润	管理费用	#税金	#财产保险
(二)按国民经济行业分组						
综合零售业	12971	1854015	1320446	2517625	76074	18167
百货零售业	9389	1774501	675332	1844768	61496	12731
超级市场零售业	3526	59596	606848	601537	12616	3543
食品、饮料及烟草制品专门零售业	427	95963	51059	154852	3979	868
纺织、服装及日用品专门零售业	4386	153734	45313	157630	4222	1348
服装零售业	1040	83886	21005	86267	2311	373
文化、体育用品及器材专门零售业	3860	410870	52719	358074	10507	3209
体育用品零售业	11	5261	1073	5288	92	23
图书零售业	24	339256	35128	297130	9013	2884
医药及医疗器材专门零售业	—8032	202768	18852	211471	5729	1691
药品零售业	—8035	193031	17880	201554	5560	1639
汽车、摩托车、燃料及零配件专门零售业	5178	531948	49199	306401	10898	2333
汽车零售业	1157	324073	40878	203909	6471	1067
机动车燃料零售业	3904	173780	3467	76234	3635	1105
家用电器及电子产品专门零售业	3345	164428	127928	212466	5079	1356
家用电器零售业	1638	108826	95880	142478	3216	1143
计算机、软件及辅助设备零售业	71	26713	10511	35130	1071	166
通讯设备零售业	831	27164	19150	30688	666	34
五金、家具及室内装修材料专门零售业	58	31246	50907	73841	2032	511
无店铺及其他零售业	287	36496	14970	49591	1520	351
邮购及电子销售业		902	117	672	2	2
(三)按零售业态分组						
百货商店	11647	1816887	618055	1856146	63104	14527
超级市场	4413	76206	705373	686817	14833	4039
专业(专卖)商店	—493	1263980	285203	1124970	29190	7901
其他	6914	324395	122763	374018	12914	3368

4—40 限额以上批发零售贸易企业损益及分配(三)

(2003年)

单位:万元

	#劳动待业保险	财务费用	#利息支出	营业利润	补贴收入	利润总额
总　　计	**782505**	**2717214**	**2054374**	**6127465**	**1292441**	**7550356**
一、批发企业	**492115**	**2119059**	**1581262**	**5571630**	**1185018**	**6811720**
其中:国有及国有控股	412742	1529152	1198072	4457758	1027330	5494994
(一)按登记注册类型分组						
内资企业	481436	1828921	1547908	5046420	1165074	6288714
国有企业	297124	838036	801627	2943813	644945	3567186
集体企业	20429	101708	73720	—16579	19949	16685
股份合作企业	2995	12343	10541	19305	2727	30887
联营企业	1700	15416	12271	37726	3041	38946
国有联营企业	1155	5049	5097	31731	1743	29311
集体联营企业	61	4277	3778	187	6	—1366
国有与集体联营企业	204	1164	493	2130	267	3620
其他联营企业	280	4927	2904	3678	1025	7383
有限责任公司	93450	474750	355227	927806	430999	1464351
国有独资企业	27935	113080	92940	1799	275896	298452
其他有限责任公司	65515	361670	262287	926007	155103	1165899
股份有限公司	55454	279155	217698	910313	41899	911976
私营企业	9978	107618	76488	222262	21515	256703
私营独资企业	483	5524	3852	18488	984	21754
私营合伙企业	95	698	357	1750	11	1961
私营有限责任公司	9140	97945	69343	189006	19611	215133
私营股份有限公司	260	3451	2936	13019	909	17855
其他企业	307	—105	336	1775		1979
港、澳、台商投资企业	3864	21414	8928	102746	4538	129841
合资经营企业	566	12685	2164	3390	584	3657
合作经营企业	518	2527	2257	7195	213	8745
独资经营企业	2620	5754	4804	82859	3641	89191
投资股份有限公司	160	448	—298	9302	100	28247
外商投资企业	6815	268725	24426	422465	15406	393166
中外合资经营企业	1075	227763	8170	70211	256	53851
中外合作经营企业	132	571	480	—1832		—2213
外资企业	5596	40393	15775	353194	15150	340636
外商投资股份有限公司	12	—2		892		892

4—40 续表 1 单位:万元

	＃劳动待业保险	财务费用	＃利息支出	营业利润	补贴收入	利润总额
(二)按国民经济行业分组						
农畜产品批发业	31977	281986	249476	－613003	591125	－99961
食品、饮料及烟草制品批发业	172196	297641	275394	3096410	347995	3472500
米、面制品及食用油批发业	15071	122342	105867	－242528	237552	－53211
烟草制品批发业	120826	91509	98744	3196568	71982	3310684
纺织、服装及日用品批发业	37672	237939	203499	157850	79028	322026
服装批发业	8211	69231	56418	122313	22387	188773
文化、体育用品及器材批发业	27429	43346	43032	111955	5365	128584
医药及医疗器材批发业	52928	173672	84568	104370	6071	162050
矿产品、建材及化工产品批发业	109094	510735	429352	1783512	57680	1832538
煤炭及制品批发业	9294	26410	24524	112526	3192	152992
石油及制品批发业	48416	134810	130280	1118653	4643	1065579
金属及金属矿批发业	25217	215709	167396	394741	10722	424356
建材批发业	6856	28802	23339	16425	9327	36460
化肥批发业	7357	35825	32400	24096	15519	53918
机械设备、五金交电及电子产品批发业	46797	466394	215830	540331	57861	574907
汽车、摩托车及零配件批发业	7961	297232	54557	257074	3879	232279
家用电器批发业	3165	13829	11143	－6696	1402	－2850
计算机、软件及辅助设备批发业	1599	12468	9927	12068	1949	17081
贸易经纪与代理	4219	46795	27042	336523	18079	329826
其他批发业	9803	60552	53069	53682	21814	89251

4—40 续表 2

单位：万元

	#劳动待业保险	财务费用	#利息支出	营业利润	补贴收入	利润总额
二、零售企业	**290390**	**598155**	**473113**	**555835**	**107423**	**738635**
其中：国有及国有控股	189940	278684	244819	268097	82294	373689
(一)按登记注册类型分组						
内资企业	276370	540428	431819	415768	106296	586654
国有企业	92142	103046	88872	7964	63547	50299
集体企业	14765	27724	18518	19890	2317	26511
股份合作企业	5607	15400	12066	7021	784	13547
联营企业	2165	8675	3869	11531	425	12389
国有联营企业	625	1713	1816	6261	114	6582
集体联营企业	44	131	57	481		790
国有与集体联营企业	920	4527	325	6559	7	7947
其他联营企业	576	2304	1671	—1771	304	—2930
有限责任公司	69068	141238	113353	139033	12343	157499
国有独资企业	7796	11674	9475	2046	1217	1966
其他有限责任公司	61272	129564	103878	136986	11126	155533
股份有限公司	78971	168053	148845	235466	22747	311510
私营企业	13503	75676	45926	—4086	3559	15262
私营独资企业	476	6669	4021	—8133	143	—7351
私营合伙企业	308	2068	1581	2567	110	2817
私营有限责任公司	12098	61066	35974	6427	3204	23475
私营股份有限公司	621	5874	4351	—4946	102	—3679
其他企业	148	616	370	—1051	573	—362
港、澳、台商投资企业	6278	24457	10919	55505	66	34061
合资经营企业	5393	14850	9229	31424	65	11058
合作经营企业	708	6311	777	8213		7364
独资经营企业	178	3297	914	15791	1	15563
投资股份有限公司				77		77
外商投资企业	7743	33271	30375	84562	1062	117920
中外合资经营企业	5175	17871	15745	71548	321	82232
中外合作经营企业	1485	3933	3141	44812	18	44602
外资企业	882	9972	10119	—32768	717	—9898
外商投资股份有限公司	202	1495	1370	970	6	983

4—40 续表 3

单位：万元

	#劳动待业保险	财务费用	#利息支出	营业利润	补贴收入	利润总额
(二)按国民经济行业分组						
综合零售业	166105	401027	328392	248199	32414	363239
百货零售业	129463	325618	262941	271913	16799	331988
超级市场零售业	29861	65165	55460	2240	13221	47959
食品、饮料及烟草制品专门零售业	18638	29370	23376	—20577	58748	5353
纺织、服装及日用品专门零售业	7999	19534	14802	31639	1746	27054
服装零售业	3407	12258	10201	14797	1275	14695
文化、体育用品及器材专门零售业	39883	8921	8330	83839	1783	87007
体育用品零售业	546	891	724	235		472
图书零售业	33593	3313	3957	68987	1438	69584
医药及医疗器材专门零售业	23315	23828	20260	—3543	1661	—6647
药品零售业	22519	22762	19436	—3185	1558	—6600
汽车、摩托车、燃料及零配件专门零售业	12693	66167	47288	200130	4410	207535
汽车零售业	6621	47204	33155	113904	2161	122222
机动车燃料零售业	4555	12989	10818	77434	2182	72940
家用电器及电子产品专门零售业	11348	33420	19812	31898	945	58106
家用电器零售业	8371	23931	15703	26883	521	46857
计算机、软件及辅助设备零售业	1773	5719	2899	—1924	288	—1898
通讯设备零售业	891	3601	1098	6616	117	12646
五金、家具及室内装修材料专门零售业	4299	9915	6348	—12326	1314	—8558
无店铺及其他零售业	6111	5973	4507	—3423	4404	5546
邮购及电子销售业	23	—24	1	369		765
(三)按零售业态分组						
百货商店	134635	327607	270928	250574	18242	297492
超级市场	31313	77969	62843	7226	14860	64369
专业(专卖)商店	92471	136513	95591	304506	32614	352838
其他	31972	56066	43750	—6471	41708	23937

4—41 各地区限额以上批发零售贸易企业损益及分配

(2003 年)

单位:万元

地　区	商品销售收入净额	商品销售成本	经营费用	商品销售利润	管理费用	财务费用	利润总额
全　国	**418892374**	**385145479**	**15952682**	**17147191**	**11737548**	**2717214**	**7550356**
北　京	38835200	35838535	1613259	1333924	1125677	203711	811821
天　津	16034423	15229857	467586	325330	258529	77058	151995
河　北	8559672	7876705	337071	332739	307720	62380	73248
山　西	5421059	4930349	227476	247533	207677	43074	57462
内蒙古	2654465	2396335	120183	131276	95629	32701	39197
辽　宁	20679602	19395142	748798	512489	537767	124340	65248
吉　林	4912061	4686950	268459	—47971	146221	62915	21191
黑龙江	6007002	5431429	283500	260247	217167	100612	81097
上　海	48109134	43430152	2315173	2292278	1361178	395194	1320527
江　苏	32183554	29358738	1217031	1560882	880089	239379	809421
浙　江	45932852	42824388	1250157	1800163	843018	190141	1131449
安　徽	8574702	7844232	288414	430339	236436	47984	201206
福　建	16314759	15117529	554931	618810	481459	80463	304799
江　西	4352875	3940263	183721	219011	133013	16766	61829
山　东	22206288	20537056	731584	908896	697233	190651	235675
河　南	10212345	9429399	353708	410477	356220	71271	77150
湖　北	11664607	10737250	374119	529674	403529	79272	106190
湖　南	9100437	8239513	345069	499068	337105	63189	95072
广　东	55747466	51780655	2051065	1842856	1332080	250406	829128
广　西	4189373	3765744	185818	225986	162512	31520	62640
海　南	1385184	1245408	66147	71473	46144	5229	33610
重　庆	6254258	5679593	274690	283107	211551	45648	71125
四　川	9020942	8137608	355056	512394	268850	45868	233737
贵　州	2581349	2197367	145894	230152	114762	37311	87094
云　南	10923208	9538262	473931	883783	435560	71884	397080
西　藏	215321	139880	9442	65631	8995	2947	20446
陕　西	4449402	4079099	183155	179919	192136	36399	—4953
甘　肃	4893107	4548995	223039	114472	95277	28271	33129
青　海	590721	513571	25703	50074	25490	4754	20555
宁　夏	723049	648865	33527	39324	28437	6235	15878
新　疆	6163960	5626610	244979	282857	190089	69642	106310

4—42 各地区限额以上批发企业损益及分配

(2003 年)

单位:万元

地区	商品销售收入净额	商品销售成本	经营费用	商品销售利润	管理费用	财务费用	利润总额
全国	**336898683**	**312110314**	**10687964**	**13688204**	**7695598**	**2119059**	**6811720**
北京	30070188	28036763	981311	1023726	682597	159214	718395
天津	14175498	13572949	322179	272605	170404	64421	135939
河北	6946269	6457160	236185	245765	192913	42348	72223
山西	3976742	3620513	157553	188278	129905	25011	66127
内蒙古	1955343	1764778	86486	99860	59833	23139	41163
辽宁	16952769	16073014	565850	302583	280283	86899	62007
吉林	3508447	3394042	214164	—102078	80687	48244	24101
黑龙江	4895862	4468498	212856	188118	126732	87456	77010
上海	38278505	34921681	1358267	1955992	886018	345473	1088154
江苏	23949132	21996730	732026	1194840	519361	191745	737086
浙江	40573168	37995741	971121	1561652	633501	153680	1052371
安徽	7393664	6804609	220222	360646	174641	37921	189300
福建	13552373	12631968	399352	507338	386018	69480	278898
江西	3631913	3295638	149450	180304	97208	12564	56415
山东	15016526	13965025	440104	596193	359954	128933	202418
河南	7753960	7177641	244705	320316	240654	47870	82546
湖北	9031935	8418129	245485	355287	222447	52063	92182
湖南	7493710	6856206	232568	394715	233805	45981	85332
广东	46495374	43523447	1322809	1599149	955520	208805	757747
广西	3066388	2767699	129324	161794	94507	19867	55489
海南	1126996	1016060	50933	58423	34506	2738	30206
重庆	4394641	4021853	183397	182994	123818	31419	50139
四川	6701877	6063321	203540	423793	178975	28813	209277
贵州	2148461	1819088	110301	213091	92207	34195	89095
云南	9682993	8442807	384324	832316	373790	56965	405618
西藏	107971	55888	5503	46530	2425	2867	7049
陕西	3491167	3250398	114736	122664	130174	23538	—23048
甘肃	4351632	4070119	189438	87004	60504	21379	33306
青海	474044	411698	18891	42333	17073	2938	17713
宁夏	485042	436610	22362	25503	15221	4072	9622
新疆	5216096	4780242	182525	246471	139916	59022	107843

其中:国有及国有控股　　4—42 续表　　单位:万元

地区	商品销售收入净额	商品销售成本	经营费用	商品销售利润	管理费用	财务费用	利润总额
全国	**232302537**	**214316427**	**7198083**	**10486559**	**5584058**	**1529152**	**5494994**
北京	23884681	22198832	789160	873367	555303	130539	678932
天津	10872247	10411214	242271	212472	125584	50669	120105
河北	4550581	4188541	165692	190835	155005	29424	55335
山西	3056320	2757994	96334	192377	107543	19407	87035
内蒙古	1704691	1528495	79067	93080	55110	22268	37631
辽宁	14421300	13660650	508993	241503	236866	73503	46384
吉林	3225012	3132699	196971	—106723	74782	45799	28254
黑龙江	3469175	3138673	143033	162218	106849	79744	68599
上海	24423257	22756838	678616	969241	382903	290259	520408
江苏	15546456	14069507	455140	1002587	374677	89936	682042
浙江	21793797	20092232	502504	1169550	424960	71798	838014
安徽	5473624	4985155	174155	307462	142846	29383	159688
福建	8363446	7749087	227403	378173	196205	43948	222883
江西	3232144	2957702	100698	168083	91743	11548	51153
山东	8598102	7883935	275696	427850	253792	89960	142737
河南	5047351	4598710	176906	263968	190664	30103	76223
湖北	6906396	6396345	198546	300937	159158	26751	121935
湖南	6541322	5964496	198260	369297	211772	30392	101145
广东	29501430	27560275	757368	1155634	670579	133524	583305
广西	2395841	2158226	89961	142753	75172	16867	51115
海南	800665	722162	31637	45736	26781	2176	23697
重庆	3130847	2843041	137395	145267	103520	27587	48667
四川	4852589	4318771	156930	367665	142754	17411	194445
贵州	2033928	1713310	104717	210207	90191	33791	88197
云南	8027984	6937578	304262	766203	333291	48683	376281
西藏	105576	54068	5093	46383	2405	2827	6962
陕西	2709274	2507616	97897	100831	126293	21058	—40516
甘肃	3827836	3573726	172837	76486	54619	16050	31113
青海	388201	333602	13702	39799	14838	1988	17707
宁夏	375587	332862	19756	22484	13135	3509	9031
新疆	3042880	2790085	97086	150833	84721	38252	66490

4—43 各地区限额以上零售企业损益及分配

（2003 年）

单位：万元

地 区	商品销售收入净额	商品销售成 本	经营费用	商品销售利 润	管理费用	财务费用	利润总额
全 国	**81993691**	**73035165**	**5264718**	**3458987**	**4041950**	**598155**	**738635**
北 京	8765012	7801773	631948	310198	443080	44496	93426
天 津	1858926	1656908	145407	52725	88125	12638	16056
河 北	1613403	1419545	100886	86974	114806	20032	1025
山 西	1444317	1309836	69923	59255	77772	18063	—8666
内 蒙 古	699123	631557	33697	31415	35795	9562	—1966
辽 宁	3726833	3322129	182948	209907	257484	37441	3241
吉 林	1403614	1292908	54295	54106	65534	14671	—2910
黑 龙 江	1111140	962931	70643	72129	90435	13156	4087
上 海	9830629	8508471	956906	336286	475159	49721	232373
江 苏	8234422	7362008	485005	366041	360728	47634	72334
浙 江	5359684	4828647	279037	238512	209517	36461	79077
安 徽	1181038	1039623	68192	69693	61796	10063	11907
福 建	2762386	2485561	155578	111473	95441	10983	25901
江 西	720961	644625	34270	38706	35805	4202	5414
山 东	7189762	6572032	291481	312704	337279	61718	33258
河 南	2458385	2251758	109004	90161	115566	23402	—5395
湖 北	2632671	2319121	128635	174387	181082	27209	14009
湖 南	1606727	1383307	112501	104352	103300	17208	9740
广 东	9252092	8257209	728256	243707	376560	41601	71381
广 西	1122986	998045	56495	64193	68005	11653	7151
海 南	258188	229348	15214	13050	11638	2490	3404
重 庆	1859617	1657740	91293	100113	87732	14229	20986
四 川	2319065	2074287	151516	88601	89875	17055	24460
贵 州	432888	378279	35592	17061	22555	3116	—2001
云 南	1240215	1095455	89607	51467	61771	14919	—8538
西 藏	107350	83992	3940	19101	6570	80	13397
陕 西	958234	828701	68418	57255	61962	12861	18095
甘 肃	541475	478876	33601	27468	34773	6892	—177
青 海	116677	101874	6813	7742	8417	1816	2842
宁 夏	238007	212255	11164	13821	13216	2163	6256
新 疆	947864	846368	62454	36387	50173	10619	—1532

其中:国有及国有控股　　4—43 续表　　单位:万元

地　区	商品销售收入净额	商品销售成本	经营费用	商品销售利润	管理费用	财务费用	利润总额
全　国	**31365391**	**27286847**	**2028068**	**1938665**	**2033083**	**278684**	**373689**
北　京	3923008	3430948	295845	184789	239005	16993	56551
天　津	891334	818568	29866	40860	53595	6552	—1212
河　北	704666	607093	44727	49033	69456	11172	2302
山　西	484453	435668	22908	24207	28303	5791	1620
内蒙古	320367	286490	17145	15405	22594	6164	—3134
辽　宁	1365944	1182655	59407	118676	133248	18829	9927
吉　林	573109	524275	15447	32235	29426	5383	1257
黑龙江	420902	354369	28495	34932	48117	5892	2075
上　海	5327372	4479199	533071	292331	278645	31229	163609
江　苏	2867846	2521512	165742	172539	153932	20260	23155
浙　江	1260953	1087025	86700	83186	70250	6114	29212
安　徽	528262	458228	29518	38694	32879	4765	5690
福　建	616728	538714	32251	43900	32296	4475	13685
江　西	241681	206137	17195	17334	16767	837	1843
山　东	2269551	2005621	115946	141771	147156	26682	6511
河　南	1034580	933079	51020	46757	65967	15163	—15291
湖　北	1606010	1402610	62813	133945	129464	16436	12695
湖　南	844191	712157	51176	77243	66413	13924	7661
广　东	2263355	1967059	170417	119599	152306	10384	25861
广　西	576948	505568	28240	40602	38978	6507	3335
海　南	40289	34503	1641	4058	2858	117	1584
重　庆	1094954	979419	44265	65064	56175	10180	9381
四　川	439575	389400	23091	25901	24651	6697	533
贵　州	153908	129963	12478	10832	13097	1563	—509
云　南	235566	204284	17101	13575	24072	7023	—10193
西　藏	100927	78215	3636	18807	5733	20	11020
陕　西	293118	246888	14082	30921	31386	4846	5253
甘　肃	194033	164266	15361	13523	19371	4503	—659
青　海	57695	50954	2654	3923	4695	854	1145
宁　夏	130195	111899	7339	10340	8705	1155	5666
新　疆	503873	440082	28495	33680	33545	8177	3115

4—44 限额以上批发零售贸易企业工资福利及增值税

（2003 年） 单位：万元

	本年应付工资总额	本年应付福利费总额	本年应交增值税	本年进项税额	本年销项税额
总计	**5912148**	**916349**	**5505819**	**56472610**	**58258129**
一、批发企业	**3695526**	**596344**	**4107422**	**44861063**	**45343485**
其中：国有及国有控股	2640342	431067	3039203	32134652	32572944
（一）按登记注册类型分组					
内资企业	3394474	555479	3814242	41926307	42179518
国有企业	1779954	293231	1544851	16878221	17423916
集体企业	123572	29158	147095	974704	1095678
股份合作企业	28827	8969	21969	412521	438276
联营企业	22754	3036	19352	460485	455560
国有联营企业	14571	1814	15244	340046	347927
集体联营企业	554	71	1380	22606	23929
国有与集体联营企业	2816	459	1068	47942	42765
其他联营企业	4814	693	1660	49891	40939
有限责任公司	744198	122357	1052508	10609918	10150173
国有独资企业	144338	21127	136791	1390966	1150603
其他有限责任公司	599860	101230	915717	9218952	8999570
股份有限公司	460212	67410	857573	8893474	8913129
私营企业	232490	30986	169494	3670758	3675475
私营独资企业	7729	1000	4399	130474	129625
私营合伙企业	1768	388	2258	40024	41296
私营有限责任公司	216658	28839	157965	3368442	3370121
私营股份有限公司	6334	759	4872	131818	134434
其他企业	2468	333	1401	26227	27311
港、澳、台商投资企业	59661	7330	62977	606292	649727
合资经营企业	8762	426	10693	102812	113053
合作经营企业	8411	323	11794	104034	115976
独资经营企业	39333	6332	30695	379400	390794
投资股份有限公司	3156	249	9794	20046	29905
外商投资企业	241390	33535	230203	2328464	2514240
中外合资经营企业	28578	10990	88265	1598405	1681253
中外合作经营企业	3177	276	1391	19968	21778
外资企业	209530	22241	140441	708684	809696
外商投资股份有限公司	105	29	106	1407	1513

4—44 续表 1

单位:万元

	本年应付工资总额	本年应付福利费总额	本年应交增值税	本年进项税额	本年销项税额
(二)按国民经济行业分组					
农畜产品批发业	167197	26709	122285	928108	851040
食品、饮料及烟草制品批发业	1081238	165523	1215774	7929353	9342146
米、面制品及食用油批发业	90020	11321	23187	549265	407908
烟草制品批发业	766153	123447	1037039	6027785	7578644
纺织、服装及日用品批发业	327357	60116	294897	3160125	1667694
服装批发业	110119	25125	108212	1061951	555880
文化、体育用品及器材批发业	117569	16594	53842	708920	596541
医药及医疗器材批发业	310253	45306	208558	2612602	2735243
矿产品、建材及化工产品批发业	925994	157092	1387468	20282938	20865592
煤炭及制品批发业	63571	10996	140302	829314	870340
石油及制品批发业	383362	63271	943777	10542362	11223705
金属及金属矿批发业	278810	44941	201360	6412976	6363302
建材批发业	43469	5895	28945	638987	648928
化肥批发业	40789	13951	3942	41079	40969
机械设备、五金交电及电子产品批发业	530175	83690	621987	7663119	7670172
汽车、摩托车及零配件批发业	164622	29725	186580	3461867	3512954
家用电器批发业	48392	8477	242807	793592	1010631
计算机、软件及辅助设备批发业	24753	2807	15431	453131	474566
贸易经纪与代理	165191	18668	124084	712870	784477
其他批发业	70552	22647	78527	863028	830580

4—44 续表 2

单位:万元

	本年应付工资总额	本年应付福利费总额	本年应交增值税	本年进项税额	本年销项税额
二、零售企业	**2216623**	**320005**	**1398397**	**11611548**	**12914644**
其中:国有及国有控股	1088647	163283	599506	4222559	4952409
(一)按登记注册类型分组					
内资企业	1990021	287202	1214266	10615876	11767039
国有企业	462185	67663	197959	1248027	1415058
集体企业	88508	11597	40766	334073	369810
股份合作企业	43925	5662	30998	257597	266377
联营企业	18607	2255	17909	156911	170302
国有联营企业	8775	995	9495	53324	62386
集体联营企业	1336	32	2551	3459	3611
国有与集体联营企业	2778	573	1817	73227	74280
其他联营企业	5718	656	4046	26901	30025
有限责任公司	593257	89765	426684	3761675	4067395
国有独资企业	33802	5188	18380	150149	166364
其他有限责任公司	559455	84577	408304	3611527	3901031
股份有限公司	435646	72647	298512	2252098	2475685
私营企业	315740	37290	195065	2561817	2713165
私营独资企业	23214	2970	25044	173888	201464
私营合伙企业	7554	984	2548	39704	41613
私营有限责任公司	266151	31234	159565	2212225	2327665
私营股份有限公司	18820	2102	7909	136001	142424
其他企业	32154	323	6374	43678	289246
港、澳、台商投资企业	80301	8895	68520	294732	352821
合资经营企业	54888	6679	44965	213546	252403
合作经营企业	14808	417	8837	45977	54134
独资经营企业	10538	1799	14690	34866	45912
投资股份有限公司	67		29	343	372
外商投资企业	146301	23908	115611	700940	794785
中外合资经营企业	91644	11606	62016	401570	459881
中外合作经营企业	23983	4100	25227	127224	150472
外资企业	29356	8057	27082	165805	176844
外商投资股份有限公司	1318	145	1286	6341	7589

4—44 续表 3

单位:万元

	本年应付工资总额	本年应付福利费总额	本年应交增值税	本年进项税额	本年销项税额
(二)按国民经济行业分组					
综合零售业	1255464	178338	807400	5484197	6084287
百货零售业	759659	120608	521336	2979451	3378771
超级市场零售业	443465	52041	264538	2375908	2557500
食品、饮料及烟草制品专门零售业	100104	13373	38310	197323	230412
纺织、服装及日用品专门零售业	79762	10689	57579	192954	233937
服装零售业	38226	4639	30086	108108	128613
文化、体育用品及器材专门零售业	205607	33105	100450	351594	436780
体育用品零售业	2549	334	1214	8504	9212
图书零售业	165449	27542	80851	219067	287338
医药及医疗器材专门零售业	162297	23228	65891	536268	596107
药品零售业	155152	22437	62648	512361	569440
汽车、摩托车、燃料及零配件专门零售业	177372	24666	216746	3003003	3155600
汽车零售业	105580	14999	144943	2209361	2283636
机动车燃料零售业	50832	7827	64290	536443	602918
家用电器及电子产品专门零售业	160852	26744	69682	1554162	1858494
家用电器零售业	109026	11428	53040	1017759	1304521
计算机、软件及辅助设备零售业	23373	3249	12218	385588	399984
通讯设备零售业	25492	11822	3521	131982	134861
五金、家具及室内装修材料专门零售业	40030	5106	27355	193289	208046
无店铺及其他零售业	35137	4757	14983	98758	110982
邮购及电子销售业	110	15	—33	7438	7405
(三)按零售业态分组					
百货商店	729920	116288	495996	2838433	3222988
超级市场	518761	62438	321865	2764639	2994010
专业(专卖)商店	726908	102839	445754	4676308	5248483
其他	241034	38440	134783	1332168	1449164

4—45 各地区限额以上批发零售贸易企业工资福利及增值税

(2003 年)

单位:万元

地区	本年应付工资总额	本年应付福利费总额	本年应交增值税	本年进项税额	本年销项税额
全国	**5912148**	**916349**	**5505819**	**56472610**	**58258129**
北京	555861	73494	457319	5475786	5615693
天津	141763	18813	77178	2391976	2292717
河北	149852	23648	85103	1104700	1101767
山西	78198	13431	142810	649448	700695
内蒙古	42502	6830	29932	343728	341076
辽宁	210204	34100	139579	3031653	3119240
吉林	69767	11741	35382	495471	531799
黑龙江	98065	24767	101402	676525	826501
上海	771960	117001	579256	6999956	7085958
江苏	465632	79402	1002923	4193252	4225321
浙江	460006	72433	407311	5688349	5327744
安徽	103491	14154	95720	1119161	1155851
福建	231181	31502	162171	2232208	2128391
江西	63797	9374	58769	614275	606876
山东	318685	45886	196761	2838398	3145703
河南	190380	25363	106002	1274408	1344718
湖北	163322	21958	174955	1677720	1779055
湖南	142466	35204	138402	1222894	1315121
广东	741358	96581	685699	7505551	8129339
广西	85365	20894	60769	566259	600915
海南	19181	2558	16266	194049	209198
重庆	166421	24073	67679	927955	988604
四川	135091	18969	173081	1146458	1312207
贵州	65499	11600	61076	335651	385996
云南	197566	32981	179922	1454919	1636495
西藏	5841	811	3871	6079	19151
陕西	70424	9291	54217	558811	568395
甘肃	49546	19209	133554	737253	773373
青海	10121	1613	8141	84254	90941
宁夏	17080	2387	9464	101782	111445
新疆	91525	16280	61106	823683	787847

4—46 各地区限额以上批发企业工资福利及增值税

（2003年）　　单位:万元

地　区	本年应付工资总额	本年应付福利费总额	本年应交增值税	本　年进项税额	本　年销项税额
全　国	**3695526**	**596344**	**4107422**	**44861063**	**45343485**
北　京	296448	38289	307066	4225237	4244922
天　津	82611	11624	49879	2146020	2022182
河　北	87294	14888	65467	888529	870155
山　西	42932	8034	114371	488208	521175
内蒙古	27306	4409	22703	254566	246188
辽　宁	126562	22626	90649	2518303	2567877
吉　林	40661	7359	25503	336727	359639
黑龙江	64100	11378	75961	547307	679959
上　海	497490	75562	380631	5511253	5433818
江　苏	259005	51758	804300	2911889	2811040
浙　江	345624	56348	315703	4938338	4509750
安　徽	69403	9718	78383	967967	987372
福　建	147704	19321	120713	1688574	1555742
江　西	41746	6362	47838	521801	505701
山　东	149234	22843	120730	1833124	1864914
河　南	126090	17895	78517	1015644	1067172
湖　北	98096	12561	127878	1315730	1374947
湖　南	85652	18666	102098	1010528	1069896
广　东	468185	65000	530994	6235507	6741956
广　西	42764	14615	40476	411838	433924
海　南	14103	2004	12535	154209	166000
重　庆	130487	18254	40962	641643	676780
四　川	80469	12297	116049	831192	966579
贵　州	50079	8610	51015	273769	316570
云　南	168399	28272	165432	1270291	1436680
西　藏	2959	396	1246	5659	13151
陕　西	38743	5407	36389	433318	425920
甘　肃	33427	17333	127043	648636	677612
青　海	6400	862	6303	73468	77862
宁　夏	8276	1240	5553	67630	73385
新　疆	63281	12414	45036	694159	644617

其中:国有及国有控股 4—46 续表 单位:万元

地区	本年应付工资总额	本年应付福利费总额	本年应交增值税	本年进项税额	本年销项税额
全国	**2640342**	**431067**	**3039203**	**32134652**	**32572944**
北京	223038	31829	193285	3385270	3320791
天津	59987	9212	37790	1688378	1554866
河北	72178	12106	49085	602955	580170
山西	36649	6339	92560	408467	455954
内蒙古	25675	4104	20455	195946	217175
辽宁	111235	20687	72747	2135094	2177627
吉林	35408	6714	23217	299373	320185
黑龙江	53827	8922	55776	431334	559234
上海	230534	40637	172876	3959689	3773231
江苏	131930	21464	560258	1912018	1867316
浙江	235717	37299	217997	2751984	2508197
安徽	54190	7697	68058	741354	760195
福建	86570	13496	95385	1079269	1004120
江西	36882	5699	37639	464292	445032
山东	103564	17001	88612	1107243	1106483
河南	99263	14455	63334	666152	706098
湖北	84289	10371	111219	1043834	1093191
湖南	75755	16363	96921	893847	930396
广东	343536	47318	402223	4069864	4533818
广西	34170	5819	35937	320846	341860
海南	10989	1555	8732	112505	122328
重庆	116057	16614	33953	458171	489832
四川	66655	9441	105969	609626	738957
贵州	48372	8232	49418	258459	299719
云南	146165	24978	151207	1080088	1229482
西藏	2080	369	1246	5659	13151
陕西	35396	5093	29947	343971	330318
甘肃	30620	16741	123615	586204	605321
青海	5515	745	6164	65240	69660
宁夏	7058	1076	5152	54628	60185
新疆	37038	8690	28428	402896	358054

4—47 各地区限额以上零售企业工资福利及增值税

（2003 年）

单位:万元

地　区	本年应付工资总额	本年应付福利费总额	本年应交增值税	本　年进项税额	本　年销项税额
全　国	2216623	320005	1398397	11611548	12914644
北　京	259412	35205	150253	1250549	1370771
天　津	59152	7189	27299	245956	270535
河　北	62558	8760	19637	216171	231612
山　西	35266	5397	28439	161241	179520
内 蒙 古	15197	2421	7229	89162	94888
辽　宁	83642	11474	48930	513350	551363
吉　林	29106	4383	9880	158744	172159
黑 龙 江	33965	13390	25442	129218	146542
上　海	274470	41440	198625	1488703	1652140
江　苏	206627	27644	198624	1281363	1414281
浙　江	114382	16085	91608	750011	817994
安　徽	34088	4436	17337	151194	168479
福　建	83477	12181	41457	543634	572649
江　西	22052	3012	10931	92474	101175
山　东	169451	23043	76031	1005273	1280789
河　南	64290	7468	27485	258763	277546
湖　北	65227	9397	47077	361991	404109
湖　南	56814	16538	36304	212367	245225
广　东	273174	31581	154704	1270044	1387384
广　西	42602	6279	20293	154421	166991
海　南	5079	554	3732	39840	43198
重　庆	35934	5819	26717	286313	311824
四　川	54622	6672	57031	315266	345628
贵　州	15420	2990	10061	61882	69425
云　南	29167	4709	14489	184627	199816
西　藏	2882	415	2625	421	6001
陕　西	31681	3884	17828	125493	142475
甘　肃	16120	1877	6511	88616	95761
青　海	3721	751	1838	10786	13079
宁　夏	8804	1147	3912	34152	38060
新　疆	28244	3867	16070	129524	143230

其中:国有及国有控股 4－47 续表 单位:万元

地　　区	本年应付工资总额	本年应付福利费总额	本年应交增值税	本　年进项税额	本　年销项税额
全　　国	**1088647**	**163283**	**599506**	**4222559**	**4952409**
北　　京	155159	21647	79632	532301	599445
天　　津	28045	3531	9864	114686	123916
河　　北	35784	5155	10133	88780	99677
山　　西	15433	2057	5446	42743	47786
内 蒙 古	8445	1528	4275	34635	38408
辽　　宁	42878	6288	20828	184793	204423
吉　　林	15526	2293	2652	41376	49574
黑 龙 江	15631	2326	8922	35783	44119
上　　海	172193	24085	97287	865171	952006
江　　苏	91857	13255	97646	471434	532756
浙　　江	35803	5923	25896	166070	190357
安　　徽	19435	2297	9964	56911	66753
福　　建	17958	3158	11121	75907	83359
江　　西	12687	1856	5293	27941	32732
山　　东	91931	11206	36061	275079	520452
河　　南	34463	4778	14203	98295	108781
湖　　北	40315	6334	31331	226256	254787
湖　　南	29822	13426	20289	103352	124517
广　　东	96083	12118	48166	282359	319905
广　　西	27603	3974	7155	76763	84815
海　　南	794	103	1079	4910	5736
重　　庆	20650	4547	16057	188563	203450
四　　川	10492	2032	4417	31309	37657
贵　　州	7988	1285	3211	19087	22059
云　　南	11341	1864	3553	28758	32824
西　　藏	2647	276	2280	421	6001
陕　　西	14211	1877	6968	34057	40710
甘　　肃	9176	1065	2289	25293	26559
青　　海	2087	83	1195	5031	5974
宁　　夏	6425	705	2783	17344	20032
新　　疆	15788	2214	9509	67151	72842

4—48　限额以上餐饮企业年末资产负债

（2003 年）　　单位：万元

	流动资产小计	#存货	长期投资	固定资产小计	固定资产原价
总　计	**3060050**	**355940**	**274922**	**6200222**	**7579590**
其中：国有及国有控股	699763	67596	102966	1995783	2374380
一、按登记注册类型分组					
内资企业	2344356	264531	186440	4597450	5387998
国有企业	428580	39910	56667	1201047	1436463
集体企业	162368	23384	8590	419230	530836
股份合作企业	75005	8127	2799	95787	124241
联营企业	16171	1384	512	28596	35086
国有联营企业	6691	462	1	17136	19376
集体联营企业	1434	338	33	9029	12015
国有与集体联营企业	5106	212	458	389	1010
其他联营企业	2941	372	21	2043	2685
有限责任公司	525468	51840	40000	1167009	1344500
国有独资企业	4995	482	7459	14205	20819
其他有限责任公司	520473	51358	32541	1152804	1323681
股份有限公司	137606	12858	15388	314894	310465
私营企业	993153	126082	62186	1361074	1593085
私营独资企业	166143	23910	16745	267057	312802
私营合伙企业	57625	11436	1746	90576	96996
私营有限责任公司	723387	84081	40724	931364	1107940
私营股份有限公司	45998	6655	2971	72077	75347
其他企业	6004	947	299	9813	13323
港、澳、台商投资企业	369988	39715	45629	736380	1055764
合资经营企业	176478	19870	36781	452128	622773
合作经营企业	95146	7481	7930	168505	246692
独资经营企业	95180	11801	918	97114	158279
投资股份有限公司	3184	563		18633	28019
外商投资企业	345706	51693	42853	866392	1135829
中外合资经营企业	147713	20295	25171	558795	712980
中外合作经营企业	104268	12143	487	121957	171122
外资企业	91208	18020	17195	183131	248396
外商投资股份有限公司	2517	1237		2509	3331
二、按国民经济行业分组					
正餐服务业	2784469	306906	237389	5808160	7018179
快餐服务业	228954	44938	32244	318736	471652
饮料及冷饮服务业	5280	930	80	5543	7880
其他餐饮服务业	41347	3166	5208	67783	81879

4—48 续表 1

单位:万元

	累计折旧	#本年折旧	资产合计	负债合计
总　计	**1932265**	**383714**	**11108291**	**7449800**
其中:国有及国有控股	599496	114465	3166593	2057827
一、按登记注册类型分组				
内资企业	1250782	262474	8134608	5233207
国有企业	351662	57228	1891385	1192142
集体企业	134624	23599	645722	387051
股份合作企业	39264	7279	199283	139574
联营企业	11861	1089	49242	42333
国有联营企业	7168	431	26485	17617
集体联营企业	3321	438	11200	17354
国有与集体联营企业	653	52	6156	3486
其他联营企业	718	169	5400	3876
有限责任公司	280252	64200	2000707	1379052
国有独资企业	8790	1235	41024	13647
其他有限责任公司	271462	62965	1959683	1365405
股份有限公司	89193	16253	503794	324141
私营企业	339686	91906	2826071	1760043
私营独资企业	62355	15019	501868	269388
私营合伙企业	11384	3339	180883	86777
私营有限责任公司	245968	67782	2014050	1324575
私营股份有限公司	19978	5765	129270	79304
其他企业	4240	920	18404	8871
港、澳、台商投资企业	362003	51907	1389347	1164262
合资经营企业	198379	24723	736919	642410
合作经营企业	85704	15168	359339	307682
独资经营企业	68491	10375	270731	191668
投资股份有限公司	9430	1641	22359	22502
外商投资企业	319480	69333	1584336	1052331
中外合资经营企业	199169	44433	881102	610411
中外合作经营企业	50431	11422	279208	170695
外资企业	69057	13193	415594	267629
外商投资股份有限公司	823	285	8432	3595
二、按国民经济行业分组				
正餐服务业	1740660	345310	10060434	6835882
快餐服务业	167204	33951	885696	522429
饮料及冷饮服务业	3074	757	15737	11980
其他餐饮服务业	21327	3696	146424	79510

4—48 续表 2

单位:万元

	所有者权益合计	实收资本			
			国家资本	港澳台资本	外商资本
总　　计	**3658490**	**3859823**	**798593**	**407416**	**383556**
其中:国有及国有控股	1108766	1024201	631665	36816	38821
一、按登记注册类型分组					
内资企业	2901400	2607220	644533	8359	7722
国有企业	699243	593337	438913	1187	1142
集体企业	258671	261655	37338	3317	5
股份合作企业	59709	156401	4135		275
联营企业	6908	12559	4523		
国有联营企业	8868	6670	2923		
集体联营企业	－6154	860			
国有与集体联营企业	2670	2100	1600		
其他联营企业	1524	2930			
有限责任公司	621655	595946	128247	1255	1078
国有独资企业	27377	27371	26071		
其他有限责任公司	594278	568575	102176	1255	1078
股份有限公司	179653	141880	25873		
私营企业	1066028	837027	5359	2598	5191
私营独资企业	232481	182209	2400	380	102
私营合伙企业	94106	26253		14	46
私营有限责任公司	689475	593832	2959	2165	1806
私营股份有限公司	49966	34734		40	3237
其他企业	9533	8414	144	1	32
港、澳、台商投资企业	225085	654475	91057	371347	31921
合资经营企业	94509	342601	75066	162493	5509
合作经营企业	51657	158482	13724	108296	17035
独资经营企业	79063	146649	608	97649	9376
投资股份有限公司	－144	6744	1660	2910	
外商投资企业	532005	598128	63004	27710	343914
中外合资经营企业	270691	352258	57956	17422	160516
中外合作经营企业	108513	107353	5048	9910	54732
外资企业	147965	135231		378	125429
外商投资股份有限公司	4837	3287			3237
二、按国民经济行业分组					
正餐服务业	3224552	3504781	767098	339648	204736
快餐服务业	363267	306687	15564	65354	166502
饮料及冷饮服务业	3757	7219	455	772	4808
其他餐饮服务业	66913	41137	15476	1642	7511

4—49 各地区限额以上餐饮企业年末资产负债

(2003 年)

单位:万元

地区	资产合计	#流动资产	#固定资产	负债合计	所有者权益合计
全国	**11108291**	**3060050**	**6200222**	**7449800**	**3658491**
北京	624291	218878	227197	421504	202788
天津	202295	59726	82299	141049	61246
河北	241582	53936	163610	175591	65991
山西	188488	65286	98180	142325	46163
内蒙古	202494	46809	145287	134686	67808
辽宁	585979	148903	358513	366750	219229
吉林	39223	14708	23175	29154	10069
黑龙江	88897	30527	49299	37380	51517
上海	504771	157325	218839	328555	176215
江苏	1530334	428411	881135	963605	566729
浙江	769849	218347	409692	494512	275337
安徽	54507	19495	22294	33396	21111
福建	435584	117286	208986	233612	201973
江西	38943	12192	19971	19909	19034
山东	1178871	249284	788277	786294	392577
河南	234421	61509	146058	175697	58724
湖北	450063	84793	293460	318448	131615
湖南	262113	66553	164644	169953	92160
广东	2049973	597572	1082181	1503747	546226
广西	98675	26914	64399	85831	12844
海南	205818	43219	145893	185447	20371
重庆	154797	46079	85095	100736	54061
四川	454368	124847	250998	257666	196701
贵州	45851	16126	22505	28978	16873
云南	130422	35684	80063	88556	41866
西藏					
陕西	159792	65044	64844	107653	52139
甘肃	91753	26030	55556	63736	28016
青海	12931	3885	7572	8309	4622
宁夏	30130	7663	18858	19331	10799
新疆	41078	13021	21342	27389	13689

其中:国有及国有控股 4—49 续表 单位:万元

地区	资产合计	#流动资产	#固定资产	负债合计	所有者权益合计
全国	**3166593**	**699763**	**1995783**	**2057827**	**1108766**
北京	250683	71786	95804	156143	94541
天津	70680	17508	33979	47830	22850
河北	135097	30893	84059	103881	31217
山西	30875	5738	18342	23700	7175
内蒙古	123869	17629	96855	89501	34368
辽宁	93959	19268	69564	57647	36312
吉林	10953	3540	7197	7462	3491
黑龙江	23227	2733	20087	5761	17466
上海	36020	20212	10433	21102	14918
江苏	432507	103910	272612	240430	192077
浙江	213889	61212	108714	127209	86681
安徽	167	42	105	82	85
福建	53221	10839	32883	41349	11871
江西					
山东	587314	102558	414169	413515	173799
河南	99743	27682	61589	68560	31184
湖北	140733	23272	96446	98841	41892
湖南	117454	19664	87527	89133	28321
广东	292552	66160	186204	203036	89517
广西	42250	8251	32097	27492	14758
海南	61575	9481	48425	38551	23024
重庆	39181	6259	20151	13174	26007
四川	135370	22993	93308	70713	64657
贵州	4494	532	2981	1855	2639
云南	20890	3617	14993	12862	8029
西藏					
陕西	105713	34405	53541	72462	33251
甘肃	28120	5761	21995	15322	12798
青海	563	137	426	409	154
宁夏	4940	784	3921	3580	1361
新疆	10554	2900	7378	6231	4324

4—50 限额以上餐饮企业损益及分配

(2003 年)

单位:万元

	营业收入	营业成本	营业费用	营业税金及附加	经营利润
总 计	**7469879**	**3617152**	**2397191**	**351272**	**1104265**
其中:国有及国有控股	1269938	560547	431189	52913	225289
一、按登记注册类型分组					
内资企业	5260278	2717664	1567439	261957	713218
国有企业	696344	314776	231494	29791	120283
集体企业	370134	184508	115688	18061	51877
股份合作企业	219460	117989	67813	10235	23422
联营企业	32576	14430	11176	1534	5435
国有联营企业	9787	4015	3489	474	1808
集体联营企业	2367	867	1167	135	197
国有与集体联营企业	8080	3050	2627	375	2028
其他联营企业	12343	6499	3893	550	1402
有限责任公司	1058539	523196	318139	51284	165920
国有独资企业	6748	2387	3040	338	983
其他有限责任公司	1051790	520809	315098	50946	164937
股份有限公司	245332	112339	74511	11269	47213
私营企业	2604023	1428600	740822	137890	296711
私营独资企业	577462	335088	151667	33037	57670
私营合伙企业	203241	116053	59217	8643	19328
私营有限责任公司	1706447	913902	499627	90148	202770
私营股份有限公司	116873	63557	30312	6062	16943
其他企业	33871	21825	7795	1893	2358
港、澳、台商投资企业	825757	355655	312841	35052	122210
合资经营企业	313263	134787	106621	13292	58563
合作经营企业	165271	71430	63245	6202	24394
独资经营企业	341167	146989	140697	14992	38489
投资股份有限公司	6057	2448	2278	567	764
外商投资企业	1383844	543834	516911	54263	268837
中外合资经营企业	592642	234266	216785	22554	119037
中外合作经营企业	242797	104159	88574	8363	41702
外资企业	537863	202620	207463	22835	104945
外商投资股份有限公司	10543	2789	4089	511	3153
二、按国民经济行业分组					
正餐服务业	5853402	2956252	1778527	289076	829548
快餐服务业	1451378	586360	567215	55357	242446
饮料及冷饮服务业	17688	6854	7717	762	2356
其他餐饮服务业	147411	67687	43732	6078	29915

4—50 续表 1

单位:万元

	管理费用	税金	财产保险	劳动待业保险
总计	**974951**	**31178**	**5717**	**42812**
其中:国有及国有控股	242989	7147	1572	17618
一、按登记注册类型分组				
内资企业	705440	23129	4520	34975
国有企业	144877	4538	863	12652
集体企业	54673	1615	376	2159
股份合作企业	22363	892	102	1857
联营企业	5691	322	77	366
国有联营企业	2236	17	6	181
集体联营企业	318	36	4	43
国有与集体联营企业	1455	234	60	43
其他联营企业	1683	36	8	99
有限责任公司	176885	4142	1273	7886
国有独资企业	2865	63	21	43
其他有限责任公司	174020	4080	1253	7844
股份有限公司	43328	2143	353	2776
私营企业	255603	9336	1451	7229
私营独资企业	43159	2672	526	1630
私营合伙企业	13960	578	73	404
私营有限责任公司	185090	5675	802	5011
私营股份有限公司	13394	411	50	184
其他企业	2021	142	24	49
港、澳、台商投资企业	135848	2742	679	4185
合资经营企业	74479	1521	448	2164
合作经营企业	31465	444	119	1114
独资经营企业	27557	631	92	861
投资股份有限公司	2348	146	21	46
外商投资企业	133663	5306	517	3651
中外合资经营企业	61947	743	244	1604
中外合作经营企业	25417	384	64	731
外资企业	45254	4176	204	1307
外商投资股份有限公司	1045	3	5	10
二、按国民经济行业分组				
正餐服务业	852834	26390	5363	36941
快餐服务业	100946	4545	302	3934
饮料及冷饮服务业	2766	37	10	309
其他餐饮服务业	18405	206	42	1628

4—50 续表 2

单位:万元

	财务费用	#利息支出	营业利润	利润总额
总　计	**135014**	**93480**	**—3869**	**15785**
其中:国有及国有控股	35548	25921	—51594	—33496
一、按登记注册类型分组				
内资企业	101278	71523	—91758	—59889
国有企业	19530	13848	—43178	—27493
集体企业	6999	4205	—9714	—6313
股份合作企业	2199	1427	—1141	—392
联营企业	163	100	—418	—13
国有联营企业	20	3	—447	—168
集体联营企业	94	87	—215	—208
国有与集体联营企业	12	10	562	554
其他联营企业	37		—318	—191
有限责任公司	24885	17987	—35673	—34426
国有独资企业	236	144	—2019	—1725
其他有限责任公司	24650	17843	—33654	—32702
股份有限公司	5994	4129	—1592	—1793
私营企业	41231	29510	—102	10177
私营独资企业	6470	4926	8041	6921
私营合伙企业	1932	1214	3436	3015
私营有限责任公司	30860	21999	—13158	—1588
私营股份有限公司	1970	1371	1579	1830
其他企业	276	317	62	362
港、澳、台商投资企业	18195	12381	—31245	—35118
合资经营企业	8784	7058	—24114	—25828
合作经营企业	5737	4053	—12808	—13495
独资经营企业	3555	1228	7380	5718
投资股份有限公司	119	42	—1702	—1513
外商投资企业	15540	9576	119133	110793
中外合资经营企业	10497	6650	46042	38802
中外合作经营企业	1544	1035	14780	10472
外资企业	3482	1879	56220	59507
外商投资股份有限公司	18	12	2090	2013
二、按国民经济行业分组				
正餐服务业	124635	85896	—145655	—125639
快餐服务业	8486	6198	132543	131758
饮料及冷饮服务业	91	83	—480	—319
其他餐饮服务业	1802	1303	9723	9984

4－51　各地区限额以上餐饮企业损益及分配

（2003 年）

单位:万元

地　区	营业收入	营业成本	营业费用	经营利润	管理费用	财务费用	利润总额
全　国	**7469879**	**3617152**	**2397191**	**1104265**	**974951**	**135014**	**15785**
北　京	641350	280116	237252	102463	83319	4665	19902
天　津	179937	90485	59686	21854	15531	2469	3781
河　北	77401	40594	27208	6198	10347	3970	－6987
山　西	112800	57544	33452	16539	15098	4124	－1518
内蒙古	78439	33339	22772	18305	16400	1020	1115
辽　宁	341566	164373	102575	52115	44755	7977	－2310
吉　林	24648	13529	7488	2296	2090	565	－173
黑龙江	91221	54018	22904	8320	8067	732	－318
上　海	630363	285497	212548	102314	66191	4820	33861
江　苏	783455	372951	231466	146091	131555	15459	1466
浙　江	577218	284559	171133	92896	59650	11201	27226
安　徽	65565	39049	18096	5365	5012	563	－334
福　建	324508	173457	94844	39111	36880	5377	－4776
江　西	62187	35532	14654	8969	4078	949	3809
山　东	512410	250453	141826	93422	98378	13058	－19063
河　南	147517	85797	38104	17268	18552	3672	－3944
湖　北	267995	131314	87862	34679	33929	4725	－3770
湖　南	161162	83000	47614	22096	21487	4489	－4627
广　东	1641369	776199	590626	202307	195601	25695	－22563
广　西	50528	23906	15693	8485	8530	1624	－1737
海　南	35844	15149	12417	6327	9830	1005	－4438
重　庆	111430	57947	30841	17503	14929	3107	－641
四　川	208061	97555	70216	30738	29659	6507	－6244
贵　州	50743	27810	13139	6839	6015	638	168
云　南	61708	28699	20000	9984	11755	1762	－2440
西　藏							
陕　西	106220	50384	34407	17126	9290	2358	5485
甘　肃	66806	33143	21428	8076	9517	1061	7828
青　海	9437	5656	2213	1093	1223	305	－444
宁　夏	23065	12965	5963	3030	2503	639	22
新　疆	24926	12132	8769	2454	4783	478	－2549

其中:国有及国有控股　　4—51 续表　　单位:万元

地　区	营业收入	营业成本	营业费用	经营利润	管理费用	财务费用	利润总额
全　国	**1269938**	**560547**	**431189**	**225289**	**242989**	**35548**	**—33496**
北　京	161796	73353	65222	18390	18068	1375	2593
天　津	30502	17112	7887	4690	3697	332	521
河　北	34386	15700	13719	3606	6070	2255	—3915
山　西	11949	6404	3929	1025	1258	399	—38
内蒙古	33972	9518	10211	12491	11261	622	549
辽　宁	35251	17612	11942	3766	8842	716	—5831
吉　林	3006	1687	833	369	373	112	—22
黑龙江	5462	2547	2261	413	1006	67	—433
上　海	51193	24165	17643	6880	7705	63	—2810
江　苏	151781	60211	52059	34224	39146	4175	—10354
浙　江	172533	66654	58686	40071	17562	2812	23664
安　徽	310	167	77	52	51	0	0
福　建	25861	13159	7329	4229	5001	173	—630
江　西							
山　东	183027	85717	51109	36473	51501	6142	—17381
河　南	39364	21002	11656	4903	7122	1614	—4353
湖　北	30996	13285	9829	6421	7202	866	—915
湖　南	37282	17489	10343	7695	8785	3074	—5402
广　东	115457	51540	44370	15552	21753	4879	—9704
广　西	15132	5882	5708	2797	3347	1054	—1306
海　南	5493	1745	2367	1127	2389	505	—1682
重　庆	16126	8220	4623	2700	3232	401	—428
四　川	42497	18897	15381	6391	7190	1675	—4059
贵　州	1181	3	597	520	484	33	3
云　南	6967	3382	2148	1149	1705	250	—1313
西　藏							
陕　西	39820	17272	14392	6571	3698	1532	1856
甘　肃	12416	5397	4007	2229	2913	247	9024
青　海	42	17	23	0	0		0
宁　夏	1652	728	735	110	401	1	—254
新　疆	4485	1683	2104	444	1229	176	—879

4—52 限额以上餐饮企业工资福利

(2003 年)

单位:万元

	本年应付工资总额	本年应付福利费总额
总 计	**967727**	**98611**
其中:国有及国有控股	168681	24026
一、按登记注册类型分组		
内资企业	751719	74679
国有企业	101830	15389
集体企业	48563	4472
股份合作企业	25064	2578
联营企业	3992	405
国有联营企业	1755	246
集体联营企业	522	7
国有与集体联营企业	475	56
其他联营企业	1240	95
有限责任公司	135162	16675
国有独资企业	438	87
其他有限责任公司	134723	16588
股份有限公司	71655	9990
私营企业	361139	24950
私营独资企业	145767	4124
私营合伙企业	15399	1562
私营有限责任公司	181919	18338
私营股份有限公司	18054	926
其他企业	4314	220
港、澳、台商投资企业	97887	11106
合资经营企业	41136	5897
合作经营企业	22169	1258
独资经营企业	34171	3851
投资股份有限公司	411	99
外商投资企业	118122	12827
中外合资经营企业	55528	5676
中外合作经营企业	24419	2901
外资企业	37854	4205
外商投资股份有限公司	322	45
二、按国民经济行业分组		
正餐服务业	828854	82891
快餐服务业	122922	13354
饮料及冷饮服务业	2154	641
其他餐饮服务业	13797	1725

4—53 各地区限额以上餐饮企业工资福利

(2003 年)

单位:万元

地 区	本年应付工资总额	本年应付福利费总额
全 国	**967727**	**98611**
北 京	81584	10302
天 津	17103	1597
河 北	10898	1221
山 西	12206	1569
内 蒙 古	10000	1400
辽 宁	21893	1952
吉 林	3257	267
黑 龙 江	8005	707
上 海	55155	6678
江 苏	224649	18642
浙 江	58708	7777
安 徽	6516	609
福 建	28250	1869
江 西	5198	1130
山 东	59418	8172
河 南	17032	1723
湖 北	26903	2573
湖 南	17016	3149
广 东	210362	14667
广 西	7036	952
海 南	4208	462
重 庆	14479	1366
四 川	26243	4171
贵 州	6211	760
云 南	8864	1640
西 藏		
陕 西	8885	885
甘 肃	9752	1316
青 海	1343	171
宁 夏	2850	433
新 疆	3703	452

其中:国有及国有控股　　4—53 续表　　单位:万元

地　区	本年应付工资总额	本年应付福利费总额
全　国	**168681**	**24026**
北　京	22330	2235
天　津	4695	401
河　北	5437	830
山　西	1807	211
内 蒙 古	4075	777
辽　宁	3048	281
吉　林	203	19
黑 龙 江	1015	149
上　海	7244	837
江　苏	20953	4393
浙　江	16099	2295
安　徽	28	4
福　建	3341	476
江　西		
山　东	23449	3186
河　南	5985	756
湖　北	3618	495
湖　南	3499	660
广　东	18450	1674
广　西	3110	353
海　南	881	171
重　庆	3214	372
四　川	7137	2101
贵　州	284	47
云　南	952	157
西　藏		
陕　西	3588	517
甘　肃	2778	476
青　海	15	
宁　夏	233	6
新　疆	1213	147

五、中国大型批发零售企业

5—1 全国前500家批发企业主要经济指标及基本情况

（2003年，按销售总额排序） 单位：千元

企业名称	名次	销售总额	资产总计	利润总额
中国石油天然气股份有限公司东北销售分公司	1	79274988	－656737	179
上海上汽大众汽车销售有限公司	2	56708430	758350	81660
中国石化销售华北公司	3	40971813	1173000	823
中国五金矿业进出口总公司	4	37289289	2150850	17553
中国石化销售有限公司中南分公司	5	35487397	773000	605
中石化股份有限公司广东石油分公司	6	27957180	5762730	6200
浙江省石油总公司	7	23894602	3061279	9038
上海宝钢国际经济贸易有限公司	8	22920360	3357240	15740
中国石化销售有限公司西南分公司	9	21944863	66000	334
中国石油天然气股份有限公司华北销售分公司	10	17248678	2384113	2357
中国石油化工股份有限公司上海石油分公司	11	16513580	2215980	17464
鞍钢集团国际经济贸易公司	12	16481116	437449	4411
云南省烟草玉溪市公司	13	16005668	549046	530
神华煤炭运销公司	14	15689486	1053489	4904
广东物资集团公司	15	15454060	1298600	13820
中国石油天然气股份有限公司西北销售分公司	16	12932555	635770	1523
浙江物产元通机电(集团)有限公司	17	11912715	481790	21135
中油石油股份有限公司东北销售大庆分公司	18	11326170	80938	1232
中国石油化工股份有限公司湖南石油分公司	19	10791006	1454651	3325
中化国际贸易股份有限公司	20	10733310	1837030	7670
中化国际化肥贸易公司	21	10658467	594298	2493
中华棉花有限公司	22	10539167	333937	1188
上海宝钢商贸有限公司	23	10404840	302350	15108
上海烟草集团上海烟草贸易中心	24	10301050	300050	1108
浙江物产金属集团有限公司	25	10047400	672609	6816
江苏国泰国际集团有限公司	26	9716063	696797	6958
中国石油化工股份有限公司深圳分公司	27	9058870	1828810	15510
云南省卷烟烤烟交易市场	28	8830090	100530	266
广东省石油企业集团公司	29	8802440	－182220	6460
厦门建发股份有限公司	30	8779541	2431083	1086
上海永达集团公司	31	8585550	158300	1943
中国石化集团公司湖北石油分公司	32	8540065	1607661	1700
浙江物产国际贸易有限公司	33	8441770	384067	3382
广州宝钢南方贸易有限公司	34	8128140	102970	1780
中国石油天然气股份有限公司四川销售分公司	35	7997573	1495619	5249
浙江农资集团有限公司	36	7984030	791447	9484
云南省烟草卷烟销售公司	37	7871042	480597	1180
宁波波导销售有限公司	38	7710224	109407	2252
中国船舶工业贸易公司	39	7616257	913479	1657
上海市医药股份有限公司	40	7601790	2107540	47500
中石化股份有限公司安徽石油分公司	41	7328182	576850	840
广东省电力工业燃料公司	42	7120740	214560	710
天津宝钢北方贸易有限公司	43	6771481	97150	742
中邮普泰移动通信设备股份有限公司	44	6740948	272111	1106
江苏省海外企业集团有限公司	45	6712370	1142280	4902
中国烟草总公司广东省公司	46	6665370	2438320	22650
南京纺织品进出口股份有限公司	47	6473092	733528	2995
中油销售江苏有限公司	48	6199750	479121	687
天津石油化工股份有限公司天津石油分公司	49	6199477	1149027	8484
中基宁波对外贸易股份有限公司	50	6145154	220844	897

5—1 续表 1

单位:千元

企业名称	名次	销售总额	资产总计	利润总额
惠州市 TCL 电器销售有限公司	51	6056785	76601	6394
吉林粮食集团进出口有限公司	52	5935344	212609	336
江西江铃汽车销售总公司	53	5708803	25767	321
中化广东进出口公司	54	5700750	37550	2510
安徽省徽商股份有限公司	55	5693030	118663	2653
天津汽车工业销售有限公司	56	5617210		
南京市南京烟销售有限公司	57	5584286	1867937	1141
飞利浦电子(上海)有限公司	58	5566840	81960	29590
浙江康桥汽车工贸集团股份有限公司	59	5298168	388536	3136
四川省烟草公司成都分公司	60	5295535	864083	7130
浙江远大进出口有限公司	61	5255559	158683	1408
中国石油天然气股份有限公司吉林分公司	62	5205583	1840	260
安徽华源医药股份有限公司	63	5190403	44931	979
海尔集团电器产业有限公司	64	4834509	130982	3210
中设江苏机械设备进出口集团公司	65	4649732	490905	5459
中国铁路物资上海公司	66	4626560	178010	2270
浙江省卷烟销售公司	67	4560987	472471	923
中国铁路物资北京公司	68	4467133	87833	2096
上海市机械设备成套(集团)有限公司	69	4411450	243200	2500
中国烟草进出口(集团)公司	70	4376835	1280147	1342
松下电器机电(深圳)有限公司	71	4320470	133230	4120
上海汽车工业销售总公司	72	4263680	1182997	11363
湖南长丰汽车销售有限公司	73	4226955	—72301	1091
南京朗驰集团有限公司	74	4224777	267587	1428
深圳市天音通信发展有限公司	75	4209410	221476	5715
浙江苏嘉国际贸易股份有限公司	76	4190705	32189	221
广东省纺织品进出口(集团)公司	77	4190630	866380	12670
广东省中山市食品水产进出口集团公司	78	4171253	32737	672
上海烟草集团静安烟草糖酒有限公司	79	4111500	98949	1665
广州市医药公司	80	4110930	392280	5070
上海物资贸易中心股份有限公司	81	4090540	275580	1700
宁波市慈溪进出口股份有限公司	82	4087745	153354	4027
塔城市国际边贸商城有限责任公司	83	4048871	373895	1808
中国石油化工股份有限公司北京石油分公司	84	4032781	1459464	5251
山西煤炭进出口集团公司	85	3973050	822954	1437
中国铁路物资沈阳公司	86	3968515	213020	2508
南通化工轻工股份有限公司	87	3951126	49510	1858
中国烟草总公司北京市公司	88	3942980	1116007	3435
中国植物油公司	89	3938524	481034	1530
中国烟草物资公司	90	3934865	240071	830
厦门国贸集团股份有限公司	91	3930424	732678	2141
中国钢铁工贸集团公司	92	3882926	1358386	7688
上海捷强烟草糖酒(集团)有限公司	93	3881850	930390	1690
中航油股份有限公司	94	3863328	680257	5998
玉溪红塔烟叶有限责任公司	95	3819347	1133150	13910
上海丝绸集团股份有限公司	96	3747540	116028	2377
中国石油化工公司广州分公司	97	3745670	504180	3510
中国石油天燃气股份有公司重庆销售分公司	98	3743575	1101258	9389
上海燃料浦东有限责任公司	99	3731300	4750778	4592
宁波联合集团进出口股份有限公司	100	3692114	33472	679

5—1 续表 2

单位:千元

企业名称	名次	销售总额	资产总计	利润总额
东方国际集团上海市对外贸易有限公司	101	3668880	202570	2800
浙江省土产畜产进出口集团公司	102	3592291	434759	9596
上海浦东新区东昌企业(集团)有限公司	103	3551230	490490	6260
佳电国际贸易(上海)有限公司	104	3533230	—1890	4494
山东省机械进出口集团公司	105	3509146	390056	1156
英迈国际贸易(上海)有限公司	106	3500650	—11560	1200
河北物产金属材料有限公司	107	3499340	70239	952
广东省丝绸(集团)公司	108	3472580	564850	9080
中国轻工业进出口总公司	109	3433012	780158	4480
上海市五金矿产进出口公司	110	3417560	87215	3509
中国医药(集团)总公司	111	3405890	142740	4120
中谷粮油集团公司	112	3385575	1106225	1549
泉州市粮油食品进出口公司	113	3383461	11876	3103
浙江省冶金物资有限公司	114	3328283	65783	915
深圳华安液化石油气有限公司	115	3327690	496510	3690
唐山市冀东物贸集团有限责任公司	116	3311921	266779	1389
广州市烟草贸易公司	117	3309680	283690	12950
中粮粮油进出口公司	118	3298362	611099	1101
中国烟叶生产购销公司	119	3286220	483095	1082
中国铁路物资天津公司	120	3245919	120684	1946
成都宝钢西部贸易有限公司	121	3242395	59708	1149
广州市华泰兴石油化工有限公司	122	3232040	63190	60
宁波海田国际贸易有限公司	123	3225264	29883	121
中油西北销售公司兰州分公司	124	3172932	176179	570
天津港保税区瀚通国际贸易有限公司	125	3138126	191980	1275
114 中国石化股份有限公司江苏苏州分公司	126	3136876	369400	363
爱普生(上海)信息产品有限公司	127	3105590	252670	1050
云南红塔物资有限责任公司	128	3086372	154155	3484
重庆医药股份公司	129	3070309	290261	4859
宝鸡东岭物资有限责任公司	130	3061100	523800	217
中化上海进出口公司	131	3030890	—40865	3246
上海市南浦食品有限公司	132	3024040	313590	3724
中国石油陕西分公司	133	3023302	20233	1067
武汉市烟草公司	134	3022240	558748	8579
天津天铁冶金集团商贸有限公司	135	3005944	340981	62
上海三星半导体有限公司	136	2981600	18690	1260
吉林省粮油食品进出口集团有限公司	137	2979327	62970	513
大连市烟草专卖局	138	2964441	915264	5173
青岛益佳国际贸易集团有限公司	139	2954402	309936	2539
天津市基建物资总公司	140	2951283	83840	186
宁波市工艺品进出口公司	141	2929870	145623	2922
浙江东方集团股份有限公司	142	2924271	1105885	12405
中化国际石油公司	143	2922410	236280	1613
中国烟草总公司深圳市公司	144	2919702	1274845	3639
云南省烟草昆明市公司	145	2914023	755190	2554
浙江省纺织品进出口集团有限公司	146	2909657	192391	6195
泰州春兰销售公司	147	2856846	12497	
云南省烟草红河州公司	148	2834480	1446400	11269
中国石油化工股份有限公司广东佛山石油分公司	149	2829564	344549	1395
中国首钢国际贸易工程公司	150	2825481	522129	2076

5—1 续表 3

单位：千元

企业名称	名次	销售总额	资产总计	利润总额
上海电力物资有限公司	151	2813650	265850	1810
南京金属物流集团有限公司	152	2809021	127869	1450
重庆市桐君阁股份有限公司	153	2783164	418112	4657
江苏春兰电子商务有限公司	154	2751098	501810	1137
中国烟草总公司天津市公司	155	2749970	243167	1755
云南省烟草曲靖市公司	156	2741350	826301	4930
上海捷强烟草糖酒集团配销中心	157	2681370	13330	2064
天津市浩通物产有限公司	158	2670124	284317	9669
浙江富兴电力燃料有限公司	159	2661762	410757	680
省烟草公司卷烟销售分公司	160	2658852	352847	4302
沈阳和光集团股份有限公司	161	2642044	1165343	228
中纺棉花进出口公司	162	2608211	138570	1110
四川农业生产资料总公司	163	2598230	360190	10290
浙江特产集团有限公司	164	2579290	450855	410
深圳市爱施德实业有限公司	165	2551610	134979	3081
浙江省石油总公司杭州分公司	166	2547126	313965	3560
开封机电设备(集团)股份有限公司	167	2541001	378196	628
宁波奥克斯销售有限公司	168	2537658	5274	593
镇海炼化物资装备公司	169	2530166	288776	2713
石油天然气股份有限公司辽宁沈阳销售分公司	170	2521813	306131	4684
云南省烟草楚雄州公司	171	2518447	70130	11481
西安迈科金属国际集团有限公司	172	2511379	194233	257
宁波宁兴集团公司	173	2507770	85962	2205
山东鲁能物资集团有限公司	174	2496982	875214	481
北京医药股份有限公司	175	2489840	214096	6977
江苏苏豪国际集团股份有限公司	176	2459566	342870	4593
福建省农资集团公司	177	2458680	300275	362
广东省五金矿产进出口集团公司	178	2455340	53720	2260
江苏博西家用电器销售有限公司	179	2450037	24441	4341
中国纺织物资(集团)总公司	180	2448057	553792	1574
浙江英特药业有限责任公司	181	2447797	224029	2429
四川新华书店集团有限责任公司	182	2436319	595763	6048
江苏省燃料总公司	183	2421910	113395	1442
中化宁波进出口有限公司	184	2419161	102276	4110
广州纺织品进出口集团有限公司	185	2407920	700780	4460
湖北九州通医药有限公司	186	2401570	85173	664
长远(上海)国际贸易有限公司	187	2379380	161290	2928
新疆阿勒泰野马实业有限公司	188	2377749	21100	176
上海对外经济贸易实业有限公司	189	2358450	79050	1898
上海乾通金属材料有限公司	190	2351860	85950	820
松下电器机电(上海)有限公司	191	2345380	76740	10000
中国石油化工股份有限公司厦门石油分公司	192	2343550	94126	162
飞利浦电子贸易服务(上海)有限公司	193	2341900	230850	3372
东方家园有限公司	194	2331600	791670	6900
山东绮丽集团公司	195	2327870	296501	5390
上海雷允上药业有限公司	196	2325930	407990	14890
江苏省纺织品进出口集团股份有限公司	197	2308433	330315	299
苏州国信集团有限公司	198	2290785	86467	1385
青岛海尔国际贸易有限公司	199	2270839	37187	643
湖南省机电设备总公司	200	2263850	101250	3157

5－1续表4

单位：千元

企业名称	名次	销售总额	资产总计	利润总额
广东省烟草公司梅州分公司	201	2260810	48476	2288
浙江中大集团股份有限公司	202	2258940	1529270	8177
上海上汽大众汽车销售有限公司天津销售服务公司	203	2255082	2620	
黑龙江省农业生产资料公司	204	2254363	112396	1629
中国石油天然气华北山西公司	205	2237260	338077	69
广州广钢集团金兴物资供应有限公司	206	2236380	380	1310
广东省轻工业品进出口(集团)公司	207	2225070	259170	5140
浙江省茶叶进出口有限公司	208	2219260	238193	2310
山东潍坊百货集团股份有限公司	209	2216202	35852	2960
浙江凯喜雅国际股份有限公司	210	2210537	199282	3170
云南铜业(集团)有限公司	211	2190399	2592075	1697
中粮国际(北京)有限公司	212	2189552	430730	2049
上海申达进出口有限公司	213	2181420	100460	1480
中国石化销售有限公司东北分公司	214	2178495	51000	615
润华集团股份有限公司	215	2176797	57138	3256
江苏省新华书店集团有限公司	216	2150086	550493	3689
中石化石家庄石油分公司	217	2146368	316216	2057
广州神州数码有限公司	218	2143920	－13380	5050
中国联合石油有限责任公司	219	2133260	532210	2736
华东医药股份有限公司	220	2129663	596972	3236
中国铁路物资哈尔滨公司	221	2123507	67971	946
河北汽车有限责任公司	222	2117919	77032	264
省烟草兰州公司	223	2116566	121690	201
中国石油化工股份有限公司海南石油分公司	224	2114925	517286	2583
中化物产股份有限公司	225	2110084	214714	2007
中国机械设备进出口总公司	226	2083535	1196512	9180
中山市广勤贸易有限公司	227	2079307	5014	48
浙江新大集团有限公司	228	2078154	352150	2820
天津市盈通物资有限公司	229	2076380	99911	233
中国国旅贸易有限责任公司	230	2055206	88208	268
无锡市新大明不锈钢有限公司	231	2030660	23205	539
中国石油化工股份有限公司江苏南通石油公司	232	2019651	228542	1550
新天国际经济技术合作(集团)有限公司	233	2018870	1048888	1274
浙江省工艺品进出口有限公司	234	2013948	335280	2246
宁波经济技术开发区北仑电力燃料有限公司	235	2013828	128794	25
安徽省技术进出口股份有限公司	236	2012888	160567	2126
无锡朝阳股份有限公司	237	2006764	93401	1711
中国航空技术进出口总公司	238	1994742	3322814	4755
中国铁路物资武汉公司	239	1989970	259749	1554
广东富佳石油化工有限公司	240	1986820	9400	40
徐州徐工物资供应有限公司	241	1986165	311	327
中油天然气股份有限公司甘肃销售分公司	242	1981885	195912	4930
中国烟草总公司青海省分公司	243	1975280	485151	1635
沈阳市烟草公司	244	1972100	586832	2171
北京龙禹实业公司	245	1959592	114874	654
天津市丽兴贸易公司	246	1950000	73935	150
宁波维科联合进出口有限公司	247	1948473	64611	1924
中国烟草总公司海南省公司	248	1940570	493188	3200
江苏时代超市有限公司	249	1934427	47773	1770
浙江中油华电能源有限公司	250	1925737	143045	397

5—1 续表 5

单位:千元

企业名称	名次	销售总额	资产总计	利润总额
深圳江铜南方总公司	251	1925210	147850	2150
北京国华力源燃料物资有限责任公司	252	1919909	32136	281
中国石油天然气股份有限公司华北销售北京分公司	253	1912312	304723	66
中国煤炭进出口公司	254	1900617	370053	1568
东方国际集团上海市针织品进出口有限公司	255	1899940	282840	3000
中国石油化工股份有限公司河北唐山分公司	256	1897726	276606	1622
云南省烟草物资配套公司	257	1895502	313620	8138
浙江省粮油食品进出口股份有限公司	258	1879850	346462	2289
联想(沈阳)有限公司	259	1855233	—2042	
安徽省粮油食品进出口(集团)公司	260	1850807	250082	2054
深圳东风置业有限公司	261	1847670	384507	370
河南省新华书店	262	1834163	316931	1214
山东青岛烟草有限公司	263	1822722	429777	4537
淄川新星购销总部	264	1808395	84521	129
常州大华进出口(集团)有限公司	265	1807005	28249	2891
黄浦烟草糖酒有限公司	266	1800000	776042	4029
哈尔滨市烟草公司	267	1791870	298298	5191
中国石化武汉石油(集团)股份有限公司	268	1776124	356406	2993
北电网络(中国)有限公司	269	1770336	390120	
上海兰生股份有限公司	270	1764820	928049	2638
北京中铁华卫国际贸易有限公司	271	1758705	62329	864
南方建材股份有限公司	272	1755024	481807	4885
海澜国际贸易有限公司	273	1754576	112839	770
浙江省新华书店集团有限公司	274	1754474	1029200	3250
山东省农业生产资料公司	275	1753806	200409	542
顺德市百强贸易有限公司	276	1748934	35530	
广东省外经贸开发公司	277	1740600	57220	1210
徐州市石油公司	278	1733464	244113	126
中国烟草机械集团有限责任公司	279	1715621	1210612	633
江苏舜天国际集团机械进出口股份有限公司	280	1710605	156161	2819
江苏省烟草公司南京市浦口公司	281	1706202	428092	293
中国医药(集团)天津公司	282	1706149	145365	1848
江苏省烟草公司无锡分公司	283	1693012	510493	830
中国农业机械华北集团有限公司	284	1692695	78682	555
西部银力棉业集团有限责任公司	285	1692333	118835	1062
哈尔滨医药集团有限公司	286	1688530	—103341	6183
上海海螺建材国际贸易有限公司	287	1686050	79740	90
中国(福建)对外贸易中心集团	288	1683741	923847	3563
辽宁成大股份有限公司	289	1682036	1127755	1606
中国石油化工股份有限公司长沙石油分公司	290	1679048	77359	1055
中国石油化工股份有限公司无锡石油分公司	291	1676647	134298	910
上海八达纺织印染服装有限公司	292	1663580	124100	1620
浙江省烟草公司杭州分公司	293	1645230	527460	560
天津市咸通生产资料有限责任公司	294	1641569	95965	198
九禾农资股份有限公司	295	1636446	92968	
上海汉森进出口有限公司	296	1634930	—11470	1090
正泰集团公司销售中心	297	1634622	14755	1726
无锡市恒顺金属材料有限公司	298	1633610	54348	354
深圳市青岛啤酒销售有限公司	299	1627370	138790	3990
中国石化股份公司韶关分公司	300	1626962	126003	986

5—1 续表 6 单位：千元

企业名称	名次	销售总额	资产总计	利润总额
云南省烟草烟叶公司	301	1625680	545017	13888
深圳市三九医药贸易有限公司	302	1619834	—111000	3880
江西省烟草公司南昌分公司	303	1616700	189866	1389
杭州热联进出口有限公司	304	1600794	30911	109
国药集团药业成分有限公司	305	1600120	435552	2853
四川省卷烟销售公司	306	1595547	37260	591
90 苏州恒润进出口有限公司	307	1593349	57485	1608
中国邮电器材集团公司	308	1589881	1534077	5020
浙江省粮油食品进出口公司温州公司	309	1581209	29558	924
长春市烟草专卖局吉林省烟草公司长春分公司	310	1577201	164211	2896
中国铁路物资成都公司	311	1577032	131821	597
方国际(集团)上海市纺织品进出口有限公司	312	1573550	183645	2975
上海物资(集团)进出口有限公司	313	1566300	11626	259
永康市废旧物资回收总公司	314	1565774	12208	105
江苏省烟草公司南京分公司	315	1565210	358935	2308
山东省烟台市农业生产资料采购供应站	316	1563433	12666	92
浙江物产燃料集团有限公司	317	1556532	102893	3940
贵阳黄果树卷烟经销有限公司	318	1555960	250400	5200
湖南省新华书店	319	1550260	253937	3693
福建省华闽进出口公司	320	1543004	30492	836
天津市金属材料总公司	321	1532390	132538	412
杭州市轻工工艺纺织品进出口有限公司	322	1531763	59604	2200
四川省丝绸进出口公司	323	1531203	291070	1138
中国船舶工业物资总公司	324	1529489	121245	405
河南省烟草公司郑州分公司	325	1524690	148890	4080
河南省粮油食品进出口公司	326	1521965	377481	809
广州立白企业集团有限公司	327	1520280	156540	3750
陕西省烟草公司西安分公司	328	1517430	214774	2121
富阳市金业废旧物资有限公司	329	1517099	2671	7
广州珠江电力燃料有限公司	330	1512830	101210	5120
广东东凌集团有限公司	331	1495270	1024060	660
湖南省烟草公司长沙市公司	332	1493885	322822	1346
三菱商事(上海)有限公司	333	1489970	105120	2040
南通文峰商贸采购批发有限公司	334	1489278	99807	247
山西省卷烟销售公司	335	1480620	74895	497
国石油化工股份有限公司山东青岛石油分公司	336	1480560	323547	2620
山西省烟草公司太原市公司	337	1474510	163466	2578
明尼苏达矿业制造(上海)国际贸易有限公司	338	1473330	207550	1876
陕西华远医药商业集团有限责任公司	339	1472761	60954	1249
河北省烟草公司沧州分公司	340	1471520	183474	3378
顺德指日钢铁贸易有限公司	341	1471253	30627	
辽宁时代服装进出口股份有限公司	342	1467985	426821	1007
遵义卷烟销售公司	343	1465998	27590	314
山东道恩化学有限公司	344	1462415	139824	268
肇庆市土产进出口公司	345	1461820	65281	766
上海市工艺品进出口有限公司	346	1452930	69520	3010
上海虹日国际电子有限公司	347	1450830	62800	6130
中石化股份有限公司常州石油分公司	348	1449575	142908	840
中油天然气股份有限公司甘肃兰州销售分公司	349	1448986	—6060	953
广东省烟草公司东莞市公司	350	1444984	92520	2905

5—1 续表 7

单位:千元

企业名称	名次	销售总额	资产总计	利润总额
中国船舶工业物资东北公司	351	1441855	20043	357
新世纪进出口集团有限公司	352	1439210	78526	402
中化天津进出口公司	353	1439071	27693	1801
浙江杭钢国贸有限公司	354	1438772	121875	581
新疆维吾尔自治区农业生产资料集团公司	355	1438503	250036	3498
上海中邮普泰移动通信设备有限责任公司	356	1438370	59500	1218
四川红塔卷烟销售有限责任公司	357	1437744	28539	74
河北省新华书店	358	1432920	284047	3324
山东潍坊海王医药有限公司	359	1425656	54921	1415
上海金象铝业有限公司	360	1424880	26940	30
北京东方华垦粮油有限公司	361	1422796	30452	64
浙江省五金矿产进出口公司	362	1417972	109504	961
天津国美电器有限公司	363	1407859	86190	2016
杭州钢铁厂工贸总公司	364	1404356	80099	961
中国石油化工股份有限公司浙绍兴石油分公司	365	1402665	112103	1296
上海市轻工业品进出口有限公司	366	1399220	127470	2070
江苏舜天股份有限公司	367	1398585	816543	5193
福建省石油总公司福州公司	368	1391827	209758	1591
中国抽纱上海进出口公司	369	1391770	34910	370
安徽省徽商集团化轻股份有限公司	370	1391248	47023	381
烟台市农业生产资料总公司	371	1386473	107234	547
云南昆钢集团进出口有限公司	372	1369735	42375	210
华垦国际贸易有限公司	373	1369288	—43191	1492
福建同春药业股份有限公司	374	1363851	277143	3808
广东省农业生产资料总公司	375	1353430	346950	1920
安徽风之星汽车股份有限公司	376	1349819	60281	239
沈阳兴远东汽车零部件有限公司	377	1347806	410416	
无锡天亿国际贸易有限公司	378	1344600	50586	1015
松下电器机电(天津)有限公司	379	1341811	77377	715
河北省五金矿产进出口公司	380	1339862	—12000	9487
天津滨江商厦有限公司	381	1337560	162841	990
住贸工程机械(上海)有限公司	382	1332140	49220	1640
瑞表国际贸易(上海)有限公司	383	1330810	156190	1916
杭州市粮油食品土畜产进出口有限公司	384	1330324	30354	296
浙江省医药保健品进出口有限责任公司	385	1330170	115580	2378
中国石油化工股份有限公司昆明石油分公司	386	1327342	32510	1302
南京医药股份有限公司	387	1325695	453606	2585
乐金电子(中国)有限公司	388	1325296	—13916	490
广东烟草韶关市有限公司	389	1325150	144512	1451
广东金蜂星电讯有限公司	390	1322730	35150	330
中国医药保健品进出口公司	391	1320598	284696	2557
江苏开元国际集团畜产进出口股份有限公司	392	1318737	21428	1436
山东省图书音像发行总公司山东省新华书店	393	1315592	790144	2673
株洲市鑫盛金属材料有限公司	394	1315340	633	67
山西省机电设备总公司	395	1315240	12625	767
厦门象屿集团有限公司	396	1312813	364367	1033
中国烟草总公司安徽省公司合肥分公司	397	1311505	23370	1435
山东鲁南蔬菜产业有限公司	398	1310000	26907	150
金山烟草糖酒有限公司	399	1309890	270029	2950
安徽省轻工业品进出口股份有限公司	400	1305416	145566	1855

5—1 续表 8

单位:千元

企业名称	名次	销售总额	资产总计	利润总额
上海英通电子科技有限公司	401	1302390	—15680	160
通用电气医疗系统贸易发展(上海)有限公司	402	1298970	88080	1599
云南省烟草昭通市公司	403	1296460	217782	9713
中化江苏进出口公司	404	1295138	101846	2076
河北省纺织进出口股份有限公司	405	1291742	112696	2972
北京中邮鸿通贸易有限责任公司	406	1291735	59121	12
抚州市烟草公司	407	1289860	112076	1644
常州市化工轻工材料总公司	408	1288050	4388	517
上海住友商事有限公司	409	1283340	173610	6080
江苏省卷烟销售公司	410	1281823	272552	241
上海海尔工贸有限公司	411	1280870	1430	1710
东方国际创业股份有限公司	412	1276900	1067030	4640
农七师锦棉股份有限公司	413	1274536	208575	376
中国烟草云南进出口有限公司	414	1273365	936989	1065
江西省粮油食品进出口公司	415	1273249	150624	935
山东临沂烟草有限公司	416	1271307	369786	791
浙江省义乌市对外经济贸易有限公司	417	1269685	4178	4415
中国石油物资装备(集团)总公司	418	1262760	4027442	3510
浙江华瑞集团有限公司	419	1262203	112733	60
山东省丝绸进出口公司	420	1262098	—356631	789
潍坊市钢联金属材料有限公司	421	1256335	19935	204
中油黑龙江农垦石油有限公司	422	1254961	439941	3385
国石油化工股份有限公司江苏江阴石油分公司	423	1253410	60817	956
河南省烟草公司洛阳分公司	424	1253280	65061	1481
北京服装进出口股份有限公司	425	1253217	198842	2521
深圳中电投资股份有限公司	426	1250170	343640	2890
河北圣仑进出口集团公司	427	1249162	131837	3528
中国华能国际经济贸易公司	428	1247515	350651	861
烟叶生产购销有限责任公司	429	1245446	138592	701
江西省针棉织品进出口公司	430	1244861	41721	606
江苏开元国际集团轻工业品进出口股份有限公司	431	1241492	273941	12765
杭州包杭实业投资有限公司	432	1237292	100539	153
浙江高速石油发展有限公司	433	1236395	288954	4893
东方国际集团上海丝绸进出口有限公司	434	1232920	244118	4652
合肥中建工程机械有限责任公司	435	1232821	55645	144
宁波医药股份有限公司	436	1232279	122076	1236
农一师棉麻公司	437	1229201	24710	275
天津机械进出口集团有限公司	438	1228400	55978	1732
天津劝业场(集团)股份有限公司	439	1227572	686117	4033
山东烟台烟草有限公司	440	1227060	64723	820
北京市亨得利瑞士钟表有限责任公司	441	1225365	132483	1187
北京市恒物金属材料有限公司	442	1224360	163781	922
广州佳杰科技有限公司	443	1222580	108120	20
内蒙古粮油购销储运总公司	444	1222200	62422	65
天津大桥集团电焊条供销有限公司	445	1222158	5984	223
上海市药材有限公司	446	1215560	334520	9060
广州金创利经贸有限公司	447	1215300	23780	240
德阳市烟草专卖局	448	1209734	100658	1528
中国邮电器材中南公司	449	1209206	64160	1802
广州友谊班尼路服饰有限公司	450	1203630	60560	

5—1续表9

单位:千元

企业名称	名次	销售总额	资产总计	利润总额
三菱汽车(上海)有限公司	451	1202660	63510	180
天津市燃料油公司	452	1202066	256456	208
广州广钢企业集团金色贸易有限公司	453	1202060	24180	840
联想(西安)集团有限公司	454	1199488	—16666	382
天津天士力医药有限公司	455	1195595	89816	404
中国钢铁炉料华东公司	456	1189520	122230	1080
中国石化股份有限公司湖州石油分公司	457	1185779	77392	1108
新疆兵团六师供销合作公司	458	1185042	55771	196
广东松山贸易有限公司	459	1177080	33250	170
广东省机械进出口股份有限公司	460	1176650	152050	3790
北京北方中油石油销售有限公司	461	1175258	50635	174
云南省医药有限公司	462	1174914	98231	1201
中国石化物资装备公司	463	1174667	753417	720
华南蓝天航空油料有限公司	464	1173170	14460	1570
福州市经济技术开发区物资总公司	465	1172341	15088	87
国石油化工股份有限公司广西柳州石油分公司	466	1172261	186927	
福建省烟草公司福州市分公司	467	1170023	280215	2202
中国石化股份有限公司浙江台州石油分公司	468	1169215	253332	4435
宜昌三峡烟草分公司	469	1165768	182133	3156
河南省烟草公司驻马店分公司	470	1163850	2697	2843
安徽省农业生产资料公司	471	1159710	122440	263
江苏汇鸿国际集团针棉织品进出口有限公司	472	1158583	188863	2239
安徽省阜阳市烟草公司	473	1156559	106072	2419
山东济南烟草有限公司	474	1153510	197179	2638
山东华良粮油有限公司	475	1152477	25527	54
08江苏省烟草公司苏州分公司	476	1151657	238750	930
深圳一致药业股份有限公司	477	1149510	360070	425
广东新华发行集团股份有限公司	478	1142900	328610	8600
上海烟草集团浦东烟草糖酒有限公司	479	1135590	234489	2271
河北省烟草公司保定分公司	480	1132300	31217	7636
北京市京首贸易服务有限责任公司	481	1130273	25626	223
方国际集团上海市家用纺织品进出口有限公司	482	1125780	199425	2788
温州金州集团有限公司	483	1123445	54549	1390
中国石油化工股份有限公司广东惠州分公司	484	1121998	359185	457
湖北新龙药业有限公司	485	1120688	17845	249
中山市丝绸进出口集团公司	486	1119983	13477	494
上海汽车工业沪东销售有限公司	487	1118870	4240	1407
广州市黄埔广电石油储运有限公司	488	1118610	37320	290
南京医药合肥天星有限公司	489	1118515	42940	1572
佛山市华横石油化工有限公司	490	1118302	6248	43
常州市武进物资再生有限公司	491	1117474	31720	125
上汽大众汽车销售有限公司辽宁销售服务公司	492	1116368	16	
上海市江桥批发市场有限公司	493	1114640	29800	1520
中国水利电力物资有限公司	494	1108382	439409	876
乌鲁木齐市酒泉钢铁经销部	495	1107875	1635	40
江西省服装进出口公司	496	1105763	48238	1181
达州市烟草公司	497	1105530	130749	3527
浙江省迪达进出口有限公司	498	1104890	58347	713
上海市农业生产资料公司	499	1104510	143885	1493
浙江省邮电器材公司	500	1102216	45976	878

5—2 全国前500家零售企业主要经济指标及基本情况

（2003年，按销售总额排序） 单位：千元

企业名称	名次	销售总额	利润总额	营业面积（平方米）	从业人员（人）
上海农工商超市有限公司	1	9183000	9990	774401	20534
三联商社	2	8577788	2234	192863	2579
联华超市股份有限公司	3	7540340	34833	379431	18067
武汉武商集团股份有限公司	4	7030959	12927	351034	6817
重庆商社(集团)有限公司	5	6568916	12435		7120
上海永乐家用电器有限公司	6	6457830	3270	74213	2851
华联超市股份有限公司	7	6302800	6148	591176	30168
锦江麦德龙现购自运有限公司	8	5620640	20	145588	4267
上海大润发有限公司	9	5506930	5130	26850	1540
北京京客隆商厦	10	4617344	12062	76683	4363
华润万家有限公司	11	4570183		156565	5966
武汉中百集团股份有限公司	12	4523020	9399	275275	6681
重庆百货大楼股份有限公司	13	4200940	24068	153573	5544
江苏苏宁电器连锁集团股份有限公司	14	3939481	4164	13000	1694
江苏无锡商业大厦集团有限公司	15	3867924	6326	40000	3046
上海世纪联华发展有限公司	16	3784820	4158	52010	2802
苏果超市有限公司	17	3768938	5071	293566	7535
武汉中商集团股份有限公司	18	3669790	6487	433557	4814
北京市大中电器有限公司	19	3646526	1950	37400	897
大连大商集团股份有限公司	20	3518715	14920	192689	4393
上海联家超市有限公司	21	3255150	4630	57378	3818
华联集团吉买盛购物中心有限公司	22	3171970	4200	183621	4240
南京新街口百货商店股份有限公司	23	3114918	9581	45590	2451
杭州联华华商集团有限公司	24	2881632	9713	94620	1390
山东银座商城股份有限公司	25	2849290	4164	335000	2765
北京物美综合超市有限公司	26	2769803	3222	66422	1978
上海豫园旅游商城股份有限公司	27	2715170	16472	70450	4793
上海易初莲花连锁超市有限公司	28	2667210	48910	130445	2650
北京国美电器有限公司	29	2500801	4026	22734	844
上海天山商厦有限公司	30	2331820	1190	15000	354
长春欧亚集团股份有限公司	31	2304194	2799	250000	2681
深圳沃尔玛珠江百货有限公司	32	2061380	16350	183680	4335
成都红旗连锁有限公司	33	1980328	260	99261	3882
中国石化股份有限公司广东东莞石油分公司	34	1959561	479		1358
湖南友谊阿波罗股份有限公司	35	1897552	8359	90316	4763
天津克瑞思(集团)有限公司家乐分公司	36	1836423	8023	98000	4272
淄博商厦股份有限公司	37	1834422	4256	50000	2875
上海太平洋百货有限公司(徐汇店)	38	1831970	20013	81000	1300
中兴——沈阳商业大厦(集团)股份有限公司	39	1813444	8338	51700	2957
山东省威海糖酒采购供应站	40	1809897	7042		1536
北京超市发连锁股份有限公司	41	1797097	9980	31123	4185
上海国美电器有限公司	42	1781100	20	37063	930
江苏五星电器有限公司	43	1750251	490	121404	1979
成都市人民商场股份有限公司	44	1705517	6338	42918	5024
上海市第一百货商店股份有限公司(母公司)	45	1650530	9200	51349	2098
宁波三江购物俱乐部有限公司	46	1596354	3614	26836	2987
中国电子器件工业总公司	47	1589528	1657	840	188
西安开元商城有限公司	48	1575463	3241	65248	1094
武汉工贸有限公司	49	1543811	1974	50000	564
天津百货大楼股份有限公司	50	1530017	3742	46000	1446

5—2 续表 1

单位：千元

企业名称	名次	销售总额	利润总额	营业面积（平方米）	从业人员（人）
成都百货大楼	51	1528156	3432	34600	736
南京中央商场股份有限公司	52	1495874	7009	50000	2474
长春百货大楼集团股份有限公司	53	1488833	1540	60000	3017
上海家得利超市有限公司	54	1450490	2740	75704	4090
济南人民大润发商业有限公司	55	1437810	331	16517	1172
新世界股份有限公司	56	1392220	5335	65500	1430
深圳市茂业商厦有限公司	57	1391695	21618	133000	6500
广东新协力集团有限公司	58	1368356	1539	210000	1368
沈阳商业城(集团)	59	1346365	5365	51255	2484
上海联华快客便利有限公司	60	1332920	3880	49682	4573
江苏省苏舜工贸集团有限公司	61	1327430	900	56000	317
北京燕莎友谊商城有限公司	62	1312427	18599	22000	1581
上海第一八佰伴有限公司	63	1300700	17730	65000	872
江苏宏图三胞科技发展有限公司	64	1300000	303	6000	400
深圳天虹商场有限公司	65	1293320	4140	73081	1804
北京庄胜崇光百货商场	66	1285491	2243	84000	629
北京百盛轻工发展有限公司	67	1254168	2127	28513	537
深圳市顺电连锁股份有限公司	68	1239820	3940	30978	1700
百大集团股份有限公司	69	1238462	4407	25000	1489
银泰控股股份有限公司	70	1202851	1540	40000	448
华糖洋华堂商业有限公司	71	1201319	2633	35091	817
新疆机电设备有限责任公司	72	1198755	821	9256	331
成都国美电器有限公司	73	1176678	1382	21174	592
深圳市岁宝百货有限公司	74	1176380	2350	80000	1549
上海可的便利店有限公司	75	1171820	530	69200	4087
天津华联商厦股份有限公司	76	1169972	2945	22000	1222
广州市好又多百货商业广场有限公司	77	1169840	610	70162	1732
北京李宁体育用品有限公司	78	1168864	3411	200	286
山东临沂汽车工业贸易有限公司	79	1161671	277	19750	217
广州市广州百货大厦	80	1160610	7340	17800	1380
广州友谊商店股份有限公司	81	1160490	8890	31000	1418
北京北辰购物中心	82	1158935	3711	15000	996
石家庄北国商城有限责任公司	83	1139366	4718	55000	2680
中国汽车工业西南销售公司	84	1126031	778	9386	471
南昌百货大楼股份有限公司	85	1121968	2467	66000	2300
新一佳超市有限公司	86	1121200	4110	100870	3118
一商发展有限公司	87	1116883	2523	24100	1694
北京城乡贸易中心股份有限公司	88	1113204	4176	13700	924
深圳百佳超级市场有限公司	89	1107040		62451	1201
上海良友金伴便利连锁有限公司	90	1102540	4660	41243	3367
北京翠微集团	91	1083336	5316	15000	174
南京金鹰国际集团购物中心有限公司	92	1080819	1690	45000	630
石油化工股份有限公司北京分公司	93	1074886	1136	40000	581
山东东营石油分公司	94	1071604	621	30000	218
中国石油化工股份有限公司郑州石油分公司	95	1069090	1348	600	691
杭州解百集团股份有限公司	96	1055104	3310	30000	1115
武汉汉福超市有限公司	97	1033444		9500	350
广州百佳超级市场有限公司	98	1028930		10000	835
东北制药集团公司供销公司	99	1023872	381	32000	1096
中国北方车辆公司	100	1023606	1061	15000	146

5—2 续表 2

单位:千元

企业名称	名次	销售总额	利润总额	营业面积(平方米)	从业人员(人)
青岛维客集团股份有限公司	101	1023567	1395	120070	2315
深圳市人人乐连锁商业有限公司	102	1021413	3320	300000	1206
上海东方商厦	103	1019630	6770	14538	827
北京小白羊超市连锁总店	104	1003408	3150	69467	2155
哈尔滨中央红集团股份有限公司	105	1000167	1755	3521	
吉林省机电设备股份有限公司	106	990176	196	2500	146
深圳市标远汽车有限公司	107	986520	240	1500	49
14 苏州人民商场股份有限公司	108	983879	3355	25000	576
北京市上海汽车联营销售公司	109	979885	417	200	143
北京华联综合超市股份有限公司	110	973065	2761	18000	855
上海三联(集团)有限公司	111	967900	3750	6398	1231
广东天贸南大百货有限公司	112	967430	1980	11150	800
江苏明都汽车摩托车有限公司	113	964650	499	15000	391
上海九百股份有限公司	114	959240	20	30000	438
唐山百货大楼集团有限责任公司	115	958863	4673	80000	3398
南昌洪城大厦股份有限公司	116	957460	685	64140	822
无锡市新纪元汽车贸易有限公司	117	956903	428	35500	101
常州药业股份有限公司	118	945278	2517	3027	737
重庆市国美电器有限公司	119	942776		30000	614
上海华联商厦股份有限公司	120	941760	6940	37963	1919
北京申银汽车销售有限公司	121	928805		20	38
常州百货大楼股份有限公司	122	922355	11535	28000	1255
北京王府井百货(集团)股份有限公司	123	920156	7399	22770	3640
北京双安商场有限责任公司	124	916038	6381	18000	1773
无锡市第一百货(集团)有限公司	125	913134	3024	34000	1193
中贸联万客隆商业有限公司	126	907920	4837	10000	300
好美家装潢建材有限公司	127	907020	3780	65050	992
沈阳国美电器有限公司	128	902990	754	8347	43
河北保百集团有限公司	129	900086	3394	58000	2020
中国石化广东广州番禺石油公司	130	898120	10		111
福建省汽车销售公司	131	897435	882	980	45
长春通立汽车服务有限责任公司	132	894045	438	10000	155
珠海市中油塔鑫石化有限公司	133	880296	52	400	23
上海烟草(集团)奉贤烟草糖酒有限公司	134	871230	3482	1000	1090
顺德市合诚汽车贸易有限公司	135	870667	558	35000	278
北京蓝岛大厦	136	867915	6365	21000	2543
广州市万佳百货有限公司	137	866170		13000	2434
济南华联商厦集团股份有限公司	138	860281	1080	81000	926
新疆友好(集团)股份有限公司	139	856195	5048	48647	1945
江苏惠客隆超级市场有限公司	140	853922	1492	79500	3870
上海欧尚超市有限公司	141	852230	8270	28000	782
浙江银泰百货有限公司	142	842212	1104	28000	315
合肥市百货大楼股份有限公司	143	834955	1267		857
北京中润发汽车销售有限公司	144	834279	405	6040	85
西安民生集团股份有限公司	145	832584	5279	43000	3353
中国汽车贸易西南公司	146	830948	820	20000	187
利群集团股份有限公司	147	824608	8541	56900	1501
辽宁成大方圆医药连锁有限公司	148	821173	113	38094	2509
上海捷强烟草糖酒(集团)连锁有限公司	149	820060	4525	38910	2130
无锡市八佰伴商贸中心有限公司	150	819337	1350	42400	1065

5—2 续表 3

单位:千元

企业名称	名次	销售总额	利润总额	营业面积(平方米)	从业人员(人)
大庆百货大楼集团股份有限公司	151	815120	2586		1800
北京首创森美汽车贸易有限公司	152	811135	721	4966	122
内蒙古民族实业集团股份有限公司	153	810425	1122	17504	2290
山东省德州市百货大楼有限公司	154	809113	594		500
北京市西单商场股份有限公司	155	805221	6188	30000	3122
南宁百货大楼股份有限公司	156	794514		38120	1881
郑州丹尼斯百货有限公司	157	794144	2201	33000	495
安徽商之都有限责任公司	158	791150	581		732
江苏文峰大世界连锁发展股份有限公司	159	787922	3530	40000	1354
北京中友华威商贸有限责任公司	160	785605	2129	25293	526
华普超市有限公司	161	780607	3225	59991	2455
北京亚之杰汽车贸易有限责任公司	162	779379	616	200	98
天发石油股份有限公司	163	774726	3114	70000	1516
北京中恒鸿禧超市有限公司	164	770851		5400	392
北京达世行汽车销售有限公司	165	768628	453	500	108
深圳市风神汽车贸易有限公司	166	765853			292
成都王府井百货有限公司	167	760090	1313	23000	444
北京亚尼伟业汽车销售中心	168	758842	569	2483	82
深圳市国美电器有限公司	169	758584	1289	20838	873
烟台市振华百货集团股份公司振华商厦	170	749110	1814	40000	1061
黑龙江远大购物中心有限公司	171	742290	1303		1700
山东华达汽车商贸有限公司	172	740181		3750	52
中石化云南分公司	173	736402		302850	1141
山西华宇实业有限公司	174	725610	1784	70033	1811
云南沃尔玛百货有限公司	175	716178	366	49306	1509
北京美廉美商贸公司	176	714975	2066	10000	801
71 江苏百润商品配送中心有限公司	177	714679	2640	36800	788
慈溪市慈客隆超市有限公司	178	713900	154	46100	567
北京新世界商场	179	705363	1059	20000	378
上海百安居建材超市有限公司	180	704420	304	51000	837
天津滨江购物中心	181	698753	1122	30000	671
湖州市浙北大厦商场	182	697646	835	24000	617
深圳市红彤实业发展有限公司	183	693772	18		65
上海好德便利有限公司	184	691670	1536	91800	8158
浙江米家汽车销售服务有限公司	185	683341	115	4500	80
南海广场有限公司	186	682457	707	24500	442
合肥鼓楼商厦有限责任公司	187	675358	1824		649
温州华特汽车销售服务有限公司	188	673925	143	5000	168
广州正大万客隆(佳景)有限公司	189	673900	4840	24880	611
北京菜市口百货股份有限公司	190	665895	1796	8800	486
辽宁奥通汽车销售服务有限公司	191	663831	113	5000	96
北京东安集团公司长安商场	192	663105	5698	17000	1676
上海汇金房地产有限公司汇金百贸商厦	193	661920	2350	26560	734
青岛华成汽车服务有限公司	194	661520	137	3000	52
南海市医药集团有限公司	195	660420		1000	203
广州市岛内价连锁货仓商场发展有限公司	196	660310	5150	29582	2540
北京当代商城实业公司	197	660048	2042	30000	774
江阴市广吉汽车经销有限公司	198	658340	202	23976	159
沈阳市联营公司	199	657598	4768	28000	3599
广州市番禺沙园集团有限公司	200	654060	390	30000	448

5—2 续表 4

单位：千元

企业名称	名次	销售总额	利润总额	营业面积（平方米）	从业人员（人）
昆明百货大楼(集团)股份有限公司	201	653710	480	28238	67
山西大昌汽车公司	202	653550	292	23666	300
深圳沃尔玛珠江百货福州山姆会员店	203	651802		220	560
沃尔玛利嘉超市	204	651802	520	5000	424
南纲化工交易市场经营管理有限公司	205	650570	60	400	216
苏州礼安医药有限公司	206	649669	1207	3000	243
大连国际商贸大厦有限公司迈凯乐大连商场	207	649016		20000	519
青岛永旺东泰商业有限公司	208	644620	230	51143	405
广州市新大新公司	209	639780	3530	8900	764
成都伊藤洋华堂有限公司	210	639709		41000	1120
长沙通程实业集团有限公司	211	637401	3611	15000	1658
中国石油化工股份有限公司顺德石油分公司	212	636406	87	97377	427
济南国美电器有限公司	213	635763	684	16944	416
湖南省新一佳商业投资有限公司	214	632997	1949	15000	1108
哈尔滨黑天鹅家电经销实业有限公司	215	630662	204		374
中国进口汽车贸易中心	216	628642	628	1000	32
深圳沃尔玛珠江百货有限公司厦门世贸分店	217	628545	402	16706	504
江阴市全顺汽车有限公司	218	623000	253	8000	190
百佳华公司	219	622630	3720	90000	2500
河南金博大购物中心有限公司	220	622019	656	40000	502
长春市华阳汽车贸易有限责任公司	221	620000	359	18000	88
新疆新特药民族药有限责任公司	222	619898	965	970	215
大连天河百盛购物中心有限公司	223	614558	1176	42107	310
南京商厦股份有限公司	224	613990	3220	29377	1542
北京上汽首创汽车销售有限责任公司	225	613429	162	3000	18
哈工大首创科技股份有限公司	226	610022	1820	17000	461
大连友谊集团股份有限公司	227	608042	2360	26100	1058
北京中复电讯设备有限责任公司	228	604556	1047	7340	626
湖南平和堂实业有限公司	229	604144		55120	860
深圳市民润农产品配送连锁商业有限公司	230	603840	3891	83325	2235
上海徐家汇商城股份有限公司	231	600050	1726	10060	417
山东省淄博糖酒站股份有限公司	232	598500	1188	85000	1381
中国石油新疆阿克苏销售分公司	233	595848	1231	18073	368
金华申浙汽车有限公司	234	595345	115	450	13
广州本田汽车第一销售有限公司	235	589550	1010	4377	124
西安市国美电器有公司	236	589539	996	16776	349
鄂州市新世界商厦	237	588655		3580	264
中国石油化工股份有限公司海口石油分公司	238	587850		200	380
北京旺市百利商业有限公司	239	586894	7843	21899	286
新华海科技实业集团有限公司	240	580540		400	459
银川新华百货商店股份有限公司	241	580228	2062	36400	702
宁波太平鸟时尚女装有限公司	242	580146	2072	200	84
北京亚之杰伯乐汽车销售服务中心	243	578803	488	3000	86
中国石油工股份有限公司北京朝阳石油分公司	244	578786	479	150	109
深圳市深长实业股份有限公司	245	576890	21920	29630	255
上海九海百盛广场有限公司	246	575200	20	26188	314
昆山商厦股份有限公司	247	573124	2079	21975	585
徐州市百货大楼股份有限公司	248	572455	3021	33500	1479
吉林省威宝投资有限公司恒客隆分公司	249	571363	1072	24000	382
成都西部汽车城股份有限公司	250	570939	626	20736	402

5—2 续表 5

单位：千元

企业名称	名次	销售总额	利润总额	营业面积（平方米）	从业人员（人）
大连商场集团抚顺百货大楼有限公司	251	570494	834	23800	728
青岛国美电器有限公司	252	569208	890	5957	291
上海七宝乐购购物中心有限公司	253	568980	20	15140	500
江苏华地企业股份有限公司	254	567122	1305	15000	1539
兰州民百(集团)股份有限公司	255	567030	2059	50300	246
河北保龙仓集团服务有限公司	256	566614	1159	10000	468
116 苏州函数集团有限责任公司	257	566144	1614	26000	1500
武汉鲁巷广场购物中心	258	564948	807	36000	450
50 苏州市石路国际商城有限责任公司	259	563000	972	34000	2045
石家庄东方城市广场有限公司	260	560190	1070	39000	1488
35 苏州泰华商城有限公司	261	558586	74	38800	1107
浙江雄风电器有限公司	262	556275	449	500	300
61 华润超级市场(苏州)有限公司	263	556271	167	43714	2182
大商集团股份有限公司大庆新玛特购物休闲广场	264	554126	861		2267
北京市顺义国泰商业大厦	265	553103	519	25000	315
上海大众汽车重庆中汽销售服务有限公司	266	551660	175	2300	102
宁波海达汽车有限公司	267	549222	40	100	22
陕西省军区服务社	268	547365	2341	1500	1170
上海西南汽车贸易有限公司	269	545740	20	430	65
湖北金城大厦集团实业公司	270	540438	427	33500	880
北京创益佳商场	271	538476	1234	14000	598
常州新世纪商城有限公司★	272	537494	1797	22500	654
天津东方集团有限公司	273	537153	550	11300	347
深圳市东风富康工贸有限公司	274	535660	308	15000	60
长春卓展时代广场百货有限公司	275	534121	1229	42000	636
青岛第一百盛有限公司	276	528277	74	39000	359
上海梅龙镇伊势丹百货有限公司	277	525990	20	13861	304
上海第一医药股份有限公司	278	524500	1680	4230	998
徐州医药股份有限公司	279	521399	44	6000	607
广州家谊超市股份有限公司	280	519950	4620	15000	981
康佳集团股份有限公司济宁分公司	281	519771	8	300	72
绫致时装(天津)有限公司	282	515409	6264	21000	2000
青岛家乐福商业有限公司	283	515322		23000	712
上海市第一食品商店股份有限公司	284	513920	740	2000	886
山东雅泰电器有限公司	285	513141	610	5000	30
株洲百货股份有限公司	286	511991	1960	42000	1129
上海华德美居超市有限公司	287	511450	3880	32030	436
中国石油化工股份有限公司北京通州石油分公司	288	511349	543	5000	217
沈阳新世界百货有限公司	289	511126	558	18883	336
广州丰田服务有限公司	290	510420	190	80	82
武汉市汉商集团股份有限公司	291	505798	2652	122333	2168
珠海市免税企业集团有限公司	292	505006	955	35000	400
北京天客隆集团有限责任公司	293	504695	1525	41384	1200
深圳乐荣超市有限公司	294	502090	2000	32000	856
陕西海星连锁超级市场有限公司	295	499311	2310	18000	2000
山西美特好连锁超市有限公司	296	497410	1623	48000	1567
中山市壹加壹商业连锁有限公司	297	496185	1289	42947	1390
辽宁兴隆百货集团有限公司	298	496007	885	29475	2115
深圳市恒波通信发展有限公司	299	494457	1529		640
成都商厦太平洋有限公司	300	494371	13	18000	360

5—2 续表 6

单位:千元

企业名称	名次	销售总额	利润总额	营业面积（平方米）	从业人员（人）
上海置地广场商厦有限公司	301	492560	20	25000	277
石狮市长江实业有限公司	302	490077	46	1200	37
哈尔滨联强商业发展有限公司	303	489172	1257		1125
重庆大都会广场太平洋百货公司	304	488706		22617	335
武汉新世界百货商场	305	488478	605	42266	386
大连汇迪汽车销售服务有限公司	306	487040	231	200	66
北京首航国力商贸有限公司	307	487030	1626	11010	532
广州市国美电器有限公司	308	487020	1260		522
中国北方设备工程公司	309	486066	46	50	69
天津市津工超市有限公司	310	483641		60243	1809
闸北烟草糖酒有限公司	311	482650	1911	8164	348
北京金象复星医药股份有限公司	312	481902	2339	2594	608
北京顺天府商贸有限公司	313	481734	1159	7914	588
宁波新江厦股份有限公司宁波新江厦商城	314	480872	1015	21300	682
顺德市康泰和医药有限公司	315	480616	1511	15400	480
上海虹桥友谊商城有限公司	316	480200	1624	10000	309
无锡德尔汽车有限公司	317	479645	35	4500	60
河南通利量贩有限公司	318	477276	771	8600	630
浙江苏宁电器有限公司	319	476005	815	4500	390
北京京润鸿波通讯器材有限公司	320	471764	188	500	120
中国石油天然气股份有限公司昌吉销售公司	321	471005	1254	4500	763
绍兴供销超市有限公司	322	470357	4486	2	457
四川港宏汽车销售有限责任公司	323	469580	80	3000	24
上海华氏大药房有限公司	324	467860	2910	13150	1427
北京京汉新港汽车销售服务有限公司	325	465430	108	840	76
宁波苏宁电器连锁加盟有限公司	326	465418	1011	5350	297
福建东百集团股份有限公司	327	464407	1150	1800	540
甘肃仕通汽车销售股份有限公司	328	464080	155	40000	153
北京北瑞家具有限公司	329	463533	1843	15000	228
联华电子商务有限公司	330	462440	153	100	127
宁波联通汽车销售有限公司	331	461347	52	3000	32
云南博威汽车贸易有限公司	332	461280	240	100	28
北京市亿客隆商业股份有限公司	333	460352	3005	89200	1619
天津家居装饰建材中心	334	460018	2496	42049	989
青岛北方国贸大厦股份有限公司	335	459927	772	51000	520
山东齐鲁汽车贸易有限公司	336	459574	198	5518	115
上海申瑞家具有限公司	337	459450	1220	33076	470
上海真北乐购生活购物有限公司	338	456060	110	15000	448
中国石油天然气股份有限公司兴安销售分公司	339	455564	1530	5000	189
徐州百鑫商业有限责任公司	340	453986	684	7000	358
兰州国芳百盛购物广场有限责任公司	341	452896	1012	35354	280
浙江雄城商贸股份有限公司	342	452572	2514	28601	1592
桂林微笑堂实业发展有限公司	343	451960	1265	30000	889
济南大观园股份有限公司	344	450976	240	26000	1771
上海美亚二十一世纪商业发展有限公司	345	450370	7112	55564	4264
镇江百盛商城有限公司★	346	450287	6060	18600	875
西安家世界购物广场有限公司	347	449965	3615	30410	426
国兴汽车服务中心	348	449550	1241	150	196
江苏金太阳家电有限公司	349	448304	798	4459	148
沈阳家乐福超市有限公司	350	445314	2052	18328	555

5—2 续表 7

单位:千元

企业名称	名次	销售总额	利润总额	营业面积（平方米）	从业人员（人）
浙江上百贸易有限公司	351	444780	1640	16100	521
成都好又多百货商业广场有限公司	352	444560		110160	1036
深圳友谊贸易中心	353	442860	1160		745
山东省城市车辆青岛有限公司	354	442188	116	460	43
浙江新中义商贸股份有限公司	355	442005	357	200	283
湖南步步高连锁超市有限责任公司	356	441391	1356	53470	3629
南宁康迈商业有限公司	357	440892	1831	45547	819
寿光市百货大楼	358	440821	2150	4000	695
广东吉之岛天贸百货有限公司	359	437490	4000	7800	321
上海恒昌汽车销售有限公司	360	436050	20	600	94
中国石化集团公司增城分公司	361	435750		600	17
广西壮族自治区机电设备南宁公司	362	434743	238	5000	131
成都苏宁电器连锁加盟有限公司	363	433732	844	4872	560
北京普尔斯马特会员购物企业中心	364	433328	926	10000	386
广州东泽电器有限公司	365	432740	320	23880	186
广西佳用商贸股份有限公司	366	432683	1119	188677	1020
慈溪市一得工贸有限公司	367	430797	227	4500	125
沈阳新龙业汽车销售服务有限公司	368	430154	17	12000	20
西安秋林公司	369	430000	908	1482	472
宁波润达汽车销售服务有限公司	370	429906	224	250	89
深圳百安居装饰建材有限公司	371	429370		45000	626
济南人民商场股份有限公司	372	429360	906	35000	1172
中国石油股份有限公司新疆喀什销售分公司	373	428410	1731	50000	574
北京陆鼎汽车商行	374	426711	54	475	12
大商集团锦州百货大楼有限公司	375	423310	1700	21000	1019
安徽乐普生百货有限责任公司	376	423167	993	12000	944
云南云汽实业有限公司	377	423129	243		774
广州王府井百货大楼有限责任公司	378	422020	730	12000	507
深圳市南方香江家具有限公司	379	420990	950	110000	750
威海华联商厦股份有限公司	380	420520	2184	50000	1680
温州人本超市有限公司	381	420359	2128	24905	792
昆明家乐福超市有限公司	382	420269	1988	15062	768
上海九百家居装饰城有限公司	383	417990	680	60550	676
昆明普尔斯马特	384	417004	4018	26035	1383
廊坊市商业明珠大厦	385	416313	1594	37882	1324
长沙泰阳商城	386	415650	428	20000	375
广州中汽协骏宜汽车销售服务有限公司	387	415380	130	98	24
东莞市加德士石油产品有限公司	388	414697		1000	131
华润超级市场有限公司	389	414269	2208	1300	77
宝鸡商场(集团)股份有限公司	390	412444	974	70000	1892
世纪金花股份有限公司	391	411520	1931	11834	1023
深圳市南北医药有限公司	392	411203	2624	17880	936
四川省互惠商业有限责任公司	393	411049	1890	15000	1302
温州浙南机电设备有限公司	394	410649	53	100	27
武汉华星汉迪汽车销售服务有限公司	395	408294	120	8841	70
江苏中央新亚百货股份有限公司	396	407990	1546	32000	1187
重庆苏宁电器连锁加盟有限公司	397	407426	766	4315	499
北京贵友大厦有限公司	398	406953	2967	9000	725
常州商业大厦有限责任公司☆	399	406940	798	15000	352
江苏天颐医药有限公司	400	405583	1025	3000	474

5—2 续表 8 单位:千元

企业名称	名次	销售总额	利润总额	营业面积(平方米)	从业人员(人)
绍兴大通商城股份有限公司	401	403560	1330	15000	387
成都摩尔商业广场有限公司	402	401995	379	25000	2174
宁波市江东永乐家电有限公司	403	400718	330	5500	82
芜湖南京新百大厦有限公司	404	400276	2258		140
大商集团股份有限公司沈阳新玛特购物休闲广场	405	399563	1054	67000	602
广州长力汽车销售有限公司	406	398770	590	7500	41
中国石油天然气股份有限公司包头销售公司	407	397706	842	3000	841
河北保定时代商厦有限公司	408	397388	1502	26000	1406
沈阳维康医药连锁有限公司	409	393437	1560	2200	1070
上海浦东好又多超市有限公司	410	392800	690	8900	412
深圳市天虹投资发展有限公司	411	392180	1760	27146	1058
余姚华联商厦(集团)有限公司	412	390719	100	20000	813
柳州市百货股份有限公司	413	390553	1950	14924	1050
沈阳乐购超市有限公司	414	390137	601	10765	631
大连沃尔玛百货有限公司	415	390048	232	37124	883
辽宁惠华汽车销售服务有限公司	416	389398	147	4000	145
山姆士超市有限公司	417	388250	1000	70000	1020
上海药房股份有限公司	418	388230	1870	12800	585
北京迪信通电子通信技术有限公司	419	386497	86	5897	307
蚌埠市百货大楼股份有限公司	420	383808	1662		712
70 苏州欧尚超市有限公司	421	383646	2439	9300	499
青岛海信实业股份有限公司	422	382600	1228	17500	772
浙江五洲车辆有限公司	423	382169	158	300	87
中国石油化工股份有限公司汕尾分公司	424	381625	409		167
安徽省阜阳商厦股份有限公司	425	378391	863		662
南京东方商城有限责任公司	426	377939	1014	20000	356
上海长发购物中心有限公司	427	377820	2870	10885	179
广东苏宁电器有限公司	428	376720	1190	14000	535
北京市冀东丰机电设备公司	429	376258	103	1200	18
宜兴新苏南商厦有限责任公司	430	376246	990	23000	989
天津伊势丹有限公司	431	375156	1331	12080	475
南昌市黄庆仁栈华氏大药房有限公司	432	373849	5740	78970	5731
北京王府井东安集团有限责任公司	433	373739	3093	12800	1149
昆明国美电器有限公司	434	373359	518	11900	364
山东省滨州市新华书店	435	372240	536	4536	76
中国石油化工股份有限公司山东莱芜分公司	436	372050	521	90000	214
锦州中百商厦有限责任公司	437	370829	978	21000	1019
柳州工贸大厦股份有限公司	438	368822	1424	48720	1548
重庆百事达华众汽车销售服务有限公司	439	368425	93	2500	73
济宁九龙家电有限公司	440	367733	277	3000	116
北京市复兴商业城有限公司	441	367501	2824	16200	889
临沂解放汽车销售服务有限公司	442	366249	75	5000	49
北京中汽京田汽车贸易有限公司	443	365664	637	3500	58
宿州华夏商社	444	365401	624		615
深圳市现代友谊股份有限公司	445	364750	850	23000	676
深圳市翔盈股份有限公司	446	364390	550		65
内蒙古亿阳汽车销售责任有限公司	447	364301	219	3000	149
福州中机中泰汽车销售有限公司	448	363894	105	400	62
成都西星长安铃木汽车销售有限公司	449	363573	128	1000	66
南京悦家超市有限公司	450	361902	935	6000	551

5—2 续表 9

单位：千元

企业名称	名次	销售总额	利润总额	营业面积（平方米）	从业人员（人）
北京广汽航天汽车销售服务有限责任公司	451	360745	423	3200	79
常州九洲超市有限公司☆	452	360655	281	18000	327
大商集团本溪商业大厦有限公司	453	360345	3446	23000	1120
北京永安复星医药股份有限公司	454	359262	1024	3914	410
杭州欧尚超市有限公司	455	358454	884	9000	450
深圳市鹏峰汽车有限公司	456	357120	1060	6000	190
哈尔滨市第一百货商店股份有限公司	457	356821	2403		3158
成都三和汽车服务有限公司	458	356400	330	8400	114
辽宁兴隆大家庭商业（沈阳）有限公司	459	356395	1180	99000	1266
东营市百货大楼	460	355191	2357	36000	1139
无锡天惠超市股份有限公司	461	354697	1293	32390	831
山东省临沂医药采购供应站	462	354637	243	1500	291
辽宁省康莱药业有限公司	463	353927	20	300	100
西藏电信国脉实业公司	464	353598	1626	1000	409
石家庄人民商场股份有限公司	465	352017	1954	40000	3090
沈阳荟华楼黄金珠宝首饰有限公司	466	351900	319	5920	330
北京新华图书有限责任公司	467	351359	4194	8000	755
大商集团牡丹江百货大楼有限公司	468	351079	717		1107
淄博东泰商厦	469	350131	812	45000	587
宁波龙华丰田汽车销售有限公司	470	349984	87	500	13
无锡天润发超市有限公司	471	349557		14842	235
无锡悦福商贸发展有限公司	472	348473	1340	7400	602
温州市申浙汽车有限公司	473	348229	258	550	10
深圳西武百货有限公司	474	348220	2920	19000	911
40 苏州华成汽车贸易集团有限公司	475	347631	139	9558	60
邯郸新世纪商业广场股份有限公司	476	347451	1688	36000	1405
茂名市明湖百货有限公司	477	346781	335	42333	303
无锡市高尚超市有限公司	478	346410		9750	311
广西弘通汽车销售服务有限公司	479	344953	98	5600	77
山东威海百货大楼集团股份有限公司	480	344734	779		613
上海思创服饰有限公司	481	344500	181	999999	1368
北京稻香村食品集团	482	344123	1356	3672	854
江阴市医药股份有限公司	483	343799	1503	11050	504
南宁市医药有限责任公司	484	343274	1476	37197	584
辽宁众志诚汽车销售服务有限公司	485	342096	144	2100	95
宁波市兴欣汽车销售服务有限公司	486	340874	221	632	41
东莞市三益汽车有限公司	487	340715	167	800	100
北京金象大药房医药连锁有限责任公司	488	340592	2336	4840	754
唐山华盛超市有限公司	489	340052	30	35000	340
内蒙古利丰企业集团有限公司	490	338483	34	41991	541
北京北方文华汽车贸易有限公司	491	338294	207	6667	41
北京甘家口大厦	492	337547	1991	17382	1580
四川华星名仕汽车销售服务有限公司	493	336809	140	12006	74
浙江国美电器有限公司	494	336792	701	7600	285
沈阳市鑫通汽车销售股份有限公司	495	336274	61	200	70
江西新洪客隆工贸发展总公司	496	335160	337	38000	497
中国石油天然气股份有限公司大石桥销售分公司	497	335050	511	8000	352
江西运通汽车贸易有限公司	498	334245	123	650	53
厦门市盈众汽车销售有限公司	499	333084	517	4500	180
台州市之远汽车销售服务有限公司	500	332886	248	2000	140

六、中国要素市场

6—1 全国城乡居民储蓄存款年末余额和年增加额

单位:亿元

年份	年底余额			年增加额		
	合计	定期	活期	合计	定期	活期
1952	8.6	4.8	3.8			
1953	12.3	6.8	5.5	3.7	2.0	1.7
1954	15.9	9.8	6.1	3.6	3.0	0.6
1955	19.9	13.3	6.6	4.0	3.5	0.5
1956	26.7	15.6	11.1	6.8	2.3	4.5
1957	35.2	19.6	15.6	8.5	4.0	4.5
1958	55.2	23.9	31.3	20.0	4.3	15.7
1959	68.3	31.6	36.7	13.1	7.7	5.4
1960	66.3	37.3	29.0	−2.0	5.7	−7.7
1961	55.4	29.7	25.7	−10.9	−7.6	−3.3
1962	41.1	25.6	15.5	−14.3	−4.1	−10.2
1963	45.7	29.4	16.3	4.6	3.8	0.8
1964	55.5	37.0	18.5	9.8	7.6	2.2
1965	65.2	43.4	21.8	9.7	6.4	3.3
1966	72.3	46.9	25.4	7.1	3.5	3.6
1967	73.9	48.9	25.0	1.6	2.0	−0.4
1968	78.3	50.3	28.0	4.4	1.4	3.0
1969	75.9	49.4	26.5	−2.4	−0.9	−1.5
1970	79.5	53.8	25.7	3.6	4.4	−0.8
1971	90.3	61.4	28.9	10.8	7.6	3.2
1972	105.2	69.6	35.6	14.9	8.2	6.7
1973	12.1	77.7	43.5	16.0	8.1	7.9
1974	136.5	86.7	49.8	15.3	9.0	6.3
1975	149.6	94.5	55.1	13.1	7.8	5.3
1976	159.1	100.6	58.5	9.5	6.1	3.4
1977	181.6	111.7	69.9	22.5	11.1	11.4
1978	210.6	128.9	81.7	29.0	17.2	11.8
1979	281.0	166.4	114.6	70.4	37.5	32.9
1980	399.5	304.9	94.6	118.5	138.5	−20.0
1981	523.7	696.4	127.3	124.2	91.5	32.7
1982	675.4	519.3	156.1	151.7	122.9	28.8
1983	892.5	682.3	210.2	217.1	163.0	54.1
1984	1214.7	900.9	313.8	322.2	218.6	103.6
1985	1622.6	1225.2	397.4	407.9	324.3	83.6
1986	2237.6	1729.2	508.4	615.0	504.0	111.0
1987	3073.3	2356.3	717.0	835.7	627.1	208.6
1988	3801.5	2836.7	964.8	728.2	480.4	247.8
1989	5146.9	4182.1	964.8	1345.4	1345.4	
1990	7034.2	5851.3	1182.9	1887.3	1669.2	218.1
1991	9110.3	7598.7	1511.6	2076.1	1747.4	328.7
1992	11545.4	9288.2	2257.2	2435.1	1689.5	745.6
1993	15203.5	11627.9	3575.6	3658.1	2339.7	1318.4
1994	21518.8	16838.6	4680.2	6315.3	5210.7	1104.6
1995	29662.3	23778.2	5884.1	8143.5	6939.6	1203.9
1996	38520.8	30873.2	7647.6	8858.5	7095.0	1763.5
1997	46279.8	36226.7	10053.1	7759.0	5353.5	2405.5
1998	53407.5	41791.6	11615.9	7615.4	5473.7	2141.7
1999	59621.8	44955.1	14666.7	6253.0	3198.5	3054.5
2000	64332.4	46141.7	18190.7	4976.7	1310.3	3666.4
2001	73762.4	51434.9	22327.6	9457.6	4144.5	5313.2
2002	86910.6	58788.9	28121.7	13233.2	7432.0	5801.2
2003	103617.7	68498.7	35119.0	16631.9	9674.5	6957.4

6—2 房地产开发经营情况

单位:万元

年份	经营总收入	土地转让收入	商品房屋销售收入	房屋出租收入	其他收入	经营税金及附加	营业利润
1991	2840325	153810	2378597	39221	268697	205551	275239
1992	5285565	427420	4265938	59617	532590	414435	635196
1993	11359074	839281	8637141	106348	1776304	965917	1559223
1994	12881866	959357	10184950	172817	1564742	951029	1674350
1995	17316624	1943981	12582817	257927	2531899	903047	1434087
1996	19687850	1203378	15337647	299899	2846926	927779	179805
1997	22184557	1032847	17552061	387878	3211770	1042143	—103462
1998	29512078	1322454	24084097	493192	3612325	1388134	—106565
1999	30260108	1032492	25550245	627408	3049963	1453611	—350926
2000	45157119	1296054	38968215	953237	3939613	2145704	732836
2001	54716555	1889894	47294194	1173453	4359014	2734549	1254738
2002	70778478	2251311	61457990	1445278	5623449	3701458	2529148
2003	91372734	2797200	81536881	1643335	5395318	4937227	4303655

6—3 商品房屋销售情况

年份	房屋销售面积（万平方米）	住宅	个人购买商品住宅（万平方米）	商品房销售额（万元）	住宅
1991	3025.5	2745.2	926.6	2378597	2075979
1992	4288.9	3812.2	1456.0	4265938	3798493
1993	6687.9	6035.2	2943.4	8637141	7291913
1994	7230.4	6118.0	3344.5	10184950	7305208
1995	7905.9	6787.0	3344.8	12577269	10240705
1996	7900.4	6898.5	3666.8	14271292	11069006
1997	9010.2	7864.3	5233.7	17994763	14075553
1998	12185.3	10827.1	7792.6	25133027	20068676
1999	14556.5	12997.9	10408.5	29878734	24137347
2000	18637.1	16570.3	14464.4	39354423	32286046
2001	22411.9	19938.7	18250.8	48627517	40211543
2002	26808.3	23702.3	22793.7	60323413	49578501
2003	33717.6	29778.9	28714.6	79556627	65434492

6—4 房地产开发建设房屋建筑面积和造价

年份	施工房屋面积（万平方米）	竣工房屋面积（万平方米）	房屋建筑面积竣工率（%）	竣工房屋价值（万元）	竣工房屋造价（元/平方米）
1997	44985.5	15819.7	35.2	18592458	1175
1998	50770.1	17566.6	34.6	21391927	1218
1999	56857.6	21410.8	37.7	24675822	1152
2000	65896.9	25104.9	38.1	28593463	1139
2001	79411.7	29867.4	37.6	33694469	1128
2002	94104.0	34975.8	37.2	41416949	1184
2003	117526.0	41464.1	35.3	52799528	1273

6—5 商品房屋实际销售面积

（按用途分） 单位:万平方米

年份	房屋销售面积	住宅	＃别墅、高档公寓	＃经济适用房屋	办公楼	商业营业用房	其 他
1997	9010.2	7864.3	254.2	1211.9	341.4	634.1	170.4
1998	12185.3	10827.1	345.3	1666.5	400.6	810.8	146.8
1999	14556.5	12997.9	435.7	2701.3	403.4	1003.2	152.1
2000	18637.1	16570.3	640.7	3760.1	437.0	1399.3	230.6
2001	22411.9	19938.7	878.2	4021.5	502.6	1696.1	274.4
2002	26808.3	23702.3	1241.3	4003.6	538.9	2218.6	348.5
2003	33717.6	29778.9	1449.9	4018.9	630.5	2833.1	475.2

6—6 货币供应量

（年末数） 单位:亿元

年份	货币和准货币(M2)	货币(M1)	流通中现金(M0)
1990	15293.4	6950.7	2644.4
1991	19349.9	8633.3	3177.8
1992	25402.2	11731.5	4336.0
1993	34879.8	16280.4	5864.7
1994	46923.5	20540.7	7288.6
1995	60750.5	23987.1	7885.3
1996	76094.9	28514.8	8802.0
1997	90995.3	34826.3	10177.6
1998	104498.5	38953.7	11204.2
1999	119897.9	45837.2	13455.5
2000	134610.3	53147.2	14652.7
2001	158301.9	59871.6	15688.8
2002	185007.0	70881.8	17278.0
2003	221222.8	84118.6	19746.0

注:1.1992 年以前为国家银行与农村信用社统计口径。

2.1992 年以后统计范围为《银行概览》统计口径。

6—7 黄金和外汇储备

年份	黄金储备（万盎司）	外汇储备（亿美元）	年份	黄金储备（万盎司）	外汇储备（亿美元）
1978	1280	1.67			
1979	1280	8.40	1991	1267	217.12
1980	1280	—12.96	1992	1267	194.43
			1993	1267	211.99
1981	1267	27.08	1994	1267	516.20
1982	1267	69.86	1995	1267	735.97
1983	1267	89.01			
1984	1267	82.20	1996	1267	1050.49
1985	1267	26.44	1997	1267	1398.90
			1999	1267	1546.75
1986	1267	20.72	2000	1267	1655.74
1987	1267	29.23			
1988	1267	33.72	2001	1608	2121.65
1989	1267	55.50	2002	1929	2864.07
1990	1267	110.93	2003	1929	4032.51

6—8 股票发行量和筹资额

年份	股票发行量（亿股）	A股	H股、N股	B股	股票筹资额（亿元）	A股	#配股	H股、N股	B股
1991	5.00	5.00			5.00	5.00			
1992	20.75	10.00		10.75	94.09	50.00			44.09
1993	95.79	42.59	40.41	12.79	375.47	194.83	81.58	60.93	38.13
1994	91.26	10.97	69.89	10.40	326.78	49.62	50.16	188.73	38.27
1995	31.60	5.32	15.38	10.90	150.32	22.68	42.83	31.46	33.35
1996	86.11	38.29	31.77	16.05	425.08	224.45	69.89	83.56	47.18
1997	267.63	105.65	136.88	25.10	1293.82	655.06	198	360.00	80.76
1998	105.56	86.30	12.86	9.90	841.52	443.05	334.97	37.95	25.55
1999	122.93	98.11	23.05	1.77	944.56	572.63	320.97	47.17	3.79
2000	512.03	145.68	359.26	7.10	2103.08	1007.41	519.46	562.21	13.99
2001	141.48	93.00	48.48		1252.34	751.50	430.64	70.21	
2002	291.74	134.2	157.54		961.75	723.14	56.61	181.99	
2003	281.43	83.64	196.79	1.00	1357.75	819.56	74.79	534.65	3.54

6—9 全国就业人员年末人数

单位:万人

年份	就业人员		城镇就业人员	乡村就业人员	按三次产业分			构成(以合计为100)		
	合计	占人口%			第一产业	第二产业	第三产业	第一产业	第二产业	第三产业
1952	20729	36.1	2486	18243	17317	1531	1881	83.5	7.4	9.1
1957	23771	36.8	3205	20566	19309	2142	2320	81.2	9.0	9.8
1962	25910	38.5	4537	21373	21276	2059	2575	82.1	7.9	9.9
1965	28670	39.5	5136	23534	23396	2408	2866	81.6	8.4	10.0
1970	34432	41.5	6312	28120	27811	3518	3103	80.8	10.2	9.0
1971	35620	41.8	6868	28752	28397	3990	3233	79.7	11.2	9.1
1972	35854	41.1	7200	28654	28283	4276	3295	78.9	11.9	9.2
1973	36652	41.1	7388	29264	28857	4492	3303	78.7	12.3	9.0
1974	37369	41.1	7687	29682	29218	4712	3439	78.2	12.6	9.2
1975	38168	41.3	8222	29946	29456	5152	3560	77.2	13.5	9.3
1976	38834	41.4	8692	30142	29443	5611	3780	75.8	14.4	9.7
1977	39377	41.5	9127	30250	29340	5831	4206	74.5	14.8	10.7
1978	40152	41.7	9514	30638	28318	6945	4890	70.5	17.3	12.2
1979	41024	42.1	9999	31025	28634	7214	5177	69.8	17.6	12.6
1980	42361	42.9	10525	31836	29122	7707	5532	68.7	18.2	13.1
1981	43725	43.7	11053	32672	29777	8003	5945	68.1	18.3	13.6
1982	45295	44.6	11428	33867	30859	8346	6090	68.1	18.4	13.4
1983	46436	45.1	11746	34690	31151	8679	6606	67.1	18.7	14.2
1984	48197	46.2	12229	35968	30868	9590	7739	64.0	19.9	16.1
1985	49873	47.1	12808	37065	31130	10384	8359	62.4	20.8	16.8
1986	51282	47.7	13292	37990	31254	11216	8811	60.9	21.9	17.2
1987	52783	48.3	13783	39000	31663	11726	9395	60.0	22.2	17.8
1988	54334	48.9	14267	40067	32249	12152	9933	59.4	22.4	18.3
1989	55329	49.1	14390	40939	33225	11976	10129	60.0	21.6	18.3
1990	64749	56.6	17041	47708	38914	13856	11979	60.1	21.4	18.5
1991	65491	56.5	17465	48026	39098	14015	12378	59.7	21.4	18.9
1992	66152	56.5	17861	48291	38699	14355	13098	58.5	21.7	19.8
1993	66808	56.4	18262	48546	37680	14965	14163	56.4	22.4	21.2
1994	67455	56.3	18653	48802	36628	15312	15515	54.3	22.7	23.0
1995	68065	56.2	19040	49025	35530	15655	16880	52.2	23.0	24.8
1996	68950	56.3	19922	49028	34820	16203	17927	50.5	23.5	26.0
1997	69820	56.5	20781	49039	34840	16547	18432	49.9	23.7	26.4
1998	70637	56.6	21616	49021	35177	16600	18860	49.8	23.5	26.7
1999	71394	56.8	22412	48982	35768	16421	19205	50.1	23.0	26.9
2000	72085	56.9	23151	48934	36043	16219	19823	50.0	22.5	27.5
2001	73025	57.2	23940	49085	36513	16284	20228	50.0	22.3	27.7
2002	73740	57.4	24780	48960	36870	15780	21090	50.0	21.4	28.6
2003	74432	57.6	25639	48793	36546	16077	21809	49.1	21.6	29.3

注:1990年及以后就业人员总计、城镇和乡村就业人员小计资料系根据第五次全国人口普查数据调整(下同)。

6—10　分行业就业人员年末人数

单位：万人

年份	合计	农、林、牧、渔业	采矿业	制造业	电力、煤气及水的生产和供应业	建筑业	地质勘查业、水利管理业	交通运输、仓储及邮电通信业
1978	40152	28318	652	5332	107	854	178	750
1980	42361	29122	697	5899	118	993	188	805
1985	49873	31130	795	7412	142	2035	197	1279
1986	51282	31254	809	8019	152	2236	197	1376
1987	52783	31663	819	8359	164	2384	200	1453
1988	54334	32249	832	8652	177	2491	204	1521
1989	55329	33225	842	8547	180	2407	199	1522
1990	64749	34117	882	8624	192	2424	197	1566
1991	65491	34956	905	8839	203	2482	199	1617
1992	66152	34795	898	9106	215	2660	202	1674
1993	66808	33966	932	9295	240	3050	144	1688
1994	67455	33386	915	9613	246	3188	139	1864
1995	68065	33018	932	9803	258	3322	135	1942
1996	68950	32909	902	9763	273	3408	129	2013
1997	69820	33095	868	9612	283	3449	129	2062
1998	70637	33232	721	8319	283	3327	116	2000
1999	71394	33493	667	8109	285	3412	111	2022
2000	72085	33355	597	8043	284	3552	110	2029
2001	73025	32974	561	8083	288	3669	105	2037
2002	73740	32487	558	8307	290	3893	98	2084

6—10续表

单位:万人

年份	批发和零售贸易、餐饮业	金融、保险业	房地产业	社会服务业	卫生、体育和社会福利业	教育、文化艺术和广播电影电视业	科学研究和综合技术服务业	国家机关政党机关和社会团体	其他
1978	1140	76	31	179	363	1093	92	467	521
1980	1363	99	37	276	389	1147	113	527	588
1985	2306	138	36	401	467	1273	144	799	1319
1986	2413	152	38	466	482	1324	152	873	1338
1987	2576	170	39	501	496	1375	158	925	1502
1988	2743	194	42	534	508	1403	161	971	1655
1989	2770	205	43	550	518	1426	165	1022	1709
1990	2839	218	44	594	536	1457	173	1079	1798
1991	2998	234	48	604	553	1497	179	1136	1910
1992	3209	248	54	643	565	1520	183	1148	2313
1993	3459	270	66	543	416	1210	173	1030	3740
1994	3921	264	74	626	434	1436	178	1033	4155
1995	4292	276	80	703	444	1476	182	1042	4484
1996	4511	292	84	747	458	1513	183	1093	4563
1997	4795	308	87	810	471	1557	186	1093	4862
1998	4645	314	94	868	478	1573	178	1097	5118
1999	4751	328	96	923	482	1568	173	1102	4969
2000	4686	327	100	921	488	1565	174	1104	5643
2001	4737	336	107	976	493	1568	165	1101	5852
2002	4969	340	118	1094	493	1565	163	1075	6245

6—11　职工平均工资及指数

（按登记注册类型分）

年份	平均工资（元）				指数（以上年为100）			
	合计	国有单位	城镇集体单位	其他单位	合计	国有单位	城镇集体单位	其他单位
1952	445	446	348					
1957	624	637	571		103.8	104.4	104.4	
1962	551	592	405		108.0	110.2	106.6	
1965	590	652	398		100.7	98.6	111.2	
1970	561	609	405		97.6	98.5	92.3	
1971	560	597	429		99.8	98.0	105.9	
1972	588	622	465		105.0	104.2	108.4	
1973	587	614	489		99.8	98.7	105.2	
1974	584	622	441		99.5	101.3	90.2	
1975	580	613	453		99.3	98.6	102.7	
1976	575	605	464		99.1	98.7	102.4	
1977	576	602	478		100.2	99.5	103.0	
1978	615	644	506		106.8	107.0	105.9	
1979	668	705	542		108.6	109.5	107.1	
1980	762	803	623		114.1	113.9	114.9	
1981	772	812	642		101.3	101.1	103.0	
1982	798	836	671		103.4	103.0	104.5	
1983	826	865	698		103.5	103.5	104.0	
1984	974	1034	811	1048	117.9	119.5	116.2	
1985	1148	1213	967	1436	117.9	117.3	119.2	137.0
1986	1329	1414	1092	1629	115.8	116.6	112.9	113.4
1987	1459	1546	1207	1879	109.8	109.3	110.5	115.3
1988	1747	1853	1426	2382	119.7	119.9	118.1	126.8
1989	1935	2055	1557	2707	110.8	110.9	109.2	113.6
1990	2140	2284	1681	2987	110.6	111.1	108.0	110.3
1991	2340	2477	1866	3468	109.3	108.5	111.0	116.1
1992	2711	2878	2109	3966	115.9	116.2	113.0	114.4
1993	3371	3532	2592	4966	124.3	122.7	122.9	125.2
1994	4538	4797	3245	6302	134.6	135.8	125.2	126.9
1995	5500	5625	3931	7463	121.2	117.3	121.1	118.4
1996	6210	6280	4302	8261	112.9	111.6	109.4	110.7
1997	6470	6747	4512	8789	104.2	107.4	104.9	106.4
1998	7479	7668	5331	8972	106.6	106.1	102.5	97.7
1999	8346	8543	5774	9829	111.6	111.4	108.3	109.6
2000	9371	9552	6262	10984	112.3	111.8	108.5	111.8
2001	10870	11178	6867	12140	116.0	117.0	109.7	110.5
2002	12422	12869	7667	13212	114.3	115.1	111.6	108.8
2003	14040	14577	8678	14574	113.0	113.3	113.2	110.3

注：指数是按货币工资计算的。

七、中国市场物价

7—1 全国价格总指数

(上年价格=100)

年份	居民消费价格指数	城市	农村	商品零售价格指数	城市	农村	农业生产资料价格指数
1978		100.7		100.7	102.5	100.1	99.9
1979		101.9		102.0	101.9	102.0	100.4
1980		107.5		106.0	108.1	104.4	101.0
1981		102.5		102.4	102.7	102.1	101.7
1982		102.0		101.9	102.1	101.7	101.9
1983		102.0		101.5	101.9	101.2	103.0
1984		102.7		102.8	102.5	103.0	108.9
1985	109.3	111.9	107.6	108.8	112.2	107.0	104.8
1986	106.5	107.0	106.1	106.0	107.0	105.0	101.1
1987	107.3	108.8	106.2	107.3	109.1	106.3	107.0
1988	118.8	120.7	117.5	118.5	121.3	117.1	116.2
1989	118.0	116.3	119.3	117.8	116.0	118.8	118.9
1990	103.1	101.3	104.5	102.1	100.2	103.2	105.5
1991	103.4	105.1	102.3	102.9	104.5	102.0	102.9
1992	106.4	108.6	104.7	105.4	107.7	103.9	103.7
1993	114.7	116.1	113.7	113.2	114.2	112.6	114.1
1994	124.1	125.0	123.4	121.7	120.9	122.9	121.6
1995	117.1	116.8	117.5	114.8	113.5	116.4	127.4
1996	108.3	108.8	107.9	106.1	105.8	106.4	108.4
1997	102.8	103.1	102.5	100.8	100.8	100.7	99.5
1998	99.2	99.4	99.0	97.4	97.4	97.6	94.5
1999	98.6	98.7	98.5	97.0	97.0	97.1	95.8
2000	100.4	100.8	99.9	98.5	98.5	98.5	99.1
2001	100.7	100.7	100.8	99.2	98.9	99.6	99.1
2002	99.2	99.0	99.8	98.7	98.5	99.1	100.5
2003	101.2	100.9	101.6	99.9	99.6	100.5	101.4

7—2 全国及各地区居民消费价格指数和商品零售价格指数

(2003年,上年价格=100)

地区	居民消费价格指数			商品零售价格指数		
	省(区、市)	城市	农村	省(区、市)	城市	农村
全国平均	**101.2**	**100.9**	**101.6**	**99.9**	**99.6**	**100.5**
北京	100.2	100.2		98.2	98.2	
天津	101.0	101.0		97.4	97.4	
河北	102.2	102.3	102.0	100.2	100.1	100.4
山西	101.8	101.6	102.5	100.3	100.2	100.6
内蒙古	102.2	101.5	103.5	99.6	99.6	99.6
辽宁	101.7	101.2	103.7	98.9	98.4	101.3
吉林	101.2	101.1	101.5	100.5	100.4	101.1
黑龙江	100.9	100.8	101.2	99.7	99.2	101.1
上海	100.1	100.1		99.0	99.0	
江苏	101.0	100.9	101.2	99.8	99.6	100.2
浙江	101.9	100.5	102.9	99.6	99.4	99.9
安徽	101.7	101.8	101.7	101.3	100.8	101.7
福建	100.8	100.7	101.0	99.1	98.7	99.5
江西	100.8	100.9	100.6	100.1	99.4	100.7
山东	101.1	100.7	101.5	100.2	99.6	101.0
河南	101.6	101.7	101.4	101.3	101.2	101.4
湖北	102.2	102.6	101.3	101.2	101.4	100.8
湖南	102.4	101.4	104.1	100.6	100.1	101.1
广东	100.6	100.7	100.4	100.0	99.7	100.6
广西	101.1	100.9	101.3	100.2	99.6	100.8
海南	100.1	99.4	100.9	100.4	100.2	100.8
重庆	100.6	100.6		99.5	99.5	
四川	101.7	101.9	100.9	100.1	100.1	100.1
贵州	101.2	100.9	102.0	100.0	99.2	101.1
云南	101.2	101.3	101.0	99.9	100.5	99.3
西藏	100.9	100.8	100.9	99.4	99.1	100.0
陕西	101.7	100.8	103.5	100.5	100.2	101.0
甘肃	101.1	100.9	101.4	100.2	100.0	100.6
青海	102.0	101.8	102.5	100.8	101.2	100.1
宁夏	101.7	101.5	102.0	99.5	99.2	100.1
新疆	100.4	100.5	100.2	99.2	99.1	99.5

7—3 全国居民消费价格分类指数

（2003 年，上年价格＝100）

项目	全国	城市	36 个大中城市	农村
居民消费价格总指数	**101.2**	**100.9**	**100.7**	**101.6**
一、食品	**103.4**	**103.4**	**103.1**	**103.4**
1.粮食	102.3	102.3	101.7	102.2
2.淀粉及薯类	100.6	100.4	100.3	100.9
3.干豆类及豆制品	106.5	106.3	105.4	106.7
4.油脂	112.6	112.0	111.7	113.4
5.肉禽及其制品	103.3	102.8	101.9	104.2
(1)食用畜肉及副产品	104.8	104.0	102.9	106.3
(2)禽	100.9	100.6	100.8	101.5
(3)肉禽加工制品	100.7	100.4	100.1	101.2
6.蛋	98.6	98.3	98.6	99.0
7.水产品	100.3	100.5	102.6	99.9
(1)鱼	99.5	99.4	100.8	99.8
(2)其它水产品	101.3	101.5	104.0	100.1
8.菜	117.7	119.2	118.7	113.4
9.调味品	100.1	99.5	100.0	100.8
10.糖	97.5	98.9	100.0	95.5
11.茶及饮料	99.2	99.2	99.6	98.9
(1)茶　叶	99.7	99.5	100.1	99.9
(2)饮　料	98.9	99.1	99.4	98.2
12.干鲜瓜果	103.0	102.6	103.3	104.2
13.糕点饼干面包	99.3	99.2	99.5	99.6
14.奶及奶制品	99.2	99.2	99.0	99.0
15.在外用膳食品	100.1	100.1	100.0	100.2
16.其他食品及食品加工服务	99.1	99.0	99.6	99.2
二、烟酒及用品	**99.8**	**99.8**	**99.8**	**99.9**
1.烟草	99.8	99.7	99.4	99.9
2.酒	100.1	100.2	100.6	100.1
3.吸烟饮酒用品	99.3	99.2	99.2	99.4
三、衣着	**97.8**	**97.4**	**97.3**	**98.6**
1.服装	97.6	97.3	97.4	98.5
(1)男式服装	97.5	97.4	97.7	97.9
(2)女式服装	97.6	97.3	97.2	98.4
(3)儿童服装	98.3	97.3	97.0	99.3
2.衣着材料	99.2	98.7	100.2	99.8
3.鞋袜帽	97.7	97.4	96.4	98.4
(1)鞋	97.5	97.2	96.0	98.1
(2)袜子	99.3	99.2	100.2	99.3
(3)帽子	98.8	98.6	99.3	98.9
4.衣着加工服务	100.1	99.9	101.0	100.8
四、家庭设备用品及维修服务	**97.4**	**97.0**	**97.1**	**98.3**
1.耐用消费品	95.8	95.3	95.6	97.1

7—3续表

项　目	全　国	城　市	36个大中城市	农　村
(1)家具	97.9	97.5	97.9	98.5
(2)家庭设备	94.6	94.3	94.5	95.8
2.室内装饰品	98.8	98.6	98.7	99.3
3.床上用品	98.4	97.9	97.6	99.5
4.家庭日用杂品	98.3	98.0	97.4	98.7
5.家庭服务及加工维修服务	101.1	101.1	101.8	101.1
五、医疗保健和个人用品	**100.9**	**99.8**	**99.1**	**102.5**
1.医疗保健	101.2	99.8	98.5	103.5
(1)医疗器具及用品	101.0	100.8	102.2	101.2
(2)中药材及中成药	105.0	104.0	101.3	107.4
(3)西药	94.5	94.1	93.7	95.2
(4)保健器具及用品	98.2	98.2	98.5	98.2
(5)医疗保健服务	108.9	107.6	104.4	110.0
2.个人用品及服务	100.2	100.0	100.6	100.4
(1)化妆美容用品	99.5	99.7	99.8	98.9
(2)卫生用品	97.1	96.3	95.8	98.4
(3)个人饰品	102.9	104.5	106.0	101.2
(4)个人服务	100.8	100.2	100.7	101.2
六、交通和通讯	**97.8**	**97.4**	**97.2**	**98.6**
1.交通	99.5	99.6	99.5	99.4
(1)交通工具	95.9	95.5	95.7	96.2
(2)车用燃料及零配件	108.3	108.8	106.7	107.4
(3)车辆使用及维修	98.9	99.5	101.1	97.8
(4)市区公共交通	100.6	100.6	100.5	100.6
(5)城市间交通	101.4	100.2	99.4	102.6
2.通信	96.1	95.7	95.4	97.4
(1)通信工具	82.1	79.8	77.0	87.6
(2)通信服务	99.4	99.1	99.3	100.1
七、娱乐教育文化用品及服务	**101.3**	**100.5**	**100.6**	**102.8**
1.文娱用耐用消费品及服务	92.7	92.0	91.8	94.1
2.教育	104.3	103.9	104.3	104.8
(1)教材及参考书	101.7	102.0	101.0	101.0
(2)学杂托幼费	104.5	104.1	104.6	105.0
3.文化娱乐用品	101.3	101.7	103.1	99.6
(1)文化娱乐	98.7	98.7	98.7	98.7
(2)书报杂志	100.4	100.5	100.4	100.1
(3)文娱费	104.6	105.0	108.0	101.5
4.旅游及外出	95.4	95.1	94.7	99.0
八、居住	**102.1**	**102.8**	**102.8**	**101.0**
1.建房及装修材料	99.5	99.2	99.4	99.7
2.租房	103.5	103.8	103.3	101.5
3.自有住房	99.1	98.8	98.9	100.1
4.水、电、燃料	105.7	106.5	105.7	103.9

7—4 全国商品零售价格分类指数

(2003 年,上年价格=100)

项　目	全　国	城　市	36 个大中城市	农　村
商品零售价格总指数	**99.9**	**99.6**	**99.2**	**100.5**
一、食品类	**103.4**	**103.2**	**103.1**	**103.7**
1. 粮食	102.2	102.0	101.6	102.6
2. 淀粉及薯类	101.5	101.3	101.2	101.9
3. 干豆类及豆制品	106.1	105.8	104.8	106.6
4. 油脂	112.5	111.6	111.2	113.5
5. 肉禽及其制品	103.0	102.5	102.0	103.9
6. 蛋	98.5	98.6	98.4	98.3
7. 水产品	100.3	100.8	102.3	99.2
8. 菜	116.3	116.4	116.5	116.1
9. 调味品	100.3	100.0	100.0	100.7
10. 糖	98.0	99.1	99.8	96.6
11. 干鲜瓜果	102.2	102.4	103.2	101.8
12. 糕点饼干面包	99.5	99.5	99.6	99.5
13. 奶及奶制品	99.7	99.4	99.2	100.7
14. 在外用膳食品	100.0	100.0	100.0	100.2
15. 其他食品	99.2	99.3	99.7	99.1
二、饮料、烟酒	**99.9**	**99.8**	**99.7**	**99.9**
1. 茶及饮料	99.3	99.5	99.6	99.0
2. 烟草	99.8	99.6	99.4	100.1
3. 酒	100.3	100.3	100.4	100.2
三、服装、鞋帽类	**97.5**	**97.0**	**96.9**	**98.5**
1. 服装	97.5	96.9	97.0	98.6
2. 鞋袜帽	97.4	96.8	96.0	98.5
3. 其他	98.3	99.1	100.2	97.2
四、纺织品类	**99.3**	**98.9**	**99.1**	**99.8**
1. 衣着材料	99.3	99.0	100.0	99.6
2. 床上用品	99.2	98.8	98.6	100.0
五、家用电器及音像器材	**94.2**	**93.7**	**93.4**	**95.2**
1. 家庭设备	95.1	94.8	94.8	95.9

7—4 续表

项 目	全 国	城 市	36个大中城市	农 村
2.文娱用耐用消费品	92.2	91.1	90.3	94.1
3.音像器材类	97.3	97.1	96.2	98.3
六、文化办公用品	**95.8**	**95.3**	**94.9**	**97.0**
七、日用品	**98.5**	**98.2**	**97.9**	**98.9**
1.日用百货	98.0	97.7	96.8	98.7
2.日用杂品	99.7	100.0	100.7	99.3
3.洗涤用品	98.4	98.4	98.0	98.6
4.其他日用品	98.1	97.7	97.7	99.1
八、体育娱乐用品	**98.1**	**97.6**	**97.3**	**99.1**
1.体育用品	99.0	98.7	98.8	99.5
2.娱乐用品	97.3	96.7	96.3	98.7
九、交通、通信用品	**91.1**	**90.8**	**91.2**	**91.8**
1.交通运输机械	96.4	96.4	96.5	96.4
2.通讯器材类	83.1	81.0	78.5	86.8
十、家具	**97.8**	**97.6**	**98.1**	**98.4**
十一、化妆品类	**98.9**	**98.8**	**98.6**	**99.3**
十二、金银珠宝类	**108.6**	**108.9**	**109.3**	**108.0**
十三、中西药品及医疗保健用品类	**98.4**	**98.2**	**97.3**	**98.8**
1.医疗器具及用品	100.6	100.5	101.1	100.7
2.中药材及中成药	104.4	104.0	102.0	105.2
3.西药	94.3	94.2	93.5	94.4
4.保健器具及用品	98.3	98.4	99.3	97.9
十四、书报杂志及电子出版物类	**100.3**	**100.4**	**100.0**	**100.2**
1.教材及参考书	101.5	102.0	101.0	100.7
2.书报杂志	100.4	100.4	100.5	100.5
3.电子音像制品	97.7	97.3	98.0	98.4
十五、燃料类	**109.3**	**109.2**	**108.1**	**109.5**
1.煤炭及制品类	102.2	102.2	98.9	102.2
2.石油及制品类	111.2	110.4	109.4	112.8
十六、建筑材料及五金电料类	**99.7**	**99.4**	**99.5**	**100.1**
1.建筑装璜材料	99.7	99.4	99.5	100.1
2.五金电料类	99.7	99.5	99.5	100.0

7—5 全国及各地区商品零售价格分类指数

（2003 年，上年价格＝100）

地　区	总指数	一、食品类	1.粮食	2.淀粉及薯类	3.干豆类及豆制品	4.油脂
全国平均	**99.9**	**103.4**	**102.2**	**101.5**	**106.1**	**112.5**
北　京	98.2	103.0	99.1	98.9	104.2	114.1
天　津	97.4	103.7	102.1	94.6	105.5	111.5
河　北	100.2	103.9	102.4	99.2	105.5	113.8
山　西	100.3	105.0	101.9	101.3	107.3	111.1
内蒙古	99.6	102.5	100.2	101.2	102.2	104.2
辽　宁	98.9	104.0	98.2	101.4	106.5	123.0
吉　林	100.5	103.4	99.1	99.8	107.9	111.7
黑龙江	99.7	103.6	99.5	101.1	109.9	115.0
上　海	99.0	101.5	100.5	109.2	102.7	106.8
江　苏	99.8	103.5	102.0	102.0	109.2	112.7
浙　江	99.6	102.7	102.4	103.0	106.5	111.7
安　徽	101.3	106.0	100.5	102.7	105.6	115.3
福　建	99.1	101.9	106.2	97.2	103.4	109.2
江　西	100.1	103.5	104.0	103.2	105.9	112.5
山　东	100.2	105.6	105.6	101.9	109.4	115.5
河　南	101.3	105.2	104.8	101.9	110.2	118.6
湖　北	101.2	104.7	106.9	102.2	104.4	113.0
湖　南	100.6	104.2	102.2	101.8	106.5	110.5
广　东	100.0	102.0	101.1	98.0	101.4	108.9
广　西	100.2	103.1	107.1	101.4	105.0	111.1
海　南	100.4	102.9	102.2	105.3	99.7	103.0
重　庆	99.5	104.4	100.5	88.1	112.7	114.2
四　川	100.1	102.7	101.2	102.3	103.4	107.9
贵　州	100.0	103.5	103.9	114.0	104.8	108.2
云　南	99.9	101.9	100.7	97.4	107.5	108.2
西　藏	99.4	101.9	98.8	100.7	100.9	97.8
陕　西	100.5	105.2	104.9	101.3	106.9	110.3
甘　肃	100.2	102.5	101.2	101.0	105.1	108.1
青　海	100.8	104.0	101.7	101.8	104.2	112.5
宁　夏	99.5	104.3	101.1	97.8	111.6	106.1
新　疆	99.2	99.9	97.1	107.4	102.3	119.1

7—5续表1

地　区	5.肉禽及其制品	6.蛋	7.水产品	8.菜	9.调味品	10.糖
全国平均	**103.0**	**98.5**	**100.3**	**116.3**	**100.3**	**98.0**
北　京	100.8	97.0	102.6	137.1	100.3	102.4
天　津	102.0	102.1	111.0	123.7	104.4	99.5
河　北	104.3	96.2	99.3	120.4	101.5	97.8
山　西	106.6	98.3	100.0	128.8	101.8	96.9
内蒙古	101.8	95.8	96.2	118.3	103.0	94.5
辽　宁	102.0	96.1	101.0	122.2	99.0	97.0
吉　林	102.2	95.1	100.5	119.3	104.4	100.6
黑龙江	101.6	96.9	96.4	124.5	101.0	90.4
上　海	101.7	101.0	103.9	101.5	98.4	98.9
江　苏	103.9	99.0	98.9	117.0	101.1	97.9
浙　江	105.5	99.1	99.4	109.6	99.7	98.5
安　徽	107.6	100.8	99.4	129.3	100.0	103.5
福　建	101.5	96.7	100.6	101.3	99.1	95.6
江　西	105.0	99.8	97.1	111.4	99.7	97.2
山　东	106.1	100.4	101.0	125.9	98.1	98.7
河　南	105.0	97.6	97.5	122.1	99.4	95.5
湖　北	105.5	101.2	98.3	116.1	99.4	97.8
湖　南	106.0	99.8	97.9	117.2	99.4	96.9
广　东	100.6	99.4	100.8	108.2	101.2	99.1
广　西	102.2	99.0	98.0	109.8	100.3	98.4
海　南	103.0	98.9	101.8	108.4	99.7	100.9
重　庆	99.2	98.3	104.6	120.7	97.5	100.6
四　川	100.4	97.1	97.4	124.0	100.3	97.3
贵　州	102.6	98.9	97.0	113.4	101.3	98.9
云　南	100.3	95.2	98.9	104.5	101.8	99.4
西　藏	103.3	102.1	97.8	107.2	105.1	98.5
陕　西	104.5	98.0	100.4	129.9	99.6	98.0
甘　肃	100.1	96.5	98.7	117.2	101.8	99.3
青　海	103.6	98.1	100.5	120.3	94.3	92.9
宁　夏	102.2	97.6	99.1	122.8	98.2	93.6
新　疆	96.5	96.2	92.8	103.2	104.5	97.6

7—5 续表 2

地区	11. 干鲜瓜果	12. 糕点饼干面包	13. 奶及奶制品	14. 在外用膳食品	15. 其他食品	二、饮料、烟酒
全国平均	**102.2**	**99.5**	**99.7**	**100.0**	**99.2**	**99.9**
北京	108.2	97.9	97.1	98.1	100.3	100.7
天津	100.3	100.4	95.7	100.0	97.2	98.8
河北	96.7	98.5	100.3	99.9	102.5	100.2
山西	95.8	100.0	99.0	101.1	100.7	100.4
内蒙古	105.9	99.1	99.1	99.8	99.1	99.6
辽宁	102.6	99.7	99.7	99.2	98.3	98.4
吉林	97.4	100.2	99.6	102.0	99.6	100.3
黑龙江	100.0	98.6	99.0	99.3	96.3	99.2
上海	97.6	101.4	101.4	100.7	101.5	99.5
江苏	102.6	99.4	100.4	100.7	97.5	99.7
浙江	103.2	100.4	100.8	99.5	97.1	100.6
安徽	102.3	98.5	100.1	100.1	99.0	99.7
福建	109.2	99.7	97.8	99.4	99.7	100.5
江西	100.3	100.0	99.5	100.1	98.9	99.3
山东	95.8	99.5	100.2	100.6	98.0	99.8
河南	99.8	98.6	100.8	100.7	100.9	99.8
湖北	99.8	97.5	98.7	100.5	100.7	99.5
湖南	108.2	99.7	98.9	98.8	97.1	99.5
广东	105.9	100.6	100.0	99.9	100.7	100.6
广西	107.2	99.7	96.5	99.7	100.1	99.6
海南	111.2	99.5	99.1	101.2	97.6	99.4
重庆	122.6	99.5	100.5	101.3	102.6	98.6
四川	103.5	99.5	98.1	100.3	99.2	100.3
贵州	112.1	96.6	100.1	98.5	97.8	99.9
云南	103.3	97.9	99.4	105.3	97.8	98.8
西藏	103.8	97.5	101.3	98.6	99.0	103.8
陕西	99.1	99.3	100.2	99.8	99.9	99.8
甘肃	97.0	97.2	100.1	101.5	98.4	100.6
青海	106.6	102.0	102.2	99.7	98.6	99.2
宁夏	109.8	100.1	100.2	100.1	99.0	100.2
新疆	101.3	101.7	99.2	95.9	96.6	99.1

7—5 续表 3

地　　区	1.茶及饮料	2.烟草	3.酒	三、服装、鞋帽类	1.服装	2.鞋袜帽
全国平均	**99.3**	**99.8**	**100.3**	**97.5**	**97.5**	**97.4**
北　　京	101.2	99.7	101.0	97.1	98.6	93.3
天　　津	99.1	98.4	99.1	87.4	87.8	86.1
河　　北	100.1	99.7	100.8	97.8	98.1	97.2
山　　西	99.2	100.3	101.9	97.6	97.2	98.5
内 蒙 古	101.3	98.3	100.1	98.9	98.3	100.4
辽　　宁	99.0	97.2	99.5	95.3	94.9	96.1
吉　　林	100.3	100.5	100.0	99.2	99.8	97.9
黑 龙 江	100.4	98.2	99.5	98.8	98.5	98.8
上　　海	99.2	99.4	100.0	96.7	97.1	95.8
江　　苏	98.9	99.3	100.6	99.5	99.2	99.9
浙　　江	99.3	101.6	100.1	96.6	96.8	95.9
安　　徽	98.9	99.8	100.0	98.3	100.0	94.1
福　　建	100.1	100.9	100.2	96.2	96.2	96.7
江　　西	98.7	99.7	99.3	96.8	96.0	98.2
山　　东	99.9	98.6	100.7	96.8	96.8	96.8
河　　南	99.1	100.5	99.7	98.2	97.9	98.7
湖　　北	97.4	100.3	100.3	99.0	98.9	99.2
湖　　南	100.3	100.0	98.1	99.4	99.4	98.9
广　　东	99.6	101.4	100.8	97.1	97.6	96.3
广　　西	97.8	99.0	101.6	99.6	98.7	102.5
海　　南	95.9	100.4	100.5	95.7	95.2	96.7
重　　庆	98.6	97.0	101.2	94.0	94.0	94.3
四　　川	97.6	99.6	101.7	98.6	98.6	98.5
贵　　州	98.0	99.9	100.1	98.8	99.9	97.1
云　　南	95.7	100.1	99.7	96.6	96.2	97.3
西　　藏	103.4	103.9	104.0	102.0	102.3	101.6
陕　　西	99.7	99.4	100.6	99.8	98.4	102.6
甘　　肃	101.0	101.3	99.6	98.1	97.9	98.0
青　　海	100.1	98.8	99.1	102.0	101.8	102.7
宁　　夏	98.6	101.7	99.0	99.5	98.7	101.4
新　　疆	98.6	99.1	99.6	99.7	99.0	101.3

7—5 续表 4

地　　区	3. 其他	四、纺织品类	1. 衣着材料	2. 床上用品	五、家用电器及音像器材	1. 家庭设备
全国平均	**98.3**	**99.3**	**99.3**	**99.2**	**94.2**	**95.1**
北　　京	98.7	99.5	98.9	99.8	94.6	95.5
天　　津	91.0	95.3	100.2	90.6	90.9	94.3
河　　北	95.9	99.0	99.3	98.6	94.0	95.0
山　　西	97.7	99.7	98.3	101.6	94.7	96.6
内 蒙 古	97.4	96.9	98.2	95.8	97.0	97.1
辽　　宁	97.2	99.9	98.7	101.0	90.1	93.0
吉　　林	97.2	100.4	98.8	102.1	94.7	95.9
黑 龙 江	109.4	98.5	98.1	98.9	93.0	94.9
上　　海	92.1	99.8	98.4	100.4	95.8	97.9
江　　苏	101.5	99.6	99.8	99.5	93.2	93.4
浙　　江	96.6	97.6	99.3	96.3	94.1	94.3
安　　徽	97.6	99.0	99.1	98.8	95.0	96.0
福　　建	94.9	97.2	99.2	96.2	92.9	93.6
江　　西	98.2	99.7	100.2	99.1	94.6	95.3
山　　东	98.2	99.6	99.6	99.6	94.9	95.7
河　　南	98.9	100.0	100.5	99.1	95.7	95.9
湖　　北	99.2	100.9	99.0	101.7	95.4	96.2
湖　　南	103.7	99.3	98.8	99.8	94.6	93.1
广　　东	95.2	99.0	100.0	98.6	94.0	95.2
广　　西	97.0	98.9	97.8	99.7	91.8	93.8
海　　南	97.7	99.4	101.1	98.3	97.4	98.3
重　　庆	88.5	100.5	103.2	99.0	93.5	94.5
四　　川	100.4	100.0	99.9	100.0	95.2	95.3
贵　　州	94.2	94.6	100.4	92.2	95.4	95.6
云　　南	98.4	96.5	93.1	98.6	95.7	96.0
西　　藏	100.2	101.8	102.3	101.3	98.1	97.9
陕　　西	99.7	100.8	98.2	102.1	93.0	96.2
甘　　肃	101.7	100.4	101.3	99.3	96.7	96.9
青　　海	100.0	99.0	96.5	101.6	94.6	98.3
宁　　夏	99.3	94.4	98.0	90.8	91.3	92.5
新　　疆	100.1	99.5	99.4	99.6	97.8	98.9

7—5 续表 5

地　区	2.文娱用耐用消费品	3.音像器材类	六、文化办公用品	七、日用品	1.日用百货	2.日用杂品
全国平均	**92.2**	**97.3**	**95.8**	**98.5**	**98.0**	**99.7**
北　京	90.3	97.5	93.0	93.4	87.4	99.5
天　津	84.2	94.1	98.1	96.8	96.4	99.3
河　北	92.5	97.2	98.0	98.6	99.5	97.7
山　西	92.1	99.7	96.2	98.0	99.0	98.4
内蒙古	96.7	99.7	98.7	98.7	98.9	98.8
辽　宁	85.9	96.5	95.7	96.0	95.9	99.1
吉　林	92.4	98.8	97.9	99.4	98.8	101.4
黑龙江	88.6	99.1	96.3	98.2	98.9	97.7
上　海	94.4	93.1	93.7	99.1	98.3	104.8
江　苏	91.2	98.2	93.6	98.7	98.1	99.8
浙　江	92.6	97.9	95.7	98.3	97.7	99.9
安　徽	93.1	99.3	95.5	99.5	98.9	101.1
福　建	90.8	99.0	94.5	98.8	98.5	100.3
江　西	93.5	98.1	97.3	98.9	99.3	99.4
山　东	93.2	98.8	94.4	98.7	99.2	99.3
河　南	94.7	99.2	97.3	98.1	97.8	98.6
湖　北	93.4	99.5	99.3	99.7	99.3	100.2
湖　南	95.2	99.5	98.0	99.4	98.4	100.0
广　东	92.6	95.2	94.8	99.1	99.2	98.7
广　西	88.2	99.0	93.4	98.1	97.3	99.9
海　南	95.9	100.0	99.1	99.0	99.9	99.3
重　庆	90.9	99.3	98.2	94.9	96.1	97.9
四　川	93.4	99.9	95.0	99.6	99.7	99.9
贵　州	93.3	99.1	99.1	98.9	99.5	98.7
云　南	94.7	98.3	97.2	100.4	102.7	98.7
西　藏	98.4	97.8	97.8	98.6	97.7	101.9
陕　西	87.5	99.1	98.5	98.3	98.6	101.2
甘　肃	96.2	97.9	97.6	99.1	99.3	100.8
青　海	89.5	99.6	93.6	99.6	99.7	100.1
宁　夏	88.4	98.7	94.3	98.0	97.3	101.9
新　疆	96.3	99.5	98.9	99.3	99.3	99.8

7—5续表6

地　区	3.洗涤用品	4.其他日用品	八、体育娱乐用品	1.体育用品	2.娱乐用品	九、交通、通信用品
全国平均	**98.4**	**98.1**	**98.1**	**99.0**	**97.3**	**91.1**
北　京	96.7	97.3	98.7	99.1	98.2	92.7
天　津	101.1	94.2	99.2	98.5	99.6	90.0
河　北	98.8	97.8	98.0	98.9	97.0	90.9
山　西	97.1	97.4	98.5	99.5	97.8	90.2
内蒙古	98.8	98.5	100.0	100.6	99.5	92.3
辽　宁	98.0	92.4	94.4	97.3	92.6	87.8
吉　林	98.9	99.3	99.4	100.3	98.8	89.3
黑龙江	96.8	99.9	99.2	99.4	99.2	88.0
上　海	97.9	98.2	97.4	99.4	96.3	91.2
江　苏	98.8	98.7	96.4	96.5	96.4	87.3
浙　江	97.9	98.5	98.3	99.8	97.2	92.4
安　徽	100.1	98.7	100.4	100.0	100.6	92.9
福　建	99.0	98.1	98.5	98.7	98.4	90.4
江　西	99.2	97.5	98.4	99.8	97.5	90.9
山　东	97.6	98.9	98.2	99.2	97.2	91.6
河　南	97.4	98.9	99.3	99.2	99.5	93.4
湖　北	99.1	100.9	97.9	98.5	97.5	89.3
湖　南	99.6	99.9	98.9	99.4	98.3	93.4
广　东	99.5	99.2	98.3	100.4	96.3	90.2
广　西	97.4	98.6	99.0	99.0	98.9	88.9
海　南	99.4	97.6	99.8	101.4	98.5	92.8
重　庆	89.9	98.8	98.9	100.0	97.5	90.8
四　川	99.7	98.7	98.6	99.7	98.4	94.1
贵　州	98.3	99.3	98.6	96.5	100.9	92.4
云　南	100.8	97.5	98.0	99.5	97.2	93.7
西　藏	99.8	95.7	95.8	97.5	94.4	89.7
陕　西	97.0	98.0	97.1	99.0	95.7	92.4
甘　肃	96.4	100.2	98.8	99.3	98.3	89.8
青　海	98.5	100.3	97.4	99.2	96.1	94.7
宁　夏	97.3	97.7	97.5	101.5	93.8	89.4
新　疆	99.5	98.8	100.0	100.0	100.1	94.9

7—5 续表 7

地　区	1.交通运输机械	2.通讯器材类	十、家具	十一、化妆品类	十二、金银珠宝类	十三、中西药品及医疗保健用品类
全国平均	**96.4**	**83.1**	**97.8**	**98.9**	**108.6**	**98.4**
北　京	95.1	79.3	97.5	98.6	108.6	99.9
天　津	96.2	65.3	99.2	99.2	115.5	90.1
河　北	96.5	83.6	98.6	100.6	109.7	98.6
山　西	94.8	83.8	99.4	96.7	107.5	97.1
内蒙古	96.5	88.4	99.3	98.9	108.6	97.5
辽　宁	97.4	73.9	94.8	96.9	108.8	98.6
吉　林	97.6	82.8	95.9	98.2	112.8	99.8
黑龙江	95.6	81.4	97.3	97.3	107.6	94.7
上　海	96.6	74.1	99.5	100.4	106.5	98.3
江　苏	94.8	77.8	98.2	99.4	112.5	100.8
浙　江	95.2	83.0	97.1	99.2	109.3	97.4
安　徽	98.7	81.7	97.6	99.0	107.1	98.9
福　建	96.4	80.1	98.8	97.5	103.8	98.3
江　西	95.8	84.8	97.9	98.2	108.8	94.4
山　东	96.9	83.3	96.6	98.2	104.9	99.1
河　南	97.1	87.0	97.8	99.6	109.3	104.0
湖　北	98.1	83.9	99.4	99.0	110.0	99.4
湖　南	99.1	88.7	98.1	99.9	110.0	94.0
广　东	96.5	83.9	98.7	99.6	108.9	100.4
广　西	94.1	80.4	99.1	98.9	105.8	101.5
海　南	96.0	87.8	97.9	96.5	107.8	98.1
重　庆	96.4	79.8	98.2	97.1	110.5	97.8
四　川	97.6	88.6	99.0	99.3	108.3	101.2
贵　州	94.6	88.7	95.9	101.0	106.4	98.0
云　南	96.6	89.1	99.9	100.2	108.4	98.0
西　藏	98.6	83.3	96.6	96.7	98.5	99.7
陕　西	97.6	82.2	93.9	99.7	106.8	95.7
甘　肃	97.6	84.2	97.5	99.7	106.1	102.0
青　海	97.7	89.3	98.0	100.0	101.5	97.3
宁　夏	97.6	79.9	92.6	100.0	111.6	98.2
新　疆	99.6	90.8	98.0	99.7	104.4	93.7

7—5 续表 8

地　区	1.医疗器具及用品	2.中药材及中成药	3.西药	4.保健器具及用品	十四、书报杂志及电子出版物类	1.教材及参考书	2.书报杂志
全国平均	**100.6**	**104.4**	**94.3**	**98.3**	**100.3**	**101.5**	**100.4**
北　京	100.3	99.3	100.4	99.6	97.2	94.7	100.0
天　津	103.1	96.3	85.2	94.7	99.5	96.9	102.0
河　北	96.1	107.5	93.3	97.2	101.6	103.3	100.1
山　西	100.1	104.2	92.3	96.6	103.3	107.3	99.9
内蒙古	101.9	102.1	94.0	98.6	101.2	101.3	102.3
辽　宁	104.0	101.9	95.9	99.1	99.0	101.2	99.4
吉　林	99.4	107.2	95.4	100.1	101.4	104.3	99.6
黑龙江	99.4	98.1	91.8	94.4	100.1	101.7	99.7
上　海	104.8	103.7	94.5	98.1	98.3	101.8	100.2
江　苏	100.5	109.2	97.0	97.4	99.7	102.1	100.2
浙　江	99.7	106.2	91.7	97.8	99.8	98.8	101.3
安　徽	100.0	106.1	93.7	99.6	102.6	106.0	100.5
福　建	105.5	105.7	92.7	97.8	103.3	109.5	100.6
江　西	101.1	98.6	89.9	95.0	101.1	101.8	101.4
山　东	103.3	107.1	94.7	98.5	101.0	103.7	100.8
河　南	107.2	113.0	97.4	99.9	100.3	100.7	100.5
湖　北	95.2	106.7	95.2	99.1	101.6	103.2	100.2
湖　南	95.2	98.6	89.8	99.6	99.5	99.9	99.2
广　东	101.4	103.5	98.4	98.8	100.4	100.9	100.7
广　西	102.5	106.1	98.0	98.9	99.6	96.9	103.2
海　南	103.1	99.5	96.2	100.6	99.4	97.8	100.4
重　庆	104.7	97.2	97.7	98.7	100.2	103.9	97.3
四　川	100.4	108.5	98.0	96.8	102.2	104.1	100.3
贵　州	99.9	99.5	97.1	97.6	101.3	103.7	100.6
云　南	101.8	100.5	94.7	101.1	98.4	97.7	100.6
西　藏	100.1	99.4	100.2	99.2	99.6	100.1	99.4
陕　西	109.6	105.1	88.6	97.7	97.3	94.5	99.5
甘　肃	103.9	108.1	97.9	98.9	99.3	101.7	100.6
青　海	98.1	100.5	95.0	99.3	100.2	100.9	99.9
宁　夏	97.9	104.3	94.3	99.3	100.9	104.9	100.7
新　疆	79.0	110.1	84.4	95.3	99.4	101.3	100.6

7—5 续表 9

地　区	3.电子音像制品	十五、燃料类	1.煤炭及制品类	2.石油及制品类	十六、建筑材料及五金电料类	1.建筑装璜材料	2.五金电料类
全国平均	**97.7**	**109.3**	**102.2**	**111.2**	**99.7**	**99.7**	**99.7**
北　京	93.5	109.9	119.5	109.4	94.2	92.5	98.2
天　津	99.9	109.9	97.1	110.7	99.1	98.7	100.0
河　北	100.0	108.6	100.4	112.3	99.7	99.7	100.0
山　西	98.0	114.8	125.5	112.1	98.8	98.0	101.5
内蒙古	98.9	104.8	100.0	107.5	98.2	97.6	100.2
辽　宁	94.3	108.3	103.9	109.5	94.9	94.0	97.2
吉　林	100.0	106.7	104.5	107.6	98.6	98.2	100.0
黑龙江	97.8	106.2	105.4	106.8	99.6	99.3	100.4
上　海	86.6	108.6	100.0	108.8	100.8	101.0	100.0
江　苏	95.9	110.0	102.6	111.1	99.3	99.3	99.2
浙　江	98.3	108.8	100.0	111.2	100.6	101.0	99.6
安　徽	100.1	109.3	101.9	111.5	99.4	99.5	98.9
福　建	99.8	109.6	100.8	110.8	99.9	99.9	100.0
江　西	98.5	108.7	101.2	111.4	101.5	101.1	103.2
山　东	97.5	108.9	101.6	112.7	99.2	98.9	99.8
河　南	98.6	108.9	102.9	112.8	100.4	100.5	100.0
湖　北	99.5	108.6	99.8	110.7	101.4	102.1	99.6
湖　南	99.1	109.2	102.6	112.0	100.9	101.0	100.0
广　东	98.3	113.1	93.7	113.1	101.3	101.7	99.8
广　西	98.9	112.5	103.0	113.8	100.1	100.2	99.6
海　南	100.0	109.5	103.9	109.8	100.6	100.4	101.5
重　庆	99.9	105.3	100.2	105.9	100.1	100.0	100.2
四　川	100.0	104.3	99.5	107.1	99.2	99.2	99.4
贵　州	97.3	107.6	102.3	109.6	98.6	98.6	98.6
云　南	95.5	108.3	99.7	110.2	99.9	99.9	99.7
西　藏	99.3	95.0	75.5	104.7	100.0	101.0	98.0
陕　西	99.5	109.9	101.6	112.1	99.9	99.8	100.0
甘　肃	94.3	107.2	101.9	111.4	98.0	97.0	100.3
青　海	98.7	107.6	106.0	108.5	97.4	96.1	100.5
宁　夏	94.4	106.3	103.1	109.4	97.8	96.2	100.3
新　疆	96.7	105.7	97.2	111.0	97.6	96.3	100.7

7—6 全国及各地区农业生产资料价格分类指数

(2003 年,上年价格=100)

地　区	农业生产资料价格指数	一、小农具	二、饲料	三、产品畜	四、役畜
全国平均	**101.4**	**99.3**	**102.0**	**102.9**	**106.6**
北　京					
天　津					
河　北	99.8	99.8	101.6	101.3	103.9
山　西	98.4	100.5	86.9	109.0	103.1
内蒙古	101.2	96.5	95.4	99.5	108.8
辽　宁	98.4	74.9	101.4	105.4	121.9
吉　林	101.0	101.0	100.8	99.2	110.9
黑龙江	101.8	108.1	100.7	95.3	104.7
上　海					
江　苏	101.9	97.0	105.3	105.3	115.6
浙　江	102.9	101.5	103.3	112.3	103.6
安　徽	100.2	95.8	100.5	97.9	111.4
福　建	101.8	102.5	101.8	103.3	108.5
江　西	102.5	101.1	104.0	108.0	109.7
山　东	102.4	100.7	104.6	104.1	104.3
河　南	101.9	102.0	103.4	104.0	101.5
湖　北	100.8	95.8	106.0	99.3	103.4
湖　南	102.6	103.1	101.0	110.2	109.5
广　东	99.6	97.2	99.1	105.0	101.8
广　西	102.4	100.4	98.8	102.7	103.4
海　南	104.8	96.6	115.9	93.5	103.2
重　庆					
四　川	100.8	102.5	103.6	94.0	105.7
贵　州	104.1	99.1	100.8	107.4	107.9
云　南	101.9	95.8	106.0	97.3	109.1
西　藏	102.8	100.0	99.9	96.0	99.9
陕　西	102.3	99.1	104.8	102.9	114.6
甘　肃	101.8	98.9	98.0	97.2	109.6
青　海	101.1	97.4	99.9	95.7	100.0
宁　夏	99.4	100.1	92.7	94.4	110.4
新　疆	101.1	105.4	100.6	105.9	104.2

7—6 续表 1

地　区	五、半机械化农具	六、机械化农具	七、化学肥料	八、农药及农药械	1.化学农药
全国平均	**99.4**	**98.5**	**101.6**	**99.9**	**99.9**
北　京					
天　津					
河　北	94.8	97.8	100.8	98.5	98.3
山　西	99.6	98.4	100.3	95.3	94.2
内蒙古	98.3	102.5	104.7	97.6	96.7
辽　宁	107.7	98.6	96.4	99.6	99.8
吉　林	94.7	93.3	104.1	98.0	98.4
黑龙江	98.9	92.0	103.3	103.4	103.4
上　海					
江　苏	99.4	100.3	101.6	100.7	100.9
浙　江	100.8	100.5	102.3	99.1	99.0
安　徽	99.6	101.0	101.3	98.6	99.1
福　建	101.7	98.8	102.4	98.4	98.0
江　西	98.8	99.5	102.6	99.9	100.2
山　东	101.0	98.8	101.9	100.7	100.9
河　南	96.1	99.3	102.4	98.6	98.5
湖　北	100.5	97.5	100.1	99.3	99.6
湖　南	102.1	99.5	100.5	101.8	101.8
广　东	100.5	97.6	97.4	100.6	100.0
广　西	99.8	98.4	101.1	109.8	102.0
海　南	98.5	100.0	108.3	101.5	101.5
重　庆					
四　川	99.4	97.6	103.1	99.9	100.4
贵　州	95.2	89.3	107.4	104.6	100.0
云　南	98.4	99.0	104.2	95.9	95.4
西　藏	100.0	100.8	119.7	96.8	95.8
陕　西	99.4	99.5	102.9	101.0	101.5
甘　肃	101.0	100.0	99.4	100.6	100.5
青　海	100.9	96.5	101.8	101.9	102.3
宁　夏	101.0	97.9	99.6	99.9	100.1
新　疆	98.8	97.6	102.9	97.6	100.6

7—6续表2

地　区	2.农药器械	九、农用机油	十、其他农业生产资料	1.农用种子	2.其他
全国平均	**100.2**	**107.8**	**97.0**	**95.4**	**99.3**
北　京					
天　津					
河　北	99.2	109.7	85.9	79.8	98.9
山　西	99.5	106.4	86.1	82.3	94.9
内 蒙 古	101.7	104.0	96.2	94.3	98.5
辽　宁	97.6	100.8	94.4	93.6	96.1
吉　林	95.2	111.3	89.5	81.3	102.1
黑 龙 江	103.4	104.9	107.2	114.5	98.2
上　海					
江　苏	98.9	109.9	96.6	95.2	98.1
浙　江	99.5	107.2	101.4	101.0	102.1
安　徽	94.2	108.8	91.8	86.3	101.5
福　建	100.2	110.6	98.0	95.5	103.0
江　西	98.2	108.2	99.6	100.1	99.3
山　东	99.6	111.4	97.2	95.9	98.8
河　南	100.5	111.7	96.0	94.0	99.7
湖　北	97.1	109.0	102.1	102.6	101.5
湖　南	101.6	104.2	107.0	109.2	103.7
广　东	104.9	106.1	104.4	106.4	101.6
广　西	161.9	111.8	105.6	111.6	97.8
海　南	101.5	114.7	97.8	100.0	94.7
重　庆					
四　川	97.0	102.7	93.9	91.6	97.1
贵　州	112.9	114.0	98.4	97.1	108.0
云　南	98.7	97.6	99.8	100.6	98.8
西　藏	100.0	101.1	99.8	99.7	100.0
陕　西	97.8	107.6	92.5	88.0	97.8
甘　肃	101.1	109.5	105.2	110.8	102.2
青　海	100.0	108.3	100.5	100.8	99.9
宁　夏	98.5	116.9	94.4	90.7	100.0
新　疆	87.6	101.4	98.8	99.5	98.3

7—7 全国及各地区居民消费价格指数

(2003 年,上年价格=100)

地 区	居民消费价格指数	一、食品	1.粮食	2.淀粉及薯类	3.干豆类及豆制品	4.油脂
全国平均	**101.2**	**103.4**	**102.3**	**100.6**	**106.5**	**112.6**
北 京	100.2	103.2	99.1	98.9	104.2	114.1
天 津	101.0	103.3	102.1	94.6	105.5	111.5
河 北	102.2	104.5	102.4	101.3	105.1	113.1
山 西	101.8	104.7	101.5	99.3	107.8	110.3
内 蒙 古	102.2	102.8	100.2	100.9	101.9	105.3
辽 宁	101.7	105.3	99.0	103.9	107.3	125.5
吉 林	101.2	104.0	98.5	100.9	108.2	113.3
黑 龙 江	100.9	103.3	99.9	100.1	110.8	112.6
上 海	100.1	101.3	100.8	109.2	102.8	106.1
江 苏	101.0	103.3	102.1	101.8	109.3	112.8
浙 江	101.9	102.8	103.2	103.8	107.9	112.9
安 徽	101.7	106.0	104.5	100.9	107.3	116.8
福 建	100.8	102.0	106.7	99.0	104.2	110.5
江 西	100.8	102.9	103.6	102.9	106.1	115.4
山 东	101.1	104.9	105.2	100.5	108.8	113.1
河 南	101.6	104.7	103.5	100.9	111.0	119.2
湖 北	102.2	104.3	107.1	101.8	105.1	115.0
湖 南	102.4	105.8	103.4	100.7	106.5	113.7
广 东	100.6	102.3	101.9	95.4	101.3	108.6
广 西	101.1	102.9	106.8	98.0	105.5	113.1
海 南	100.1	102.9	101.8	98.3	100.4	103.6
重 庆	100.6	104.3	100.5	88.1	112.9	114.2
四 川	101.7	102.7	101.5	101.0	103.1	107.5
贵 州	101.2	103.2	103.6	106.8	103.7	108.9
云 南	101.2	101.7	100.5	100.8	107.9	107.9
西 藏	100.9	100.5	98.0	95.9	96.7	96.1
陕 西	101.7	105.2	105.0	101.9	108.3	110.3
甘 肃	101.1	103.0	101.6	97.6	102.3	108.1
青 海	102.0	104.1	101.5	103.8	104.9	112.1
宁 夏	101.7	104.5	101.1	97.4	112.2	106.2
新 疆	100.4	102.5	96.7	101.0	107.8	114.8

7—7 续表1

地区	5.肉禽及其制品	食用畜肉及副产品	禽	加工畜肉	6.蛋	7.水产品
全国平均	**103.3**	**104.8**	**100.9**	**100.7**	**98.6**	**100.3**
北京	100.9	101.4	100.1	100.3	96.9	102.5
天津	102.2	103.8	97.5	99.2	102.0	111.0
河北	104.3	106.6	99.9	100.6	98.6	97.6
山西	106.9	108.5	103.8	103.3	98.0	100.1
内蒙古	101.8	103.2	98.2	96.9	94.1	94.4
辽宁	103.5	104.5	100.9	100.0	96.5	101.5
吉林	102.2	102.9	100.2	100.8	95.1	100.7
黑龙江	101.7	103.1	96.6	99.0	97.1	96.6
上海	101.7	103.4	101.5	99.2	101.0	105.6
江苏	104.5	105.9	103.4	101.5	99.2	97.7
浙江	105.3	108.0	100.6	102.0	98.4	100.2
安徽	108.1	111.1	102.4	100.6	100.6	99.5
福建	101.7	102.9	100.7	99.7	96.5	100.1
江西	103.5	106.9	97.9	101.6	99.8	97.8
山东	106.3	108.1	104.9	101.8	99.6	102.1
河南	105.0	106.1	104.8	101.8	98.0	98.4
湖北	104.9	105.9	101.5	104.1	101.4	98.4
湖南	109.4	112.5	102.6	101.1	100.5	98.5
广东	100.6	101.0	100.2	100.1	99.8	101.3
广西	101.9	103.5	99.0	100.7	99.2	97.9
海南	103.2	105.1	100.5	99.3	98.0	101.7
重庆	99.2	98.0	103.4	96.4	98.3	104.7
四川	100.7	100.9	99.8	100.6	97.3	97.0
贵州	102.1	103.1	99.6	101.0	99.8	96.5
云南	100.3	100.8	99.4	99.3	95.6	99.6
西藏	102.1	103.5	97.0	98.8	95.8	94.5
陕西	103.9	106.4	98.9	100.0	98.1	100.5
甘肃	100.0	99.5	101.7	100.0	96.1	100.2
青海	104.5	105.9	95.4	103.6	98.6	101.2
宁夏	102.5	101.8	103.3	107.2	98.2	99.2
新疆	98.1	97.8	98.0	101.4	97.8	93.0

7—7续表2

地区	鱼	其他水产品	8.菜	9.调味品	10.糖	11.茶及饮料
全国平均	**99.5**	**101.3**	**117.7**	**100.1**	**97.5**	**99.2**
北京	104.7	100.7	139.8	100.3	102.4	101.1
天津	99.5	116.8	121.6	104.2	99.6	99.2
河北	98.7	95.1	122.8	101.6	97.3	100.1
山西	98.3	105.2	129.4	101.7	98.8	99.2
内蒙古	94.3	94.6	125.1	106.2	94.2	104.5
辽宁	101.5	101.7	128.0	100.9	97.2	99.4
吉林	100.7	100.3	125.1	103.2	99.2	100.7
黑龙江	95.7	98.1	124.9	99.5	92.3	99.2
上海	101.2	107.1	99.2	98.4	99.0	99.1
江苏	98.2	97.5	117.9	102.2	97.7	99.6
浙江	100.1	100.6	107.4	99.7	99.2	99.6
安徽	98.1	102.7	126.3	100.6	98.1	101.7
福建	101.2	99.2	100.9	98.6	94.8	99.6
江西	96.2	101.3	112.8	99.3	98.7	98.6
山东	102.2	101.8	128.3	98.3	97.2	99.4
河南	97.4	100.9	123.7	98.7	96.8	99.5
湖北	95.4	102.4	118.2	99.4	98.5	97.7
湖南	98.1	100.1	118.4	98.7	95.2	98.8
广东	100.8	102.7	109.7	101.3	98.4	98.7
广西	99.2	94.5	109.4	100.9	97.9	97.8
海南	102.8	99.2	105.9	98.6	100.8	97.6
重庆	105.5	103.0	120.6	97.5	100.3	98.5
四川	95.1	102.5	124.9	99.7	97.1	97.9
贵州	97.9	94.9	114.0	100.5	99.3	98.0
云南	100.6	98.1	106.0	102.5	98.4	96.3
西藏	95.9	90.9	100.3	105.7	96.5	103.8
陕西	100.7	100.0	133.0	98.6	98.4	99.9
甘肃	101.2	96.7	120.9	103.3	100.1	99.8
青海	100.1	102.5	121.1	93.5	92.1	99.4
宁夏	100.0	96.7	124.7	98.6	94.9	99.7
新疆	90.5	97.3	129.1	97.6	100.2	99.4

7—7 续表 3

地区	茶叶	饮料	12.干鲜瓜果	13.糕点饼干	14.奶及奶制品	15.在外用膳食品
全国平均	**99.7**	**98.9**	**103.0**	**99.3**	**99.2**	**100.1**
北京	103.2	100.3	109.0	97.9	97.1	98.1
天津	100.2	98.9	99.8	100.4	95.7	100.0
河北	99.6	100.3	98.0	98.2	101.1	99.8
山西	100.1	99.0	94.9	99.9	99.3	101.7
内蒙古	98.4	106.0	107.8	99.6	99.1	99.1
辽宁	101.3	99.0	100.8	99.0	98.7	99.1
吉林	102.0	100.2	102.0	100.3	100.0	101.3
黑龙江	103.1	98.4	101.9	98.7	99.9	99.3
上海	100.2	99.0	97.2	101.0	100.1	100.8
江苏	99.8	99.5	101.0	100.1	99.6	100.9
浙江	103.3	98.2	103.0	100.4	100.4	99.9
安徽	104.3	98.8	100.8	98.4	100.5	100.0
福建	99.7	99.5	108.8	100.1	98.4	99.7
江西	99.5	98.6	101.7	99.5	99.3	99.4
山东	100.1	99.1	96.7	99.6	100.0	100.7
河南	98.4	99.8	96.7	98.6	100.6	100.7
湖北	94.3	99.1	102.3	98.3	98.4	100.6
湖南	99.3	98.6	111.2	99.3	98.4	99.4
广东	98.6	98.7	106.9	100.4	99.8	99.9
广西	101.3	95.7	105.1	99.8	95.0	99.5
海南	95.6	98.3	114.8	100.1	100.1	101.3
重庆	100.3	97.6	122.6	99.5	100.5	101.3
四川	99.2	97.1	104.8	99.3	97.9	100.2
贵州	97.8	98.4	110.4	96.2	100.2	98.6
云南	93.5	97.8	103.0	97.6	99.6	103.7
西藏	112.2	96.3	105.2	96.7	102.3	99.6
陕西	99.5	99.9	98.8	98.8	99.8	100.5
甘肃	100.0	99.7	99.7	97.1	99.5	101.1
青海	98.2	99.8	108.7	103.5	103.0	99.7
宁夏	100.0	99.5	109.2	100.1	99.6	100.0
新疆	99.6	99.2	104.8	99.5	99.9	100.3

7—7 续表 4

地　区	16.其它食品及加工服务费	二、烟酒及饮料	1.烟草	2.酒	3.吸烟、饮酒用品	三、衣着
全国平均	**99.1**	**99.8**	**99.8**	**100.1**	**99.3**	**97.8**
北　京	100.3	100.2	99.7	101.1	100.7	97.1
天　津	97.3	98.8	98.4	99.1	98.9	88.1
河　北	103.0	100.1	99.7	100.5	99.4	97.8
山　西	100.8	100.7	100.3	102.4	99.1	97.5
内蒙古	99.8	99.4	98.9	100.0	97.3	98.7
辽　宁	98.9	98.6	97.2	100.6	97.9	97.8
吉　林	100.8	100.4	100.3	100.4	100.6	99.6
黑龙江	97.7	98.8	98.7	99.2	98.0	98.4
上　海	101.5	99.8	99.3	100.3	100.7	97.5
江　苏	97.8	99.5	99.2	99.9	100.6	99.0
浙　江	97.4	101.2	101.6	100.7	98.8	96.7
安　徽	99.1	99.9	100.0	99.8	98.9	97.3
福　建	99.4	100.4	100.9	99.8	99.8	96.5
江　西	99.7	99.8	99.6	99.9	100.1	97.2
山　东	99.0	99.6	98.8	100.3	98.8	96.9
河　南	101.0	100.3	100.6	100.1	99.1	98.0
湖　北	100.2	99.8	99.8	100.0	99.7	101.0
湖　南	97.0	99.8	100.5	98.1	100.3	98.8
广　东	99.6	101.4	101.7	100.9	101.1	97.7
广　西	100.0	100.0	98.5	102.3	99.6	98.5
海　南	98.1	100.1	100.4	100.4	98.3	95.9
重　庆	102.5	98.2	97.0	101.1	98.2	94.2
四　川	99.0	100.2	99.5	101.3	99.9	98.5
贵　州	97.2	99.6	100.0	99.7	97.0	97.6
云　南	95.0	99.9	99.9	100.4	96.7	97.2
西　藏	99.3	103.0	104.4	100.6	102.9	101.5
陕　西	99.2	99.6	99.3	100.0	99.8	99.0
甘　肃	99.0	99.8	101.1	99.4	93.2	98.4
青　海	99.8	99.0	98.8	98.9	100.9	101.9
宁　夏	100.0	101.1	101.6	99.3	102.6	99.4
新　疆	98.6	99.8	99.7	99.8	99.8	99.2

7—7 续表 5

地　　区	1.服装				2.衣着材料	3.鞋袜帽
		男式服装	女式服装	儿童服装		
全国平均	**97.6**	**97.5**	**97.6**	**98.3**	**99.2**	**97.7**
北　　京	98.3	97.9	98.9	96.6	99.0	93.3
天　　津	87.6	93.9	83.8	82.0	100.2	86.0
河　　北	98.0	97.0	99.2	97.1	98.4	97.1
山　　西	97.2	96.7	97.5	98.3	98.5	98.3
内 蒙 古	98.6	98.5	99.1	96.4	97.0	99.5
辽　　宁	98.1	96.8	98.1	103.0	98.9	96.8
吉　　林	99.8	99.8	99.5	101.8	100.6	98.9
黑 龙 江	98.3	99.3	97.6	98.5	98.0	98.7
上　　海	97.9	99.0	97.5	94.0	98.5	95.9
江　　苏	98.8	98.8	98.6	99.8	99.5	98.8
浙　　江	96.9	96.6	96.8	97.6	99.0	95.8
安　　徽	97.9	97.0	98.5	98.3	98.4	95.6
福　　建	96.3	95.0	98.1	94.0	98.8	96.7
江　　西	96.6	96.5	95.6	99.4	99.8	98.1
山　　东	96.1	96.0	96.1	96.7	100.2	97.5
河　　南	97.6	97.9	97.7	96.1	100.0	98.6
湖　　北	101.1	102.1	101.2	97.9	100.3	101.0
湖　　南	99.0	99.5	98.0	100.7	99.4	97.8
广　　东	97.6	96.3	98.2	99.1	100.6	97.1
广　　西	96.3	95.3	96.1	98.9	98.0	104.0
海　　南	95.2	97.4	94.0	94.3	101.8	97.1
重　　庆	93.9	96.3	92.4	93.3	103.1	94.3
四　　川	98.5	97.8	98.7	99.5	100.5	98.1
贵　　州	98.7	99.3	99.1	98.5	102.1	94.6
云　　南	97.0	97.1	96.9	97.3	96.1	97.5
西　　藏	101.3	100.2	101.6	103.1	105.0	100.9
陕　　西	97.8	97.3	97.4	99.9	98.7	102.0
甘　　肃	98.3	99.6	95.1	106.1	101.9	97.7
青　　海	102.2	102.4	102.4	100.9	97.0	103.3
宁　　夏	98.6	98.3	98.6	99.5	98.0	101.9
新　　疆	99.2	97.7	100.1	100.3	99.5	99.1

7—7 续表 6

地区	鞋	袜子	帽子	4.衣着加工服务费	四、家庭设备用品及服务	1.耐用消费品
全国平均	**97.5**	**99.3**	**98.8**	**100.1**	**97.4**	**95.8**
北京	92.7	99.3	100.6	109.0	97.7	95.8
天津	84.5	99.9	100.0	100.0	96.5	95.9
河北	96.5	101.1	100.0	100.3	97.0	95.7
山西	97.6	101.8	98.7	100.6	98.8	98.1
内蒙古	99.6	99.7	97.0	96.5	98.1	98.4
辽宁	96.8	97.9	98.4	99.1	96.4	94.0
吉林	98.6	100.6	99.6	99.5	97.9	96.8
黑龙江	98.7	98.7	97.8	97.2	97.0	95.4
上海	96.0	95.3	100.0	100.1	98.4	98.9
江苏	98.5	101.7	98.6	105.4	96.6	94.7
浙江	95.2	98.1	100.0	100.6	96.9	94.6
安徽	95.2	99.8	98.9	100.0	97.7	95.9
福建	96.6	97.4	97.4	102.0	97.3	95.3
江西	97.9	98.7	100.2	103.2	97.5	95.0
山东	97.1	100.6	98.4	100.2	98.0	96.6
河南	98.4	99.9	99.9	99.6	97.7	96.6
湖北	101.4	98.1	99.8	99.9	97.3	95.1
湖南	97.4	101.8	100.6	101.4	97.2	95.4
广东	96.9	97.9	98.0	99.9	98.0	96.2
广西	104.1	102.3	107.8	99.4	97.4	94.6
海南	97.4	96.4	93.8	101.3	98.1	98.7
重庆	93.9	98.8	95.9	98.9	95.5	94.2
四川	98.1	98.4	101.1	98.6	98.3	96.4
贵州	94.2	97.1	95.7	102.5	97.2	96.3
云南	97.3	99.8	94.2	100.8	98.4	97.9
西藏	100.8	100.3	102.1	101.1	101.4	100.5
陕西	102.1	101.6	100.6	99.7	97.1	95.3
甘肃	97.3	100.6	97.4	97.4	98.5	97.6
青海	103.5	102.2	100.9	98.6	100.1	99.2
宁夏	102.1	101.8	96.5	99.2	95.7	92.6
新疆	98.9	99.5	99.4	100.4	98.9	98.3

7—7 续表 7

地　区	家具	家庭设备	2.室内装饰品	3.床上用品	4.家庭日用杂品	5.家庭服务及加工维修服务费
全国平均	**97.9**	**94.6**	**98.8**	**98.4**	**98.3**	**101.1**
北　京	97.5	95.0	98.6	99.8	97.5	107.6
天　津	99.5	94.4	100.6	90.7	95.0	103.0
河　北	98.4	94.1	98.9	99.1	98.4	100.5
山　西	99.3	97.4	98.2	101.9	98.3	102.1
内蒙古	100.2	97.1	98.4	96.0	97.5	100.2
辽　宁	96.3	92.7	97.1	100.9	97.6	100.6
吉　林	96.2	97.1	99.3	99.0	97.6	99.9
黑龙江	96.3	94.9	98.8	99.3	97.7	97.7
上　海	99.8	98.6	99.1	99.6	96.3	98.9
江　苏	98.3	93.3	99.1	99.4	97.7	100.9
浙　江	97.2	93.7	97.8	95.8	99.9	100.9
安　徽	97.6	95.3	99.3	98.1	98.5	101.2
福　建	99.6	92.9	99.1	96.3	99.1	100.8
江　西	98.0	93.5	95.9	99.3	99.1	102.5
山　东	97.4	96.1	99.4	99.7	98.8	101.9
河　南	98.3	95.5	98.4	99.0	98.0	100.2
湖　北	99.9	92.0	100.2	99.6	99.0	101.7
湖　南	97.3	94.6	99.8	99.4	99.3	99.9
广　东	98.5	94.8	99.8	98.7	98.1	102.6
广　西	97.7	92.2	97.2	100.1	97.7	106.2
海　南	98.4	99.0	98.4	97.9	98.8	93.6
重　庆	98.2	92.7	99.6	99.0	94.0	99.8
四　川	98.8	94.9	99.7	99.0	99.7	101.8
贵　州	97.4	95.7	99.4	93.8	98.6	99.8
云　南	100.1	96.4	100.6	98.5	99.0	96.8
西　藏	100.9	100.0	99.9	102.8	103.4	100.3
陕　西	94.5	95.9	96.8	98.8	99.2	99.5
甘　肃	97.0	98.3	98.5	99.4	98.6	101.8
青　海	99.1	99.2	105.7	101.0	98.6	104.0
宁　夏	92.8	92.5	97.9	91.6	100.5	103.0
新　疆	97.2	99.1	98.5	99.4	99.5	99.9

7—7 续表 8

地　区	五、医疗保健和个人用品	1.医疗保健	医疗器具及用品	中药材及中成药	西药	保健器具及用品
全国平均	**100.9**	**101.2**	**101.0**	**105.0**	**94.5**	**98.2**
北　京	100.1	99.9	100.3	99.3	100.4	99.6
天　津	94.0	92.1	103.1	96.4	84.9	95.2
河　北	106.0	108.8	92.8	108.2	94.5	98.3
山　西	99.0	97.9	100.3	103.4	93.0	97.8
内蒙古	98.9	97.9	101.9	100.0	93.2	98.7
辽　宁	103.5	104.9	100.2	106.1	95.2	99.0
吉　林	101.8	101.9	97.8	108.9	95.6	99.7
黑龙江	99.4	98.6	95.8	98.0	93.5	93.4
上　海	100.0	99.1	104.8	103.7	96.3	98.1
江　苏	100.3	99.9	100.5	106.4	94.4	98.6
浙　江	100.1	100.1	98.0	113.9	91.4	98.6
安　徽	99.9	99.8	101.5	108.9	93.8	98.8
福　建	98.7	98.2	106.8	104.9	91.3	97.9
江　西	97.8	96.6	101.9	99.2	90.5	96.4
山　东	100.3	101.0	102.7	109.8	95.6	98.8
河　南	102.5	103.2	110.3	110.8	96.5	100.4
湖　北	99.6	99.4	96.0	104.5	95.2	102.5
湖　南	105.9	108.6	92.8	101.4	93.9	99.4
广　东	100.4	100.6	102.5	104.1	97.5	98.4
广　西	102.8	103.9	102.0	106.6	97.1	98.0
海　南	100.1	101.2	102.6	103.1	97.5	101.0
重　庆	99.3	99.2	104.7	97.2	97.7	98.7
四　川	102.9	103.8	100.1	107.8	98.0	97.1
贵　州	104.3	107.3	96.8	100.0	97.6	99.4
云　南	99.3	98.6	101.2	101.2	95.7	100.4
西　藏	101.0	100.9	98.4	103.3	99.7	99.3
陕　西	106.6	108.2	104.9	106.5	89.9	97.7
甘　肃	101.9	101.6	105.5	107.8	97.2	101.2
青　海	104.8	106.4	94.0	100.8	96.1	98.7
宁　夏	100.2	99.3	99.7	103.9	95.9	99.5
新　疆	94.8	92.3	100.9	100.2	82.7	91.8

7—7 续表 9

地　区	医疗保健服务	2.个人用品及服务	化妆美容用品	卫生用品	个人饰品	个人服务
全国平均	**108.9**	**100.2**	**99.5**	**97.1**	**102.9**	**100.8**
北　京	100.0	100.7	99.2	94.2	108.7	100.9
天　津	100.0	100.0	98.0	101.1	99.5	100.3
河　北	144.9	100.5	99.7	97.1	101.2	101.6
山　西	101.3	101.3	97.2	97.0	105.8	101.5
内蒙古	104.8	101.0	104.0	96.8	100.1	103.5
辽　宁	131.5	99.4	97.5	95.9	101.7	100.4
吉　林	106.4	101.3	98.0	96.7	108.0	102.2
黑龙江	110.9	102.3	104.3	95.7	107.7	101.1
上　海	99.1	102.3	99.6	97.3	108.9	100.5
江　苏	101.9	101.1	99.7	96.4	106.5	101.6
浙　江	101.0	100.1	99.2	97.2	102.7	99.9
安　徽	103.5	99.9	100.9	96.2	102.9	100.3
福　建	100.2	99.6	98.2	97.2	100.8	101.0
江　西	100.5	99.7	99.7	97.1	101.9	100.6
山　东	101.9	98.8	99.3	95.5	99.3	100.1
河　南	104.2	100.9	99.9	99.1	104.4	100.5
湖　北	100.5	100.2	99.9	98.7	100.9	101.7
湖　南	143.2	100.2	99.1	99.0	103.9	100.0
广　东	102.0	100.1	99.7	98.0	102.8	100.5
广　西	114.2	100.8	102.0	96.6	101.8	103.6
海　南	103.8	97.8	99.9	94.1	102.5	98.8
重　庆	104.3	99.8	96.3	97.2	108.3	100.0
四　川	111.2	100.8	100.0	98.8	102.3	101.3
贵　州	132.9	100.7	100.4	97.1	97.0	105.8
云　南	100.7	101.1	103.2	95.4	102.3	102.3
西　藏	101.7	101.3	100.5	102.2	97.8	105.8
陕　西	139.4	101.3	99.8	100.3	103.0	101.1
甘　肃	102.2	102.4	100.0	99.4	102.4	105.6
青　海	138.9	100.5	99.3	98.7	103.5	99.3
宁　夏	100.7	103.2	98.5	97.3	111.8	105.2
新　疆	101.6	100.2	98.8	96.4	102.1	104.8

7—7 续表 10

地　区	六、交通和通信	1.交通	交通工具	车用燃料及零配件	车辆使用及维修费	市内公共交通费
全国平均	**97.8**	**99.5**	**95.9**	**108.3**	**98.9**	**100.6**
北　京	97.8	101.0	91.9	104.6	112.2	100.0
天　津	97.0	99.2	98.2	104.4	100.6	100.0
河　北	98.1	99.4	97.2	112.8	99.8	101.3
山　西	98.2	99.2	96.9	107.7	95.0	100.5
内蒙古	97.3	98.7	93.9	116.3	98.2	99.3
辽　宁	97.7	101.5	98.9	106.2	102.6	101.0
吉　林	97.9	99.8	96.3	105.5	101.8	100.3
黑龙江	98.5	99.7	95.9	103.6	101.7	100.0
上　海	96.3	99.1	96.4	105.8	98.5	100.0
江　苏	97.4	98.6	95.8	107.2	95.3	101.6
浙　江	95.1	95.4	91.0	105.3	94.9	100.3
安　徽	97.9	99.8	98.1	106.4	98.2	100.9
福　建	97.3	98.8	95.8	108.6	95.6	99.7
江　西	99.3	101.6	95.5	107.7	101.2	102.1
山　东	98.8	100.0	97.6	112.4	98.1	101.0
河　南	99.2	100.2	96.2	108.5	100.1	101.6
湖　北	98.5	100.7	99.0	104.1	100.5	100.4
湖　南	98.0	100.5	97.0	106.2	99.5	99.7
广　东	97.9	99.0	96.1	108.4	98.2	98.9
广　西	96.4	97.9	92.7	105.3	98.5	100.1
海　南	91.8	99.1	93.6	107.0	98.6	100.0
重　庆	98.7	100.2	97.5	111.2	96.9	99.2
四　川	99.8	102.1	98.6	106.1	101.0	106.5
贵　州	100.2	105.4	98.2	107.8	102.8	102.1
云　南	98.6	100.9	97.8	109.8	96.5	98.7
西　藏	100.1	100.1	99.8	102.0	100.7	96.3
陕　西	95.6	99.3	97.4	107.1	99.1	99.5
甘　肃	98.7	102.7	97.4	104.2	100.0	110.9
青　海	98.7	99.9	99.1	109.9	99.3	100.8
宁　夏	98.1	100.6	96.7	106.3	100.0	99.6
新　疆	99.1	100.2	97.4	106.5	99.1	100.5

7—7 续表 11

地区	城市间交通费	2.通信	通信工具	通信服务	七、娱乐教育文化	1.文娱用耐用消费品及服务
全国平均	**101.4**	**96.1**	**82.1**	**99.4**	**101.3**	**92.7**
北京	101.0	95.5	79.2	99.8	98.3	89.5
天津	96.1	95.3	73.7	99.6	110.7	93.2
河北	101.5	96.9	82.2	99.8	100.7	92.1
山西	101.8	97.5	83.8	99.8	100.4	94.0
内蒙古	101.5	95.6	86.3	98.3	112.0	95.9
辽宁	103.3	95.4	73.2	99.8	99.6	89.2
吉林	99.5	95.9	78.0	98.6	99.2	93.8
黑龙江	100.2	97.5	80.0	99.8	101.9	90.7
上海	99.8	93.7	70.4	100.0	100.3	92.4
江苏	102.9	96.2	76.5	100.0	102.5	90.0
浙江	100.2	94.8	81.4	99.9	111.2	92.2
安徽	99.6	96.2	82.2	99.5	100.9	94.1
福建	101.1	96.2	77.6	100.2	104.3	92.3
江西	105.8	97.2	83.1	99.9	100.1	92.9
山东	100.7	97.5	83.9	101.0	100.1	95.3
河南	102.8	98.1	86.7	99.8	99.4	94.8
湖北	102.2	95.0	80.7	97.2	102.7	92.5
湖南	103.6	95.8	88.4	98.2	100.4	95.2
广东	98.3	96.7	84.1	99.7	98.0	92.1
广西	100.6	94.4	81.6	97.7	100.6	87.8
海南	100.2	82.2	84.2	81.7	98.7	94.9
重庆	102.2	97.7	78.6	100.0	99.6	93.0
四川	101.3	97.9	90.2	100.1	100.7	95.0
贵州	125.5	94.8	91.7	95.7	100.7	92.3
云南	106.2	97.1	89.7	99.2	106.4	95.8
西藏	99.9	100.4	87.3	103.0	99.7	98.7
陕西	99.9	91.8	81.5	93.9	98.9	91.0
甘肃	101.2	95.0	83.9	97.5	100.5	92.9
青海	99.8	97.2	83.2	100.0	100.9	89.1
宁夏	105.6	96.1	80.9	99.8	105.6	89.8
新疆	100.4	97.8	89.2	99.4	99.1	95.8

7—7 续表 12

地　区	2.教育	教材及参考书	学杂托幼费	3.文化娱乐用品	文化用品	书报杂志
全国平均	**104.3**	**101.7**	**104.5**	**101.3**	**98.7**	**100.4**
北　京	99.7	95.0	100.0	103.1	97.6	100.0
天　津	118.5	97.0	120.4	121.4	100.1	102.0
河　北	102.5	102.8	102.5	101.5	99.2	100.5
山　西	102.4	107.7	102.0	98.9	96.7	100.0
内蒙古	117.7	102.6	118.2	103.0	98.8	102.0
辽　宁	102.8	100.7	103.0	99.6	96.9	100.3
吉　林	100.1	105.5	99.3	100.9	99.3	99.3
黑龙江	104.2	101.1	104.4	100.8	99.2	98.7
上　海	104.6	101.2	105.1	102.8	98.9	100.2
江　苏	105.9	103.8	106.0	100.3	97.5	100.4
浙　江	120.7	98.8	121.6	101.1	98.9	101.6
安　徽	102.3	111.0	102.1	99.9	99.0	100.5
福　建	110.0	109.5	110.0	100.7	99.1	100.4
江　西	101.1	101.9	101.1	101.5	99.1	101.2
山　东	101.3	103.0	101.3	100.4	99.2	100.8
河　南	100.4	100.6	100.3	100.7	99.5	100.4
湖　北	105.3	104.8	105.3	102.1	99.5	100.0
湖　南	102.5	101.2	102.5	101.1	98.0	99.2
广　东	100.2	101.4	100.0	100.8	99.5	101.5
广　西	104.8	95.2	105.5	100.9	99.0	103.6
海　南	101.1	97.9	101.0	100.5	98.6	100.4
重　庆	102.2	103.9	102.0	98.8	99.4	97.3
四　川	102.8	103.1	102.7	100.9	99.8	100.4
贵　州	102.2	104.1	102.0	103.6	98.7	100.8
云　南	115.2	100.9	115.9	98.2	96.7	100.3
西　藏	99.4	100.0	99.3	100.1	99.0	99.7
陕　西	101.3	96.0	101.8	100.3	99.6	99.6
甘　肃	101.5	101.9	101.5	100.9	97.8	100.4
青　海	105.0	99.6	105.1	98.1	99.0	99.9
宁　夏	117.1	104.9	119.4	99.1	97.6	100.2
新　疆	100.6	100.0	100.6	100.7	99.5	100.6

7—7续表13

地　　区	文娱费	4.旅游及外出	八、居住	1.建房及装修材料	2.租房	3.自有住房	4.水电燃料
全国平均	**104.6**	**95.4**	**102.1**	**99.5**	**103.5**	**99.1**	**105.7**
北　　京	109.4	95.9	101.6	92.5	100.0	97.8	109.2
天　　津	164.6	83.5	101.7	98.8	104.6	99.0	102.7
河　　北	108.3	96.5	104.5	100.1	108.8	99.5	108.9
山　　西	100.4	96.8	106.7	98.4	100.5	99.0	116.1
内 蒙 古	109.1	100.0	99.7	97.9	100.6	98.2	101.5
辽　　宁	102.4	94.4	101.7	95.8	100.3	98.3	107.8
吉　　林	103.9	97.8	100.4	98.1	105.2	97.0	102.4
黑 龙 江	103.6	100.5	101.2	100.4	101.1	97.4	102.5
上　　海	104.8	91.0	101.1	100.9	100.0	98.4	102.7
江　　苏	103.9	97.0	101.0	98.7	107.5	98.9	104.6
浙　　江	102.8	92.2	101.2	100.9	104.2	99.2	102.1
安　　徽	100.6	93.9	100.7	99.8	104.8	98.6	102.7
福　　建	102.3	96.8	102.8	98.9	100.6	98.8	107.6
江　　西	104.7	95.7	102.1	100.9	102.7	100.0	105.1
山　　东	101.7	97.8	101.0	99.1	101.0	98.7	104.2
河　　南	103.3	97.5	102.3	99.9	103.0	98.7	107.0
湖　　北	105.4	98.9	103.5	99.5	103.5	100.7	108.6
湖　　南	105.6	95.2	103.1	100.1	100.5	101.0	108.1
广　　东	101.5	94.7	103.1	101.4	105.3	100.0	104.7
广　　西	100.7	98.1	102.3	99.9	108.7	99.4	105.0
海　　南	101.6	87.6	101.7	100.8	118.1	98.7	102.5
重　　庆	99.3	98.7	102.2	100.0	99.9	98.5	106.1
四　　川	102.3	93.9	102.9	99.0	103.1	99.8	109.4
贵　　州	110.2	96.5	101.0	98.2	100.0	98.1	104.4
云　　南	98.4	102.9	101.9	101.0	101.1	98.0	105.3
西　　藏	101.8	101.4	98.8	99.1	99.5	98.6	98.5
陕　　西	101.6	90.0	101.0	99.0	100.5	97.5	107.8
甘　　肃	104.7	107.0	101.5	97.6	100.1	98.7	107.0
青　　海	97.2	99.5	99.9	96.3	100.2	98.7	104.5
宁　　夏	100.4	99.5	100.0	94.3	101.7	101.3	106.0
新　　疆	101.9	93.3	104.2	101.1	98.7	98.9	112.3

主要统计指标解释

社会消费品零售总额　指批发和零售业、餐饮业、新闻出版业、邮政业和其他服务业等，售予城乡居民用于生活消费的商品和社会集团用于公共消费的商品之总量。社会消费品零售总额包括：

一、批发和零售业企业(单位)：

1.售予城乡居民的各种生活消费品；

2.售予入境旅游的外国人、华侨、港澳台同胞的各类商品；

3.售予行政事业单位、社会团体、军队和武警等机构的商品，以及以零售方式售予各类企业的商品。具体包括：用于非生产和社会交往的办公用品，如通讯设备、计算器具和设备、电讯网络设备、文印设备、音像视听器材和设备、纸张、本册、文具及装订文印材料、家具、日用电器、针纺织品、清洁卫生用品、文体用品、奖品、纪念品、礼品等；供内部人员乘坐的交通工具和燃料；用于办公设施修缮的各类配件、材料、工具等；用于取暖和防暑降温的设备、燃料、材料及食品等；专用于教学的用品和设备；非营利医疗机构的中、西药品、中药材和医疗设备器材；非专用的劳动保护用品；不对外营业的内部食堂用的餐具、炊具、设备、清洁卫生工具和食品、燃料等；军队、武警用于其人员生活的衣着品和个人用品；其他各类非生产性设备和用品。

二、餐饮业出售的主食、菜肴、烟酒饮料和其他商品。

三、新闻出版业、邮政业售予城乡居民、企事业单位、军队和武警等机构的书报杂志、音像制品、邮品等。

四、其他服务业出售的食品、烟酒饮料、服装鞋帽、日常生活用品、医药保健用品、艺术品、工艺美术品、玩具、殡葬用品以及其他消费品。

批发业　指专门从事批发贸易活动的企业和单位(包括个体经营者)。如从事农副产品采购和供应的供销合作社、百货、纺织品、五交化等批发公司(站)、外贸公司、物资供销公司等。

零售业　指专门从事从工农业生产者、批发贸易业或居民购进商品，转卖给城乡居民作为生活消费和售给社会集团作为公共消费的商品流通企业和单位。

餐饮业　指在一定的场所，对食物进行现场烹饪、调制并出售给顾客主要供现场消费的企业、单位和个体户。

商品购进总额　指从本企业以外的单位和个人购进(包括从国外直接进口)作为转卖或加工后转卖的商品总额。

商品销售总额　指对本企业以外的单位和个人出售(包括对国、境外直接出口)的商品总额。包括售给本单位消费用的商品。

期末库存　指报告期末各种登记注册类型的批发零售贸易企业(单位)已取得所有权的商品。

餐饮业营业总收入　指餐饮企业、活动单位或个体户的全部营业额，包括商品零售额和其他服务性收入。

餐饮业商品零售额　指餐饮企业、活动单位或个体户直接对居民和社会集团零售的各种商品。包括：(1)经烹饪、调制加工后出售的各种食品，如主食、炒菜、凉拌菜等。(2)不经加工直接转卖的各种外购商品，如卷烟、酒、饮料、熟食、水果等。(3)附设非独立核算的专门销售商品的小卖部出售的各种食品及其他商品。

商品零售价格指数 是反映城乡商品零售价格总水平变动趋势的一种经济指数。采用加权算术平均公式计算。

居民消费价格指数 是反映一定时期城乡居民所购买的生活消费品价格和服务项目价格变动趋势和程度的相对数,是对城市居民消费价格指数和农村居民消费价格指数进行综合汇总计算的结果。